기술적 표준과 法

독일법상의 논의를 중심으로

전경운 저

法元社

“이 저서는 2011년도 정부(교육과학기술부)의 재원으로 한국연구재단의 지원을 받아 연구되었음”(과제번호: NRF-2011-812-H00005)

머 리 말

표준은 세계적인 표준제정을 목적으로 하는 국제표준화기구(ISO)·국제전기기술위원회(IEC)·유럽표준화위원회(CEN) 등에 의하여, 재화와 용역에 걸쳐서 표준화를 달성하기 위하여 광범위하게 제정되고 있으며, 독일에서는 독일표준화연구소(DIN) 등 150여개의 단체에 의해서 제정되고 있고, 우리나라에서도 여러 공적 단체가 표준을 제정하고 있다.

현대 산업사회에서 생산규모가 증가하고 다양한 생산품이 대량으로 소비될 뿐만 아니라, 국제적 거래도 활발히 일어남에 따라, 거의 모든 생산품은 국내적 표준이나 국제적 표준에 의하여 생산되고 있다. 그리고 독일은 표준화에 있어서 선진전적인 국가로서, 독일표준화연구소(DIN)를 중심으로 하여 일찍부터 산업에 있어서 표준화를 해왔을 뿐만 아니라, 국제표준화기구(ISO)를 비롯하여 유럽표준화위원회(CEN) 등과도 유기적인 관계를 맺고서, 독일 표준을 국제적인 표준에 조화시키고 있는 국가이다. 또한 독일법상에서는 이미 기술적 표준의 법과의 관계에 대해서, 다양한 분야에서 심도있게 논의하고 있는 실정이나, 우리나라에서는 아직 법학분야에서 기술적 표준과 법과의 관계에 대해서 본격적인 논의가 진행되고 있지는 않다. 그러므로 기술적 표준과 법과의 관계에 대해서, 독일법상의 논의를 중심으로 기술적 표준과 관계된 법적 문제를 일별하여 보았다.

먼저 기술적 표준의 개념, 국제적인 표준화 경향, 기술적 표준의 법적 성질 및 표준화과정에서 요구되는 절차적 요구 등을 중심으로 기술적 표준의 일반론을 논하였다. 둘째로 다양한 기관에 의하여 제정되는 하자있는 기술적 표준으로 발생할 수 있는 손해에 대한 배상책임의 문제를 독일의 학설과 판례를 중심으로 살펴보았다. 셋째로 기술법에서 기술적 표준이 가지는 법적 의미를 논하였는데, 아직까지 국내에서는 기술법에서 기술적 표준의 법적 의미 등에 대해 면밀한 검토가 없으므로, 이에 대하여 독일의 다양한 기술법상에서의 입법기술을 중심으로 기술적 표준과 기술법과의 관계를 검토하였다. 넷째로 현대의 모든 생산품은 국내적 표준이나 국제적 표준에 의하여 생산되고 있으므로, 국내적 또는 국제적 표준에 의하여 생산된 제품이 민사책임법적으로 문제가 되었을 때, 표준이 갖는 책임법적 의미를 규명해 보았다. 이에 따라 표준의 민사책임법상의 의미, 즉 매도인과 수급인의 담보책임, 제조물책임, 환경책임 등에서의 기술적 표준의 법적 의미를 독일의 학설과 판례를 중심으로 논하였다. 다섯째로 기술적 표준의 제조물안전법상의 제조물 안전기준과의 관련성을 살펴보았는데, 특히 독일 '기구 및 제조물안전법'(GPSG)은 1985년 5월 7일 유럽공동체 각료이사회의 "기술적 조화와 표준화분야에의 새로운 구상"(Neue Konzeption)에 근거하여 제조물안전기준과 기술적 표준과의 관련성을 규정하고 있으므로, 독일의 일반적 제조물안전법인 '기구 및 제조물안전법'을 중심으로 기술적 표준과 제조물안전기준설정과의 관계 등을 자세히 검토하였다.

하지만 학문적 능력이 일천하고 연구의 경력이 길지 않은 필자로서는 의욕과는 달리 부족한 부분이 많다고 고백하지 않을 수 없으며, 특히 지적재산권법과 기술적 표준과의 관계 등에 대해서 자세히 다루지 못한 것에 대해서 아쉬움을 느낀다. 또한 기술적 표준과 법과의 관계에 대해서 우리나라의 논의사항도 함께 기술했으면 좋았으리라 생각되는데, 이 분야에서의 우리나라의 논의가 거의 진행되지 않아서 함께 다루지를 못했다. 그리고 필자가 기술한 내용 중에서도 설명이 부족하거나 잘못 이해한 부분이 있을 것인데, 이러한 부분에 대해서는 독자제현의 넓은 아량으로 이해를 부탁드리며 가르침을 주실 것을 기대한다.

끝으로 이렇게 조그마한 책이 세상에 나오기 까지 감사해야 할 분이 너무나 많다. 먼저 필자가 2006년 9월부터 2007년 8월까지 독일 Trier 대학교의 환경법과 기술법 연구소(IUTR)에서 기술적 표준과 법과의 관계 등을 연구하는데, 상세한 가르침을 준 Peter Marburger 교수님께 머리 숙여 감사의 인사를 드린다. Peter Marburger 교수님은 은퇴 후 얼마 전 심장병 수술을 하셨다는 연락을 주셨는데, 멀리서나마 건강하고 다복한 노후가 되기를 기원한다. 아울러 독일에서 연구하는 동안 경제적 지원을 해준 독일학술교류처(DAAD)에 감사를 드린다. 또한 나의 스승이자 대한민국 학술원 회원이신 淨谷 金相容 교수님은 올해를 끝으로 정년을 맞으시게 되는데, 무한한 존경과 감사를 드리며, 정년 후에도 더욱 건강하시고 길이 남을 학문적 업적을 성취하시기를 기원해 본다. 그리고 본서의 집필을 위하여 연구비를 지원해준 한국연구재단에 뜨거운 감사의 인사를 드린다. 그 외 전혀 시장성이 없는 이 책을 어려운 출판환경 가운데서도 기꺼이 출판해 주신 법원사 문일석 사장님께도 깊은 감사를 드리며, 출간을 함에 있어서 편집을 맡은 법원사 편집부 정란영 선생에게도 감사를 드린다.

2014년 9월

저자 전 경 운

차 례

제1장 서 론

제2장 기술적 표준에 대한 일반론

제 3 장 기술적 표준의 하자에 대한 책임

제 4 장 기술법상 기술적 표준의 법적 의미

제5장 기술적 표준의 책임법상 의미

제 6 장 제조물안전법과 기술적 표준

제 1 장 서 론

제 1 장 서 론

제 1 절 논의의 배경과 목적

표준이라고 하면 산업과 관련된 표준으로서 우리나라의 KS나 미터법에 기초한 계량단위 같은 측정표준을 일반적으로 생각한다. 하지만 인류역사의 발전과 더불어 표준은 단순한 측정표준의 범위를 넘어 재화와 용역에 걸쳐서 광범위하게 제정되어, 현대의 우리 생활은 표준을 논하지 않고는 현대인의 생활을 설명할 수 없게 되었다.[1] 근대이후 과학기술이 급격히 발전하면서, 생산되는 제품과 산업형태가 다양해지면서 표준은 갈수록 복잡해지고 다양화되고 있으며, 세계 각국과 기업들은 시장확보와 연결된 표준을 선점하기 위하여 치열한 경쟁을 벌이고 있다. 이는 표준을 설정함으로써 우리의 생활이 편리해지고 경제적 효율성을 높일 뿐만 아니라 기술적 안전을 달성하고 소비자를 보호할 수 있기 때문이다.[2]

표준(Norm, Standard)의 개념에 대해서는 다양한 기관에서 다양하게 이를 정의하고 있다. 독일표준화연구소(DIN)의 표준에 대한 개념정의를 보면, "표준은 계획적으로 국가적 · 지역적 그리고 국제적으로 관심있는 분야에서 공공의 이용을 위하여 물질적 · 비물질적인 대상에 대하여 공동적으로 행하여진 통일화를 위한 표준화 작업의 결과"라고 하고 있다.[3] 그리고 한국산업표준 KSA 0001에서는 "표준(Standard)이란 합의에 의해 정해지고 공인된 기구에 의해 승인된 문서로서 공통적이고 반

1) 표준화와 개인의 일상 생활, 사회 생활, 산업 활동, 나아가 국가 경영과의 관계 등에 대하여 이를 자세히 설명하고 있는 책으로서는, 최종완, 알기 쉬운 표준화 이야기, 한국표준협회, 1999. 참조.
2) 한국표준협회, 미래사회와 표준, 2012, 18-19면.
3) DIN 820 Teil 3(März 1975).

복적인 사용을 목적으로, 주어진 상황에서 최적수준에 도달하고자 하는 활동과 그 결과에 대한 규칙, 지침 또는 특성을 제공"하는 것이라고 정의하고 있다. 즉 표준이란 관계되는 사람들 사이에서 이익이나 편리가 공정하게 얻어지도록 통일·단순화를 꾀할 목적으로 물체·성능·능력·동작절차·방법·수속·책임·의무·사고방법 등에 대하여 정한 결정을 의미하며, 표준화란 이러한 표준을 정하고 이를 활용하는 조직적인 행위라고 할 수 있다.

현재 표준은 세계적인 표준제정을 목적으로 하는 ISO(국제표준화기구)·IEC(국제전기기술위원회)·CEN(유럽표준화위원회) 등에 의하여, 재화와 용역에 걸쳐서 표준화를 달성하기 위하여 광범위하게 제정되고 있으며, 독일에서는 DIN(독일표준화연구소) 등 150여개 이상의 사적 단체에 의해서 제정되고 있다. 표준화의 목적은 제품이나 용역 등의 상호이해, 건강·안전·환경의 보호, 호환성의 확보, 사용목적의 적합성, 소비자의 이익보호 등에 있다. 그런데 표준화의 목적은 본질적으로 변화지 않을 것이지만, 구체적인 목적의 중점은 변화하여 왔다. ISO의 경우, 1960년대까지 용어규격(상호이해), 치수규격(호환성), 시험방법규격에 중점을 두었다. 그러나 1970년대부터 표준화의 목적이 생명의 안전성, 환경보호 등 사람과 재화의 안전성을 목적으로 하는 건강·안전·환경의 보호에 중점을 두게 되었다. 이에 따라 현대의 표준화의 목적은 제품 등의 품질확보, 소비자보호, 환경보호, 안전성 확보 등으로 요약할 수 있다.

현대 산업사회에서 생산규모가 증가하고 공업생산품이 대량으로 소비될 뿐만 아니라, 국제적 거래도 활발히 일어남에 따라, 거의 모든 생산품은 국내적 표준이나 국제적 표준에 의하여 생산되고 있다. 그리고 국제적으로 수출되는 생산품은 거의 국제적 표준에 맞추어서 생산하고 있다. 그리고 독일은 표준제정과 표준화에 있어서 세계 최고의 경쟁력을 갖고 있는 선진진적인 국가[4]로서, 독일 표준화연구소(DIN)를 중심

4) 표준분야의 국가경쟁력을 평가한 ISO의 자료에 의하면 독일, 미국, 일본, 중국, 프랑스, 영국, 이탈리아, 네덜란드 등의 순위로 국가경쟁력이 있다고 하

으로 하여 일찍부터 산업에 있어서 표준화를 해왔을 뿐만 아니라, ISO를 비롯하여 CEN(유럽표준화위원회) 등과도 유기적인 관계를 맺고서, 독일 표준화를 국제적인 표준에 맞추고 있는 국가이다. 또한 독일법상에서는 이미 기술적 표준(technische Norm, technological standards)[5]의 법과의 관계에 대해서, 다양한 분야에서 심도있게 논의하고 있는 실정이다. 하지만 우리나라에서는 아직 법학분야에서 기술적 표준과 법과의 관계에 대해서 본격적으로 논의하고 있지는 않다. 그러므로 기술적 표준과 법과의 관계에 대해서, 독일법상의 논의를 중심으로 기술적 표준과 관련된 법적 문제를 전반적으로 살펴보고자 한다.

여서, 표준분야의 경쟁력이 국가산업 경쟁력과 거의 일치함을 알 수 있다(중앙일보 시사미디어, 이코노미스트 1214호, 2013. 12. 2, 73면).

5) 표준은 크게 분류하여 '기술적 표준'(technological standards)과 '인문 사회적 표준'(social standards)으로 분류할 수 있고, 인문 사회적 표준이란 언어·부호·행동규범 등에 대한 표준을 말하고 법령도 사회적 표준에 속한다고 할 수 있다. 이 책에서는 기술적 표준과 법과의 관계를 논의한다.

제 2 절 논의의 개요

기술적 표준과 법과의 관계를 독일법상의 논의를 중심으로 검토하기 전에, 먼저 제2장에서는 기술적 표준과 관련된 일반론을 고찰하였다. 기술적 표준의 개념과 그 생성을 각종 표준화기관의 정의와 이와 관련된 자료를 통하여 검토하고, 표준화에 있어서 모범적인 국가인 독일의 국가적, 유럽 지역적, 국제적 표준화 경향을 살펴보았다. 그리고 기술적 표준의 종류와 그 기능을 고찰한 다음에 기술적 표준의 법적 성질과 표준화에 있어서 요구되는 절차를 표준화에 있어서 선도적인 독일의 표준제정기관인 독일 표준화연구소(DIN)의 표준제정절차를 중심으로 검토하여, 표준화 절차와 그 제정원칙 등을 논하였다.

제3장에서는 하자있는 기술적 표준에 대한 표준제정기관의 책임의 문제를 고찰하였다. 하자있는 기술적 표준이 손해를 발생시킬 수 있다는 것은, 이론적인 공리만이 아니라 독일 판례를 보면, 현실에서 발생한 문제이다. 하자있는 기술적 표준을 통하여 실제 이용자뿐만 아니라, 소비자 · 이웃사람 등 제3자도 손해를 입을 수 있다. 이에 따라 표준제정자의 책임을 독일의 학설과 판례를 검토하여 이를 논하였다.

제4장에서는 기술법상 기술적 표준의 법적 의미를 고찰하였다. 현대 산업사회는 기술의 발전을 통하여 생산력이 급격하게 증대되면서 현재의 풍요로운 경제적 기반을 창출하였다. 그러나 전문화되고 세분화된 과학기술에 의하여 인간이 누리는 이익도 많지만, 한편에서는 과학기술이 사람의 생명, 신체, 재화 등에 발생시킬 수 있는 그 위험성도 더 말할 필요가 없이 논해지고 있다. 따라서 기술이 사용되고 적용되는 곳에서 필요한 안전을 확보하기 위한 법적 규정을 만들어내는 것이 국가적인 과제로 등장하게 되었다. 이러한 목적으로 만들어진 것이 통칭 기술법(Technikrecht, Technology Law) 내지는 기술적 안전법이라고 할 수 있다. 특히 독일에서의 최근의 연구동향을 보면 표준화와 기술법과의 관

계에 대한 연구가 많이 진전되어 있어서 대부분의 기술법 관련 개별법규에서는 표준화와 기술법을 연관지우고 있다. 그러므로 과학기술법 규정의 구조분석을 통하여 효율적인 기술적 안전의 달성을 위한 방안의 하나로서 표준화와 기술법과의 관계를 정리하고, 표준화가 어떻게 기술법과 관련되는지 그리고 어떠한 입법기술을 사용하여서 이를 연관시키는지에 대해서 독일의 기술법과 문헌 등을 중심으로 살펴보았다.

제5장에서는 기술적 표준의 책임법상의 의미에 관한 문제로서, 제조물책임, 매도인·수급인의 하자담보책임, 환경책임 등에서 기술적 표준이 갖는 책임법적 의미를 독일의 이론과 판례를 중심으로 해서 검토하였다. 먼저 독일법상 과실책임에 의한 일반불법행위법상의 제조물책임과 위험책임에 의한 제조물책임법(ProdHaftG)상의 제조물책임의 내용을 각각 검토하고, 각각의 제조물책임상 결함의 판단에서 DIN-표준 등의 기술적 표준의 준수로 제조물의 결함이 없다고 주장할 수 있는지 여부에 대해서 고찰하였다. 둘째로 주로 기술적 표준에서 연원하는 환경기준의 준수에 의하여 환경책임이 면책될 수 있는지에 대해서 독일민법 제906조를 중심으로 논하였다. 셋째로 기술적 표준이 매매와 도급계약상의 하자담보책임에서 어떠한 법적 의미를 갖는지에 대해서 독일의 하자담보책임에 관한 규정을 논하고 하자담보책임에서 기술적 표준의 법적 의미를 살펴보았다.

제6장에서는 제조물안전법과 기술적 표준의 관계에 대해서, 1997년에 제정되었던 독일 '제조물안전법'(ProdSG)의 주요내용과 제조물의 안전기준 설정 등에 대해서 검토하고, 2004년에 제정된 '기구 및 제조물안전법'(GPSG)의 주요내용과 제조물의 안전기준의 설정 등에 대해서 고찰하였다. 특히 제조물안전기준의 설정시 기술적 표준과 어떠한 관계를 설정하고 있는지 등에 대해서 살펴보고, 제조물안전기준의 준수로 제조물책임법상의 책임이 면책될 수 있는지 여부 등에 대해서도 고찰하였다. 그리고 우리나라 소비자기본법상의 제조물안전기준의 설정 등과 관련한 내용을 검토하고 그 문제점을 살펴보았다.

제 2 장 기술적 표준에 대한 일반론

제2장 기술적 표준에 대한 일반론

제1절 기술적 표준의 의의와 그 발생

Ⅰ. 기술적 표준의 의의

표준(Norm)[1]의 개념에 대해서는 다양한 기관에서 이를 정의하고 있으나, 그 개념정의를 보면 유사하다고 할 수 있다. 독일표준화연구소(Deutsches Institut für Normung e. V.: DIN)의 표준에 대한 개념정의를 보면, "표준은 계획적으로 국가적·지역적 그리고 국제적으로 관심있는 분야에서 공공의 이용을 위하여 물질적·비물질적인 대상에 대하여 공동적으로 행하여진 통일화를 위한 표준화 작업의 결과이다"라고 하고 있다.[2] 이러한 독일표준화연구소(DIN)의 표준에 대한 개념정의는 변경되어, 현재는 아래에서 보는 유럽의 표준제정기관(CEN/CENELEC)과 같은 개념정의를 사용하고 있다.[3] 유럽의 표준설정기관인 유럽표준화위원회(Europäisches Komitee für Normung: CEN)와 유럽전기기술표준화위원회(Europäisches Komitee für elektrotechnische Normung: CENELEC)의 표준에 대한 개념정의를 보면, "표준(Norm)은 합의에 의하여 정해지고 승인된 기관에 의하여 받아들여지고, 주어진 상황에서 최적의 질서척도(Optimaler Ordnungsgrad)의 추구를 위하여 활동과 그 결과에 일반적이고 반복적으로 적용되는 규칙, 지침 또는 특성을 확정하는 문서"라고 정의

---

1) Norm은 독일·오스트리아·스위스에서 사용하는 용어이며, 불어권에서는 'norme'라 하고, 영어권과 스칸디나비안 제국에서는 'standard'라고 한다.

2) DIN 820-3(März 1975)(DIN 820 Teil 3은 독일표준화연구소의 표준화의 기본개념을 설정한 표준이다).

3) DIN 820-3(Juli 1998), 3. 1. 6에서는 표준에 대한 개념정의는 DIN EN 45020을 보라고 되어 있다.

하고 있다.[4)]

또한 국제표준화기구(International Organization for Standardization: ISO)에서는 "표준이란 개개의 표준화 노력의 성과로서 어떤 공인된 단체에 의해 승인된 것"으로 정의하고 있으며, ISO/IEC Guide 2(1996)에서는 "표준이란 합의에 의하여 정해지고 인정된 기관에 의하여 승인되었으며, 주어진 범위 내에서 최적의 질서확립을 목적으로 일반적이고 반복적인 사용을 위하여 규칙, 지침 또는 특성을 제공하는 문서"라고 하고 있다.[5)] 우리나라의 한국산업표준 KSA 0001(KS 표준서의 서식 및 작성방법)에서는 "표준(Standard)이란 합의에 의해 정해지고 공인된 기구에 의해 승인된 문서로서 공통적이고 반복적인 사용을 목적으로, 주어진 상황에서 최적수준에 도달하고자 하는 활동과 그 결과에 대한 규칙, 지침 또는 특성을 제공"하는 것이라고 정의하고 있다.[6)] 이를 보면 표준에 대해서 다양한 표준제정단체가 이를 정의하고 있지만, 결국 국제표준화기구(ISO/IEC)가 1996년에 정한 표준에 대한 개념정의를 수용해서 정의하고 있다고 할 수 있다.

그리고 기술적 표준(technische Norm)에 대한 상세한 정의는 1974년 6월의 유엔의 유럽경제위원회(Economic Commission for Europe: ECE)의 문서에 볼 수 있는데, 이 문서에서는 기술적 표준을 다음과 같이 정의하고 있다. 이에 의하면 기술적 표준은 "학문(Wissenschaft), 기술(Technik),

---

4) DIN EN 45020(Juli 1998), 3. 2에서 표준에 대한 개념정의를 하고 있다(뒤에서 고찰하듯이 유럽표준화위원회(CEN)의 표준은 수정 없이 독일표준화연구소(DIN) 등의 표준으로 전환되는데, EN은 유럽표준화위원회가 제정한 유럽표준을 의미하며, DIN EN의 의미는 유럽표준이자 독일표준화연구소의 표준이라는 것을 의미한다. 그러므로 DIN EN 45020은 유럽표준 EN 45020이 독일표준으로 수용되었다는 의미이다).

5) 한국표준협회, 미래사회와 표준, 2012, 19-20면.

6) 과거 한국산업규격 KSA 3001에서는 표준(Standard)이란 관계되는 사람들 사이에서 이익이나 편리가 공정하게 얻어지도록 통일 · 단순화를 꾀할 목적으로 물체 · 성능 · 능력 · 동작절차 · 방법 · 수속 · 책임 · 의무 · 사고방법 등에 대하여 정한 결정을 의미하며, 표준화(Standardization)란 이러한 표준을 정하고 이를 활용하는 조직적인 행위라고 정의하였다.

실무(Praxis)적으로 인정되는 결과에 근거하여 모든 이해관계집단의 공동작업과 합의 및 일반적인 동의아래 공공사회가 사용할 수 있는 기술적 상술(technische Spezifikation) 또는 그 외의 문서로서, 공공의 최대한의 이용을 추구하고 국가적 · 지역적 또는 국제적[7]으로 승인된 기구에 의하여 동의되어진 기술적 상술 또는 그 외의 문서를 말한다"고 정의하고 있다.[8] 이러한 정의에서의 포함된 '기술적 상술'에 대해서는 다음과 같이 좀 더 자세히 설명하고 있는데, "기술적 상술이란 품질수준, 성능, 안전, 치수와 같은 생산물의 특징 또는 용역의 특징을 확정하는 문서이다. 이러한 문서는 전문용어, 그림기호, 검사와 검사절차, 포장, 표지나 표제 등이 포함될 수 있다. 또한 기술적 상술은 실무를 위한 지침의 형식을 가질 수도 있다"고 하고 있다.[9]

이를 보면 각종 단체의 표준 내지 기술적 표준에 대한 개념 정의는 매우 유사하다고 할 수 있으며, 단순하고 간명하게 표준을 정의하면 '표준이란 반복되는 기술적 또는 조직적 일의 유일한 해결책'이라고 할 수 있다.[10]

Ⅱ. 기술적 표준의 발생

기술적 표준은 어쩌면 인류 역사와 함께 시작되었다고도 할 수 있는

7) 유럽경제위원회(ECE)의 기술적 표준에 관한 정의에서 사용된 '지역적 영역'(regionale Ebene)의 의미는, 예를 들어 유럽과 같이 특정지역의 다수 국가의 공동작업을 의미한다. 그리고 '국제적 영역'(internationale Ebene)은 모든 국가가 참가하는 것이 열려있는 세계적인 공동작업을 의미한다.

8) Peter Marburger, Die Regeln der Technik im Recht, 1979, S. 40ff: 개념 정의에 대한 좀 더 자세한 설명은, Rüdiger Rönck, Technische Normen als Gestaltungsmittel des Europäischen Gemeinschaftsrechts, 1995, SS. 24-26.

9) Economic Commission for Europe, Third Meeting of Goverment Officials Responsible for Standardization Policies, 10-14 June 1974, Document ECE/stand/14, annex Ⅰ.

10) Otto Kienzle, Vom Wesen der Normen, Studium Generale 6, 1953, S. 63.

데, 인류 역사상 최초의 기술적 표준은 기원전 7000년경 이집트에서 무게의 단위로 사용하였다는 표준화된 원통모양의 돌로 알려져 있다. 동양에서는 진시황이 중국을 통일한 후 행한 도량형의 통일에서 그 역사를 찾을 수 있다고 한다. 진시황은 통일의 확립과 전제국에서 자유로운 거래와 교통을 확보하기 위하여, 국부와 황제의 세수의 증대를 위하여 통일적인 기술적 표준을 공포하였다. 수레의 차축과 축간거리에 대하여, 성문의 넓이와 도로건설에 대하여, 도량과 무게에 대하여, 水管 그리고 무기와 갑옷에 대하여 통일적인 기술적 표준을 공포하였다.[11] 하지만 중국에서의 표준의 역사는 기원전 1000년 전의 주문공의 周禮에서 그 역사를 찾을 수 있다고 할 것이다. 周禮를 보면, 길 넓이는 일정한 한도가 있고 집을 짓는 데도 일정한 척수가 있고, 수레바퀴 속 바퀴살을 셋으로 만들면 진흙에 빠지지 않으며, 금속약제의 분량, 가죽을 다루는 법, 실을 물들이는 법, 옷칠을 하는 법 등에 이르기까지 자세히 기록되어 있다고 한다.[12]

인류의 기술이 점차 발전하면서 표준화는 표준부품의 활용에서도 중요한 의미를 가지게 되었다. 17세기의 네덜란드인들은 어선을 제조하기 전에 교체가 가능한 부품의 수를 정하고, 이 부품들을 모듈화함으로써 어선을 획기적으로 빠른 시간에 제조할 수 있는 기술을 개발하였다. 또한 별로 언급되지 않았지만, 프랑스 나폴레옹의 군사적 성공 뒤에는 당시 프랑스의 선진적인 기술역량과 특히 무기생산의 표준화가 있었다. 프랑스의 과학 기술력에 의하여 나폴레옹 시대의 프랑스 군대는 무궤도 증기차와 정보시스템을 갖추어 수송력과 정보체계의 우위성을 지니고 있었다. 특히 전투에 사용되는 머스키트(muskit)총과 그에 사용되는 탄환 그리고 대포의 대량생산체제를 갖추고 있었다. 당시만 해도 무기생산은 개인 직공의 숙련에 의한 개별생산방식이었는데, 표준화로 대량생

11) D. Helmut Reihlen, Technische Normen-Freiheit und Bindung, DIN-Mitt 70, 1991, S. 527.

12) 박제가 저/홍희유·강석준 역, 북학의, 여강출판사, 1991, 5-6면.

산체제를 갖추고 있었던 것이다.[13)14)]

우리나라에서의 표준에 대한 논의는 18세기 후반에 쓰여진 실학자 박제가의 '北學議' 에서 볼 수 있는데, 그 서문에 보면 "성곽, 주택, 수레, 도구 등에는 적의한 규격과 양식이 있다. 그것이 잘 조화되어 있으면 견고하고 완전하며 오래 보존되나 그렇지 못하면 만들었다하여도 곧 못쓰게 되어 국민과 국가에 끼치는 손해가 적지 않다"고 하면서, 內編에는 수레 등의 교통시설과 생활용구 및 주택 등의 표준화에 대하여, 그리고 外編에서는 농업분야 등의 표준화에 대하여 언급하고 있다.[15)]

독일에서의 기술적 표준은 기업분야에서 먼저 발생하였다. 19세기 중반에 이미 금속가공산업 분야에서 작업규정과 작업규정집(Werksnormalien und Normalienbücher)의 형태로 기술적 표준이 존재하였다. 오늘날 독일에서는 수많은 산업분야에서 표준부서(Normenabteilungen)가 활동하고 있다. 이러한 표준부서는, 첫째로 관련되는 기업의 수많은 초기업적 기술적 표준(überbetriebliche technische Normen)[16)]을 정선하고, 기업의 특별한 필요성에 따라서 요구되는 표준을 관찰하고, 기업적 실무에 도입을 한다. 둘째로 표준부서는 부가적으로 기업의 특별한 이해에 의중을 둔 기술적 표준을 공동작업을 통해서 만들어 낸다. 특별히 하나의 일정한 기업내부에서만의 적용을 위하여 표준부서에 의해서 기업과

13) 최종완, 표준화 이야기, 한국표준협회, 1999, 17-20면.

14) 제품뿐만 아니라 제조공정에서도 표준화가 사용되기 시작하였는데, 이를 선도한 사람이 자동차왕 헨리 포드이다. 헨리 포드는 숙련노동자 몇 명과 도제들로 구성된 작업반이 자동차를 생산하는 방식에서 벗어나, 모든 자동차 제조공정을 세분화하고 표준화하여 유럽에서 미국으로 온지 얼마 안 되는 비숙련노동자라도 단기간의 직무훈련 후 바로 생산현장에 투입될 수 있도록 하였다.

15) 자세한 것은, 박제가 저/홍희유 · 강석준 역, 전게서, 23면 이하 참조.

16) 기술적 표준을 장소적 적용범위에 따라서 분류해 보면, 하나의 기업내부에서만 적용되는 작업규정과 초기업적인 기술적 표준으로 분류할 수 있고, 초기업적 기술적 표준은 다시 국가적 표준, (유럽)지역적 표준, 국제적 표준으로 나눌 수 있다(Thomas Zubke von Thünen, Technische Normung in Europa, 1999, S. 127).

정에 도입된 기술적 표준의 전체를 일반적으로는 작업규정(Werknorm)[17]이라고 한다. 이러한 작업규정집은 19세기 후반 독일에서 각 기업의 상이한 작업규정의 통일화를 위한 노력의 출발점이 되었다. 즉 개개 기업의 작업규정이 상이함에 따라 생산된 제품의 호환성이나 경제성 등에 문제가 발생하였으므로, 각 기업의 상이한 작업규정을 통일화하기 위한 노력이 독일에서의 초기업적 기술적 표준 제정의 출발점이 되었다. 이를 위하여 그 당시에 설립된 기술적·학문적 단체로서는 독일기술자협회(Verein Deutscher Ingeniere: VDI), 독일가스·물전문협회(Deutscher Verein des Gas- und Wasserfaches e. V.: DVGW), 독일전기기술자협회(Verband Deutscher Elektrotechniker e. V.: VDE) 등이 있었다. 초기업적 기술적 표준은 국가적·유럽 지역적 또는 국제적으로 생산과 그 절차적 방법 또는 결과물의 통일화를 위하여 생산자, 소비자, 행정기관, 학문기관 등 모든 관련자들의 공동작업의 결과물로 이해할 수 있다. 오늘날 독일에서 초기업적 기술적 표준은 독일표준화연구소(DIN)를 중심으로 하여 주로 국내적 합의에 의해서 만들어지나, 또한 점차 증가하는 유럽 지역적 또는 국제적 합의에 의해서 엄청난 수의 표준이 존재하고 있다. 이러한 초기업적 기술적 표준은 생산, 거래, 용역(Dienstleistung) 그리고 경영의 모든 부분에서 커다란 영향을 미치고 있으며, 이제 기술적 표준을 도외시하고는 이들 분야에서 경영·행정적 업무집행을 생각할 수 없게 되었다.

인류역사의 발전과 더불어 표준은 단순한 측정표준의 범위를 넘어 재화와 용역에 걸쳐서 광범위하게 제정되고 있으며, 현대의 우리 생활은 표준을 논하지 않고는 현대인의 생활을 설명할 수 없게 되었다. 특히 근대이후 과학기술이 급격히 발전하면서, 생산되는 제품과 산업형태가 다양해지면서 표준은 갈수록 복잡해지고 다양화되고 있으며, 세계 각국과 기업들은 시장확보와 연결된 표준을 선점하기 위하여 치열한 경

---

17) 작업규정(Werknorm)이라 함은 '자신의 필요성에 따라 하나의 기업, 하나의 행정청 또는 하나의 단체의 표준화작업의 결과'라고 한다(DIN 820 Teil 3).

쟁을 벌이고 있다. '표준을 지배하는 나라가 세계를 지배하고 세계를 지배하는 나라가 곧 표준을 지배한다'라는 말이 있듯이, 현대산업사회와 정보화사회에서 표준은 선택의 문제가 아니라 생존의 문제라고 할 수 있다.

제 2 절 독일에서의 기술적 표준의 제정

I. 서 론

19세기 후반 독일에서 각 기업의 상이한 작업규정의 통일화를 위한 노력이 독일에서 기술적 표준 제정의 출발이었으나, 오늘날 독일은 표준화에 있어서 선진적인 국가로서, 독일표준화연구소(DIN)를 중심으로 하여 일찍부터 산업에 있어서 표준화를 진척시켜왔을 뿐만 아니라, 국제표준화기구(ISO)를 비롯하여 유럽표준화위원회(CEN) 등과도 유기적인 관계를 맺고서, 독일 표준을 국제적인 표준에 맞추고 있는 국가이다. 즉 독일의 표준화 중심기관인 독일표준화연구소(DIN)는 유럽 지역적 표준화 기관인 유럽표준화위원회(CEN), 그리고 국제적 표준화 기관인 국제표준화기구(ISO) 등과 상호연계성을 갖고서 독일 표준을 국제적 표준과 조화시키고 있다.

Ⅱ. 독일의 국가적 표준화

독일에는 기술적 표준을 작성하고 공표하는 사법상의 단체가 현재 약 150개 이상 있다. 이들 단체 중 중요하고 널리 알려진 단체로서는 독일표준화연구소(Deutsches Institut für Normung e. V.: DIN), 독일기술자협회(Verein Deutscher Ingenieure: VDI), 독일전기기술자협회'(Verband Deutscher Elektrotechniker e. V.: VDE),[18] 독일가스 · 물전문협회(Deutsche Verein des Gas- und Wasserfaches: DVGW) 등이 있고, 그 외 약 150여개

18) 2003년 1월 1일부터 시행된 개정 정관에 의하면, 그 명칭을 '독일 전기기술 · 전기 · 정보기술협회'(Verband der Elektrotechnik Elektronik Informationstechnik e. V.: VDE)로 개칭하였다.

의 표준제정단체가 있다.[19] 이러한 독일의 표준화단체가 제정한 표준의 숫자를 보면, 독일표준화연구소(DIN)의 표준이 약 2만개 이상이 되고, 그 외의 약 150개의 표준제정단체가 제정한 3만 5천개 이상의 표준이 독일에서 작용을 하고 있다.[20] 이 중에서도 가장 중요하고 비중이 큰 기술적 표준의 제정단체가 독일표준화연구소(DIN)와 독일전기기술자협회(VDE)이다. 모든 표준제정단체의 조직구조를 살펴보는 것이 필요하다고 생각하지 않으므로, 여기서는 가장 중요한 표준제정단체로서 독일표준화연구소(DIN)와 독일전기기술자협회(VDE)를 중심으로 해서 살펴보도록 한다.

먼저 독일표준화연구소(DIN)의 역사를 보면, 1917년 5월 18일 독일기술자협회(VDI)에 의하여 "일반기계공업을 위한 표준위원회(Nomalienausschß für den allgemeinen Maschinenbau)"로 설립되어, DI-표준(DI-Normen: Deutsche Industrie-Normen)으로 표준을 발간하였다. 같은 해 12월에 독자적인 "독일산업표준위원회(Normenausschuß der Deutschen Industire: NDI)로 독일기술자협회(VDI)로부터 분리되었으며, 1920년 4월 16일에 비영리목적의 사법상의 법인으로서 베를린에서 법인설립등기가 되었다. 그리고 1926년 11월에 독일산업표준화위원회(NDI)의 활동의 범위가 산업분야에 국한하지 않고 수공업(Handwerk), 행정(Verwaltung), 학문(Wissenschaft)과 같은 비산업분야에 까지 미치자 독일표준위원회(Deutscher Normenausschuß: DNA)로 이름을 바꾸었다. 1951년에 독일을 대표하여 국제표준화기구(ISO)에 가입을 하고, 독일연방정부와의 표준화계약을 계기로 하여 새로운 정관이 통과됨으로써 1975년 9월 1일에 "독일표준화연구소(DIN Deutsches Institut für Normung e. V.)"로 되어서 지금에 이

19) Peter Marburger/Thomas Gebhard, Gesellschaftliche Umweltnormierungen, in: Alfred Endres/Peter Marburger, Umweltschutz durch gesellschaftliche Selbststeuerung, 1993, S. 5.

20) Hans Picht, Empfehlungen zur Umstellung TGL-DIN, DIN-Mitt 70, 1991, S. 333.

르고 있다.

독일표준화연구소(DIN)는 권리능력 있는 사법상의 법인으로서, 정관 제2조 제1항에 따라 기업과 법인이 구성원이 될 수 있고, 자연인은 구성원이 될 수 없다.[21] 1992년에 회원의 수는 6,607에 달하였고, 또한 DIN의 전체 표준의 숫자는 1980년에 18,737이었으나 1992년에는 21,487개에 달하였다.[22] 이러한 DIN은 1975년 6월 5일에 '독일연방정부와 DIN과 체결된 계약(Vertrag zwischen der Bundesrepublik Deutschland, vertreten durch den Bundesminister für Wirtschaft, und dem DIN Deutsches Institut für Normung e. V., vertreten durch dessen Präsidenten)'에 따라, 독일의 국가적 표준단체로서 비정부간 국제적 표준기구에서 독일을 대표하며, DIN은 표준화작업시에 공공의 이해를 고려하도록 할 의무를 지고, 독일정부는 직간접으로 DIN의 활동을 지원하도록 하면서 재정적인 지원도 할 의사가 있음을 밝히고 있다.

그리고 독일표준화연구소의 주요 기관은 회원총회, 의장단, 의장, 이사 그리고 표준위원회(Normenausschüsse)가 있다. 사단의 목적인 표준제정작업은 정관 제9조에 따라 표준위원회(Normenausschüssen)에 안에 있는 분과위원회(Arbeitsausschüssen)에 의해서 행하여진다. 1992년에는 106개의 표준위원회와 3,973개의 분과위원회가 있었으며, 전문가 44,565명의 명예회원들이 활동하고 있었다.[23] 그리고 예외적인 경우에는 표준위원회에 소속되지 않은 분과위원회에서도 표준화작업이 행해질 수 있다. 또한 모든 표준위원회에는 조정위원회(Lenkungsgremium)를 두고 있다(§9 S. 3 DIN Satzung).

DIN의 표준은 DIN 1~80,000번 대까지 일련번호로 표시되며, 특별한 분류는 없고 A4판으로 Beuth사에 의하여 발행된다. DIN 표준의 종류에는 표준(Norm), 표준-초안(Norm-Entwurf), 예비표준(Vornorm), 보충사

---

21) Thomas Zubke von Thünen, a. a. O., 1999, S. 245.

22) Eberhard Möllmann, DIN-ein Haus mit Geschichte und Zukunft, in: 75 Jahre DIN, 1917 bis 1992, 1993, S. 16.

23) A. a. O., S. 16.

항(Beiblatt) 등으로 나누어 볼 수도 있다.[24] 표준(Norm)은 DIN에 의하여 만들어져서 현재 적용되는 표준이고, 표준-초안은 DIN의 분과위원회에서 만들어진 표준초안으로서 공공대중의 의견을 구하기 위하여 발표된 것을 말하며, 예비표준은 해당 사항에 대해서 표준화의 필요성은 있지만 분과위원회로서는 시험이나 경험을 더 거친 후에 표준화하고자 하는 경우에 발행된 잠정규정을 말한다. 그리고 보충사항은 표준(Norm)의 보충적인 사항을 기재한 것을 말한다.

독일전기기술자협회(Der Verband Deutscher Elektrotechniker: VDE)는 1893년 1월 22일에 지방의 전기기술협회와 전기산업의 대표자들로 베를린에서 "Verbandes der Elektrotechniker Deutschlands"로 설립되었다. 그 후에 얼마 지나지 않아서 독일전기기술자협회(Der Verband Deutscher Elektrotechniker: VDE)로 그 명칭이 변경되었다. 이 단체의 목적은 전기기술적 경제와 학문의 진흥 이외에 표준화계획의 실행도 목적이었다. 이것은 표준화의 통일화기능, 합리화기능, 안전기능을 배경으로 하여, 전기안전규정을 만드는데 VDE의 활동의 주목적으로 삼았다. 그리고 기술적 표준화에서의 통일화와 합리화를 목적으로 1917년에 DIN의 전신인 독일산업표준위원회(NDI)의 설립을 이끌었고, 더하여 업무영역중첩의 문제를 해결하기 위하여, 1941년에 VDE는 전기기술적 표준화를 책임지기로 하였다.

독일전기기술자협회(VDE)는 권리능력 있는 社團으로서, DIN과는 달리 기업이나 법인뿐만 아니라 자격있는 자연인도 회원이 될 수 있으며,[25] 현재의 회원은 약 33,000정도이다. 협회의 목적은 VDE 정관 제2조에 따라서 전기기술적 안전을 위한 표준을 제정하고, 이와 더불어 표준제정작업의 범위를 넘어서 전기기술적 안전실험의 실행과 시험된 제

24) DIN-Normenheft 10, Grundlagen der Normungsarbeiten des DIN, 2001, SS. 324-327.

25) Hans Jürgen, Grundfragen des technischen Normwesens, BB Beilage 4, 1985, S. 5.

품에 대해서 VDE-표나 GS-표를 수여한다. VDE는 DIN과의 관계에서 1941년에 DIN과의 업무중첩의 문제를 해결하기 위하여, 전기기술적 안전의 표준화에 대해서는 VDE가 전담하기로 업무분담을 하였다. 그러나 다시 1970년 10월의 DIN의 前身인 독일표준위원회(Deutscher Normen-ausschuß)와 VDE의 계약으로 독일전기기술위원회(Deutsche Elektro-technische Kommission: DKE)를 설립하여 전체 전기기술적 표준화를 책임지고 있다.[26] 즉 현재 VDE의 표준제정은 독일전기기술위원회(DKE)를 통해서 행해지고, 이 위원회는 이중의 위치를 가지는데, 즉 DIN의 표준위원회이자 VDE의 위원회로서 해당되는 전기안전 기술적 표준을 만든다. DKE에 의해서 만들어진 표준이 안전기술적 내용을 가지는 한, 이러한 표준은 DIN-표준이면서, VDE-표준으로 발행이 된다.

Ⅲ. 유럽 지역적 표준화와 국제적 표준화

1. 국제적 표준화의 필요성

유사한 기술에 대해 나라마다 또는 지역마다 표준이 제 각각이면 기술적 무역장벽이 생긴다. 왜냐하면 특정국가가 각종 표준, 기술규정 및 인정절차 등을 자국의 실정에 따라 나름대로 까다롭게 운영할 경우 상품을 수출하는 국가는 수출대상국의 표준, 기술규정 요건에 맞도록 새로운 생산설비를 구비하거나 까다로운 절차를 통과하기 위하여 막대한 비용과 시간을 소비해야 되므로, 이는 수입을 제한하는 무역기술장벽으로 작용하게 되기 때문이다.[27] 그러므로 각 나라마다 상이한 기술적 표준이 비관세장벽으로서 자유로운 국제적 거래를 방해한다는 인식에 따라, 20세기 초반부터 기술적 표준에 있어서 국제적 공동작업을 수행하

---

26) Thomas Zubke-von Thünen, a. a. O., S. 270.

27) 또한 이를 방지하기 위하여 현재 WTO에서는 무역에 대한 기술장벽협정(Agreement on Technical Barriers to Trade), 일명 TBT협정을 체결하였다.

여 왔다.

이러한 비관세장벽의 제거를 위하여 각 국가 간의 표준화작업의 결과를 조화시킬 목적으로 국제표준화기구(ISO), 국제전기기술위원회(IEC), 유럽표준화위원회(CEN) 등과 같은 초국가적 조직이 발생하였다. 세계경제가 점차 더욱 연관성을 가지게 됨과 아울러 국제무역이 점증함에 따라 각 국가의 국내적 표준과 조화를 이루는 국제적 표준이 더욱 중요한 의미를 가지게 되었다. 특히 유럽의 통합으로서 하나의 시장(europäischer Binnenmarkt)을 만들기 위해서는 비관세장벽[28]의 극복이 절대적으로 중요한 의미를 가지게 된다.[29]

2. 유럽의 유럽 지역적 표준화

유럽의 표준화기구로서는 유럽표준화위원회(Europäisches Komitee für Normung: CEN)와 유럽전기기술표준화위원회(Europäisches Komitee für elektrotechnische Normung: CENELEC)가 있다.

유럽표준화위원회(CEN)의 연혁을 보면, 유럽 18개국의 표준화기구가 참가하여 파리에서 1961년에 창설되었다. 1971년부터는 벨기에법에 의한 학문적 목적을 가진 비영리목적의 사법상의 단체(privatrechtliche Vereinigung)로서 브뤼셀에 그 본부를 두고 있다.[30] 유럽연합과 유럽자유무역연합(EFTA)에 소속된 각 국가의 상응하는 표준화 기구가 참가하고 있으며, 독일은 독일표준화연구소(DIN)에 의해서 대표되어 진다. CEN의 정관

28) 즉 상품의 상이한 규격과 다양한 기술적 해결은 한 국가의 상품에 다른 국가의 제품이나 부속품을 접속시키는 것을 어렵게 하고, 또한 상이한 안전기준의 요구는 수입물건에 대한 허가업무 등에 방해를 가져올 수 있다. 또한 어느 나라의 높은 수준의 안전요구나 표준은 근본적으로 다른 나라의 물건이 들어올 수 있는 여지를 없애게 된다.

29) Rüdiger Rönck, Technische Normen als Gestaltungsmittel des Europäischen Gemeinschaftsrechts, 1995, SS. 36-45.

30) Alfred Warner, Normung und Zertifizierung nach 1992, DIN-MIT. 70, 1991, S. 199.

에 따르면, CEN의 목적은 기술적으로 제한된 무역장벽의 제거를 통하여 무역과 용역거래의 증진을 목적으로 한다. 정관에 의하면 이러한 목적 달성수단으로서는 정치적·경제적·학문적 기구의 협동을 통한 유럽표준의 준비, 국제적 표준의 통일적인 적용, 각 국가 표준의 조화이다.[31)]

그리고 유럽전기기술표준화위원회(CENELEC)는 1959년 전기기술분야에서의 표준화를 위한 위원회로서 "유럽경제공동체국가에서의 전기기술표준화를 위한 유럽위원회(Europäische Komitee für elektrotechnische Normung in den Ländern der EWG: CENELCOM)"로 설립되었다. 이 위원회는 유럽경제공동체국가에서 존재하는 상이한 전기기술적 표준을 조화시키기 위한 과제를 안고 출범하였다. 그리고 유럽전기기술표준화위원회(CENELEC)는 1972년에 유럽자유무역연합 국가의 "전기기술 표준화를 위한 유럽위원회(Europäische Komitee für elektrotechnische Normung: CENEL)"와 "유럽경제공동체국가에서의 전기기술표준화를 위한 유럽위원회(CENELCOM)"의 결합으로서 지금에 이르고 있다.[32)]

---

31) 1992년까지 CEN은 약 240개의 기술위원회를 가지고 있으며, 4,000개 이상의 표준을 만들었다. 그리고 1992년도의 CEN의 1년 예산은 약 1천6백만 마르크 정도였다. CEN에서는 유럽표준(EN) 이외에도 조화문서(Harmonisierungsdokument: HD), 유럽 예비표준(Europäische Vornorm: ENV)을 공표한다.

32) 유럽전기기술표준화위원회(CENELEC)는 1976년에 브뤼셀에 본부를 둔 벨기법상의 사법상의 단체이다(Rudolf Winckler, Europäische Normung in CENELEC, DIN-Mitt 62, 1983, S. 79). 유럽전기기술표준화위원회에는 50개 이상의 기술적 위원회가 있으며, 1989년 말에 벌써 2만 9천면 이상의 조화된 표준을 제정하였다. 유럽전기기술표준화위원회의 정관에 의하면, 이 위원회의 목적도 해당 국가의 기구에 의하여 공포된 국가적인 전기기술적 표준의 조화와 무역장벽의 제거에 있다. 원칙적으로 CENELEC에서는 적당한 시기에 해당하는 적당한 국제적 표준이 없을 경우에만 표준을 만든다. 그러므로 일반적으로 국제전기기술위원회(IEC)의 작업결과를 가능하면 수정 없이 CENELEC 회원국의 국가적 표준으로 옮기는데 최선을 다한다(Rudolf Winckler, Verfahren und Organisation der Harmonisierung technischer Normen, in: Technische Regeln im Binnenmarkt, 1991, S.79).

유럽표준화위원회(CEN)와 유럽전기기술표준화위원회(CENELEC)는 모두 브뤼셀에 근거지를 두고 있는 사법적인 단체이다. 회원은 유럽연합(EU)과 유럽자유무역연합(EFTA)에 소속된 각 국가의 표준화 기관이다. 독일의 경우에서 CEN은 독일표준화연구소(DIN)를 통하여 대표되고,[33) CENELEC는 독일전기기술위원회(DKE)를 통하여 대표된다. 두 기관의 근본적인 목적은 유럽지역에서의 표준화의 달성과 財貨와 用役의 국경을 넘는 거래 시의 기술적 무역장벽의 제거에 있다. 이러한 목적은 통일적인 유럽표준(Europäische Normen: EN)의 제정 또는 전환으로 실행되며, 만일 완전한 합의에 도달할 수 없으면 소위, 조화문서(Harmonisierungsdokumente: HD)를 통하여 달성이 된다.

그런데 CEN과 CENELEC는 1981년 10월에 서로의 공동작업에 대한 합의를 하고, 1985년 9월에 "공동규정"(Gemeinsame Regeln)에 대한 원칙을 의결하였으며,[34) 1998년 1월에 그들의 투표양식을 완전히 일치시켰다. 그 이후로는 대외적으로는 공동 유럽표준기관으로서 공동의 업무규정(Geschäftsordnung)을 가지고 행동한다.[35) 하지만 두 단체의 법률상의 독자성은 그대로 유지하고 있다. 이렇게 CEN과 CENELEC의 작업을 통하여 만들어진 표준은 유럽공동체 회원국의 국내의 표준화기관을 구속하는 효과를 가지고 있다. 즉 회원국에 의해서 수정없이 받아들여져야 하며, 상이한 국내적 표준은 철회되어야만 한다.[36) 독일의 DIN에서

---

33) 프랑스는 AFNOR, 영국은 BSI, 이탈리아는 UNI, 스웨덴은 SIS에 의하여 대표되어진다.

34) 유럽표준화작업의 보다 넓은 발전의 일환으로 유럽공동체위원회와 공동의 유럽 표준위원회인 CEN과 CENELEC는 1984년 11월에 합의를 하였는데, 합의의 내용은 CEN과 CENELEC는 중요한 점에서 내부규정을 통일할 의무를 지도록 하였다(CEN-Generalversammlung, DIN-Mitt. 65, 1986. S. 47).

35) Ludwig Orth, Europäische Normen bei der Realisierung des Binnenmarktes bis 1992, DIN-Mitt. 67, 1988, S. 131.

36) Christian Joerges/Josef Falke/Hans-Wolfgang Micklitz/Gert Brüggemeier, Die Sicherheit von Konsumgütern und die Entwicklung der Europäischen Gemeinschaft, 1988, S. 185.

는 유럽표준을 DIN-EN 표준(DIN-EN Normen)으로 공표한다.

상이한 이해집단의 대표자들이 독일의 국가적 표준화기구의 분과위원회에 참가하는 것과는 상이하게, CEN과 CENELEC의 개별 기술위원회는 국가적 이익대변의 원칙(Prinzip der nationalen Repräsentanz)에 의하여 구성되어 있다. 즉 유럽 표준화기구에는 그에 해당하는 개별 국가의 표준화기구가 참여하여서 표준을 제정함에 따라, 생산자·이용자·소비자·학자·행정청·환경단체 등의 표준제정에 관심있는 분야의 사람들이 직접적으로 참가할 수 없다는 문제점이 있다.[37] 이러한 구성인 이유로 실제 표준화에서 이익이 대변되어야 하는 환경단체, 기업, 행정청 등의 이익대변에 문제점이 있는 것은 사실이다. 하지만 이러한 개별 소위원회의 구성의 약점은 소위 "가입한 기관"(Assoziierte Institution: ASB)을 통하여 제거될 수 있다. ASB는 투표권없이 단지 표준화절차에 참가가 허용되는 유럽의 이해관계집단의 대표자들이다.

이와 관련하여 매우 특이한 것은 유럽통신표준협회(European Telekommunications Standards Institute: ETSI)의 경우이다. 유럽통신표준협회는 통신분야의 기술적 표준의 실시는 유럽 통일시장의 달성에 중요하므로, 통신분야의 기술적 표준을 만들기 위해서 CEN과 CENELEC에 부가적으로 1988년에 설립되었다. 회원은 우편 및 전신전화관련 행정청, 공적인 통신망의 운영자, 생산자, 사용자 그리고 통신에 관심있는 관련기구이다. ETSI는 CEN과 CENELEC와 비교해 볼 때, 근본적으로 다른 회원구조를 가지고 있다. 즉 각 개별국가의 관련 표준기관이 아니라 직접적으로 관련된 집단들이 유럽표준기관의 회원으로 되어 있다는 것이다. 이러한 구조는 기술적 위원회와 ETSI의 분과위원회에도 그대로 반영되어 있어서, 이들은 직접적으로 관련 이해관계집단의 대표자들로 구성되어 있다.[38]

---

37) Josef Falke/Christian Joerges, Rechtliche Möglichkeiten und Probleme bei der Verfolgung und Sicherung nationaler und EG-weiter Umweltschutzziele im Rahmen der europäischen Normung, 1995, SS. 103-104.

38) Bernd Grützner, Normung, Zertifizierung und Akkreditierung im

이러한 유럽 표준화의 특별한 의미는 무엇보다도 유럽공동체와 CEN, CENELEC 및 ETSI의 공동작업으로 표준화가 행하여진다는 것에 있다. 유럽공동체는 처음에는 법령을 통한 기술적 규정의 상세한 조화를 구상했으나 이의 실현이 좌절되고, 기술적 조화와 표준화의 영역에 대한 '새로운 구상'(Neue Konzeption)을 받아들였다. 즉 유럽공동체의 개별적인 회원국간의 상이한 기술적 표준은 유럽공동체에서의 자유로운 상품거래에 장애가 될 수 있으므로, 일찍이 유럽공동체는 유럽공동체조약(Vertrag zur Gründung der Europäischen Gemeinschaft: EGV) 제100조[39]에 따라서 법률동화 작업을 통하여 상이한 표준을 통일하고자 하였다. 그러나 국내 입법에서와 마찬가지로 유럽의 입법자들에게서도 수많은 상세하고 다양한 표준화과제를 완전히 수행한다는 것은 무리였다. 이에 따라 1985년 5월 7일 유럽이사회(Europäisches Rat)에서는 "기술적 조화와 표준화분야에의 새로운 구상(Eine neue Konzeption auf dem Gebiet der technischen Harmonisierung und der Normung: Neue Konzeption)"을 결정하였다.[40]

유럽이사회의 "기술적 조화와 표준화분야에의 새로운 구상(Neue Konzeption)"의 4가지 기본원칙을 보면 다음과 같다.[41] 첫째로 생산품의

EU-Binnenmarkt, 1994, S. 37.

39) 1957년 4월 25일 체결되고 1958년 1월 1일부터 시행된 유럽공동체조약은 2001년 2월 26일의 Nizza조약을 통하여 수정되면서, 기존 조약의 조문위치 등이 바뀌었는데, 과거의 제100조는 2003년 1월 1일부터 시행된 수정된 조약의 제96조에 해당된다. 제96조는 '경쟁저해규정의 취급'에 대해서 규정하는데, 그 내용을 보면 다음과 같다. "만약 위원회가 회원국의 상이한 법률과 행정규정으로 인하여 공동시장의 경쟁조건을 변조하고 이를 통하여 왜곡을 야기한다는 것을 확인한 경우에는 관련된 회원국과 협의를 해야만 한다. 이러한 협의를 통하여 왜곡을 제거하지 못하면, 이사회는 위원회의 제안으로 제적회원국 과반수의 찬성을 얻어서 필요한 입법지침을 발한다. 위원회와 이사회는 모든 기타 이 조약에서 예상되어지는 목적에 타당한 조치를 취할 수 있다."

40) Rüdiger Rönck, a. a. O., S. 99; Stefan Griller, Europäische Normung und Rechtsangleichung, 1990, S. 19ff.

41) Rüdiger Rönck, a. a. O., S. 99.

자유로운 유통을 고려할 때 입법지침을 통하여 생산품의 기본적 안전요구를 확정한다. 둘째로 입법지침에서의 기본적 안전요구의 구체화로써 유럽 표준화기관인 CEN과 CENELEC는 필요한 기술적 명세서를 공동작업을 통하여 만든다. 셋째로 기술적 표준은 그들의 임의적인 특성(freiwilliger Charakter)을 유지해야만 한다. 넷째로 행정청은 생산 시에, 조화된 표준에 따라서 생산되도록 하고, 또한 입법지침에서 정한 기본적 안전요구에 일치하도록 생산이 이루어지도록 해야 할 의무가 있다.

즉 이 '새로운 구상'에 의하면 소위 기본적 안전요구 또는 기타의 안전조건은 공공복리를 위하여 필요시마다 유럽공동체 입법지침(Richtlinie)에서 확정하고, 기술적 표준의 상세한 것은 유럽의 표준화기구에 유보한다는 것이다. 이에 의하여 바로 보충적인 표준화과제를 유럽차원에서 활동하는 CEN과 CENELEC에 의해서 수행되고 있다. 이러한 기구들은 기술수준을 고려하여 기술적 명세서인 표준을 작성하는데, 이러한 기술적 명세서는 관련 업계가 입법지침에 규정된 기본적 안전조건을 충족하는 생산품을 생산하는데 이용되고 있다.[42)43)] 이에 따라 유럽에서 기술적 표준화는 유럽의 표준화기구에 중심이 옮겨지게 되고, 반면에

42) 이에 따라 생산자는 조화된 표준에 따라서 생산하지 않을 선택은 할 수 있으나, 그러나 만약 이러한 경우에는 그의 생산물이 입법지침의 기본적 안전조건에 합치한다는 입증책임을 부담한다. 이러한 증명이 있어야만 그 생산품이 유럽공동체내에서 일반적인 거래가 가능하게 된다. 이와 달리 생산품이 조화된 표준에 상응하면 그 생산품은 입법지침의 기본적 안전조건에 상응하는 것이 되고, 표준에 따른 생산자의 생산품은 문제없이 거래가 가능하고, 유럽공동체 회원국을 통한 거래가 방해받지 않게 된다.

43) 새로운 구상에 의하여 만들어진 입법지침은 다양한 생산물을 위하여 만들어졌다. 그 예로서는 장난감, 건축물, 전자기기기(Elektromagnetischegeräte), 기계, 통신기구, 의료기구, 포장(Verpackungen), 위성기능시설(Satellitenfunkanlagen) 등에 대한 입법지침이 만들어졌으며, 1998년 현재 유럽공동체내에서 거래되는 물건의 17%정도가 여기에 해당한다(Effizienz und Verantwortlichkeit in der europäischen Normung im Rahmen des neuen Konzepts, DIN-Mitt. 11, 1998, S. 646). 그리고 원칙적으로 새로운 구상에 따른 입법지침에 적당한 생산물은 거래에 유통되기 전에 CE-표시(CE-Zeichen)를 해야만 한다.

각 국가의 국내의 표준화기관은 본질적으로 기술적 표준을 준비하고 보충하는 과제만을 가지게 되었다. 새로운 구상에 따른 입법기술은 유럽공동체의 하나의 시장의 형성을 위하여 현저한 기여를 하였고, 이러한 관점에서는 성공적이라고 할 수가 있을 것이다. 이러한 의미에서 CEN과 CENELEC는 유럽의 표준화기관으로서 큰 역할을 하고 있으며, 더하여 표준화에 있어서 세계화가 점증되어서 유럽의 표준화에 국제적 표준화가 강한 영향을 미치고 있다.[44)]

3. 국제적 표준화

세계화에 발맞추어 표준화는 국제적으로도 급격하게 진행되고 있다. 국가 간에 교역 또는 교류가 없다면, 국제적 표준은 필요 없을 것이다. 그래서 국제적 교역이 본격적으로 이루어지기 전에는 국제적 표준의 필요성이 강조되지 않다가, 국제교역이 본격적으로 이루어지기 시작한 1850년대 이후부터 국제적 표준의 필요성이 대두되었다. 이러한 배경에서 공식적인 국제적 표준제정 논의가 시작된 것은 미터법시스템을 통한 도량형 통일을 다루기 위한 국제기구로 '국제도량형국'(General Conference on Weights and Measures: BIPM)이 설립되면서 부터이다.[45)] BIPM은 1875년 미터조약 체결에 따라서 국제단위계를 유지하기 위해 만들어진 기구이며, 이 기구가 모태가 되어 1908년 런던에서 14개국을 회원으로 하는 전기기술 분야의 표준화를 담당하고 있는 '국제전기기술위원회'(International Electrotechnical Commission: IEC)[46)]가 만들어졌다. 그러므

---

44) Georg J. Hongler, Quo vadis, CEN?, DIN-Mitt. 78. 1999, S. 243; Ernst-Peter Ziethen, CEN-Strategie 2010, DIN-Mitt. 78. 1999, S. 256.

45) 홍종인, ISO 품질경영시스템 혁신 가이드, 한국표준협회미디어, 2009, 33면.

46) IEC는 '전기기술 분야의 표준화에 관한 모든 문제 및 관련사항에 대하여 국제협력을 촉진하고 그 결과 국제적 의사소통을 도모하는 것'을 목적으로 1908년에 설립된 사적 단체로서 전기기술분야의 대표적인 국제 표준화 기구이다.

로 본격적인 국제적 표준화는 전기기술분야에서부터 시작되었다고 할 수 있다.

그리고 전기기술 이외의 다른 분야의 표준화를 위한 국제적 기구로서 1947년 '국제표준화기구(International Organization for Standardization: ISO)'[47]가 창설되었다. ISO[48]는 '재화와 용역(서비스)의 국제간 교류를 용이하게 하고, 아울러 지적·과학적·기술적 및 경제적 분야에서 국제간의 협력을 도모하기 위한 세계적인 표준화 및 그 관련 활동의 발전·개발을 도모하는 것을 목적'으로 영국 런던에서 1947년 2월에 15개국의 참가로 설립된 사적인 단체로서, 전기기술 분야를 제외한 모든 분야의 표준을 제정하는 가장 대표적인 국제 표준화 기구이다. ISO의 전신은 1926년에 설립된 '표준화를 위한 국제적 단체(Internationaler Verband für Normung: ISA)'로서, ISA는 제2차 세계대전 전에 국제적인 표준제정의 역할을 했으며, 제2차 세계대전으로 그 활동은 중지될 수밖에 없었다.[49] 제2차 세계대전 종전 후 국제표준화기구(ISO)를 설립하기로 결정하여서, 런던에서 임시총회를 개최하여 정관 및 규칙을 만장일치로 채택하

47) ISO의 중앙사무국은 현재 스위스 제네바에 설치되어 있다. ISO의 회원가입 현황은 2013년 기준으로 정회원에 112개국, 준회원에 45개국, 간행물구독회원에 4개국 등 총 161개국이 가입하여 활동하고 있다. 우리나라는 1999년 이후로는 기술표준원이 정회원으로 활동하고 있다. ISO의 조직은 최고의결기관으로서 총회와 이사회, 중앙사무국, 전문위원회(TC) 등으로 구성되어 있으며, 전문위원회는 약 185개가 구성되어 있다.

48) ISO는 국제표준화기구(International Organization for Standardization)의 약칭이 아니다. 약칭을 영어로 적으면 IOS가 되고, 프랑스어로는 OIN(Organization International de Normalisation)이 된다. 이와 같이 회원국이 각자의 언어로 약칭을 사용하면 나라마다 약칭이 달라지기 때문에 혼란을 피하기 위하여 조직의 약칭을 ISO로 통일한 것이다. ISO는 '동등(equal)'을 뜻하는 그리스어에서 유래하는 말 'ISOS'에서 유래하는 말로서 영어의 isometric(같은 치수 또는 사이즈)이나 isonomy(법의 평등성, 즉 법 앞에 만인이 평등함) 등 여러 단어의 접두사로 사용되는 'ISO-'가 어원이다(표준화의 기초, 한국표준협회, 2004, 75면).

49) Helmut Voelzkow, Private Regierungen in der Techniksteuerung, 1995, SS. 121-122.

여 1947년 런던에서 ISO가 창설되었다.

국제표준화기구(ISO)는 설립 후 1950년대 초반까지는 활발한 활동을 전개하지는 못하였고, 초기의 국제적 표준은 오차 · 단위 및 기호와 같은 기계공학의 기본적인 기준이나 나사 · 볼트 · 너트 · 베어링 등과 같이 기계공학의 주요 요소부분에 대한 표준에 치중되어 있었다.[50] 1960년대 들어 와서는 국제교역의 급속한 증가로 국제적 표준화는 실질적인 의미에서 큰 발전을 하였다. 1970년대 이후 ISO의 활동은 더욱 활발해 졌으며, 또한 1980년 1월 1일 세계무역기구(WTO)의 관세무역일반협정(GATT)의 무역상 기술장벽협정(TBT협정)의 발효로 국제적 표준화는 새로운 전기를 맞이하게 되었다. 그리고 1980년대에는 국제표준화 활동에 있어서도 이전과는 다른 활동이 나타났다. 경영시스템 측면에서는 1987년 ISO 9000 품질시스템을 시작으로, 1996년에는 ISO 14000 환경경영시스템, 2005년에는 ISO/IEC 27001 정보 · 보안 경영시스템, 2006년 ISO 22000 식품안전 경영시스템 등의 국제적 표준이 발행되었고, 앞으로도 이러한 활동은 더욱 완성하게 일어날 것으로 보여진다.[51]

이에 따라 가장 중요한 국제적 표준화 기구로서는, 전기기술 분야를 제외한 모든 분야의 표준을 제정하는 '국제표준화기구(ISO)'와 전기기술 분야의 표준화를 담당하고 있는 '국제전기기술위원회'(IEC)가 된다. 현재는 ISO와 IEC의 취급분야의 구분이 점차 없어지고 있기 때문에 양자 간에 협의조정기관이 설치되어 있다.[52] 두 기구는 모두 비정부간의 사적인 단체로서 스위스 제네바에 본부를 두고 있고, 두 기구는 모두 또한 각 국가의 대표적인 표준화기관으로 구성되어 있다. 독일의 경우

50) 홍종인 전게서, 34면.
51) 홍종인 전게서, 35면.
52) 최근의 정보기술 표준화 추진의 필요성이 증대됨에 따라, 1987년에 ISO와 IEC 사이에 합동전문위원회(ISO/IEC JTCI)를 발족시켰다. 이것은 종래 컴퓨터의 소프트웨어는 ISO, 하드웨어는 IEC가 각각 표준화를 추진하여 왔는데, 양기구가 밀접하게 협력하여 시의 적절하게 작업을 진행시킬 필요성이 있었기 때문이다.

에 ISO는 DIN에 의해서 대표되고,[53] IEC는 독일전기기술위원회(DKE)에 의해서 대표된다.

ISO와 IEC에 의하여 만들어지는 표준은 회원국을 구속하는 것은 아니다. 그러나 다른 나라와 마찬가지로 독일의 경우에는 DIN 820 Teil 4 Nr. 4.4[54]에서 상세히 언급하듯이 ISO표준이나 IEC표준과 같은 세계적 표준은 수정 없이 'DIN-ISO 표준' 또는 'DIN-IEC 표준'으로 받아들여지게 된다.[55][56] 이렇게 수정 없이 독일 표준으로 인수되는 이유는 국제적으로 해당하는 표준제정 작업이 독일 측에 알려져 있고, 또한 독일의 입장표명이 요구되어 졌고, 그리고 독일의 입장표명이 국제적 표준의 제정작업에서 고려되어졌다는 것이다. 아울러 유럽의 표준제정작업에 국제적 표준이 광범위하게 도입되는 것을 보장하기 위하여, 1990년 초에 CEN과 ISO 사이에 비인 협정(Wiener Vereinbarung), 그리고 CENELEC과 IEC 사이에 루가너 협정(Luganer Vereinbarung)이 체결되었다.[57] 이들 협정은 이들 기관 사이의 정보교환을 위하여 1989년에 체결된 협정과 더불어서, 유럽의 표준화를 점점 더 중요함을 더해 가는 세계적인 표준화 작업에 연결되도록 보장하고 있다.[58]

---

53) 오늘날 영국은 영국표준협회(BSI), 미국은 미국표준협회(ANSI), 일본은 일본공업표준조사회(JISC) 등에 의해서 대표된다.

54) Grundlagen der Normungsarbeit des DIN, DIN-Normenheft 10, 2001, S. 328.

55) ISO의 세계적인 보급은 1980년의 'GATT스탠더드 코드'의 발효에 그 이유를 찾아볼 수 있는데, 이 코드에서는 국내표준의 제정 시에 ISO 등의 국제표준이 있으면 원칙적으로 국제표준에 준거할 것을 규정하고 있다. 또한 WTO에서의 '무역상 기술장벽협정'(TBT협정)에서도 국제적인 표준화 기준에 의한 지침과 국제적인 심사등록제를 확립하고 있다.

56) 일본의 경우는 JIS 표준에서 ISO 9000에 상당하는 것이 JISZ 9900이다. 즉 ISO 9001~9004에 해당하는 것은 JIS에서는 JISZ 9901~9904이다.

57) Thomas Zubke-von Thünen, a. a. O., SS. 648-649.

58) 실제 CEN은 ISO 표준을 그대로 인수하는 것이 일반적인데, EN 20000~39999로 등록되어 있다. 예를 들어, EN 29000은 ISO 9000을 말한다.

Ⅳ. 소 결

독일은 19세기 후반 각 기업의 상이한 작업규정의 통일화를 위하여 독일표준화연구소(DIN)와 독일전기기술자협회(VDE) 등의 모태가 되는 각종 사적 표준제정단체를 설립하여 표준제정작업을 활발히 하였다. 현재 대략 독일에서는 재화와 용역 분야에 걸쳐 약 3만 5천개 이상의 표준이 제정되어 적용되고 있다. 그리고 하나의 유럽 시장의 건설에 유럽 각국의 상이한 기술적 표준이 비관세장벽으로서 유럽통합에 장벽이 된다는 것을 인식하면서, 유럽 지역적 기술적 표준의 통일을 위하여 유럽표준화위원회(CEN)와 유럽전기기술표준화위원회(CENELEC) 등을 설립하여 유럽표준을 제정하고 있다. 이러한 단체가 제정한 유럽표준(EN)을 독일은 DIN-EN 표준 등으로 수정 없이 그대로 수용하고 있다. CEN과 CENELEC 등의 기술적 표준의 제정은 단일 유럽시장을 위한 기본적 토대의 하나를 형성하고 있다.

또한 점증하는 국제교역에서 비관세장벽 등의 제거를 위하여 국제적인 표준제정작업을 목적으로 하여 설립된 국제표준화기구(ISO)와 국제전기기술위원회(IEC)의 표준도 DIN-ISO 표준 또는 DIN-IEC 표준 등으로 수정 없이 수용하고 있다. 이를 통하여 약 70% 이상의 독일의 국가적 표준이 유럽 지역적 또는 국제적 표준과 자동적으로 일치되도록 하고 있으며, 독일의 산업계 등이 독일의 기술적 표준을 준수하면, 바로 이것이 국제적 표준의 준수로 연결되도록 하고 있다. 즉 사적 단체의 자기 필요에 의하여 등장한 기술적 표준의 제정 노력과 유럽 지역적 기술적 표준 및 국제적 기술적 표준의 통합적 연결·운영을 통하여 독일은 기술적 표준의 제정과 그 적용에 있어서 세계 최고의 경쟁력을 가지는 국가로 평가받고 있다. 또한 이러한 노력이 세계 최고의 경쟁력을 자랑하는 독일 경제력의 하나의 기반을 형성하고 있다.

그리고 독일에서의 기업내부표준인 작업규정, DIN 등의 초기업적인 국가표준, CEN과 CENELEC 등의 유럽표준 및 ISO와 IEC 등의 국제적 표준과의 관계 피라미드를 보면 다음 표와 같다.

[독일에서의 국제적 표준, 유럽표준, 국내적 표준 등의 관계 피라미드]

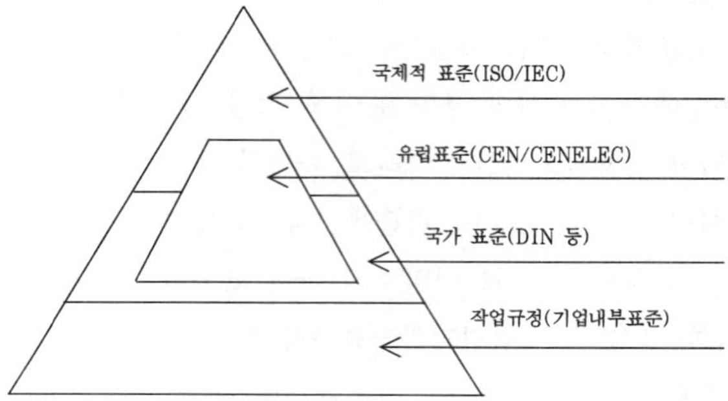

이를 보면 독일의 국내적 표준화 작업과 유럽 지역적 표준화 작업 및 국제적 표준화 작업이 매우 긴밀하게 일체를 형성하여 독일의 표준제정 작업이 진행되어서, 표준화 분야의 세계적인 경쟁력을 형성하고 있음을 알 수 있다.

제 3 절 기술적 표준의 분류와 기능

Ⅰ. 기술적 표준의 분류

전체 기술적 표준은 다양한 분류에 따라서 다양하게 구분해 볼 수 있다. 먼저 직접적인 표준의 내용에 따라서 분류가 가능한데, 독일표준화연구소(DIN)의 구분을 보면 용역표준, 사용적합성표준, 측정표준, 시험표준, 품질표준, 안전표준, 물질표준, 공정표준 등으로 구분하고 있다.[59] 용역표준(Dienstleistungsnormen)은 용역의 실용성을 보장하기 위하여 용역을 통하여 달성되어야 하는 요구의 확정을 위한 표준을 말한다(예를 들어, 자동차정비 서비스표준, 거래·은행 그리고 보험의 서비스표준 등). 측정표준(Maßnormen)은 물질적인 대상의 길이와 부피의 단위와 오차의 허용범위를 규정한 표준을 말한다. 제품표준(Produktnormen)은 대상물건의 실용성을 보장하기 위하여 생산시에 충족되어야만 하는 요구가 확정되어 있는 표준을 말한다. 시험표준(Prüfnormen)은 시험절차의 표준화 및 검사, 통계적 방법의 적용, 개개 시험의 순서 등과 같은 시험 관련 확정을 위하여 보충적으로 적용되는 표준을 말한다. 품질표준(Qualitätsnormen)은 물질적인 대상의 사용을 위한 본질적인 속성을 기술하고 객관적인 평가기준을 포함하고 있는 표준을 말한다. 안전표준(Sicherheitsnorm)은 기술적 생산물의 생산, 거래, 사용, 폐기물 처리 등의 경우에 인간과 동물 및 물건에 대한 위험의 방지를 위한 표준을 말한다. 물질표준(Stoffnormen)은 물질의 물리적, 화학적, 기술적 성질의 확정을 위한 표준을 말한다. 이외에도 표준의 내용에 의한 분류에는 사용적합성표준(Gebrauchstauglichkeitsnormen), 운송표준, 설계표준, 공정표준(Verfahrensnormen), 용어표준 등이 있다.[60]

---

59) Grundlagen der Normungsarbeit des DIN, DIN-Normenheft 10, 2001, SS. 250-251.

60) Thomas Zubke-von Thünen, a. a. O., SS. 129-131.

또 표준은 전문적인 적용영역에 따라서 분류해 보면, 기본표준(Grundnorm)과 전문분야표준(Fachnorm)로 나눌 수 있다.[61] 기본표준은 예를 들어, 개념, 통일, 측정단위나 무게 등에 대한 표준으로서 넓은 적용범위를 가지고 있거나 또는 특정한 분야의 일반적인 결정을 위한 표준을 말한다. 전문분야표준은 예를 들어, 건축, 전기기술 또는 정보처리 표준과 같이 특정한 전문분야의 특별한 확정을 위한 표준을 말한다.

그리고 기술적 표준의 장소적 적용범위에 따라서 구분해 보면, 하나의 기업내부에서만 적용되는 작업규정과 초기업적 기술적 표준으로 분류할 수 있다. 또한 초기업적 기술적 표준은 다시 국가적 표준, 유럽 지역적 표준, 국제적 표준으로 나눌 수 있다.[62]

그 외 기술적 표준의 다른 분류로 표준의 내용에 따라서도 분류해 볼 수도 있다. 여기에는 먼저 기술적 표준의 전문영역에 따라서 구분해 볼 수 있다. 전문영역에 따른 표준의 분류는 표준의 제정기관에 의해서 구분된다고 할 수 있는데, 전기기술에 대한 독일전기기술자협회(VDE)의 표준, 가스와 물에 대한 독일가스·물전문협회(DVGW)의 표준, 게르만 로이드 상선회사(Germanische Lloyd)의 선박건조규정 등으로 나누어 볼 수 있다.

Ⅱ. 기술적 표준의 기능

1. 기술적 표준의 기능

기술적 표준의 기능은 상위원칙으로서 통일화기능과 질서정립기능을 가지고, 제정목적에 따라서 합리화기능, 품질기능, 안전기능 등을 갖는다고 할 수 있다.

먼저 모든 기술적 표준은 실제 다양한 가능성 아래에서 하나의 선택

61) Grundlagen der Normungsarbeit des DIN, a. a. O., S. 250.
62) Thomas Zubke-von Thünen, a. a. O., S. 127.

을 하도록 하는 통일화기능(Vereinheitlichungsfunktion)을 수행한다. 즉 기술적 표준은 서로 호환적인 대량생산품의 산업적인 제조와 이들의 부합의 필요성 및 생산과정의 통일화와 밀접한 관련이 있다.[63] 생산규모가 증가하고 공업생산품이 대량으로 소비자에게 공급됨으로써 임의로 제품을 만든다는 것은 혼돈과 낭비를 가져오고 안전에 문제점이 있으므로 기술적 표준이 필요하다는 것을 알게 되었다. 이것과 독일에서 19세기 중엽 이래로 기술적 표준이 발전해왔다는 것은 깊은 관련이 있게 된다. 또한 모든 기술적 표준은 공통적으로 질서정립기능(Ordnungsfunktion)을 갖는다. 기술적 표준화의 의도는 각개의 해당하는 표준화분야의 적합한 질서척도의 정립에 있다. 예를 들어, 기계적·전기적 제품의 제조일련의 체계적 질서를 통하여 표준화는 그 표준화 분야에서 볼 수 있는 구조적 관계를 만들어 낸다. 이러한 통일화기능과 질서정립기능은 모든 표준이 가지는 표준기능의 상위원칙이라 할 수 있다.

그리고 기술적 표준의 제정목적에 따라 표준의 기능을 나누어 보면, 합리화기능, 품질기능, 안전기능 등으로 분류해 볼 수 있다. 첫째로 표준의 기능은 일정 종류의 생산물의 용량과 오차 등을 통일적으로 확립함으로써 생산에서의 통일을 기하는 합리화, 통일화의 경제적 측면을 강조한 합리화기능(Rationalisierungsfunktion)이 있다.[64] 합리화기능은 경제과정의 각 단계에서 비용감소로 나타나며, 실제 모든 기술적 표준에서 다소간에 걸쳐서 나타나는 현상이라고도 할 수 있다. 하지만 용어표준, 측정표준에서는 이러한 기능이 더욱 강하게 나타난다고 할 수 있다. 사실 기술과 생산의 다양한 분야에서 표준이 없으면 항상 새로운 방법을 모색하게 되는 誘引이 될 것이다. 그러나 이것은 경제적으로는 문제가 생기는데 분업을 저해하고, 부품의 호환성을 없애거나 단지 제한적으로만 가능하게 할 것이며, 거대시장에서 생산품의 판매를 어렵게 한다.

---

63) Hans Jürgen, Grundfragen des technischen Normwesens, BB Beilage 4/1985, S. 3.

64) Peter Marburger, a. a. O.(주8), S. 247ff; Christopf Gusy, Probleme der Verrechtlichung technischer Standards, NVwZ 1995, S. 106.

둘째의 기술적 표준의 기능은 생산물의 생산 및 사용에 있어서 품질이 보장되어 있고, 안전에 장애가 없다고 보증하는 품질보증기능(Qualitätssicherungsfunktion)과 안전기능(Schutz- od. Sicherheitsfunktion)이 있다. 판매에서 소비자의 입장에서 구입한 물건이 안전하고 사용에서 하자가 없이 기능한다는 보증보다 더 요구되는 것은 사실 없을 것이다. 이를 위하여 기술적 표준은 생산품의 질적 안전성을 보장하는데 기여한다. 기술적 표준은 물리적 · 화학적 · 기술적 性狀에 관한 기준을 정하거나 생산품의 질과 안전성에 필요한 성상 · 평가기준 및 시험방법을 규정하고 있기 때문이다. 생산품이나 용역(서비스)의 품질보장과 관련하여서는 특히 품질표준, 사용적합성표준, 물질표준, 시험표준 및 용역표준이 중요한 의미를 갖는다. 그리고 위험방지를 목적으로 하는 안전기능을 위해서는 안전표준, 물질표준, 시험표준이 중요한 의미를 갖는다. 그 외 기술적 표준의 기능으로서 환경보호기능, 소비자보호기능, 정보기능(Informationsfunktion), 노동재해방지기능(Arbeitschutzfunktion), 법적 기능(Rechtsfunktion)[65] 등을 들기도 한다.[66][67]

기술적 표준은 그 발생에서 보면, 私經濟的 목적에 기인하고 이것이 오랫동안 기술적 표준의 배경이었다. 그러나 드물게는 기술적 표준이 국가의 국방력 구축과 같은 공적 이익(öffentliche Interesse)[68]을 목적으로

---

65) 기술적 표준의 법적 기능은 크게 두 가지가 있다(Thomas Zubke-von Thünen, a. a. O., SS. 145-146). 하나는 기술적인 내용을 가진 법제정시에 입법자나 명령제정자의 법제정 면제와 관련되는 것으로서 법제정지원기능(Rechtssetzungs-Unterstützungsfunktion)을 들 수 있다. 다른 하나는 행정과 법원의 면제를 지원하는 법적용지원기능(Rechtsanwendungs-Unterstützungsfunktion)이 있다. 예를 들어, 허가나 감독관청의 행정집행은 기술적 표준에서 확정하게 규정한 내용을 이용함으로써 단순화 될 수 있고, 법원은 환경법과 기술법 이외의 민법과 형법의 분야에서도 광범위하게 기술적 표준에 의지함으로써 법원의 조사의 실행이나 전문감정의 요청을 피할 수 있게 된다.

66) Thomas Zubke-von Thünen, a. a. O., SS. 134-156.

67) 그 외 표준의 기능은 기술의 발전에 기여하며, 표준은 세대 간의 지식의 전달자 역할을 등을 한다고 한다(W. Schmick, Einfluß der Normung auf die Kosten, DIN-Mitt. 50, 1971, S. 151).

68) 군수산업은 고도의 정밀도를 요구하는 정밀측정 기술산업으로서, 무엇보다

하기도 하였다. 이것은 독일의 양차 세계대전시의 일이고[69] 제2차 세계대전 이후에는 기술적 표준이 이러한 공적인 목적을 위해서 만들어지는 것은 유보되었다. 하지만 독일에서 오늘날 기술적 표준의 공적인 이익을 위한 목적은 다음과 같은 곳에서 중점을 두고 있다. 기술적 표준은 i) 유럽통합을 위해서 가장 중요한 요건의 하나로서 초국가적인 시장에서 왜곡되지 않은 경쟁조건을 만들기 위하여, ii) 점점 더 중요성을 더해가는 소비자 보호와 소비자정보를 위해서,[70] iii) 환경보호를 위해서,[71] iv) 노동재해방지(Arbeitschutz)를 위해서 불가결한 것이 되었고 그 역할이 옮겨가고 있다.

2. 기술적 표준의 逆機能(부정적 효과)

위에 보듯이 현대의 기술적 표준의 목적은 제품의 품질확보, 소비자보호, 환경보호, 안전성의 확보 등에 있어서 표준화를 통한 그 이익은 매우 큰 것이고, 표준을 도외시 하고는 생산, 거래, 용역의 제공 등을 생각할 수 없는 현실이 되었다. 그러나 한편으로는 미시적인 관점에서 표준화의 부정적 기능을 논하기도 한다.

표준화의 부정적 기능으로서는 제품의 다양성 감소, 생산공정의 표준

도 정밀정확도를 생명으로 하기 때문에 기술적 표준에 의하여 신뢰성 높은 제품을 생산할 수 있다는 것이다. 예를 들어 F-4D 팬텀기는 한대가 약 3백만 개의 부품으로 조립이 되고 이 부품은 미국 전역에 흩어져 있는 2천여 개의 공장에서 공급하여 생산한다고 한다.

69) 독일은 1차 세계대전에서 패전 후, 1935년에 재무장선언을 하고 단기간에 걸쳐 유럽을 침략·점령하는 군사력을 건설할 수 있었던 배경에는 19세기 중반 이후 독일의 금속가공분야에서 출발한 독일 표준화의 노력이 일정부분 기여를 하였다.

70) 기술적 표준은 소비자제품, 서비스, 사용, 처분 등과 관련하여 소비자로서 편리하고 합리적인 소비생활을 지원하며, 소비자제품의 안전을 확보하는데 크게 기여한다.

71) August Hannig, Umweltschutz und überbetriebliche technische Normung, 1976, S. 70ff.

화를 통한 고용감소, 기술적으로 열등한 기술이 표준으로 채택됨으로 우수한 기술의 쇠퇴, 기술혁신의 저해, 국제적 표준의 개발도상국에 대한 불공정 등[72]을 들기도 한다.[73]

첫째로 다양한 제품을 통하여 소비자들은 다양한 효용을 얻을 수 있는데, 표준화를 통하여 제품의 다양성이 감소된다는 것이다. 그러나 이는 표준화를 통하여 얻어지는 효율성, 편의성, 경제성, 안전성 등을 생각하고, 표준화되어 있지 않으므로 발생하는 불편을 생각하면 그리 문제되지 않는다고 할 것이다.[74] 둘째로 공정표준 등을 통하여 생산의 자동화가 이루어짐으로써 고용감소가 일어난다는 것인데, 공정의 표준화가 가져오는 제품의 품질과 기업생산성의 향상 등을 생각하면 문제시되지 않는다고 할 것이다.[75] 셋째로 기술적으로 열등한 기술이 표준으로 채택됨으로 우수한 기술의 도퇴의 부정적 효과가 있을 수 있는데,[76]

72) 그 외 기술적 표준에 기업제품을 맞추고 인증절차 등을 거치는 과정에서 기업비용의 증대 등을 들기도 한다. 하지만 표준화가 가져오는 생산과 소비에서 경제적 효용 등과 표준에 의하지 않은 생산시의 자체비용의 증감과 시장에서의 경쟁력 등을 생각하면 기업비용의 증대라고 할 수 없을 것이다.

73) 한국표준협회, 미래사회와 표준, 전게서, 56-57면; 한국표준협회, 표준화의 기초, 전게서, 386-387면; 주흔, 위생검역협정상 위생검역조치의 조화에 관한 통상법적 연구, 경희대 석사학위논문, 210. 8, 160-166면.

74) 하나의 예로 우리나라에서는 서류정리용 파일이나 펀치가 표준화되어 있지 않으므로, 실제 다양한 간격을 가진 서류정리용 파일이 있고, 또한 펀치도 다양하게 있다. 하지만 소비자들로서는 서로 호환성이 없는 파일과 펀치로 인하여 그 구입과 사용에 겪는 불편함이란 이루 말할 수 없다.

75) 생산공정의 표준화를 통한 고용감소를 생각하여, 과거의 생산방법을 고집한다면 이는 기업의 혁신을 저해하는 것이고, 또한 기업의 경쟁력을 퇴보시켜 결국 그 기업의 사회적 도퇴를 가져올 수 있다고 할 것이다.

76) 지금은 거의 사용되지 않는 타자기에서 이벌식 타자기와 세벌식 타자기가 있는데, 이벌식 타자기가 표준으로 채택됨으로써 기술적 우수성이 높은 세벌식 타자기가 사용되지 않은 예는 표준의 실패 사례로 자주 거명된다. 또 그 一例로, 가정용 비디오테이프 시장에서 일본 소니사의 β-MAX 방식이 1975년 먼저 개발되면서 기술성이 우위에 있었으나 이를 표준화하지 않았

이러한 경우는 아주 예외적인 현상에 불과하고, 이를 막기 위해서는 기술을 개발한 기업 등은 적극적으로 자기 기업의 기술 등에 대한 표준화를 시도해야 할 것이다. 특히 최근에 세계적인 전자기업은 기술개발을 통하여 획득한 기술의 특허취득과 더불어 그 기술에 대한 국제적 표준의 획득을 위하여 치열한 경쟁을 하고 있다. 넷째로 기술적 표준이 기업의 기술혁신을 저해할 수 있다는 것인데, 이는 표준제정·개정 시에 표준화기관이 극히 주의할 점인데, 이를 막기 위해서는 기술적 표준의 제정이 경제발전과 인간의 기업정신의 최고의 動因이자 규제자인 자유경쟁의 불필요한 딱지와 방해가 되지 않도록 해야 할 것이다. 특히 기술적 표준의 설정이 새로운 기술의 방해가 되지 않도록 표준의 제정 시에 표준화기관은 이를 주의해야 할 것이다. 다섯째로 국제적 표준의 개발도상국에 대한 불공정의 문제가 있다. 기술적 우위에 있는 선진국가들이 자국의 기술을 국제적 표준으로 형성하면, 기술적으로 열위에 있는 국가들은 이에 종속될 수밖에 없고, 전세계가 하나의 시장으로 되어가는 세계화 속에서 글로벌 스탠다드(Global Standard)가 선진 각국이 자국의 이익을 관철하는 도구로 활용하고 있는 것을 생각하면, 우리에게도 심각한 문제라고 할 것이다. 즉 서구 선진제국들이 기술적 표준을 높게 설정하여 자국시장을 방어하는 수단으로 활용할 뿐만 아니라, 해외시장에서 지배력을 확산하는 도구로 국제표준화에 역점을 두고 있다는 것이다. 그 외 표준을 통하여 모든 문제를 해결할 수 있다는 것도 경계해야 할 것인데, 표준은 반복적이고 조직적으로 행해지는 일에 적용될 수 있는 것이고, 표준은 비일상적이거나 일회적으로 행해지는 것에는 표준이 만들어 질 수 없고, 적용될 수 없다.[77)]

세계화 속에서 국제적으로 재화와 용역에 걸쳐서 광범위하게 표준화

고, 후발주자인 일본 마쯔시다사의 VHS 방식이 미국, 유럽 등과 컨소시엄을 구성하여 표준화에 성공하여 시장을 석권함으로써 β-MAX이 시장에서 사려졌다고 한다(한국표준협회, 미래사회와 표준, 전게서, 63면).

77) 물론 천재지변이나 재난에 대응하기 위한 매뉴얼(표준)은 만들어질 수 있고, 이러한 비상사태 시에 효과적으로 대응하기 위해서는 관련된 표준이 제정되어 있어야 한다.

가 일어나면서, 위와 같은 기술적 표준의 역기능이 논의되지만, 이는 미시적인 관점에서의 표준의 역기능이며, 산업화와 정보화를 추구하는 현대 국가에서, 또한 하나의 단일시장을 형성해 가는 세계화속에서 기술적 표준의 제정과 그 적용은 피할 수 없는 길이라고 할 것이다.[78)]

78) 일본 기업과 정부의 국제적 표준화 활동의 저조로 일본 경제의 국제 경쟁력의 상실에 대해서 우려하면서 그 해결책 등을 논한 책으로는, 후지타 마사히로 · 가와하라 著/홍종희 · 한태수 譯, 표준화와 기업전략, 한국표준협회, 2000. 참조.

제 4 절 기술적 표준의 법적 성질 등

Ⅰ. 기술적 표준의 법적 성질

각종의 표준화 단체들이 제정하는 기술적 표준에서는, 경제적 · 사회적 분야에서 이러한 표준을 준수한다는 것이 매우 중요한 문제이다. 물론 기술적 표준을 준수할 것인가의 여부는 원칙적으로 자유이고, 표준제정기관들은 기술적 표준을 적용할 것을 강제하지 않고, 표준에 맞추어 생산과 제조를 하거나 또는 그 표준을 적용하지 않는 것은 관계기업 등에 달려 있다. 즉 기술적 표준은 법규범(Rechtsnormen)이 아니다. 독일 표준화연구소(DIN), 유럽표준화위원회(CEN), 국제표준화기구(ISO) 등은 사적인 단체로서 이러한 표준화단체가 일반인을 구속하는 법을 제정할 수는 없다.[79] 즉 私法上의 단체가 그들 구성원의 범위를 벗어나서 구속력이 있는 법을 제정하는 권한을 가질 수는 없는 것이다. 헌법상 입법권은 국가에 독점되어 있고, 법률이나 명령에서 기술적 표준에 대한 指示(Verweisung)[80]를 하더라도 이를 통하여 입법권이 표준제정기관에 귀속되는 것은 아니다. 이런 이유로, 제정된 기술적 표준은 결코 법규범으로 그 지위가 올라갈 수는 없다. 또한 기술적 표준은 일반적인 관습법으로도 여겨질 수도 없다. 관습법이 되기 위하여서는 먼저 오랜 기간 동안 그러한 관습이 있을 것을 요하는데, 학문적 · 기술적 발전의 신속성을 고려해 볼 때, 그리고 이를 통하여 조건 지워지는 기술적 표준의 단기간의 유효기간을 생각할 때, 이 조건을 충족시킬 수는 없는 것이다. 또한 관습법이 되기 위한 요건으로 일정범위의 법적 공동체내에서의 일반적인 법적 확신을 요하는데, 기술적 표준은 이러한 요건도 충족시킬 수 없다.[81]

---

79) Peter Marburger, a. a. O.(주8), S. 330ff.
80) 指示(Verweisung)에 대해서 자세한 논의는 제4장 제3절 Ⅲ. 이하 참조.
81) A. a. O., SS. 337-340.

물론 기술적 표준은 계약의 체결 시에 기술적 표준의 적용을 합의한 경우에는 이를 통하여 계약당사자를 법적으로 구속하게 될 것이다. 이러한 것은 독일에서 '건설공사규정'(Verdingungsordnung für Bauleistungen: VOB)을 토대로 한 건설계약의 체결 시에 발생할 수 있다.[82] VOB Teil B 제1항 제1문에 의하면, '건설급부를 위한 일반 기술적 계약조건'으로서 VOB Teil C에서 규정된 DIN-표준은 계약의 구성요소이다. 마찬가지로 법원이 책임소송에서 전기시설 생산자의 주의의무를 일정한 독일전기기술자협회(VDE)-규정을 기준으로 한 경우에는 기술적 표준이 소송당사자 사이의 판결을 통하여 법적인 기준이 될 수도 있다.[83] 그러나 이러한 경우에도 구체적인 사건과 관련한 당사자 사이에서만의 문제이다. 왜냐하면 실체적 기판력의 효력을 넘어서 일반적인 선례구속의 원칙이 독일법 체계에서는 인정되지 않기 때문이다. 실제 어느 누구도 DIN 등의 표준제정단체가 고유한 입법권능을 가지고 있다고 주장하는 사람은 없다. 그렇다고 해서 기술적 표준의 내용은 어떤 자연과학적·기술적 인과경과나 경험칙과 같은 실제의 여건에 대한 묘사는 아니며, 또한 전문가의 예측이나 진단도 아니다. 오히려 기술적 표준은 넓은 범위에서 당위성에 관한 문언(Sollenssätze)이며, 그러므로 규범적 규정들이라고 할 수 있다.[84]

이러한 기술적 표준의 규범적 성질은 모든 초기업적 기술적 표준에 특유한 기능의 하나인 일반적인 질서정립기능으로부터도 유래한다. 총체적인 표준화조치의 의미는 문제해결을 위하여 처분 가능한 다양한 가

82) VOB Teil B(Allgemeine Vertragsbedingungen für die Ausführungen von Bauleistungen) 제1항 1문에 의하면 "이행되어야 하는 건설공사의 급부종류와 범위는 계약을 통하여 정해진다. 또한 건설급부를 위한 일반적 기술적 계약조건도 계약의 구성요소에 해당된다." 그리고 VOB Teil C는 'Allgemeine Technische Vertragsbedingen für Bauleistungen'으로서 각종의 건설공사의 종류에 따른 독일표준화연구소(DIN)의 표준을 규정하고 있다.

83) OLG Hamm, VersR 1971, 805; OLG Celle, VersR 1961, 818 등.

84) Thomas Zubke-von Thünen, a. a. O., S. 302.

능성 중에서 하나의 선택을 하는 것이며, 이를 통하여 통일화를 이루고 또한 기술·경제상의 과정에서 의미있는 질서정립을 하게 된다. 그러나 이것은 가능한 한 다수의, 이상적으로는 모든 해당자가 표준결정을 따라 줄 때에만 보증될 수가 있다. 즉 모든 초기업적 기술적 표준은 실무에서 적용될 것이라는 기대에 기초하고 있는 것이다. 그러므로 기술적 표준은 일정한 기술적 문제가 어떻게 해결될 수 있다는 참고(Hinweis)로서 이해할 수 있을 뿐만 아니라, 표준에서 정해진 방법으로 해결되어야 한다는 권고(Aufforderung)로서도 이해할 수 있다.[85]

결론적으로 기술적 표준은 의료기술에 관한 규정 또는 스포츠경기에 대한 규칙과 같이, 거대한 복합집합체(Komplex)로서 사회규범(sozialen Normen)으로 볼 수 있다. 이러한 기술적 표준은 항상 당위성에 관한 문언으로 되어 있지만, 물론 법적 규범이 아닌 사회규범이라고 할 것이다.

Ⅱ. 기술적 표준의 법과의 관계

1. 서

기술적 표준의 제정자에게는 고권적인 권능이 주어져 있지 않으므로 기술적 표준은 앞에서 본 것과 같이 법적 규범은 아니다. 그러므로 기술적 표준은 법적 규정(Rechtsvorschriften)으로서 고려되지 않으며, 독일 민법 제823조 제2항의 의미에서 보호법률(Schutzgesetz)도 아니다.[86] 기술적 표준은 오로지 생산자 내지 기술적 성과물을 만들어 내는 자들에 대한 사적인 표준제정기관의 행위권고(Verhaltensempfehlungen)에 불과하다. 그러나 표준의 이러한 의미는 법(Recht)과 기술적 표준 사이에 아무

85) 기술적 표준의 이러한 규범적 성질로 인해, 기술적 표준을 오로지 정해진 기술적 질서(규칙)로서, 연습된 실제상의 행동견본으로서, 또는 예견된 전문가의 감정으로서 이해하는 경우가 있는데 이는 타당하지 않다고 할 것이다.

86) Peter Marburger, Die haftungs- und versicherungsrechtliche Bedeutung technischer Regeln, VersR 1983, S. 600.

런 접점이 없다는 것을 의미하지는 않는다. 이와는 반대로 법과 기술적 표준의 관계는 몇 가지 점에서 밀접하게 연관되어 있다. 여기에서는 두 가지 방향에서 이들의 관계를 볼 수 있는데, 하나는 적극적인 의미에서 기술적 표준의 법적인 관계이고, 다른 하나는 소극적인 의미에서 기술적 표준의 법적 한계이다.

2. 기술적 표준과 법과의 관련성

기술적 표준은 법적 규범은 아니지만, 기술적 표준은 법적 규범에서 직접적인 거명을 통하여 법적으로 될 수 있다. 기술적 표준의 법적 규범으로의 제정은 입법자들의 과제가 될 수 없는데, 왜냐하면 필요한 기술적 표준의 대량제정, 불가피한 세부적인 작업의 수행, 기술의 현재 수준에 대한 판단을 입법자에 대하여 요구한다는 것은 무리이기 때문이다. 그러나 기술적 표준이 법적 규범으로 되는 것은 두 가지 방법이 있다. 법률이나 명령과 같은 법적 규범에서 기술적 표준의 내용을 구성요건표지(Tatbestandsmerkmal)로서 반복하는 방법과 기술적 표준을 지시하는 방법이 있다.[87] 前者는 기술적 표준의 법적 규범으로서 편입(Inkorporation)이고,[88] 後者는 지시(Verweisung)이다.[89] 그러나 지시에서,

---

87) Thomas Zubke-von Thünen, a. a. O., S. 314.

88) 독일 연방임밋시온방지법 제18차 시행령의 제정에 의하여 스포츠시설소음이 어느 정도 범위에서 허용가능한가에 대한 다툼이 종결되었다고 볼 수 있다. 그리고 시행령의 내용은 TA-Lärm과 VDI-Richtlinie 2058에서 유래한다. TA-Lärm은 영업법 제16조에 따라서 인가가 필요한 시설에 대한 일반적인 행정규정(소음방지에 대한 기술지침(Technische Anleitung zum Schutz gegen Lärm: TA-Lärm))으로서 1968년 7월 16일에 제정되었다. VDI-Richtlinie는 독일기술자협회(VDI)의 소음방지, 먼지와 공기청정에 대한 규칙서를 말한다. 즉 기술적 표준으로서 VDI-Richtlinie 2058이 연방임밋시온방지법 제18차 시행령에 의하여 법적 규범으로의 편입이 일어났다고 할 것이다.

89) Hans-Ulrich Karpen, Die Verweisung als Mittel der Gesetzgebungstechnik, 1970, S. 131ff.: 指示(Verweisung)에 대해서 자세한 논의는 제4장 제3절 Ⅲ. 이하 참조.

그 당시의 해당하는 기술적 표준의 유효한 텍스트에 대한 규범보충적 유동적 지시(normergänzende dynamische Verweisung)[90]는 입법권의 포기를 의미하므로 실제로는 의미가 없음을 고려해야 할 것이다. 이러한 지시는 대의민주제의 원칙에 위반될 뿐만 아니라 독일 기본법상의 법치국가의 원칙에서 유래하는 관련된 법적 내용이 확정되어야 한다는 원칙에도 반하게 되기 때문이다. 이에 반하여 특별히 자주 법적인 규정에서 '일반적으로 승인된 기술의 규정'(allgemein anerkannte Regeln der Technik) 또는 '기술의 수준'(Stand der Technik)'은 기술적인 규정과 관련하여서 많이 등장한다. 이는 '규범구체화적 유동적 지시'(normkonkretisierende dynamische Verweisung)로서, 현재 독일의 기술법 관련 입법에서 많이 사용하고 있다. 특히 안전을 목적으로 하는 기술법 관련 법률에서 많이 나타나는데, 예를 들어 독일 에너지경제법(EnWG) 제16조 제2항, 기구안전법(GSG) 제3조 제1항,[91] 연방임밋시온방지법(BImSchG) 제5조 제1항[92] 등에서 이러한 입법방법을 사용하고 있다. 이때 '일반적으로 승인된 기술의 규정'과 '기술의 수준' 등은 구체화를 필요로 하는 불확정한 법적 개념이다. 기술적 표준은 바로 불확정한 법적 개념의 구체화로써 타당 시 될 수 있는데, 이에 대해서 좀 더 자세한 것은 기술법과 관련한 제4장에서 좀 더 자세히 살펴보기로 한다.

---

90) 예를 들어, 법령에서 '전기적 시설은 VDE-표준에 상응하여야 한다'고 입법을 하는 경우이다.

91) 기구안전법(GSG) 제3조 제1항에 의하면 "동법에 따른 명령에서 규정하지 않은 기술적 기구는 일반적으로 승인된 기술의 규정 및 노동보호와 사고예방규정에 따라 그들의 용도에 상응한 사용 시에 이용자나 제3자의 생명이나 건강이 보호될 수 있는 한 거래에 유통시킬 수 있다. 하지만 다른 방법에 의하여 같은 안전이 확보될 수 있는 한 일반적으로 승인된 기술의 규정 및 노동보호와 사고예방규정과 상이할 수 있다"라고 규정하고 있다.

92) 연방임밋시온방지법(BImSchG) 제5조 제1항 1문에 의하면 동법에 따라서 인가를 필요로 하는 시설은 위험방지를 위해서 부가적으로 "유해한 환경침해에 대한 예방조치, 특히 엠밋시온의 제한을 위하여 기술의 수준에 상응하는 조치를 하여야 한다"고 규정하고 있다.

3. 기술적 표준의 법적 한계

독일의 경제질서는 경쟁제한방지법(Gesetz gegen Wettbetribsbeschränkungen: GWB) 제1조와 제38조 제1항에 의해서 경쟁제한적인 합의나 제안의 금지를 통하여 보증되는 자유경쟁의 원리에 입각하고 있다. 기술적 표준이 표준규격화를 통하여 경쟁에 영향을 미치고 심지어 배제할 수 있다는 것은 의심할 여지가 없다.[93] 사실 표준이 법적 구속력이 있는 특성을 가지지 않았다는 것은 앞에서도 보았지만, 그러나 표준제정기관의 권고는 경쟁법적인 금지에 관여하게 되는 효과를 가지게 된다. 한편 경쟁자유의 원칙은 다양하게 수정이 될 수 있다.[94] 예를 들어, 경쟁제한방지법 제5조에서는 경쟁제한으로서 합리화카르텔(Rationalisierungskartelle)을 허용하고 있다. 그리고 특히 동법 제38조 제2항은 일정한 요건 아래서 표준과 유형권고(Normen- und Typenempfehlungen)를 허락하는데, 이는 표준의 국민경제적인 이용이 경쟁제한의 불이익을 보상하기 때문이다. 이것으로써 독일표준화연구소(DIN) 등의 표준은 상당히 특권화 되었다고 할 수도 있다. 물론 그들의 경쟁법적 허락은 동법 제38조 제3항에 따른 남용금지에서 한계가 있고, 이의 침해 시에는 경우에 따라서는 표준제정기관에 대해 유지청구권과 손해배상청구권이 발생할 수 있다.[95]

그리고 DIN 자체도 영업적·개인적 보호법, 특허(Patent)에 대한 고려를 표준제정의 한계로서 고려해야만 한다. 이 문제는 특히 2가지 유형으로서 나누어 볼 수 있는데, 첫째로 보호법과 표준의 의도하지 않은 충돌이 일어난 경우이다.[96] 이러한 문제를 특허권과 관련해서 예를 보면, 특허권과 표준의 충돌이 일어난 경우에,[97] 생산자로서 표준을 적용

---

93) Arthur Strecker, Einbettung des Normenwesens in die staatliche Ordnung, AGR-Schriftenreiche(Heft 140), 1975, S. 6.

94) Hans Jürgen, Grundfragen des technischen Normwesens, BB Beilage 4/1985, S. 8.

95) Peter Marburger, a. a. O.(주8), S. 568ff.

96) Hans Jürgen, a. a. O., S. 9.

97) 사적 독점권인 특허권이 표준으로 채택되거나 또는 표준의 제정과정에 참

하려는 자가 특허소유자와 실시허락합의이나 독일 특허법 제15조에 따라서 강제허락(Zwanglizenz)을 얻지 않는 한 이러한 표준은 효력이 없다.[98] 즉 이러한 표준은 그들의 목적을 달성할 수 없게 된다. 그러므로 DIN의 내부규정에 의하면 이러한 표준은 철회되어야만 한다.

둘째로 특허의 소유자 자신이 표준을 신청한 경우에 일어난다. 그러나 표준은 모든 관계자에게 기여하여야 하기 때문에, DIN-Norm 820 Blatt 1에서 특허법적인 상황의 결과로 표준이 단지 특허소유자에게만 기여하는 경우에는 표준제정이 중지되도록 규정하고 있다. 그러나 이러한 경우에도 더 높은 관점에서 예를 들어, 환경보호・노동재해방지 또는 기타 공적인 이익에서의 표준목적을 위해서는 표준의 통과가 이루어질 수 있다. 이러한 목적으로 제정된 표준은, 실시허락에 대한 특허소유자의 동의표시에 의존하여 표준의 효력이 발생하도록 제정된 때에는 조화를 가져올 수 있다.[99]

여하면서 그 표준의 기술적 측면에 대하여 지적재산권을 획득한 경우, 지적재산권자가 표준기술의 이용자에게 불합리한 사용료를 요구하거나 특정 이용자의 사용허락을 거부한다면 지적재산권과 표준의 충돌이 발생할 수 있다. 이에 따라 표준제정기관들은 표준화에 있어서 다음과 같은 전제하에 있는데, 첫째로 표준화기관이 표준으로 정한 기술에 특허가 포함되어 있다면 특허권자는 누구에게나 그 실시를 허락해야하며, 둘째로 특허권자는 이러한 조건의 실시허락을 거부할 수 있고, 이 경우에 표준화기관은 그 특허를 포함하는 기술을 표준으로 채택하지 않을 수 있다.

98) 우리나라의 경우 '공공의 이익을 위하여 비상업적으로 특허발명을 실시할 필요가 있는 경우'(특허법 제107조 제1항 제3호) 제3자에게 특허발명을 실시할 권리를 부여할 수 있으나, 이 제도는 비상업적 실시에만 적용하도록 규정되어 있어서 표준에 적용하기에는 한계가 있다.

99) Hans Jürgen, a. a. O., S. 10.

제5절 표준화 절차와 그 기본원칙

Ⅰ. 公的 課題로서 기술적 표준

기술적 표준은 경제생활에서 국제무역의 비관세장벽의 제거, 소비자 보호, 환경보호 등에서 커다란 실제상의 의미를 가진다. 실제 다양한 범위에서 다양한 내용으로 기술적 표준은 경제과정의 모든 단계에서 적용된다. 이것은 표준화 작업에 있어서의 전문적인 권위에 기인하고, 또한 부분적으로 예를 들어, 독일 에너지경제법(Gesetz zur Föderung der Energiewirtschaft: EnWG) 제16조 제2항,[100] 연방임밋시온방지법상의 대규모 난방시설에 대한 시행령(Verordnung über Großfeuerungsanlagen - 13. BImSchV) 제8조 제2항[101]과 같이 법적 규범이 기술적 표준과의 관련성을 분명히 나타내고 있기 때문이다. 또한 기술적 표준은 비록 법적 규범은 아니지만, "일반적으로 승인된 기술의 규정"(§3 Abs. 1 S. 2 GSG), "기술의 수준"(§5 Abs. 1 Nr. 2 BImSchG), "거래에서 요구되는 주의의무"(§276 Abs. 1 S. 2 BGB) 또는 매매나 도급계약(§§459ff., 633ff. BGB)의 계약에 맞는 속성의 판단 시와 같은 불확정한 법적 개념의 구체화시에는 현저한 법적 의미를 가질 수 있다.[102]

---

100) 독일 에너지경제법 제16조 제2항을 보면, ② 에너지의 생산과 전송 및 배부를 위한 시설이, 1. 독일 전기기술자협회의 전기에 대한 기술적 규정. 2. 독일 가스·물전문협회의 가스에 대한 기술적 규정을 준수한 때에는 일반적으로 승인된 기술의 규정을 준수한 것으로 추정된다.

101) 대규모 난방시설에 대한 시행령 제8조 제2항을 보면, ② 킬로그램당 12밀리그램 이상의 니켈이 함유되어 있는 DIN 51603 Teil 1 또는 DIN 51603 Teil 2에 의한 난방용유류 또는 DIN 51603에 의한 난방용 유류가 다른 액체연료로 사용되면, 비소·납·카드뮴·크롬·코발트 그리고 구성요소로 주어져서 그들과 결합된 먼지형태의 엠밋시온은 폐가스에서 입방미터당 전체 2밀리그램의 총농도(폐가스에서 산소의 용적과 관련해서는 3%)를 넘지 말아야 한다.

102) Peter Marburger, a. a. O.(주8), SS. 588-595.

그러나 기술적 표준의 성립과정을 살펴보면, 법적인 관점에서 문제시 될 수 있는 것은, 먼저 이러한 표준의 제정과 발행이 사적인 단체를 통하여 일어난다는 것이다. 또한 사법상의 단체소속을 통하여 단체구성원이 아닌 범위에서도 그 단체에서 제정된 표준이 법적으로 또는 사실상으로 영향을 미치게 된다는 것이다. 하지만 초기업적 기술적 표준은 원래 단체의 회원에 대해서만 관련성을 가질 것을 의도하지는 않았고, 그 단체의 회원이든 아니든, 표준과 관련되는 모든 사람에게 똑같이 유효하게 적용된다. DIN 820 Teil 1에서 말하고 있듯이, 기술적 표준은 '일반적인 적용을 위하여 만들어진 규정'이며, 그 적용은 모든 사람에게 임의적으로 맡겨져 있다.[103]

특히 초기업적 기술적 표준의 이러한 외부적 효과는, 환경법과 기술법에서 많이 관련되는 안전기술적 표준(sicherheitstechnischer Normen)에 있어서 가장 분명하게 나타난다. 즉 국가적인 법적 규범과 사적인 기술적 표준과의 법적 규범체계에서의 관련성은 바로 환경법과 기술법의 영역에서 광범위하게 나타난다.[104] 기술적 표준은 잠재적으로 위험한 기술적 시설 등의 생산이나 사용에 대하여 실체적인 안전기술적 상세한 규정을 포함하고 있으며, 반면에 국가가 제정한 법은 다소간의 보호목적과 일정한 행태요구 등을 규정하는 것으로 제한되어 있다. 즉 기술법에서는 상세한 안전기준 등을 규정하지 않지만, 기술적 표준에는 안전기술적 상세한 규정이 있으므로 안전기술적 표준을 준수함으로써 기술적 안전이 달성되게 된다. 바로 이러한 방법으로 산업생산과 수업공적 생산, 감독 및 수리 등의 영업분야의 기술적 안전이 달성되게 된다. 독일의 전기기술분야와 가스·물공급 분야를 예를 들어 본다면, VDE-규정과 DVGW-작업규정(DVGW-Arbeitsblätter) 및 이를 보충하는 각각의 관련된 DIN-표준은, 비록 그들의 적용에 있어서 결코 법적으로 강제되

---

103) Grundlagen der Normungsarbeit des DIN, DIN-Nomenheft 10, 2000, S. 87.

104) Peter Marburger, a. a. O.(주8), S. 589.

어 있지는 않지만 실제 광범위하게 법과 유사하게 현실에서 적용되고 있는 것이다.[105)]

이에 따라 표준화단체는 기술적 표준을 만들고 유포시키는 것을 단지 그들 단체 내부의 사무로 여기지는 않는다. 오히려 그들은 사회·경제생활의 중요한 부분을 형성하고, 그들의 활동에 의해서 모든 사람이 다소간에 걸쳐 강하게 영향을 받는다는 것을 인식하면서 결정을 한다. 특히 산업영역에서는 이러한 것이 결코 포기될 수 없으며, 산업사회형성을 위하여서는 매우 중요하다.[106)] 그러므로 표준화단체의 활동은 공적인 이해관계를 가지게 되는데, 이를 다시 말하면, 사적인 표준화단체는 기술적 표준을 만들고 발간함으로써 실제 공적인 기능(öffentliche Funktion)을 수행하는 것이 된다.[107)]

Ⅱ. 사법적인 단체의 기술적 표준의 제정에 대한 정당성 여부

독일에서는 실제 私法上의 團體에 의해서 기술적 표준이 제정되는 것에 대하여 비판을 제기하기도 한다. 즉 표준화 활동은 실제 기술의 자치가 아니라 법(Gesetz)과 계약(Vertrag) 이외의 제3의 法源이라는 것이다.[108)] 또한 사법상의 단체가 표준화 활동을 통한 공적 과제의 수행을 위해서 필요한 법적 기초가 실제 거의 없다. 이에 따라 더 많은 국가적인 통제가 필요하다고 하기도 하며, 심지어는 공공기관에 의한 표준화활동의 환원을 주장하기도 하며, 목적에 합당한 최선의 해결책으로서 종종 국가과제의 위탁으로서 표준화활동이 제시되기도 한다. 즉 표준화단체가 계속적으로 기술적 표준을 만들고 발간을 하되, 이것은 단지 자유로운 자치활동의 일환으로서가 아니라, 국가에 의해서 표준화단

105) A. a. O., S. 589.
106) Thomas Zubke-von Thünen, a. a. O., S. 157ff.
107) Peter Marburger, a. a. O.(주8), S. 588.
108) Johannes Backherms, Zur Einführung: Recht und Technik, JuS 1980, S. 14.

체가 위탁된 과제의 수행자로서 단지 이러한 활동을 수행케 하자는 것이다.[109]

그러나 이러한 제안은 타당하다고 할 수 없는데, 근본적으로 이러한 제안은 공적 과제와 국가적 과제를 부당하게 대등하게 취급하는데서 비롯된다고 할 것이다.[110] 기술이 사용되는 거래 시에 발생할 수 있는 위험성에 대한 필요한 안전조치를 취하는 적당한 법적 규정 등을 마련하는 것은 확실히 국가적 과제에 속한다. 그러나 모든 분야에서 상세하게 안전기술적 요구를 규정해야 한다는 것은 또한 독일 기본법(Grundgesetz)상 국가의 의무라고 할 수도 없을 것이다. 그러므로 사적 기술적 표준단체들과 국가의 특별한 협력은 기술적 안전을 위한 목적에 합당할 뿐만 아니라, 학문적 · 기술적 고도의 전문성 등의 사정으로 인한 사적 단체에 의하여 법적 규정에 있어서의 과제수행은 법적으로도 문제가 없다고 할 것이다.[111] 한편으로 국가기관으로의 표준화활동의 환원시에 실제적인 문제가 해결될 수 있는 것도 아닌데, 표준제정시의 고도의 전문성 등을 국가기관이 충족시킬 수 없기 때문이다. 또한 사실 표준을 만드는 위원회가 국가의 지시나 감독질서안으로 편입이 된다는 것은 형식상의 정당성은 달성할 수 있다. 하지만 이는 사안 자체에 관한 문제에서는 근본적으로 변화가 없는 형식적인 것에 불과하다고 할 것이다.

그러나 실제 중요한 것은 가능한 한 좋은 기술적 표준총서를 제정하고, 그리고 동시에 그 남용을 최대한 방지하는 것에 있다고 할 것이다. 그러므로 유능한 전문지식인을 동원하고 가능한 한 남용의 위험성을 방

---

109) Ulrich Battis/Christopf Gusy, Tchnische Normen im Baurecht, 1988, S. 35ff.; Herbert Krüger, Rechtsetzung und technische Entwicklung, NJW 1966, S. 617ff.; Rodolf Lukes, Das Atomrecht im Spannungsfeld zwischen Technik und Recht, NJW 1978, S. 246.

110) Peter Marburger, a. a. O.(주8), SS. 590-591.

111) Fritz Ossenbühl, Kernenergie im Spiegel des Verfassungsrechts, DÖV 1981, S. 2; Klaus Vieweg, Zur Einführung: Technik und Recht, JuS 1993, S. 897; Peter Marburger, a. a. O.(주8), S. 588ff.

지하기 위하여 절차규정을 만드는 것이 필요하다고 할 것이다. 의심의 여지없이 국가기관보다는 사적인 전문단체가 전문지식의 동원에 있어서는 우위에 있다고 할 것이며, 표준제정과 관련한 단체의 규정을 통한 절차보장은 국가의 공공기관에서와 똑같이 실현할 수 있다고 할 것이다. 그러므로 사법상의 단체를 토대로 한 전통적인 기술적 표준제정활동은 위와 같이 여러 점에서 목적에 합당한 이유를 가지고 있으므로 계속 유지될 수 있다고 할 것이다. 이 점을 도외시하고 표준단체에의 활동에 원천적인 국가적 간섭은 독일 기본법 제9조 제1항에서 보장하고 있는 단체활동의 자유(Vereinigungsfreiheit)에 대한 기본권을 침해하는 것이 될 것이다.

Ⅲ. 표준화 절차와 기본원칙

1. 기술적 표준의 제정절차와 기본원칙

개개의 표준제정과정에서의 표준화절차의 준수는 당연히 법치국가적 최소한의 요구라고 할 것이다. 실제 독일의 여러 표준제정기관들이 작성한 기술적 표준은 통일적이며, 사안에 따라 각기 설정된 기본원칙에 의하여 진행되는 절차를 통하여 제정된다.

기술적 표준은 전문가들로 구성된 위원회에서 그 草案이 작성된다. 이들 전문가들은 한편으로는, 공학·자연과학 등의 과학을 대표하는 자들과 다른 한편으로는, 그때 그때의 표준제정과 관련된 분야에서 종사하는 전문가들, 예컨대 업계의 설계 및 제작전문가, 기술감독기관, 시험소 및 관할관청의 전문가들로 구성된다.[112] 또한 위원회의 구성원은 이해관계집단, 즉 경제계, 소비자, 행정청 및 학계의 동의를 얻어 파견된다.

독일에서의 표준제정과정을 일별해 보면, 위원회의 표준제정작업은

---

112) Hans Jürgen, a. a. O., S. 5.

특정한 표준의 제정신청에 대한 심사부터 시작된다. 통상 제정신청은 경제계로부터 이루어지나 때로는 위원회로부터 제출될 수도 있다. 위원회가 표준제정의 필요성을 인정하는 경우, 위원회는 초안을 작성한다. 이 초안은 공표되며 전문잡지에 그 공표사실을 게재한다. 이 초안에 대하여는 일정한 기간 내에 누구나 異議를 제기할 수 있다. 이러한 이의에 대하여 위원회가 결정하나, 만약 초안과 이의와의 차이가 해결되지 않는 경우에는 중재 또는 조정절차가 개시된다. 표준제정의 절차는 경우에 따라서는 수정된 형태의 표준에 대한 의결과 특정의 인쇄물을 통한 공표로써 종료한다. 이러한 기술적 표준의 인쇄물은 누구나 그 구독이 가능하며 전문잡지나 부분적으로는 연방관보에서 그 발행을 알려주고 있다.[113)]

표준의 제정 시에는 DIN-Normen 820 Teil 1에서 확립된 몇 가지 기본원칙에 따라야만 한다. 그 무엇보다도 표준은 자기목적(Selbstzweck)적이 아니라 공공에 봉사하고 공적인 이익에 기여한다는 일반적인 원칙에서 있어야만 한다.[114)] 이러한 대원칙 아래에서 DIN의 자발적인 자기구속을 의미하는 세부적인 원칙, 즉 절차적, 법적 그리고 기술-학문적 및 경제적 원칙이 지켜져야만 한다.

i) 절차준수의 원칙(Verfahrensmaximen): 먼저 표준제정작업의 시작 전에 필요성 검토가 행해져야만 한다. 그리고 표준제정작업에 관계된 집단[115)]과 공공이 참여하여야만 한다.[116)] 또한 다른 독일 표준총서의

---

113) 국제표준화기구(ISO)의 표준제정절차에 대해서는 http://www.standard.go.kr/CODE02/USER/0A/06/C__StdInfo__detail2__2.asp를 참조하기 바람(ISO 표준 제정절차는 일반적으로 제안부터 발행까지 6단계로 구성되며, ISO/IEC 기술작업지침서를 준수한다. 신규표준 제안은 ISO 국가회원기관, TC/SC 간사기관, 연계기관, 기술관리이사회 또는 자문그룹, ISO 사무총장에 의해 이루어질 수 있고, 작업안은 해당 기술위원회의 정회원들에게 회부되어 투표를 거치게 된다).

114) Hans Jürgen, a. a. O., S. 6.

115) 관계된 집단에는 사용자, 행정청, 직업조합, 직업학교, 전문대학, 대학, 상공인, 수공업자, 제조자, 시험연구소, 보험업자, 기술적 감독자와 소비자 등이 이에 속할 것이다(Werner Brinkman, Die Verbraucherorganisationen

부분 및 국제적인 계획과 중복되지 않도록, 경우에 따라서는 제정되는 표준이 그 밖의 다른 지역적, 국가적 또는 국제적인 표준을 고려하였는지의 여부를 검토하여야만 한다.

ii) 법적 원칙(Rechtliche Maximen): 표준제정작업은 경쟁의 제한을 목표로 해서는 안 된다. 또한 특허(Patent)나 기타의 영업적 보호법을 통하여 보호되는 대상에 관계해서는 아니 된다. 이러한 법적 원칙으로서 일정한 범위에서 언급된 법적 규범과 충돌이 일어나는 것을 피해야만 한다.

iii) 기술-학문적 원칙(Technisch-wissenschaftliche Maximen): 표준제정작업은 그 당시의 학문과 기술의 수준에 맞게 이루어져야 한다. 필요한 경우에는 필요한 조사와 고려가 행해져야만 하고, 표준제정을 통하여 기술적인 발전이 방해되어서는 아니 된다. 그리고 표준해석의 편의를 위하여 해석과 그 이유가 설명되어야만 한다.

iv) 경제적 원칙(Wirtschaftliche Maximen): 표준제정작업은 표준의 임무인 기술적·경제적 통일화의 달성이 이루어지도록 해야만 한다. 즉 표준제정결과는 항상 현실에서의 실행을 항상 염두에 두어야 하므로 경제적인 한계가 고려되어야만 한다.

이러한 표준제정절차에서 내용적으로 중요한 제정원칙을 다시 한 번 핵심용어로서 표현해 본다면, 전문지식(Sachverstand), 이익조화(Interessenausgewogenheit), 공공의 참여(Verfahrensbeteiligung der Öffentlichkeit), 표준의 발표와 개정(Publikation und Revision der Norm), 절차구속성(Verfahrensverbindlichkeit)으로 나누어 볼 수 있는데,[117] 이에 대한 내용을 좀 더 자세히 검토해 보면 다음과 같다.

---

in der Bundesrepublik Deutschland und ihre Tätigkeit bei der überbetrieblichen technischen Normung, 1976, S. 93).

116) Siegfried Hahn-Woernle/Helmut Reihen, Normung und Entbürokratisierung, DIN-Mitt. 63, 1984, S. 245ff.

117) Peter Marburger/Thomas Gebhard, a. a. O., S. 8.

2. 기술적 표준의 중요한 제정원칙

1) 전문지식의 원칙

기술적 표준을 제정하려는 자는 그 표준의 제정을 위하여 필요한 충분한 전문지식을 갖추고 있어야 한다. 법적인 관점에서도 표준제정활동에서 요구되는 가장 중요한 요구는 해당 분야의 전문지식이라고 할 것이다. 이를 위하여 첫째로 해당하는 기술적 표준과 관련되는 문제가 포괄적으로 다루어 질 수 있도록 표준작성 분과위원회에서의 전문인력의 임용이 보장되어야만 한다. 현장에서 활동하는 기술자는 시설운영자와 다른 관점에서 문제를 관찰하며, 기술적 감독전문가의 시각은 다시 다르며, 연구에 종사하는 학자들의 시각은 또한 다르다. 그러므로 표준 내용에 관련된 전문분야 뿐만 아니라, 가능한 한 상이한 활동분야의 전문가도 표준제정위원회에 참석이 보장되어야 한다. 실제 독일의 독일표준화연구소(DIN)의 경우를 보면, 전문가들은 한편으로는 공학, 자연과학 등의 과학을 대표하는 자들과 다른 한편으로는 그때 그때의 표준제정과 관련된 분야에서 종사하는 전문가들, 예컨대 업계의 설계 및 제작전문가, 기술감독기관, 시험소 및 관할관청의 전문가들로 구성되어 있다.118)

둘째로 표준화 단체는 해당하는 전문문헌들의 문헌정리를 통하여 위원회의 구성원들이 해당하는 분야에서 이미 알려진 학문과 기술의 수준에 그들이 제정하는 표준이 도달할 수 있도록 배려를 해야만 한다. 왜냐하면 제정 시에 이미 시대에 뒤지거나 기술적으로 낡아버린 기술적 표준은 그 역할을 다할 수가 없기 때문이다.

2) 이익조화의 원칙

표준제정과정에서 모든 관련된 이해관계자들의 참여가 균형을 이룬다는 것은 실제로 어려운 문제이다. 현실적으로 표준제정위원회의 구성

---

118) Hans Jürgen, a. a. O., S. 5.

원은 오로지 기술적·학문적 전문가로 구성되면 되고, 이러한 범위 안에서만 공동작업을 위하여 소집되면 된다는 입장이 있다. 하지만 이것은 옳지 않으며, 사실 독립적으로 세분화된 권리능력 있는 사법상의 단체로서 표준제정단체의 표준제정위원회(Normenausschüsse)는 개개의 관심있는 사람들의 직접적인 간섭을 배제하지만, 그러나 단체의 구성원범위는 행정청, 기술적 감독이나 학계 외에도, 가장 많은 부분을 차지하는 관련된 산업의 기업체에서 보내진 전문가들로 구성되어 있다.[119] 그들의 공동작업은 포기될 수 없는데, 왜냐하면 기술적 표준은 기술적 실무의 경험과 산업적 연구의 지식도 표준제정작업에 반영할 것을 전제로 하기 때문이다. 개별적인 경우의 '학문과 기술의 수준'에 필요하고도 희망하는 근접은 이렇게 해서 보증될 수 있기 때문이다.

또한 한편으로서는 학문적·기술적 지식 이외에 '경제적 이해'(wirtschaftliche Interessen)도 표준제정 시에 고려되어야 한다는 것은 피할 수 없을 것이다.[120] 이러한 관점은 표준화 단체에서도 오늘날 종종 승인되어지고 있다. 예전에는 '개인적인 구성의 원칙(Grundsatz der persönlichen Mitgliedschaft)'에 의하여 명예직의 위원회 구성원들은 그들을 파견한 단체나 회사로부터의 지시에 대해서 독립성을 가지고 개인적 책임만을 진다고 보았지만, 오늘날 유효한 절차규정에 의하면 명예직의 회원들은 그들을 파견한 단체 등으로부터 표준작업 위원회에서의 활동 시에 전권이 위임되고 결정할 수 있는 능력이 있다고 본다.[121][122] 또한

119) Jutta Rühl, Normung und gesetzliche Regelungen für den Umweltschutz, DIN-Mitt. 73, 1994, S. 154(독일의 기업들은 기술적 표준의 전략적 중요성과 잠재성에 대해서 알고 있으며, 표준화를 통해 이득을 얻을 수 있다는 것을 이해하고 있으므로, 상당수의 기업들이 표준화활동에 참여한다).

120) 표준화작업을 통하여 표준화과제의 기술적 그리고 경제적 평준화적 해결을 이루어야만 한다. 즉 표준화작업 결과가 경제적으로 실행 가능한지의 여부에 대한 것을 분명히 고려해야만 한다(Hans Jürgen, a. a. O., S. 6).

121) DIN 820 Teil 1, 'Normungsarbeit Grundsätze', Nr. 3. 4.

122) "표준위원회의 지침(Richtlinie für Normensausschüsse im DIN, Juni 1990)", 10. 5에 의하면 명예직 구성원이 그들을 파견한 단체 등으로부터

DIN 820 Teil 1과 VDE 0023 Teil 1에서는 일치하여, 기술적 표준의 작성 시에 각개의 학문과 기술의 수준뿐만 아니라 경제적인 여건(wirtschaftliche Gegebenheiten)도 고려해야만 한다고 규정하고 있다.123) 실제 경제적 여건도 고려해야 한다는 원칙에 대하여 이의를 제기하는 경우는 없다.

이러한 점에서, 즉 경제적 이익단체의 여건도 반영해야 하고, 한편으로는 공공의 복리에도 봉사해야 하는 자발적인 공동작업의 문제점이 나타날 수 있다. 그러나 표준제정 작업 시에 일반적인 이익대표보다는, 오히려 학문적-기술적 전문지식이 중요한데, 바로 표준화조치에 관심있는 모든 분야와 표준화조치를 통하여 잠재적으로 관련되는 분야의 전문지식의 반영이 요구된다고 할 것이다.

위에서 언급한 바와 같이 이러한 광범위한 이익대표는 비록 표준화단체가 표면적으로는 이를 위하여 노력하고 있지만, 표준화단체의 현재의 실무에서 실제 제도적으로 잘 보장되어 있지는 않다.124) 이는 본질적으로 두 가지 원인에서 비롯된다고 할 것이다. 첫째는 표준제정에 있어서 일정한 이해관계자들이, 예를 들어, 중간규모나 소규모의 기업, 비영리적 소비자단체 등이 경제적·개인적인 이유로 표준화과정에 참여하지 않는다는 것이다. 물론 소비자단체는 1974년 이후부터는 DIN의 조정위원회(Lenkungsgremien)에서 소비자권고(Verbraucherrat)를 통하여 활동하고 있는데, 이는 이전의 상태에 비해서는 현저하게 개선된 것이라고 할 것이다. 하지만 자타가 공인하는 대로 소비자단체 및 그와 관련되는 단체들이 표준위원회에서 함께 일할 수 있는 학문적-기술적 전문

탈퇴를 하면 자동적으로 위원회에서의 활동도 종료된다고 한다 (Grundlagen der Normungsarbeit des DIN, 6. Aufl., 1995, S. 72).

123) DIN 820 Teil 1, Abschnitt 5. 7.(Grundlagen der Normungsarbeit des DIN, 7. Aufl., 2001, S. 86).

124) Helmut Voelzkow, Ist die technische Normung demokratisch?, DIN-Mitt. 75, 1996, S. 193ff.; Von Renate Mayntz, Entscheidungsprozesse bei der Entwicklung von Umweltstandards, Die verwaltung 1990, S. 144ff..

가의 충분한 숫자를 확보하지 못하고 있다. 이러한 약점이 제거될 수 없는 한, 공공기관, 기술적 감독 또는 학계의 대리자들이 소비자관련 문제에서 소비자의 이해를 강하게 대리하도록 해야만 할 것이다. 그러나 표준화단체들은 실제 이러한 대상대표(Ersatzrepräsentation)에 대해서도 침묵으로 일관하고 있으며, 절차규정에도 이러한 것이 발견되지는 않는다.

둘째의 원인은 표준화단체의 절차지침(Verfahrensrichtlinien)들이 구속력이 없게 만들어져 있다는 것이다. 표준화 작업의 원칙에 대하여 규정하고 있는 DIN 820 Teil 1에 의하면, “표준제정 분과위위원의 구성은 적절한 관계에서 이해 관계된 범위의 사람들이 표준제정시에 참석하도록 한다는 원칙을 고려해야만 한다”고 규정하고 있다.[125] 그리고 VDI의 표준제정에 관한 원칙과 지시에 관한 규정 VDI 1000을 보면, “위원회와 소위원회는 가능한 한 모든 이해관련자들이 적절하게 대표될 수 있도록 그렇게 구성되어야 한다”[126]라고 규정하고 있다. 구체적인 경우에 적절히 대표된다는 이러한 규정은 넓은 재량의 여지를 가지고 있다고 할 것이다. 그러나 모든 관련된 이해관계자들의 조화된 대표참석이 법적 규정으로 기술적 표준이 수용되기 위한 전제요건이라는 점에서, 엄격한 절차보장을 요한다고 할 것이다.

그리고 표준화에 있어서 환경적 이해의 강한 고려를 위해서 1992년 10월 22일에 독일 환경부와 DIN 사이에 하나의 협정[127]이 있었다.[128]

---

125) DIN 820 Teil 1, "Normungsarbeit Grundsätze“, Nr. 3. 4.

126) "Die Ausschüsse und Unterausschüsse werden so zusammengesetzt, daß im Rahmen des möglichen alle berechtigten Interessen angemessen vertreten sind“(VDI 1000, Richtlinien: Grundsätze und Anleitungen, Nr. 3).

127) 이 협정의 정식명칭은, “Vereinbarung gestützt auf §10 Abs. 1 des Vertrages zwischen der Bundesrepublick Deutschland und dem DIN vom 5. Juni. 1975 zwischen dem Bundesminister für Umwelt, Naturschutz und Reakorsicherheit(BMU) und dem DIN Deutsches Institut für Normung e. V. über die Berücksichtigung von Umweltbelangen in der Normung.”

128) Umwelt(BMU) 1993, S. 8ff.: Horst von Holleben, Normung und

이러한 협정을 근거로 하여 DIN에는 두개의 기구, 즉 '환경보호를 위한 조정기구(Koordinierungsstelle Umweltschutz: KU)'와 '환경보호의 기반을 위한 표준위원회(Normenausschuß Grundlagen des Umweltschutzes: NAGUS)'가 설치되었다. DIN에 설치된 '환경보호를 위한 조정기구(KU)'는 표준제정작업시에 가능한 환경관련성을 검토하고 표준화절차에서 환경보호를 위하여 필요한 수정을 통지한다. 또한 KU는 환경관련 모든 이해관계집단(연방과 연방주의 환경기관, 산업계, 환경단체, 노동조합, 소비자단체 및 학계)의 전문조언을 통하여 이미 존재하는 표준에서의 환경관련 적절성과 환경친화성을 검토한다.129)

DIN에 1993년 2월 15일에 설립된 '환경보호의 기반을 위한 표준위원회(NAGUS)'는 국가적, 유럽 지역적 그리고 국제적 분야에서 환경보호를 위한 전문분야의 표준화를 촉진하는 과제를 가지고 있다.130) 일반적으로 표준화에서는 생산과 생산절차에서 기술적 상술을 확정하는 것이지만, 또한 표준은 경제과정에서의 행위자의 행위규정(Verhaltensregeln)을 위하여서도 그리고 호환적인 정의(Definition)를 위해서도 적절하다. NAGUS에는 주제별로 전문용어(Terminologie), 환경관리체계, 생산에서의 생태결산(Ökobilanzen für Produkte), 그리고 환경기호(Umweltkennzeichen)를 위한 분과위원회가 설치되어 있다.131) 이러한 두 기구를 통하여 표준화에서 환경보호의 이해를 의미있게 관철할 수 있게 되었으며, 이러한 방법으로 DIN에서의 표준화작업에서 환경과 관련하여 지금까지 존재하던 결함을 제거할 수 있게 되었다.

3) 공공대중의 참여

공공대중의 표준제정 절차참여의 필요성은, 기술적 표준은 사실 좁은

Umwelt, in: Festschrift für Wolfgang Ritter, 1997, S. 589f..

129) Umwelt(BMU) 1993, S. 9.

130) A. a. O., S. 9.

131) Jutt Rühl, Normung und gesetzliche Regelungen für den Umweltschutz, DIN-Mitt. 73, 1994, S. 155.; Horst von Holleben, a. a. O., S. 860.

분야의 전문가들에 의해서 만들어지지만, 표준의 종류에 따라 상이한 강도로 일반국민의 이해에 개입한다는 것에서 그 필요성이 있다고 할 것이다. 이에 따라 공공대중이 제정되는 표준의 내용에 간섭할 수 있는 기회가 주어져야만 한다.

대규모의 표준화단체는 예외 없이 이러한 명령을 이행하고 있다.[132) 표준의 초안은 공표되어지고, 초안의 발간에 대해서는 전문잡지를 통하여 공공대중에 알려지게 된다. 일반적으로 4개월의 이의기간(Einspruchsfrist) 내에 누구나 초안에 대하여 이의나 변경 또는 보충제안을 이유서와 함께 표준초안을 작성한 표준위원회에 제출할 수 있다. 만일 이의가 있으면 이의의 정당성에 대해서는, 이의자에게 진술이 보장되는 위원회에서 이의에 대해서 결정을 한다. 만약 의견의 차이가 해소되지 않으면 조정절차가 개시될 수 있고, 경우에 따라서는 또 한 번의 중재절차가 개시될 수 있다.[133)]

4) 표준의 공표와 개정에서의 원칙

기술적 표준은 그 기능의 원활한 수행을 위해서는 공표·발간되어야만 한다. 이에 따라 기술적 표준은 인쇄물로써 발간이 되며 누구나 유상으로 구입할 수가 있다. 표준의 공표(발간)에 대해서는 해당하는 전문잡지나, 부분적으로는 연방관보에도 소개가 된다.

공공대중이 발간된 표준의 자유로운 구입가능성이 보장되어야 한다는 것은, 경우에 따라서는 비교적 높은 표준의 구입가격과 관련하여 문제가 나타날 수도 있다. 예를 들어, DIN의 전체 표준의 개수는 약 2만개 이상이 되는데, DIN 표준의 전체가격은 약 40만 유로에 달하고, 약 7장의 A4 용지로 구성된 하나의 DIN 표준의 가격은 평균적으로 약 20

132) DIN 820 Teil 4, Normungsarbeit: Geschäftsgang; VDI 1000, Abschnitt 4; DVGW 100, "Grundsätze für das DVGW-Regelwerk" usw.
133) 보다 자세한 것은, DIN 820 Teil 4, Nr. 3. 4. 7 참조.

유로로써 상당히 비싼 편이라고 할 것이다.[134] 하지만 동시에 표준단체가 그들의 활동비용의 아주 많은 부분을 표준판매비용으로 충당하고 있다는 것을 고려해야만 할 것이다.[135] 물론 표준구입가격이 너무 높아서 사실상의 구입장벽이 되고 이것이 기술적 표준의 광범위한 적용에 위험이 될 정도로 구입가격이 높아서는 안 될 것이다. 지금 현재 대표적인 표준단체에서 이러한 위험이 나타나고 있지는 않다.[136]

그리고 기술적 표준은 끊임없는 규칙적인 개정(Revision)이 요구된다. 기술적 표준의 이러한 요구는 학문과 기술의 수준이 발전함에 따라 이에 비례하여 이미 만들어진 표준이 빠르게 낡은 것이 되고 기술적으로 추월당하게 된다는 것에서부터 비롯된다. 특히 안전기술적 표준에서는 이러한 현상이 더욱 현저하다고 할 것이다. 이로 인해서 기술적 표준은 규칙적인 시간간격 안에 재검토되어야 하고, 필요한 경우에는 내용이 변경되어야 하거나 완전히 취소되어야만 한다. 현재 독일의 표준화단체는 이러한 요구를 충분히 고려하고 있다. DIN, VDE, VDI의 현재의 절차지침(Verfahrensrichtlinien)에 의하면, 적어도 매 5년마다 기술적 표준이 학문과 기술의 수준에 상응한지를 재검토하여야 한다.[137] 5년의 기

134) Hans Picht, Empfehlungen zur Umstellung TGL-DIN, DIN-Mitt. 70, 1991, S. 333.

135) 1995년에 DIN의 전체수입은 1억 5천 8백만 마르크였는데, 그 중 66.4%가 표준판매수입이었고, 18%가 경제계가, 그리고 15.6%가 공공단체가 분담하였다(Thomas Zubke-von Thünen, a. a. O., S. 268).

136) 구동독의 국가적 표준인 TGL은 표준화법(Standardisierungsverordnung)에 따라서 국민경제에 적용이 강제되었고, TGL-표준의 구입가격은 매우 저렴했었다. 그러나 독일 통일로 인해서 DIN-표준이 비구속적이긴 하지만 독일 전역에 적용됨에 따라서 그 보급이 문제되었는데, 왜냐하면 DIN-표준은 그 구입가격이 상당히 비싼 편이었기 때문이다. 이에 대한 해결책으로 DIN-문고판으로의 보급으로 값싸게 해결할 수 있다는 논의를 하면서도, 표준화가 매우 역동적인 일(dynamische Angelegenheit)이라는 점에서 DIN-문고판에 수록된 표준은 이미 낡은 것일 수 있다는 문제점을 제기한다(Hans Picht, a. a. O., S. 333).

137) DIN 820 Teil 4, Nr. 5; VDI 1000, Nr. 4.7.

간은 일반적으로 적절한 기간으로 평가되고 있으나, 특히 기술이 빠르게 발전하고 있는 그러한 기술분야에서는 5년이라는 기간은 장기간이 될 것이므로, 약 3년으로 단축되어야만 할 것이다.[138] 그 외에 표준화단체는 표준에 대한 정기적인 개정을 넘어서 일종의 생산물관찰의무(Produktbeobachtungspflicht)를 부담한다고 할 것이다.[139] 즉 표준화단체는 표준규정의 적용으로 얻어지는 경험에 대한 정보를 특히, 사고에 대한 정보를 즉시 얻어서, 가능한 한 빨리 불시의 결함을 제거할 수 있도록, 사전배려를 해야만 할 것이다.

5) 절차구속성의 원칙

위에서 검토한 표준제정절차에 필요한 요건은 각개의 표준제정절차에서 임의적이 아닌 구속적인 의미를 가져야 한다. 그러므로 표준화단체는 이에 상응하는 절차지침을 만들어야 하고, 예외없이 절차지침이 준수되도록 주의하여야만 한다.[140] 만약 이에 위반하면 기술적 표준의 법적인 의미에 영향을 미치게 될 것이다. 절차에 위반한 기술적 표준은 불확정한 법적 개념의 구체화로써 타당시 될 수가 없을 것이다. 즉 법적으로 요구된 안전요구와의 기술적 표준의 일치성에 대한 추정[141]은 더 이상 적합할 수가 없을 것이다. 왜냐하면 이와 같은 입증효과의 인정은 문제되는 표준이 모든 이해관계자의 대표적인 참여와 일반공중의 참여아래 전문가위원회에 의해서 만들어졌다는 고려에서 출발하기 때문

---

138) Peter Marburger, Rechtliche Bedeutung sicherheitstechnischer Normen, in: VDE(hrsg), Risiko-Schnittstelle zwischen Recht und Technik, 1982, S. 145.

139) 표준제정단체의 표준은 인쇄물로서 동산에 해당되고, 이로써 독일 제조물책임법 제2조의 의미에서 제조물이 됨으로써, 표준의 하자로 인하여 발생한 손해에 대해서는 표준제정단체의 제조물책임이 인정된다.

140) Peter Marburger/Thomas Gebhard, a. a. O., S. 8.

141) Andreas Rittstieg, Die Konkretisierung technischer Standards im Anlagenrecht, 1982, S. 242.

이다.[142)]

그러므로 예를 들어, 문제되는 표준의 마지막 개정이 5년 이상을 경과했다든가, 표준초안의 발표와 일반대중의 이의신청에 대한 원칙이 지켜지지 않았다든가, 또는 개별적인 이해관련자 그룹, 예를 들어, 소비자단체나 공공의 이해가 표준의 제정 시에 적절하게 고려되지 않았다는 증명을 통하여 이러한 추정에 대한 토대를 실효케 할 수 있을 것이다.

Ⅳ. 소 결

기술적 표준은 비록 사적 단체에 의해서 제정되지만, 실제 법과의 관련성을 가지고, 하나의 사회규범으로서 사회·경제적 의의 등이 심대하므로, 위에서 본 것과 같이 그 제정절차의 준수가 요구되고 있다. 물론 이러한 제정절차가 법적으로 강제되는 것은 아니지만, 이러한 제정절차를 준수함으로써 기술적 표준이 광범위하게 현실에서 사용될 수 있고, 또한 현실에서 그 권위를 인정받을 수 있는 바탕이 된다고 할 것이다.

우리나라에서도, 헌법 제127조 제2항에서 "국가는 국가표준제도를 확립한다"고 규정함으로써 국가표준제도의 확립이 국가적 의무임을 명시하고 있다. 그리고 국가표준제도의 확립을 위하여 "국가표준기본법", "산업표준화법", "계량에 관한 법률"이 제정되어 있으며, 산업표준화 관련기관으로서는 산업통상자원부, 국가기술표준원, 한국표준협회 등이 있다. 또한 실제 우리나라에서도 기술적 표준이 독일처럼 광범위하고 실효성 있게 제정되고 있지는 않지만, 많은 표준이 제정되고 있다. 그리고 앞으로 우리나라의 산업화가 더욱 심화되고, 세계화가 심화될수록 표준화는 더욱 중요한 사회적 문제로 대두가 될 것이다.

하지만 우리나라에서는 독일표준화연구소(DIN)의 표준화작업과 절차적 규정(Normungsarbeit und Verfarensregeln)을 규정한 표준 등이 없는 것

---

142) Peter Marburger, a. a. O.(주138), S. 146.

으로 보아, 독일에서와 같은 기술적 표준의 제정원칙이 있으면서 이를 준수하려고 노력하는지 등에 대해서는 의문이며, 실제 우리나라에서는 기술적 표준의 제정을 정부기관 내지는 국가기술표준원 등의 공적 단체가 주도하고 있는데, 이러한 기관이 기술적 표준의 제정원칙에서 무엇보다도 중요한 전문지식의 원칙 등을 충족할 수 있는 지 등에 대해서는 의심스럽다고 할 것이다.

제 3 장 기술적 표준의 하자에 대한 책임

제 3 장 기술적 표준의 하자에 대한 책임

제 1 절 서 설

I. 하자있는 기술적 표준으로 인한 손해발생

독일에서는 독일표준화연구소(DIN) 등을 비롯하여 약 150여개의 사적 단체가 기술적 표준을 제정하고 있는데, 표준제정단체가 제정한 표준의 하자로 인하여 표준의 이용자나 제3자에게 손해를 발생시킬 수 있다. 그러므로 하자있는 기술적 표준으로 인한 표준제정단체 등의 책임을 검토할 필요가 있다. 실제 하자있는 기술적 표준이 손해를 발생시킬 수 있다는 것은, 단순한 이론적인 논의에서만 있을 수 있는 문제가 아니라 독일에서 실제 발생한 문제이다.[1] 문제된 그 예를 보면 다음과 같다.

먼저 독일가스·물전문협회(DVGW)에 의해서 1950년에 출간된 '저압가스의 건물 내 공급을 위한 기술적 규정 및 지침(DVGW-TVR Gas 1950)'에 의하면, 비록 샤워나 목욕을 목적으로 하는 경우에도 일정한 최소 공간 안에 폐가스관의 설치 없이, 순간온수기(Durchlauf-Wasserheizern)의 설치가 허용되었다. 이러한 순간온수기를 통하여 여러 번의 일산화탄소 중독사건이 있었고, 사건 중 일부는 그 결과가 치명적이었다.[2] 이에 1962년에 이후에 출판된 DVGW-TVR Gas에 의하면, 샤워나 목욕을

---

1) 하자있는 기술적 표준에 대한 책임에 관한 중요한 문헌으로서는, Peter Marburger, Die Regeln der Technik im Recht, 1979, S. 537ff.; J. Debelius/G. Gross, Haftung des DIN für seine Norm, in: DIN(hrsg), Technische Normung und Recht, 1979(DIN-Normungskunde Heft 14), S. 199ff.; Andreas Cahn, Produkthaftung für verkörperte geistige Leistungen, NJW 1996, S. 2899-2905.

2) BGH VersR 1960, 1044; LG Frankfurt NJW 1977, 1687.

위한 순간온수기의 설치에는 폐가스관을 설치하도록 규정하였다. 그리고 또한 독일 고속도로 Sauerland선에 1969년부터 1971년 사이에 Blastbachtal 다리가 철근콘크리트건설방식으로 건설되었고, 이 다리는 그 당시에 알려진 건설기술 지식, 특히 해당되는 기술적 표준을 준수하였다. 다리의 균열을 방지하기 위하여, 철근을 그 당시에 유효한 표준의 요구 이상으로 보강하였다. 그럼에도 불구하고 1972년부터 균열이 발생하였다. 이에 대하여 1심에서는 다리의 균열은 하자가 아니라고 하여서 원고가 패소하였다. 왜냐하면 다리는 관련된 계약적 합의에 상응하고, 그 당시의 일반적으로 승인된 기술의 규정에 달한다는 것이었다. 이에 원고가 항소하여 다리를 건설한 건설회사는 회사의 비용으로 균열을 제거하라는 판결을 받았다.[3)]

실제 위와 같이, 하자있는 기술적 표준을 통하여 실제 이용자뿐만 아니라, 소비자·이웃사람 등 제3자도 손해를 입을 수 있다. 손해는 독일 민법 제823조 제1항에 의해서 보호받는 생명·건강·소유권 등의 법익의 침해로 인한 손해일 수도 있고, 표준이용자가 담보책임을 지게 됨으로써 발생하는 일반적인 재산상의 손해일 수도 있다. 제3자가 손해를 입은 경우에는, 표준적용자(Normenanwender)는 일반적으로 표준의 정당성에 대해서 신뢰를 하고, 그로 인해서 그에게 과실이 없기 때문에 표준적용자에 대하여 손해배상청구권을 종종 행사하지 못하게 될 수 있다.[4)] 하지만 하자담보책임에서는 상황이 다른데, 담보책임은 무과실책임이고, 물건이나 일의 결과가 관련된 기술적 표준을 준수했더라도 하자가 있으면 담보책임이 인정될 수가 있기 때문이다.[5)]

---

3) OLG Frankfurt NJW 1983, S. 456(이 판결은 1982년 10월의 연방대법원의 최종판결을 통하여 피고의 상고는 기각되고 확정되었다).

4) Peter Marburger, a. a. O., S. 538.

5) 일반적으로는 기술적 표준을 준수하여 공급된 물건이나 생산된 제작물은 하자가 없다고 할 수 있다. 물론 VDE의 모든 안전규정을 충족한 전자기기도 다른 방법으로 하자가 있을 수 있는데, 기능이 작동하지 않는다든가 또는 기능이 충분하지 않을 수 있다.

위의 사례와 같은 경우에, 하자있는 기술적 표준이 손해발생에 대해서 상당인과관계가 있다는 것에는 의심의 여지가 없다. 이것은 사실 표준의 존재를 통해서가 아니라, 표준의 적용의 결과로서 적용자 자신에게 또는 제3자에게 손해를 발생시키는 것이다. 비록 기술적 표준은 물건이나 제작품의 생산이나 사용에 있어서 기술적 지침(technische Anleitung)으로서 역할을 하지만, 하자있게 만들어진 기술적 표준은 불가피하게 손해를 발생시킨다. 또한 기술적 표준의 적용자가 하자를 과실로 알지 못하고 적용한 경우에도 마찬가지이다. 물론 기술적 표준이 하자가 있다는 것을 알면서 적용한 경우에는 하자와 손해발생 사이에 인과관계가 결여될 것이다. 왜냐하면 하자(Fehler)와 손해 사이의 인과관계는 표준의 정당함에 대한 신뢰에서 성립되기 때문이다.[6]

그러므로 이하에서는 하자있는 기술적 표준을 제정한 단체와 위원회에 대하여 가능한 손해배상청구권의 법적 근거 등을 검토해 보고자 한다. 또한 하자있는 기술적 표준을 제정함에 있어서 표준위원회에서 함께 일한 위원회구성원의 개인적인 책임에 대해서도 살펴보고자 한다.[7]

Ⅱ. 표준에서의 하자의 종류

표준의 하자로서 생각할 수 있는 것은 다음과 같은 것이 있을 수 있다.[8] 먼저 계산상의 하자(Berechnungsfehler)를 생각할 수 있는데, 계산상의 하자의 예로는, 새롭게 만들어진 DIN-표준이 그 당시까지 독일에서 생산되지 않았던 기계의 측정치수(Abmessungen)와 성질상의 특성을 규정하였고, 고객의 부탁으로 한 제작사가 표준에서 주어진 치수에 따라서 기계를 직접 설계제작을 하였다. 하지만 DIN-표준이 계산상의 하자를 가지고 있었으므로, 이에 의하여 만들어진 생산물을 사용할 수 없다

6) Peter Marburger, a. a. O., S. 538.
7) J. Debelius/G. Gross, a. a. O., S. 200.
8) A. a. O., S. 200.

는 것이 후에 판명된 경우이다. 둘째로는 의미를 왜곡하는 인쇄상의 하자(Druckfehler)를 말할 수 있다. 인쇄상의 하자의 예로는, 의학적 지침서에 콤마를 잘못 찍어, 의사가 다뇨증 테스트를 함에 있어서 2.5%의 식염수 대신에 25%의 식염수를 주입하였다. 이로 인하여 환자는 거의 빈사상태에 이른 경우이다.[9] 셋째로 생각할 수 있는 표준의 하자로서는, 표준의 적용을 통하여 근접해서 발생할 수 있는 위험을 고려하지 않은 경우이다. 넷째로는 새로운 기술적 해결을 구하는 표준인 경우에서 충분한 실제적인 경험의 부족에 대한 정보가 결여된 경우이다. 다섯째로는 처음부터 학문과 기술의 수준에 상응하지 못하는 낡은 표준의 제정 등을 생각할 수 있다. 이러한 표준에서의 하자의 종류는 예시적일 뿐이며, 얼마든지 다른 유형의 하자가 있을 수 있을 것이다.

이와 같이 기술적 표준의 하자의 유형은 다양하게 생각할 수 있지만, 하자있는 표준이라는 것에 대하여 소송에서 실제 다투어지는 경우에는, 하자가 존재하는지의 여부에 대하여 피해자가 입증을 하고 법원에서 최종적으로 판단을 해야만 할 것이다. 그리고 기술적 표준에 의하여 발생할 수 있는 각종 손해위험의 유형 중, 표준에서 규정한 품질수준이나 안전수준이 충분한지의 여부가 단순히 문제된 경우에는 하자있는 표준이라고 단정하기에는 용이하지는 않을 것이다.

---

9) BGH, NJW 1970, 1963.

제 2 절 표준제정기관의 책임

Ⅰ. 불법행위책임

하자있는 표준으로 인하여 발생한 손해에 대하여 손해배상청구권의 기초가 되는 것은 바로 독일민법 제823조 제1항이라고 할 것이다. 즉 피해를 입은 표준적용자나 제3자의 표준제정기관에 대한 손해배상청구권은 독일민법 제823조 제1항에 의해서 불법행위로 인한 손해배상청구권을 행사할 수 있을 것이다.[10] 그리고 또한 독일민법 제31조에 의한 손해배상청구권의 행사도 가능할 것이다.[11] 독일민법 제31조에 의하면 사단의 기관(Vereinsorgane)이 그에게 해당하는 직무의 집행에서 제3자에게 손해를 가한 경우에는, 사단이 손해에 대해서 책임을 진다고 규정하고 있다. 즉 독일민법 제31조의 법인의 책임은 이사회, 이사회의 구성원 또는 조직법상 선임된 대리인이 직무집행을 하면서 제3자에게 손해를 가한 경우에만 직접적으로 적용된다고 규정하고 있지만, 총회나 감사가 제3자에게 손해를 가한 경우에도 제31조가 유추적용될 수 있다고 한다.[12] 왜냐하면 제31조에 의한 책임은 기관책임(Organhaftung)이지 대표책임(Vertreterhaftung)이 아니기 때문이다. 그러므로 독일표준화연구소(DIN)의 정관 제9조에 의하여 표준제정작업을 책임지고 있는 표준위원회(Normenausschüsse)는 사단의 기관에 해당하므로(§4 DIN Satzung) DIN이 책임을 지게 된다.

표준제정기관의 책임근거는 거래안전의무(Verkehrspflichten)[13] 위반에

---

10) J. Debelius/G. Gross, a. a. O., S. 202.
11) Peter Marburger, a. a. O., S. 539.
12) Staudingers Komm., 13. Aufl.(1995), § 31 Rn. 38; Münchener Komm., 2. Aufl.(1984), §31 Rn. 14 등.
13) 거래안전의무는 독일에서는 Verkehrspflicht와 Verkehrssicherungspflicht로 사용하는데 일반적으로 Verkehrssicherungspflicht를 Verkehrspflicht의 한 부분으로 보아서 후자를 상위적인 넓은 개념으로 사용하고 있다. 그리고

있다.[14] 기술적 표준이 일반적인 위험원(Gefahrenquellen)을 의미하지는 않고, 기술적 표준제정활동의 목적은 위험원의 제거에 있다고 할 것이다. 그러므로 책임법적 관점은 신뢰보호사상(Vertrauensschtzgedanke)에서 그 근거를 구할 수 있을 것이다.[15] 예를 들어, DIN-표준은 실무에서 신뢰를 받고 이러한 신뢰는 DIN에 의해서도 의식적으로 요구된다는 점에서, DIN에게도 하자의 방지를 향한 거래안전의무가 발생한다는 것이다. DIN 자신에게도, DIN의 표준위원회나 분과위원회의 구성원들에게도 개별적으로 유의해야만 하는 구체적인 주의의무가 발생한다고 할 것이다.

그리고 다음과 같은 의무는 거래안전의무로부터 DIN에게 직접적으로 발생하는 중요한 조직상의 의무의 예라고 할 수 있다.[16] 그 예를 보

Verkehrspflicht를 우리나라에서는 사회생활상의 의무, 거래안전의무, 거래상의 의무, 교통의무, 교통안전의무 등으로 번역하고 있다.

독일 불법행위법에서 거래안전의무는 판례법을 통하여 만들어졌는데, 위험원을 창출 또는 지속시킨 자는 그 위험원에서 파생될 우려가 있는 제3자에게 미칠 손해를 회피하기 위하여 필요한 모든 안전조치 및 예방조치를 강구해야 한다는 일반적인 명령으로서 구체화된 위험조절명령(Gefahrsteuerungsgebote)으로서 견고화 되었다. 즉 타인에게 위험원을 만들거나 유지하는 자는 필요하고 기대가능한 보호조치를 취할 의무가 있다는 사상에서 유래한다. 이러한 거래안전의무는 부작위에 대한 책임을 확대·강화시켰는데, 종래에는 부작위책임에 있어서 작위의무의 발생근거를 법률의 규정, 당사자의 약정, 선행행위에 의한 위험창출 세 가지에만 제한하고 있었는데, 제국법원의 판례를 통하여 거래안전의무가 승인됨에 따라 이러한 제한의 틀이 깨어지고 부작위책임이 폭넓게 인정되게 되었다.

14) Wilhelm Herschel, Regeln der Technik, NJW 1968, S. 623.

15) 표준화단체는 표준의 내용을 스스로 결정할 수 있다는 단체자치(Vereinsautonomie)를 주장하면서 그의 책임을 벗어날 수는 없을 것이다. 단체자치라는 것은 강행법규나 선량한 풍속의 제한안에서 단체의 일을 스스로 결정할 수 있다는 것을 의미한다. 즉 단체의 내부적인 구조나 조직 및 회원의 권리나 의무 등을 정관을 통하여 규정할 수 있다는 의미일 뿐이다(Hans Ullrich, Rechtsschutz gegen überbetriebliche Normen der Technik, 1971, S. 5).

16) Peter Marburger, a. a. O., SS. 543-544.

면, i) 분과위원회에서 오로지 전문적으로 충분히 자격있는 명예직 구성원의 임명, ii) 모든 표준화계획에서 모든 이해관계집단의 조화된 참여의 보장, iii) 하자발생의 여지를 차단할 수 있는, 즉 일반 공중의 충분한 참여를 보장하고 경험칙에 따라서 하자의 방지를 보증할 수 있는 표준화절차에 대한 절차규정(Verfahrensregeln)의 정비, iv) 표준화 절차규정의 준수에 대한 감독, v) 특히 관련되는 분야의 학문과 기술의 수준(Stand von Wissenschaft und Technik)을 조사하여 해당하는 전문문서를 작성함으로써 전문가들의 위원회 활동의 지원, vi) 인쇄상의 하자를 방지하기 위하여 출판시의 주의 깊은 감독, vii) 발간된 표준에 대하여 충분히 알맞은 정기적인 기간안의 재점검, 만약 표준의 재점검을 통하여 필요한 경우에는 학문과 기술의 발전에 맞게 적절히 재조정을 하고, 경우에 따라서는 표준의 취소, viii) 정기적인 표준에 대한 검사 이외에, 표준의 적용을 통하여 발생하는 실제상의 문제점에 대한 재빠른 정보입수를 행하는 조직적인 조치의 필요성, 특히 손해발생의 등의 경우에는 필요시 표준의 수정 또는 취소[17] 등의 의무를 진다고 할 것이다.

실제 DIN에 발생하는 이러한 조직상의 의무는 DIN의 표준화 절차규정인 DIN 820을 검토해 보면, 이러한 조직상의 요구를 충분히 반영하고 있다고 할 것이다. 만약 DIN이 구체적인 경우에서 이러한 의무를 부주의로 이행하지 못하였다면, DIN에게 책임을 돌릴 수 있는 거래안전의무위반(Verkehrspflichtverletzung)이 있다고 할 것이다.

또한 표준위원회나 분과위원회의 구성원들에게도 하자방지를 위한 직접적인 주의의무가 있다고 할 것이다.[18] 표준위원회나 분과위원회의 구성원들의 하자방지의무를 살펴보면 다음과 같다.

i) 표준화단체에 의하여 만들어진 절차규정의 준수, ii) 유럽적, 국제적 기술적 표준을 포함한 전문서적의 광범위한 이용을 통한 해당하는

17) 이는 물건생산자의 생산물관찰의무와 리콜의무의 유추로서 인정된다고 할 것이다.

18) Peter Marburger, a. a. O., SS. 544-545.

승인된 기술의 규정 및 학문과 기술의 수준의 성실한 조사, iii) 상이한 관점에서 세심한 고려 하에 가능한 빠짐없는 문제발생가능성의 심사, 특히 일반공중의 이의제기절차시에 편견없는 검사, iv) 표준의 분명한 구성 및 표현(Formulierung), 특히 유효범위의 정확한 표시, v) 실무적으로 시험을 거친 기술적 해결책의 우선시: 만약 예외적으로 새로운 방법의 참작 시에는 실무적으로 충분한 경험이 아직 존재하지 않는다는 것에 대한 분명한 언급을 할 것, vi) 안전기술적 표준에서는 안전기술의 승인된 원칙에 대한 주의, 예를 들어 검사된 물질의 사용, 복잡한 기술적 시스템인 경우에 필요한 경우 안전시설이나 시스템의 이중적 준비, 오작동시의 안전을 목적으로 하는 체계적인 행동양식의 메뉴얼화, 기술적 이해와 경제적 이해의 충돌 시 의심스러운 경우에 안전을 우선시 하는 것 등에 주의를 해야만 한다.

위에서 언급한 의무는 전부는 아니라 할지라도 기술적 표준을 제정하는 경우에 중요한 조직상의무 및 주의의무(Organisations- und Sorgfaltspflichten)라고 할 것이다. 이러한 거래안전의무의 하나라도 과실있는 침해로 손해가 발생한 경우에는 표준화단체는 독일민법 제823조 제1항 및 제31조에 의하여 책임을 지게 될 것이다. 물론 의무위반과 표준의 하자 사이에 인과관계는 있어야만 할 것이다.[19]

그리고 피해자가 일반적으로 표준화단체의 귀책사유를 입증해야만 한다. 하지만 피해자가 표준화단체의 귀책사유를 명백하게 입증한다는 것은 손쉬운 일이 아니므로, 대부분의 손해배상청구에서 표준화단체의 귀책사유의 입증에 어려움이 있을 것이다. 즉 피해자가 하자있는 기술적 표준의 만들고 출간하게 되는 경과를 자세히 설명하는 것은 일반적

19) 표준화단체는 표준의 정확함에 대해서 뿐만 아니라 합당한 표준화절차를 만들고 준수하는 것에 대하여 책임을 진다는 견해가 있다(Wilhelm Herschel, a. a. O., S. 623). 그러나 이러한 입장은 타당하지 않은데, 물론 위에서 설명한 개별적인 의무는 하자방지를 위한 1차적인 의무의 구체화로써 표준화단체의 거래안전의무를 전부 열거한 것은 아니지만, 과실있는 거래안전의무 위반이 있어서 하자있는 표준이 만들어져야만 한다.

으로 불가능하므로, 제조물책임(Produkthaftung)에서의 입증책임의 전환[20]이 유추적용되어야 할 것이다.[21] 이에 따라 피해자는 표준의 하자와 이로 인하여 발생한 법익침해와 법익침해로 발생한 손해만을 입증하면 될 것이다. 그 외에 하자의 발생에 표준화단체의 과실이 없었다는 것과 의무위반이 없었다는 것 등은 표준화단체가 면책입증을 해야만 할 것이다. 이것은 표준화단체를 부당하게 괴롭히는 것은 아닐 것이다. 하자가 표준화단체의 조직영역과 책임영역(Organisations- und Verantwortungsbereich) 내에서 기인하기 때문에 표준화단체가 과실이 없음에 대한 면책입증을 부담해야만 한다. 특히 표준화단체는 표준을 만드는 과정에 대한 성실한 기록을 통하여 필요한 면책입증을 할 수 있기 때문이다.

마지막으로 손해배상청구권은 독일민법 제823조 제1항의 의하여 보호되는 건강, 소유권 등의 법익이나 권리의 침해로 인하여 발생한 손해에 대해서만 행사할 수 있다. 물론 경우에 따라서는 독일민법 제253조의 의한 위자료의 청구도 가능할 것이다.

Ⅱ. 제조물책임법에 의한 제조물책임

독일 제조물책임법(Produkthaftungsgesetz: ProdHaftG)의 시행으로 인하여, 동법 제1조 제1항에 따라서 표준제정기관의 무과실책임이 인정될 수 있게 되었다. 표준화단체의 표준은 인쇄물(Druckwerke)로써 동산에 해당되고, 이로써 제조물책임법 제2조의 의미에서 제조물이 된다.[22] 즉

20) 제조물책임에서 피해자는 제조자의 영업활동방법과 제조물의 결함 등에 관하여 상당한 정보를 갖고 있지 않은 것이 보통이므로, 독일 연방대법원은 제조물의 결함이 존재한다는 것만을 입증하여도 제조자 측의 과실은 추정된다고 판단하고 있다. 이러한 입증책임의 전환은 제조가가 피해자보다 결함을 해명하기가 더 유리한 지위에 있다고 보기 때문이다(BGH NJW 1992, 562; BGH NJW 1993, 528; BGH NJW 1996, 2507 usw.).

21) Peter Marburger, a. a. O., S. 546.

22) 책과 기타 인쇄물(Bücher und andere Druckwerke)이 독일 제조물책임법

독일의 제조물책임법 제1조에서는 제조물의 결함으로 인하여 사람이 사망하거나, 신체 또는 건강이 침해되거나 물건이 훼손된 경우에 제조자는 제조물의 결함으로 인하여 발생한 손해에 대해서 무과실책임을 지도록 하고 있으며, 동법 제2조에서는 제조물에 대해서 개념정의하기를 "제조물이란 다른 동산이나 부동산의 일부를 구성하는 경우를 포함한 모든 동산 및 전기를 말한다"라고 하고 있으므로, 표준화단체의 표준은 인쇄물로 나타나고, 이는 동산이므로 이에 따라 표준화단체의 표준도 제조물책임법이 적용될 수 있게 되었다.[23] 예를 들어, 독일표준화연구소(DIN)에 의한 인쇄물은 DIN의 이름으로 그리고 DIN이라는 단체의 표시 아래 발간이 되기 때문에,[24] 적어도 DIN은 제조물책임법 제4조 제1항 제2문[25]에 따른 제조자이다.

독일 제조물책임법 제3조 제1항에 따라, 표준화단체의 표준이 특별히, 제조물의 제공(Darbietung), 합리적으로 기대될 수 있는 사용, 유통된 시점 등의 모든 사정을 고려하여 정당하게 기대할 수 있는 안전성을 결여한 경우에는 결함이 있는 것으로 된다. 예를 들어, DIN-표준은 거래계

제2조의 의미에서 제조물에 해당되는지에 관해서 독일의 대부분의 견해는 제조물이 된다고 보고 있다(H. J. Kullman, Produkthaftungsgesetz, 2. Aufl.(1990), §2 ProdHaftG Rn. 6; Hans Claudius Taschner/Edwin Frietsch, Produkthaftungsgesetz und EG-Produkthaftungsrichtlinie 2. Aufl.(1990), §2 ProdHaftG Rn. 20; Staudigers Komm., 13. Aufl.(1998), §2 ProdHaftG Rn. 11 등). 그리고 불법행위법에 의한 판결이지만 서적의 제조물책임을 인정한 독일의 판례도 있다(BGH NJW 1970, 1963).

23) Andreas Cahn, a. a. O., S. 2903; Theodor Bühler, Technische Normen, technische vorschriften und Konformitätsnachweis nach EG-Recht, 1993, S. 112..

24) DIN 820 Teil 1, Normungsarbeiten: Grundsätze, Nr. 4. 1.(DIN의 표준화 작업의 결과는 '독일 표준(Deutsche Normen)'이다. 독일 표준은 DIN이라는 단체표시하에 DIN에 의해서 출간이 되며 독일표준서(Deutsche Normenwerk)를 구성하게 된다).

25) 독일 제조물책임법 제4조 제1항 "본법상 제조자란 완성품, 원재료 또는 부품제조자를 말한다. 또한 자신의 성명, 상표 기타 식별할 수 있는 표식을 통하여 스스로 제조자로 표시한 자도 제조자로 본다".

에서 전문적인 기술적 태도에 대한 지침으로 여겨지고, 특히 DIN 자신도 DIN-표준의 내용에 대하여 높은 요구를 하고 있으므로, DIN-표준은 제조물책임법 제3조 제1항의 의미에서 제조물의 제공이 된다. DIN 820 Teil 1[26]에 의하면, DIN-표준은 '정확하고, 분명하고, 이의에서 자유롭게 가능한 한 결함이 없이 구성되어야 한다'[27]고 하고 있으며, DIN-표준은 관련된 학문과 기술의 수준을 고려해야만 하고, 일반적 적용을 위하여 결정한 규정을 포함하고 있으며, 표준은 기술의 발전과 조화에 기여해야만 한다[28]고 하고 있다. 또한 안전기술적 내용을 가진 표준에서는 DIN-표준이 노력된 안전목적을 침해하는 규정을 두어서는 안된다[29]고 하고 있고, 표준은 승인된 기술의 규정으로 채택해야만 한다[30]고 하고 있다. 그 외 DIN-표준에서 안전기술적 규정의 경우에는 그들이 전문적으로 합당하다는 의미에서, 일반적으로 승인된 기술의 규정(anerkannte Regeln der Technik)으로 사실상의 추정(tatsächliche Vermutung)이 되며, DIN-표준은 항변에서 자유로운 기술적 태도에 대한 척도를 이루며, 이러한 척도는 법질서의 범위에서도 의미를 가진다[31]라고 규정하고 있다.

이렇게 DIN 자체에 의하여 기도된 표준작업의 기본적 원칙을 근거로 하여, DIN-표준은 그들의 적용을 통하여 생명, 신체, 건강 또는 물건에 손해를 야기시킬 수 있는, 내용적으로 부정확하거나 불충분한 규정을 포함하고 있지 않다는 기대를 정당화시킨다고 할 것이다. 이러한 기대가 충족되지 않는다면 관련된 표준은 제조물책임법 제3조 제1항의

26) DIN 820 Teil 1은 표준화작업(Normungsarbeit)의 기본원칙(Grundsätze)을 규정한 것으로서, 좀 더 자세한 것은 DIN(hrsg), Grundlagen der Normungsarbeiten des DIN, DIN-Normenheft 10, 7. Aufl., 2001, SS. 85-88 참조.

27) DIN 820 Teil 1, Normungsarbeiten: Grundsätze, Nr. 5. 6.

28) DIN 820 Teil 1, Normungsarbeiten: Grundsätze, Nr. 5. 7.

29) DIN 820 Teil 1, Normungsarbeiten: Grundsätze, Nr. 5. 8.

30) DIN 820 Teil 1, Normungsarbeiten: Grundsätze, Nr. 6. 1.

31) DIN 820 Teil 1, Normungsarbeiten: Grundsätze, Nr. 6. 1.

의미에서 하자가 있는 것이 될 것이다. 즉 앞에서 예시적으로 살펴본 '표준에서의 하자의 종류'의 모두가 위 조항의 제조물의 하자로서 고려될 수 있을 것이다. 그런데 인쇄상의 하자의 범주에서는 고려해야 할 것이 있는데, 경험상 최선의 주의 시에도 인쇄상의 하자를 방지할 수 없다는 것이다. 그러므로 완전히 인쇄상의 하자가 없을 것을 제조물책임법 제3조 제1항에서 말하는 '정당하게 기대할 수 있는 안전성'의 범주에 넣을 수 있는 지는 의문이 남는다고 할 것이다.[32)33)]

독일 제조물책임법 제1조 제2항은 제조자가 배상책임을 부담하지 않는 경우를 규정하는데, 동조 제2항 제3문에 의하면, 제조자가 제조물을 판매 또는 경제적 목적을 갖는 다른 유형의 판매를 위해서 제조한 것이 아니며, 직업적인 활동의 범위 내에서 제조하거나 판매한 것이 아닌 경우에는 제조자는 책임을 지지 않는다고 규정을 하고 있다. 그러나 표준제정단체의 표준, 특히 DIN-표준은 이에 해당되지 않는데, 왜냐하면 DIN-표준은 유상으로 판매[34)] 되기 때문이다. 그리고 DIN이 이익획득을 궁극적인 목적으로 하지 않고, 그의 활동이 공공의 이익에 봉사한다는 것은 DIN의 제조물책임배제사유는 되지 않을 것이다.

그러나 예외적으로 제조물책임법 제1조 제2항 제5문에 의하여 표준제정단체의 책임이 배제될 수 있는데, 동법 제1조 제2항 제5문에 의하면 제조자가 제조물을 유통시킨 시점에서 학문과 기술의 수준(Stand von Wissenschaft und Technik)에 따라서 결함을 발견할 수 없었던 경우에는, 즉 개발위험(Entwicklungsrisiko)의 경우에는 제조자의 배상의무가 배제된다고 하고 있기 때문이다.[35)] 그러므로 표준의 발간 시 학문과 기술

32) Hans Claudius Taschner/Edwin Frietsch, Produkthaftungsgesetz und EG- Produkthaftugsrichtlinie, 2. Aufl., 1990, Richtl. Art. 6, Rdnr. 27.

33) 그러므로 인쇄상의 하자에서의 '정당하게 기대할 수 있는 안전성'을 기술적 안전과 관련된 표준의 원문에서 인쇄상의 하자의 방지를 위하여 주의 깊은 교정을 기대하는 것으로 해석할 수도 있을 것이다.

34) Hans Picht, Empfehlungen zur Umstellung TGL-DIN, DIN-Mitt 70, 1991, S. 334.

35) Theodor Bühler, a. a. O., S. 113.

의 수준으로 발견할 수 없었던 표준의 결함에 대해서는 표준제정단체의 책임이 배제된다고 할 것이다. 물론 결함을 아무도 알 수 없었다는 것은 객관적으로 판단해야 것이다.[36]

독일 제조물책임법 제1조 제1항에 의하면 제조물의 결함으로 인하여 사람이 사망하거나, 신체 또는 건강이 침해되거나 물건이 훼손된 경우에 제조자는 제조물의 결함으로 인하여 발생한 손해에 대해서 과실과 관계없이 책임을 지도록 하고 있다. 이에 따라 결함있는 표준으로 인하여 사람이 사망하거나, 신체 또는 건강이 침해되거나 사적인 사용을 위해서 정해졌고 사용되던 물건이 훼손[37]되어야만 한다. 그러므로 영업적으로 이용되던 물건의 훼손에 대해서는, 과실이 요구되는 독일민법 제823조나 제31조에 의한 손해배상청구만 인정된다. 그리고 인적 손해에 대해서는 책임최고한도액이 8천 5백만 유로(Euro)로 제한이 된다(§10 ProdHaftG). 위자료청구권에 대해서는 제조물책임법 제정 당시에 아무런 규정을 두지 않았지만, 2002년의 독일민법 제253조 제2항의 신설을 통하여 신체, 건강, 자유의 침해로 인하여 손해배상을 청구하는 경우에는 비재산상의 손해에 대해서도 상당한 금전배상을 청구할 수 있다고 하여서, 이제는 위자료의 청구가 가능하게 되었다.

Ⅲ. 책임의 배제

앞에서도 살펴보았지만, 제조자가 제조물을 유통시킨 시점에서 학문과 기술의 수준에 따라서 결함을 발견할 수 없었던 경우(§1 Abs. Nr. 5 ProdHaftG), 즉 개발위험의 경우에는 제조자의 배상의무가 배제되기 때

36) Hans Claudius Taschner/Edwin Frietsch, a. a. O., ProdHaftG §1, Rdnr. 103; Walter Rolland, Produkthaftungsrecht, 1990, §1 ProdHaftG-Haftung, Rdnr. 143.

37) Hans Claudius Taschner/Edwin Frietsch, a. a. O., ProdHaftG §1, Rndr. 31.

문에 표준제정단체의 제조물책임법에 의한 책임이 배제된다.[38] 또한 개발위험의 경우에는 필요한 귀책사유, 즉 과실이 없으므로 독일민법 제823조 제1항에 따른 불법행위책임도 배제가 된다.[39]

그리고 독일민법 제676조에 의하여 표준화단체의 책임이 배제될 수 있는지가 문제인데, 동조에 의하면, 타인에게 조언이나 추천을 하는 사람은 그 조언이나 추천에 따름으로써 발생하는 손해를 배상할 의무가 없다라고 규정하는데, 이 규정이 하자있는 기술적 표준에 대한 표준화단체의 책임을 배제시키지는 않을 것이다. 왜냐하면, 첫째로 독일민법 제676조에서 명문으로 계약관계 또는 불법행위에 기하여 발생하는 책임에는 영향이 없다고 하기 때문이다. 둘째로 기술적 표준의 생성과정, 수취인범위 그리고 실무상의 의미를 고려해 보면 제676조에서 말하는 기술적 표준을 호의적인 추천으로는 볼 수가 없기 때문이다. 셋째로 표준화단체가 제676조를 근거로 책임면제를 주장하는 것은 신의성실의 원칙(§242 BGB)에 반한다고 할 것이다. 실제 DIN 등의 표준화단체는 표준을 실무에 적합한 지침으로, 그리고 가능한 한 널리 보급되고 적용되기를 바라면서 활동을 하는데, 이러한 표준화단체의 태도와 제676조의 원용 사이에는 모순이 있다고 할 것이다.

또한 모든 개개의 표준에 명백히 표준화단체의 책임을 배제한다는 규정을 두더라도 법적으로는 의미가 없을 것이다. 왜냐하면 원래 독일민법 제823조와 제31조에 따른 불법행위책임이나 독일 제조물책임법 제1조에 따른 위험책임은 표준화단체가 임의로 그의 책임을 배제할 수가 없기 때문이다. 그 외에도 책임배제조항의 유효성을 주장하는 것은 독일민법 제242조에 의하여 인정되는 선행행위와 모순되는 행위금지의 원칙에도 반하는 것이 될 것이다.

이에 반해서 표준적용자가 하자있는 표준을 하자의 인식하에 적용을 하였다면 표준제정단체의 책임은 배제될 것이다. 만약 표준적용자 자신

---

38) Theodor Bühler, a. a. O., S. 113.

39) Walter Rolland, a. a. O., §1 ProdhaftG-Haftung, Rdnr. 141.

이 피해자라면 이는 당연할 것이다. 그리고 제3자가 피해자라 할지라도, 표준의 하자와 손해와의 사이에 인과관계가 없으므로 표준제정단체는 손해배상책임을 지지 않을 것이다. 이러한 경우 피해자는 단지 표준적용자에게 손해배상청구권을 행사할 수 있을 것이다.

그 외 과실상계를 통한 책임의 감소가 인정될 수 있는데, 표준적용자가 표준의 하자를 과실있게 간과하고 적용하였다면, 표준제정단체에 대한 손해배상청구권은 그의 과실기여에 상응하여서 감소될 것이다(§254 BGB, §6 ProdHaftG). 또한 구체적인 경우에 표준적용자의 과실이 매우 많은 경우에는 손해배상청구권이 완전히 배제될 수도 있을 것이다.[40]

---

40) Hans Brox/Wolf-Dietrich Walker, Allgemeines Schuldrecht, 29. Aufl., 2003, S. 338.

제 3 절 표준위원회의 책임 등

I. 표준위원회의 책임

예를 들어, 독일표준화연구소(DIN)의 정관에 의하면 표준위원회(Normenausschüsse)는 기술적 표준의 제정을 위탁받은 사단의 기관이며,[41] 표준위원회가 독자적인 법인격을 갖는 것은 아니다. DIN의 표준위원회에 대한 지침(Richtlinie für Normenausschüsse im DIN)을 보면, 표준위원회는 여러 기관으로 구성되어 있는데, 표준위원회의 기관을 보면, 협력단, 조언자(Beirat) 또는 조정위원회, 의장단, 분과위원회 또는 위원회, 업무집행자 등으로 구성되어 있어서,[42] 실제 표준위원회는 사단의 모든 실체적인 특성을 갖추고 있다고 할 것이다. 그러므로 DIN의 표준위원회는 독일민법 제54조에 의한 권리능력없는 사단(nichtrechtsfähige Vereine)으로 볼 수 있으며, 이에 따라 표준위원회는 독자적인 책임주체가 될 수 있는 것이다.[43]

표준위원회의 책임은 구체적으로 하자있는 표준을 통하여, 독일민법 제823조 제1항이나 제31조에 의하여 발생한 손해에 대해서 책임을 지는 것이다. 표준위원회 내부에 설치되어서 실질적으로 표준제정작업을 담당하는 분과위원회(Arbeitsausschuß)는 표준위원회의 기관에 불과하다.[44]

---

41) §4 DIN Satzung.

42) Richtlinie für Normenausschüsse im DIN Deutsches Institut für Normung e. V., Berlin Juni 1990, in: DIN(Hrsg), Grundlagen der Normungsarbeit des DIN, 7. Aufl., 2001, S. 62.

43) BGHZ 90, 331.

44) 예를 들어, DIN의 경우를 보면, DIN의 중요한 기관은 회원총회, 의장단, 의장 그리고 표준위원회(Normenausschüsse)가 있다. DIN의 목적인 표준제정작업은 정관 제9조에 따라 표준위원회(Normenausschüssen)에 안에 있는 분과위원회(Arbeitsausschüssen)에 의해서 행하여진다. 1992년에는 106개의 표준위원회와 3,973개의 분과위원회가 있었다.

그리고 기관의 불법행위에 대하여 사단의 책임을 규정한 독일민법 제31조는 권리능력없는 사단에도 적용된다고 할 것이다.

그러므로 표준의 하자가 거래안전의무위반으로 발생을 한 경우에는 표준위원회는 이로부터 발생한 손해에 대해서 배상책임을 부담한다. 표준위원회의 책임에서 입증책임의 분배와 손해배상청구권의 범위에 관한 문제는 앞에서 살펴 본 내용이 그대로 적용될 것이다. 그리고 표준위원회의 일반적인 책임배제는 앞에서 검토한 바와 같이 표준위원회의 책임에서도 거의 해당사항이 없을 것이다.

Ⅱ. 표준위원회에서의 공동작업자의 책임

독일민법 제31조에 따라서 조직상 선임된 대리인(§§30, 31 BGB)이 제3자에게 가한 손해에 대해서 사단이 손해배상책임을 지도록 하고 있는데, 독일의 통설에 따르면 이때 법인의 책임으로 끝나는 것이 아니라, 조직상 선임된 대리인이 제3자에게 손해를 가한 경우에는 조직상 선임된 대리인은 면책되는 것이 아니고 독일민법 제823조 등에 의한 불법행위책임을 진다고 한다.[45] 이에 따라 사단과 기관구성원(Organperson)은 연대채무자로서 피해자에게 배상책임을 진다고 본다(§§840, 421ff. BGB). 그러므로 표준화단체의 표준제정위원회의 구성원(Ausschußmitglied) 즉, 공동작업자도 단체의 기관구성원으로서 표준화단체와 함께 제3자에게 발생한 손해에 대해서 연대책임을 질 수 있다고 할 것이다.

그러나 이 문제에서는 합의제기관(Kollegialorgane)을 다룬다는 점에서 특수한 난제가 있다고 할 것이다.[46] 그러나 개별적인 위원회구성원에게

45) Sorgel Komm./Walther Hadding, 12. Aufl., 1987, §31 Rdnr. 28; Staudingers Komm./Helmut Coing, 12. Aufl., 1980, §31 Rdnr. 27; Ermann Komm./Harm Peter Westermann, 10. Aufl., §31 Rdnr. 5; Erwin Deutsch, Haftungsrecht, 1976, S. 357.

46) Peter Marburger, a. a. O., S. 551.

는 그 구성원이 개인적으로 책임있는 행동으로 하자(Fehler)를 야기하였고 그로 인해서 권리 내지는 법익침해가 야기되었다는 것을 입증하면, 독일민법 제823조 제1항에 따른 책임을 물을 수 있을 것이다. 하지만 이러한 가능성은 합의제기관에서는 일반적으로 없다고 할 것인데, 기술적 표준의 최종적인 본문의 결정에 개개 구성원의 몫을 조사하는 것이 실제 불가능하고, 독자적으로 귀속시킬 수 있는 행위의 법적인 한계를 설정하는 것이 가능하지 않기 때문이다.

그리고 독일민법 제830조에 의한 공동불법행위책임을 고려할 수 있는데,[47] 제830조 제1항 제1문에서는 '수인이 공동으로 행한 불법행위로 손해를 야기한 경우에는 각자가 그 손해에 대해서 책임을 진다'고 규정하는데, 여기서 규정하고 있는 공동불법행위자(Mittäter)란 통설에 의하면, 의식적이고 의도적인 공동작용으로 가해적 결과를 야기한 자들을 가리킨다.[48] 그러나 사실 표준위원회의 구성원은 의식적으로 공동으로 작용하지만 기술적 표준의 하자에서는 고의성이 있다고 할 수 없을 것이다. 한편으로 독일민법 제830조 제1항 제2문에 의한 가해자불명의 공동불법행위(Alternativtäterschaft)도 생각할 수 없는데, 합의결정은 필수적으로 공동적인 행위를 요하기 때문이다. 끝으로 표준의 제정은 혼자에 의해서가 아니라 다른 구성원과의 공동작업을 통하여 실현을 한다. 이를 근거로 병존적 공동불법행위(Nebentäterschaft)[49]를 인정할 수는 없을

47) A. a. O., S. 552.
48) Staudingers Kommentar, a. a. O., § 830 Rdnr. 2; Brox, Hans, a. a. O., Rdnr. 500.
49) 의식적이고 의도적인 공동작용이 없이 다수의 가해자가 고의 또는 과실로 법익을 重疊的(kumulative)으로 침해하면 이들은 소위 병존행위자(Nebentäter)로서 책임을 진다(Münchener Kommentar, a. a. O., §830 Rdnr. 5). 예를 들어, 다수의 공장이 끊임없이 하천에 폐수를 계속하여 위법하게 배출하여서 어류를 폐사시킨 경우이다. 독일민법은 병존적 공동불법행위(Nebentäterschaft)를 직접 규정하지 않고 독일민법 제840조에서 확립된 이론적 범주아래 판례와 학설에 의해서 인정되고 있다. 제840조 제1항은 '불법행위에 의하여 발생하는 손해에 대해서 수인이 병존적으로 책임을 지는 경우에는 그들은 연대채무자로 책임을 진다'라고 규정하고 있다. 이러

것이다. 왜냐하면 여럿이 자주적이고 독자적으로 서로 서로 침해의 결과를 야기하는 경우는 없을 것이기 때문이다. 그러므로 실제 표준제정위원회의 구성원이 하자있는 표준에 대해서 불법행위로 인한 손해배상책임을 부담하는 경우는 실제 거의 없을 것이다.

한 병존적 공동불법행위는 행위자 사이에 주관적 관계(subjektive Beziehung)가 없다는 점에서 공동불법행위(Mittäterschaft)와 관여(Teilnehme) 사이의 구별의 표준이 된다.

제4절 소 결

이상에서는 독일에서 하자있는 기술적 표준에 대한 제정단체의 민사법상의 책임을 살펴보았다. 하지만 이러한 독일에서의 논의는 우리의 입장에서 볼 때도 의미를 가질 수 있는데, 우리나라에서도 하자있는 기술적 표준으로 인하여 사고가 발생할 수 있는 가능성을 보여주고 있다. 얼마 전 언론보도에 의하면[50] 식품의약품안전청의 실수로 2000년에 자궁수축 호르몬인 옥시토신 주사제의 용법을 재평가하면서 밀리유니트(mU)로 써야할 것을 밀리리터(mL)로 잘못 표기했고, 이 제품을 생산하는 7개 제약사들 역시 하자있는 표기에 따라 표기가 잘못된 줄을 모르고 4년간 병원에 유통시켰다고 한다.[51] 만일 경험없는 의사들이 설명서 오류를 알아차리지 못하고 문자 그대로 해석하여 투약했을 경우에 큰 위험이 발생했을 수도 있을 것이다. 이것은 바로 하자있는 기술적 표준에 의하여 표준의 적용자, 소비자 등에게 손해가 발생될 수 있음을 보여주는 것이라고 할 것이다.

---

50) http://www.chosun.com/svc/news/www/printArticle.html?id=2004061...
51) 분만 촉진제인 옥시토닌은 포도당 주사액과 함께 투여하며, 과다 사용 시 태아사망이나 자궁파열 등의 치명상을 입을 수 있다고 한다.

제 4 장 기술법상 기술적 표준의 법적 의미

제 4 장 기술법상 기술적 표준의 법적 의미

제 1 절 기술법의 의의 등

I. 서 설

현대산업사회는 기본적으로 기술의 발전을 통하여 생산력이 급격하게 증대되면서 현재의 풍요로운 경제적 기반을 창출하였다. 그러나 전문화되고 세분화된 과학기술[1]에 의해서 인간이 누리는 많은 이익이 있지만, 한편에서는 과학기술의 눈부신 발전이 인류전체의 생존에 위협이 될 수 있다는 점도 더 말할 필요가 없이 논해지고 있다.[2] 즉 원자력 산

1) 과학과 기술은 엄밀한 의미에서는 구분된다고 할 것이다. 과학은 자연현상에 대한 체계적인 지식을 추구한다면, 기술은 인간의 물질생활에 도움이 될 방편을 추구한다. 즉 과학자들은 복잡한 자연현상을 분석하고 그에 합리적인 설명을 부여한다. 기술자들은 과학적 지식을 현실의 문제 해결을 위하여 적용하고 사용을 한다. 그러나 산업혁명기에 이르러 과학과 기술은 서로 연결되기 시작하였고, 과학이 기술의 태도를 배우고 연구하고자 하였으며, 반대로 과학지식의 발전이 기술의 발전에 기여하리라고 믿었다. 과학지식이 기술에 직접 응용되기 시작한 것은 19세기 중반의 일로서, 독일과 미국에서 화학염료공업과 전기공업 같은 새로운 기술분야이었다(김영식·박성래·송상용, 과학사, 전파과학사, 1992, 196-205면 참조).

2) 삼풍백화점 붕괴사고, 성수대교 붕괴사고, 도심에서의 대형 가스폭발사고, 대구 지하철 참사, 날로 심각성을 더해가는 환경오염, 하루에도 수없이 일어나는 산업현장에서의 산업재해 등을 생각해 보면, 우리에게 항상 왜 이러한 대형사고 등이 끊임없이 발생하고 있으며, 이러한 대형사고를 방지하기 위한 방법은 무엇인가를 늘 고민하게 된다. 즉 기술적 위험에 대한 취약한 안전관리시스템에 의하여 우리의 일상생활은 늘 위험에 노출되어 있다는 것을 느끼면서 이를 법적·제도적으로 방지하기 위한 국가안전관리시스템의 확보를 위해서 늘 고민하여 왔다고 할 수 있다. 이러한 대형사고 등을 접하면서 단순히 고도성장의 어두운 모습으로 돌리는 면도 우리 사회에는

업의 발전에 따라, 원자력 발전소 등의 평화적인 핵에너지의 사용도 체르노빌 원전사고와 같은 사고를 통하여 우리를 늘 불안하게 하고 있으며, 산업발전에 따라 더욱 심각해지는 환경오염도 인류 생존기반 자체를 위협하고 있다. 또한 생명공학기술의 발전으로 유전공학적으로 변형된 유기체로 인하여 인류생존의 근본토대가 위협당할 뿐만 아니라, 인간복제 등의 문제로 생명윤리에 심각한 도전을 받고 있다. 그 외에도 정보화사회의 발전에 따라 국가나 기업에 의한 정보독점과 정보의 오남용을 통하여 국민의 프라이버시를 침해하는 등의 심각한 문제를 낳고 있다. 즉 산업재해나 기술의 사용으로 발생하는 많은 공중재해와 환경오염으로 인한 환경훼손과 이로 인한 인적, 물적 손해 등은 모두 기술의 사용으로 발생한다는 점에서 공통된다고 할 수 있다.

따라서 현대산업사회에서 기술이 사용되고 적용되는 곳에서 필요한 기술적 안전을 확보하기 위한 법적 규정을 만들어내는 것이 국가적 과제로 등장하게 되었다. 이러한 목적으로 만들어진 것이 통칭 기술법(Technikrecht)이라는 이름으로 논의될 수 있을 것이다.

Ⅱ. 기술법의 개념

기술법의 개념에 대해서는 아직 국내에서는 본격적으로 이를 정의하고 있지 않으나 독일에서는[3] 다음과 같이 정의하고 있다.

없지 않았다고 할 것이다.

3) 기술법이라는 분야가 독일에서 논의되기 시작한 경과를 보면, 기술법에 대해서 단초를 연 사람은 Münster대학교의 교수를 지낸 Rudolf Lukes교수라고 할 수 있는데, Lukes교수의 주도아래 1960대 말부터 '법-기술-경제(Recht-Tehnik-Wirtsschaft)'라는 제목의 연구보고서 책자(Schriftenreihe)가 발행되기 시작하여 지금은 약 80권이 넘어서고 있다. 하지만 독일에서 기술법의 개념은 약 30년 전부터 법영역의 한 분야로서 대학교에서 서서히 논의되기 시작하였다. 먼저 1970년 초에 법과대학에서 교수들을 중심으로 개인적인 연구관심 분야로서 기술법이 언급되어졌고, 1979년에 Heidelberg대학교에서 기술법(Technologierecht)에 대한 연구모임이 만들어졌다. 그리

기술법(Technikrecht)이란 기술의 사용으로서 발생하는 위험에 대한 보호를 1차적 목적으로 하는 법률, 명령과 일반적인 행정규칙을 포함하는 技術的 安全에 관한 法(Das Recht der technischen Sicherheit)[4]이라고 정의한다.[5] 이러한 기술법의 모든 규정들은 자연과학의 발전에 따라서 그들의 적용과 기술적 실행으로 발생할 수 있는 사람의 생명과 건강, 물적 재화 및 환경의 보호를 일차적 내지는 공동목적으로 하고 있다고 할 것이다. 기술적인 안전의 법의 연원은 전통적으로 위험방지를 실현하고자 하는 독일의 건축과 영업경찰적인 법에 기원을 두고 있다.[6]

이러한 기술법은 과학기술의 급격한 진전과 함께 발전하는 산업화와 공업화에 상응하여서 점점 더 범위가 넓어지고 세분화되고 복잡화된 법적 실체로 발전하였다. 이러한 기술법에는 핵 및 방사능안전법(Atom- und Strahlenschutzrecht), 임밋시온방지법(Immissionsschutzrecht), 감독을 필요로 하는 시설에 대한 법, 제조물안전법, 위험한 물질에 대한 규제법,

---

고 Rudolf Lukes교수의 영향으로 독일 Trier대학교의 Peter Marburger교수가 1979년에 '법에 있어서 기술의 규정'(Die Regeln der Technik im Recht)으로 교수자격논문(Habilitation)을 쓰고, Trier대학교에 부임하면서 '환경법과 기술법연구소(Institut für Umwelt- und Technikrecht)'를 만들고, 기술법을 본격적으로 주창하였다.

4) 기술법을 기술적 안전법(technisches Sicherheitsrecht) 또는 안전기술법(Recht der Sicherheits technik)이라고도 한다(Peter Marburger, Rechtliche Bedeutung sicherheitstechnischer Normen, in: VDE(Herg), Risiko-Schnittstelle zwischen Recht und Technik, 1982, S. 123).

5) Peter Marburger, Technische Normen im Recht der technischen Sicherheit, BB Beilage 1985, S. 16; ders, "Formen, Verfahren und Rechtsprobleme der Bezugnahme gesetzicher Regelungen auf industrielle Normen und Standards, in: Peter-Christian Müller-Graff, Technische Regeln im Binnenmarkt, 1991, S. 30.; Michael Kloepfer/Thilo Brandner, Umweltrecht, 2. Aufl., 1998, S. 61.

6) 건축기술적인 안전규정은 고대로부터 있었는데, 후기중세시대의 도시법(Stadtrecht)에서 특히 이러한 규정들을 많이 발견할 수 있고 한다(Rudolf Lukes, 150 Jahre Recht der technische Sicherheit in Deutschland, in: VDE(Herg), Risiko-Schnittstelle zwischen Recht und Technik, 1982, S. 11ff.).

폐기물법(Abfallrecht), 건축질서법, 교통법, 노동안전법(Arbeitschutzrecht) 등이 이에 속한다고 할 수 있다.[7)]

위에서 언급한 기술법에 해당하는 영역의 열거에서 보듯이, 기술법은 하나의 법전에 의한 통일적이고 긴밀하면서 이론적으로 완성된 법적 영역으로서는 존재하지 않는다. 그러므로 기술적 안전의 법이 분명히 체계적이고 통일적으로 형성된 특별한 법영역이 아니라는 점에서, 하나의 법영역으로서 성립할 수 있는지에 대해서 초기에는 Rudolf Lukes 교수와 같이 회의적인 입장을 취하는 견해도 있었다.[8)] 그러나 기술법이라는 이름하에 기술적 안전을 목적으로 하는 상이한 법분야의 집약은 가능한 것이다. 왜냐하면, 본질적으로 일치하는 규정목적과 규정수단, 대부분의 세부영역에서 같거나 유사한 규정구조 등의 전체 규범영역을 볼 때, 상이한 법영역에 해당하는 규정을 기술법이라는 이름하에 통합은 가능한 것이기 때문이다.[9)]

Ⅲ. 기술법의 환경법과의 관련성

기술법은 분명히 구분되는 법적 분야가 아니고, 오히려 한편으로는 기술제한적이고 다른 한편으로는 기술촉진적 및 기술보호적 규범[10)]을

---

7) Peter Marburger, Technische Normen im Recht der technischen Sicherheit, a. a. O., S. 16; Michael Kloepfer/Thilo Brandner, a. a. O., S. 61; Klaus Vieweg, Zur einführung: Technik und Recht, JuS 1993, S. 896.

8) Rudolf Lukes, a. a. O., S. 12.

9) Peter Marburger, Technische Normen im Recht der technischen Sicherheit, a. a. O., S. 16.

10) 대표적으로 원자력법(AtG)이나 유전공학법(GenTG)을 보면, 한편에서는 원자력산업이나 유전공학산업을 장려함에 그 목적으로 두고, 한편에서는 원자력산업이나 유전공학산업의 위험성을 규제하고자 한다. 실제 장려목적과 규제목적의 우선 순위가 문제되지만, 일반적으로 규제목적이 앞선다고 한다.

결합한 횡단면적 실체이다.[11] Kloepfer 교수는 실체가 없는 실체로서 환경법과 마찬가지로 기술법은 여러 면에서 환경법과 중복이 된다고 한다.[12] 물론 자연환경보호법(Naturschutzrecht)은 일반적으로 환경법에 속하고, 기구 및 제조물안전법(GPSG)은 기술법의 영역에 속하여 중첩되지는 않는다. 실제 기술법의 체계화(Systematisierung)는 매우 어렵게 접근할 수 있을 뿐이지만, 그 핵심영역은 '기술적 안전법'이라는 것에서 이해할 수 있을 것이다. 즉 기술법은 기술의 소극적인 작용을 한계 짓고, 기술의 위험으로부터 생명, 건강, 물적 재화와 환경의 보호를 일차적 목적으로 하는 법규범의 전체로 이루어진다고 할 것이다. 여기에는 대상에 따라서, 특히 시설법(Anlagenrecht), 위험물질법(Gefahrstoffrecht), 제조물안전법, 기술적 건축법(technisches Baurecht)과 교통법 등이 속한다고 할 수 있을 것이다.[13]

기본적으로 施設法(Anlagenrecht)에는 기구 및 제조물안전법(GPSG)에서 감독을 필요로 하는 시설에 대한 규정과 원자력법(AtG), 에너지경제법(EnWG)과 유전공학법(GenTG)이 이에 속할 것이다. 危險物質法(Gefahrenstoffrecht)에는 화학물질법(ChemG), 생활용품과 일용품법(Lensmittel- und Bedarfmittelgegenstädegesetz), 식물보호법(Pflanzenschutzgesetz), 비료법(Düngemittelgesetz), 의약품법(AMG) 등이 위험물질법을 형성한다. 製造物安全法은 주로 기구 및 제조물안전법(GPSG)과 제조물책임법(ProdHaftG)이 이에 해당된다고 할 것이다. 技術的 建築法(technisches Baurecht)은 연방주의 건축법이 이에 해당될 것이고, 끝으로 도로교통법 도로교통허가법(StVZO), 연방철도법, 항공교통법(LuftVG)과 항공교통허가법(Luftverkehrszulassungsordnung) 및 책임법(HPflG)이 交通法에 속한다고 할 수 있다.

이와 같이 기술법은 기본적으로 원자력법, 각종 위험물질법, 유전공

---

11) Klaus Vieweg, a. a. O., S. 895.
12) Michael Kloepfer/Thilo Brandner, a. a. O., S. 61.
13) Klaus Vieweg, a. a. O., S. 896.

학법, 폐기물법 등과 밀접한 관련을 맺게 된다. 이를 다시 말하면 기술법은 환경법과 많은 분야에서 중첩되고 밀접한 관련을 가지는 법으로서, 환경법의 입법적 방법과 내용의 핵심을 이루고 있는 것이 기술법의 실체라고 할 것이다. 현대산업사회에서 기술의 사용으로 인하여 발생하는 위험을 방지하고 안전을 확보하기 위한 기술법을 통하여, 환경법은 環境保護와 그 수단으로서 환경보호를 어떻게 어떠한 방법으로 할 것인지를 구체적으로 법에서 규정하게 된다. 즉 기술법은 기술의 사용으로 인하여 발생 가능한 환경문제에 대한 기술적 안전의 확보방법을 기술법 관련 법에서 상세히 규정함으로써 환경법의 핵심적인 내용을 규정하게 된다고 할 것이다.[14] 이에 반해서 특허법(Patentgesetz)과 실용신안법(Gebrauchsmustergesetz) 및 반도체나 소프트웨어 보호를 위하여 관계되는 법은 기술진흥적이고 기술보호적인 법으로서, 일명 지적재산권법(geistiges Eigentumsrecht od. Immaterialgüterrecht)이라고 논해지는 법은 기본적으로 '기술적 안전법'이 아니라 '배타적 재산권을 통한 정신적 산물의 보호법'이라고 할 것이다.

14) Michael Kloepfer/Thilo Brandner, a. a. O., S. 62.

제 2 절 기술법 규정의 목적과 기술법의 구조

Ⅰ. 기술법 규정의 목적

현대산업사회와 정보화사회는 과학기술의 발전을 통하여 생산력이 급격하게 증대되면서 오늘날의 풍요로운 경제적인 기반을 창출하였다. 하지만 전문화되고 세분화된 기술에 의해서 인간이 누리는 많은 이익이 있지만, 그 반대의 편에는 기술이 인간의 생명과 건강 그리고 재화 및 환경을 위협한다는 것은 엄연한 현실이다.

과학기술 즉, 기술의 사용으로 인한 위험을 유형화해 보면 크게 3가지로 분류해 볼 수 있을 것이다.[15] 첫째로 기술의 사용으로 발생하는 위험의 가장 많은 부분을 차지하는 것은 기술상의 결함과 관련 종사자의 과실이다. 예들 들면, 이탈리아 쎄베조(Seveso) 화학공장사고(1976년), 금세기 최대의 산업사고로 논해지는 인도 보팔시에서의 화학공장의 메틸이소시아나이트(MIC)의 누출사고(1984년), 구소련의 체르노빌(Tschernobyl) 원자로사고(1986년),[16] 스위스 산도스(Sandoz) 화학공장창고화재사고

15) 김해룡/이종영, 과학기술의 발전과 환경법의 과제, 한국법학 50년-과거・현재・미래(Ⅱ), 한국법학교수회, 1998. 12, 607면.

16) 스웨덴, 덴마크, 핀란드 및 폴란드는 각 자국 내에서 1986년 4월 27일 방사능오염수준의 심각한 급증을 탐지하고 그 원인을 규명하기 위한 즉각적인 조치를 취하였다. 수 시간 이내에 이것은 구소련의 어딘가에 汚染源이 있다는 사실을 밝혀냈다. 구소련 정부는 이에 대해 당초에는 어떠한 방사능누출도 없다고 부인하였고 침묵으로 일관하였다. 방사능오염 수준의 급증 사실이 전유럽에서 탐지되게 되었으므로 사실은 분명히 밝혀지게 되었다. 사건발생 72시간이 지난 후인 1986년 4월 28일 저녁에 비로소 IAEA의 소련대표는 IAEA사무총장에게 1986년 4월 26일 01:23에 체르노빌 원자력발전소의 제4번 원자로에서 터빈발전기 시험도중 방사능이 누출되는 사고가 발생하였음을 통지하였다. 이 사고로 인하여 인간의 생명, 재산 및 환경에 미친 피해 정도는 아직까지 자세히 밝혀지고 있지 않다. 구소련에서는 이 사고로 인해서 방사능에 노출된 31명이 사고발생 후 곧 사망하였고 1987년까지 추가로 3명이 사망하였다. 그리고 유럽의 많은 국가

(1986년),[17] 비행기추락사고, 최근에 빈번하게 우리나라에서 발생하는

들은 방사능 누출로 인한 피해를 최소화하기 위하여 자신들의 비용으로 구제조치를 취하였으나 농산물 관광산업 등에 심각한 피해를 입게 되었다. 1995년 유엔보고서에 의하면 러시아 우크라이나 벨로루시 3개국 9백만 명의 주민들이 직·간접적으로 피해를 당했으며, 최소한 80만 명이 피폭 우려자로 분류되고 있다. 체르노빌은 각종 원자병과 유전자에 미치는 영향에 대해 잔인할 정도로 풍부한 사례를 남겼다. 머리가 두개인 망아지, 팔-다리없이 태어난 아기 등 또한 갑상선암 환자 발생건수가 5백 42건에 이르고 있는데 계속 증가하여 2000년에서 2010년경 환자수가 절정에 달할 것으로 전문가들은 예상하고 있다(조선일보, 「체르노빌참사」 10주년, 1996. 4. 26일자 참조).

이러한 사고로 독일, 스웨덴, 영국 등의 각국 정부는 자국의 영역 내에서 피해를 입게 된 자국민들에게 다액의 손실을 보상하였다. 영국은 약 4백 9십만 파운드, 독일은 약 3억 9천만 마르크, 스웨덴은 약 2억 크로네를 각각 자국국민에게 보상하였다. 여기서 국제법적으로도 민법상으로서도 손해배상청구를 주장할 가능성이 있었으나, 독일은 국제법상의 손해배상청구권의 주장과 외교상의 방법으로의 주장도 포기하였다. 이는 주로 정치적인 이유에서 그러하였다고 한다(Gaby Bornheim, Haftung für grenzüberschreitende Umweltbeeinträchtigungen im Völkerrecht und im Internationalen Privatrecht, 1995, S. 36).

17) 스위스 Basel에 소재하는 Sandoz化學工場에서 1986년 11월 1일 화재가 발생하였다. 당시 공장 내에는 1,250톤에 달하는 살충제, 제초제, 수은을 함유하는 살균제, 유기인산 또는 유기염화 살충제가 쌓여 있었다. 이 화재로 먼저 Basel부근의 스위스, 프랑스 및 독일의 여러 도시에 수 시간 계속되는 대기오염을 유발하였다. 그러나 더욱 심각한 피해는 라인강의 오염이었다. 위 화재를 진압하기 위하여 약 10,000내지 15,000 입방미터의 물을 뿌렸고, 그 물은 유독한 화학물질 약 10톤에서 30톤가량과 함께 라인강으로 흘러들어감으로써 라인강을 오염시켰다. 산도즈 화학공장의 화재가 발생한 날 밤에는 Ciba-Geigy도 400리터의 화학물질을 바젤에 있는 라인강에 유입시켰다. 사고 난 지 며칠 후에 살충제로 오염된 소방수가 독일의 라인강에 이르렀고, 다시 1주일 뒤에는 북해에 이르렀다. 이로 인하여 뱀장어, 물새 등의 동물 특히 무척추 동물들이 치명적인 피해를 입게 되었고, 라인강에서의 고기잡이가 수개월 동안이나 중단되었다. 또한 라인강 주변의 지하수가 오염되어 화학물질이 검출되기도 하였다.

이 사건으로 독일 바덴-뷔르템베르크주는 어업권의 피해, 행정비용 및 생태적 장기조사프로그램의 비용을 위하여 8천 5백만 마르크의 손해를 주장하였다. 게다가 헤센주는 생태적 손해(물고기에 대한 피해, 작은 생물과 플

LPG충전소의 폭발사고, 그 외 언론에서 흔히 한국사회의 중대한 문제로 언급되는 안전불감증과 관련되는 사고가 이에 속한다고 할 것이다.

둘째로 새로운 기술이나 그 산출물을 지정된 방식으로 사용한 후에 발생하는 예측하지 못하는 부작용과 그 위험이다. 이러한 것에는 최근에 논의되고 있는 환경호르몬, 유전공학의 안전성 확보문제와 원자력사고에서의 인식되지 않은 잔여위험, 대기오염물질로 인한 산림황폐화, 프레온가스의 사용으로 인한 오존층파괴, 단열재나 브레이크로 사용되는 석면, 화석연료의 사용으로 인한 이산화탄소에 의한 지구온난화, 식품과 관련되는 유해성 문제(최근에는 유전자조작을 거친 식품의 안전성문제가 크게 사회적 논란이 되고 있다)들 등은 이러한 유형에 속하는 위험일 것이다. 셋째로 기술사용자의 인식된 계산에 의한 위험이다. 즉 기술에 대한 지배가 힘의 남용으로 되는 경우에, 기술로 인한 피해의 발생이 결국은 기술사용자의 인식된 계산에 의하여 사고가 발생하는 경우이다. 대표적인 예로는 미국 자동차회사인 포드사가 1970년대에 생산비용의 절감을 위하여 피해발생이 충분하게 예상되는 부위에 문제가 있는 부품을 사용함으로써 안전사고가 발생한 경우이다.

위와 같이 기술적 시설, 기계 · 기구의 생산과 이용 및 유해한 물질의 거래 등은, 즉 기술의 사용은 사람과 그의 법익 및 환경의 자연적 조건에 위험을 야기시킬 수 있다는 것은 누구나 부인할 여지가 없다. 이로 인해서 기술을 사용하는 거래에서 필요한 안전(Sicherheit)을 담보하기에 필요한 법적 규정을 마련하는 것이 국가의 과제로 등장한다. 바로 이로 인해서 등장한 법영역이 기술법의 법영역이라고 할 것이며, 이러한 법

랑크톤의 피해, 생물학적 자정능력의 감소)의 비용도 주장하였다. 하지만 이 사건에서는 어떠한 개별적인 소송도 제기되지 않았는데, 이는 보험회사가 피해를 입은 라인강 인근주민들과 소송외적으로 손해배상청구에 대해서 합의를 하였기 때문이다. 그리고 라인강의 수로의 소유자인 독일연방정부도 라인강의 생태학적 훼손에 대한 손해배상을 주장하지는 않았는데, 이러한 손해는 거의 확정해 낼 수 없기 때문이라고 한다(Gaby Bornheim, a. a. O., S. 34).

영역은 기술의 사용으로 인하여 발생하는 위험에 대한 안전의 확보를 목적으로 하는 법이라고 할 것이다.[18]

위험방지(Gefahrenabwehr)와 위험예방(Gefahrenvorsoge)의 명령으로써, 기술법은 기술의 이용을 통하여 발생하는 위험성에 대하여 필요한 안전을 확보하고 이를 통하여 법익보호를 실현하려고 한다. 물론 기술법 규정의 목적은 아무도 도달할 수 없는 절대적인 안전상태나 위험으로부터의 완전한 자유를 목적으로 하지는 않는다.[19] 현대산업사회에서 자연과학적·기술적 연구와 이들의 실제적인 기술실행으로서의 전환은 인간의 삶의 기본토대를 파괴하지 않는 한 단념될 수 없다. 그렇기 때문에 어느 정도의 기술적 위험을 감수하는 것은 당연하다. 독일 연방헌법재판소가 말했듯이 모든 시민은 이러한 위험을 社會相當性이 있는 부담으로서 공동으로 감수해야만 한다.[20][21] 즉 기술법의 기초가 되는 실질적인 원칙은 계산된 기술적 위험의 원칙(Prinzip des kalkulierten technischen Risiko)으로 표현할 수가 있다.[22]

실제 기술법의 규정들도 이러한 인식을 바탕으로 하고 있다. 독일 기본법(Art. 2 Abs. 2 S. 1 GG)상으로도 국가는 국민의 생명과 신체를 보호할 의무를 부담하고 있지만, 이것은 기술적 위험으로부터의 완전한 자유로운 삶을 의미하지는 않는다. 그러므로 법질서는 기술의 이용으로 발생하는 위험으로부터의 절대적 안전을 보장하지는 않는다. 오히려 기술법의 과제는 회피할 수 있는 위험은 배제하고, 회피할 수 없으나 대

18) Peter Marburger, Die Regeln der Technik im Recht, 1979, S. 112.
19) Peter Marburger, Formen, Verfahren und Rechtsprobleme der Bezugnahme gesetzicher Regelungen auf industrielle Normen und Standards, a. a. O., S. 30.
20) Rüdiger Breuer, Anlagensicherheit und Störfälle-Vergleichende Risikobewertung im Atom- und Immissionsschutzrecht, NVwZ 1990, S. 214; BVerfGE 49, 89, 143; BVerfGE 53, 30, 58.
21) Wyhl-Urteil(BVerfGE 49, 89, 143).
22) Peter Marburger, Technische Normen im Recht der technischen Sicherheit, a. a. O., S. 16.

체할 수 있는 위험은 사회적으로 감내할 수 있는 범위 내에서 감축하는 것이라고 할 것이다.[23] 이에 따라 기술법의 목적은 위험금지(Risikoverbot)가 아니라 위험조절(Risikosteuerung)이라고 할 것이다. 물론 이것은 잠재적으로 위험한 기술적 활동이 기술의 수준에 따라 가능한 보호대책을 취할 수 있는 경우에 항상 허용되어야 한다는 의미는 아니다. 오히려 어떤 기술적 위험이 기술적으로 실현할 수 있는 수단으로서 예상할 수 있고 그로 인해서 방지할 수 있는 위험으로 평가될 수 없다면, 즉 법적 평가로서 필요한 안전이 보증되어 있지 않다면, 기술의 사용은 허용되어서는 안 될 것이다.[24]

그러나 실제 기술법에서 충분히 경미하여 이로 인해서 법적으로 허용된 위험과 위법한 위험 사이의 구분은 본질적이고 실질적인 문제로 놓이게 된다. 이러한 구분은 종종 매우 복잡하고 자연과학적 · 기술적 분야에서도 법적 분야에서도 극단적으로 어려운 검토와 평가를 필요로 한다. 위험한계에 대한 결정은 한편에서는 위험발생가능성과 잠재적 손해범위에 의한 임박한 위험의 크기와 보호되어야 하는 법익의 순위에 주의를 두어야만 한다. 즉 기술의 사용으로 인한 위험이 사람의 생명, 신체 등에 직접적으로 영향을 미치게 될수록 해당 기술의 사용에 대하여 보다 엄격한 제한이나 금지가 이루어져야 한다. 다른 한편에서는 기술적 위험감소를 위해서 필요한 투자와 운영비용이 경제성의 관점에서 적절한가의 여부도 검토되어져야만 한다(危險-費用分析).[25] 이를 통하여 기술법에서 달성하고자 하는 기술적 위험의 감소치와 이를 달성하기 위

23) Peter Marburger, Rechtliche Bedeutung sicherheitstechnischer Normen, a. a. O., S. 125.; Peter Marburger, Technische Normen im Umwelt- und Technikrecht, 경희법학 제42권 3호, 2007. 12, 49면.

24) Peter Marburger, Rechtliche Bedeutung sicherheitstechnischer Normen, a. a. O., S. 17.

25) Peter Marburger, Der Verhältnismäßigkeitsgrundsatz bei der atomrechtlichen Schadensvorsorge, in: Siebtes Deutsches Atomrechts-Symposium, 1983, S. 45ff.

하여 경제적으로 필요한 투자와 운영비 등을 고려하여 기술법의 내용을 규정하여야 한다. 이에 따라 사소한 위험의 감소를 위하여 매우 높은 투지비용과 운용비용을 요하도록 하는 그러한 기술법의 규정은 위험-비용분석의 관점에서 적절성이 결여되어 있다고 할 것이다.

Ⅱ. 기술법의 구조

기술법의 중심적이고 동시에 가장 어려운 입법상의 과제는 허용되는 위험(erlaubtes Risiko)과 위법한 위험(rechtswidrige Gefahr) 사이의 구분이다. 이에 따른 필요한 가치결정은 부분적으로는 명령제정자에게 위임할 수도 있지만(Art. 80 GG), 기본적으로는 입법자의 의무라고 할 것이다. 이러한 과제의 극복을 위하여 전통적인 입법방법으로써, 기술적 시설·기계·기구·건축물 및 물질의 생산과 사용 시에 일정한 상태요구와 행위요구(Beschaffenheits- und Verhaltensanforderungen)를 규정하는 것이다.

이렇게 기술적으로 위험한 시설물 등에 대한 상태의무나 행위의무를 규정함에 있어서, 입법자나 명령제정자는 기술관련법의 입법 시에 전형적인 어려움에 부딪히게 된다. 만약 법률과 명령이 헌법상의 법치국가원리(Art 20 Abs. 3 GG)에서 파생된 법률의 확정성(Gesetzesbestimmtheit), 법률의 명확성(Gesetzesklarheit)과 규범적 의무와 법집행의 예측가능성의 요구를 완전히 충족시키려 한다면, 법률이나 명령은 요구나 행위의무를 상세한 부분까지 자세히 규정해야만 한다. 그러나 이러한 상세한 법적 규정의 요구는 실제 다음과 같은 이유에서 기술법에서 실제 이루어 질 수 없다.[26] 첫째로 입법기관은 법의 제정에 필요한 학문적·기술적 전문지식을 충분한 정도로 갖추고 있지 않고, 둘째로 끊임없이 진보하는 학문과 기술의 발전에 비추어 보면 안전기술적 기준 등을 정체적인 법

---

26) Peter Marburger, Technische Normen im Umwelt- und Technikrecht, 경희법학 제42권 3호, 2007. 12, 49-50면.

질서에 상세히 규정하는 것은 타당하지가 않기 때문이다. 왜냐하면 상세한 학문적·기술적 전문지식에 대한 고정된 안전기술적 상세한 규정은 대부분 얼마 지나지 않아서 진부한 것이 되고 말 것이기 때문이다. 이에 따라 법률과 명령은 기술적 진보에 발맞추어 끊임없이 개정되어야 하는데, 기술적 진보에 상응한 안전기술적 규정의 끊임없는 개정은 실제 가능하지도 않고, 기술법이 이렇게 개정되는 것은 법적 안정성 등에 비추어 보면 만족스러운 법적 상태가 될 수 없다.[27)]

이러한 이유에서 기술법은 기술적으로 상세한 개별규정을 단념하고, 법률이나 명령에서 관청의 허가절차나 감독절차 및 보호목적과 안전목적은 확정적으로 규정을 하고, 기술적 안전의무는 일반적으로 불확정한 개념과 일반조항식 규정, 즉 대개는 '일반적으로 승인된 技術의 規定'(allgemein anerkannte Regeln der Technik), '技術의 水準'(Stand der Technik) 또는 '學問과 技術의 水準'(Stand der Wissenschaft und Technik)으로 규정한다.[28)29)]

---

27) Peter Marburger, Technische Normen im Recht der technischen Sicherheit, a. a. O., S. 17.

28) Peter Marburger, Die Regeln der Technik im Recht," a. a. O., S. 110ff.; Andreas Rittstieg, Die Konkretisierung technischer Standards im Anlagenrecht, 1982, S. 14ff; Peter Marburger, Technische Normen im Umwelt- und Technikrecht, a. a. O., 50면.

29) 독일의 기술법과 환경법에서는 안전기준을 '일반적으로 승인된 기술의 규정'(allgemein anerkannte Regeln der Technik), '기술의 수준'(Stand der Technik) 또는 '학문과 기술의 수준'(Stand der Wissenschaft und Technik)으로 규정하는데, 안전기준에 대한 이러한 입법방법은 뒤에서 보듯이, 입법부담의 경감(Entlastung)과 입법의 유연성(Flexibilität)이라는 2가지의 장점을 가진다. 그리고 이러한 안전기준은 안전기준을 직접적으로 규정한 것이 아니고 오히려 실제적인 인식수준과 발전수준(Erkenntnis- und Entwicklungsstand)에 연관되어 있다. '일반적으로 승인된 기술의 규정'은 기술적 전문가들의 다수에 의하여 적용되어지고, 실제적으로 검증되고 입증된 기술적 해결을 의미하는 것이다. 이에 따라 학문적으로 설명되고 적당한 것으로 인식되었다거나 전문서적에 기술되거나 대학에서 가르쳐진 것으로는 충분하지 않고, 문제되는 분야에서 활동하는 전문가들에 의

다시 말하면, 기술법은 부분적으로는 전통적인 위험방지(Gefahrenabwehr)의 방법과 테두리 안에서 기술적 안전의 목적을 달성하고자 한다.[30] 즉 전통적인 법적 수단은 허가유보(Erlaubnisvorbehalt), 기술적 전문가를 통한 시설·기계나 기구의 검사, 조건의 부여, 규격인가 또는 건축허가 등의 예방적인 조치와 강제적인 금지를 통하여 기술적 안전의 목적을 달성하고자 한다. 그러나 독일의 기술법에서는 이러한 전통적인 위험방지의 방법을 넘어서는 새로운 법적 규정을 광범위하게 규정한다. 바로 이와 관련하여서 주목해야 할 것이 기술적 안전관련법에서 취하는 사전배려명령(Vorsorgegebot)이다.[31] 독일의 기술적 안전관련법을 자세히 보면, 기술적 세부규정을 단념하고, 인식된 위험예방과 방지를 넘어서는 요구를 광범위하게 규정함으로써 기술적 위험의 유동적 감소 및 입법자의 입법부담의 경감 등을 달성하고 있다.[32] 독일 연방임밋시온방지법(BImSchG) 제5조 제1항 제1문에 의하면 동법에 따라서 인가를 필요로 하는 시설은 위험방지를 위해서 부가적으로 "유해한 환경침해에 대한 예방조치, 특히 엠밋시온의 제한을 위하여 기술의 수준에 상응하는 조치를 하여야 한다"고 규정하고, 원자력법(AtG) 제7조 제2항 제3문에서 "시설의 설치와 운영으로 인한 손해에 대하여 학문과 기술의 수준에 따

하여 지켜진다는 것이 중요하다. 이에 반하여 '기술의 수준' 및 '학문과 기술의 수준'은 최신의 연구결과와 인식도 고려할 것을 요구한다는 점에서, 안전기준의 요구에서 차이가 있다. 기술적 최신의 발전은 전래적인 방법보다는 더 안전한 방법이 될 수 있기 때문이다(Peter Marburger, Atomrechtliche Schadensvorsorge, 2. Aufl., 1985, SS. 12-32). 이에 따라 '학문과 기술의 수준'이 가장 높은 안전기준이 되고, 그 다음으로 '기술의 수준'이고, 안전기준의 설정으로 가장 낮은 것이 '일반적으로 승인된 기술의 수준'이 된다.

30) Peter Marburger, Technische Normen im Recht der technischen Sicherheit, a. a. O., S. 16.

31) Peter Marburger, Formen, Verfahren und Rechtsprobleme der Bezugnahme gesetzicher Regelungen auf industrielle Normen und Standards, a. a. O., S. 30.

32) Peter Marburger, Technische Normen im Recht der technischen Sicherheit, a. a. O., S. 16.

른 필요한 조치를 취해야 한다"고 규정하여 손해발생의 사전예방을 명하고 있다. 또한 유전공학법(GenTG) 제6조 제2항은 "유전공학 사업자는 동법 제1조 제1호에서 거명한 법익을 가능한 위험에서 보호하고 그러한 위험의 발생을 예방하기 위하여 당시의 학문과 기술의 수준에 따라서 필요한 예방조치를 하여야만 한다"고 하여서 일반적 주의의무와 위험방지의무를 규정하고 있다.[33] 즉 기술법에서는 규범적 안전의무를 현존하는 법익상태의 유지와 안전으로서 위험방지를 규정하는 것이 아니라, 이를 넘어서서 안전수준과 법익보호의 지속적인 극대화를 추구하고 있는 것이다.

이러한 입법방법은 立法負擔의 輕減(Entlastung)과 立法의 柔軟性(Flexibilität)이라는 2가지의 장점을 가진다.[34] 입법부담의 경감은 2가지 관점에서 실현이 되는데, 첫째로는 기술법의 법률과 명령이 복잡하게 되는 매우 광범위한 기술적 세부 개별규정을 규정하지 않음으로써 법률의 명료성과 간명한 이해에 기여를 하게 되고, 둘째로는 법률이나 명령의 제정에 필요한 전문지식이 결여되어 있는 법제정자나 명령제정자가 입법의 과제로부터 벗어나게 되는 효과가 있다. 셋째로 불확정한 법적

33) 그 외에 기구안전법과 위험물질법 등에서도 이러한 규정은 두고 있는데, 기구안전법(GSG) 제3조 제1항에 의하면 "동법에 따른 명령에서 규정하지 않은 기술적 기구는 일반적으로 승인된 기술의 규정 및 노동보호와 사고예방규정에 따라 그들의 용도에 상응한 사용 시에 이용자나 제3자의 생명이나 건강이 보호될 수 있는 한 거래에 유통시킬 수 있다. 하지만 다른 방법에 의하여 같은 안전이 확보될 수 있는 한 일반적으로 승인된 기술의 규정 및 노동보호와 사고예방규정에 상이할 수 있다"라고 규정하고 있으며, 위험물질법(GefStoffV) 제17조 제1항에서도 "위험물질을 취급하는 고용주는 사람의 생명과 건강 그리고 환경을 보호하기 위하여 위험물질법의 특별한 규정에 상응한 조치를 취해야 하고, 그 외에 일반적으로 승인된 안전기술적, 노동의학적, 보건위생적인 규정에 따라서 필요한 조치를 취해야 한다"라고 규정하고 있다.

34) Peter Marburger, Die Regeln der Technik im Recht," a. a. O., S. 110ff.; Peter Marburger, Technische Normen im Umwelt- und Technikrecht, a. a. O., 50면.

개념으로 만들어진 규범적 기준은 학문과 기술의 발전을 입법절차에 따른 기술법의 개정 없이도 기술법이 학문과 기술의 수준 등에 상응한 안전기준을 담보하게 되는 유연성을 만들게 된다.35) 즉 기술법에서 규정한 법적인 의무는 형식적인 법률의 개정없이도 자동적으로 발전된 기술적 수준 등에 상응하게 된다는 것이다.36) 바로 불확정한 개념과 일반조항식 기술법의 규정을 통하여 위와 같은 입법부담의 경감과 입법의 유연성을 가지게 된다.

그러나 한편으로는 문제점도 지적이 되는데, 일반조항식 규정과 불확정한 법적 개념은 안전기준 등에 관한 개별적인 세부내용을 결여함으로써, 法의 執行을 어렵게 한다는 법적 불안전성을 야기하는 중대한 단점이 발견된다. 안전의무가 있는 생산자, 설치자와 운영자에게 법적인 안전요구를 충족시킬 수 있는 기술적 해결을 찾도록 방기하는 것이 된다.37) 일반조항식 규정과 불확정한 법적 개념은 개별적인 세부내용을 결여함으로써, 즉 구체적인 규범적 세부규정이 흠결되었기 때문에 시설이나 기술적 기구 등이 '기술의 수준' 또는 '일반적으로 승인된 기술의 규정', 혹은 비슷하게 규정된 필요한 안전에 상응하는지 여부의 문제는 일반적으로 허가신청이나 감독관청의 결정을 통하여서, 심지어는 법원의 판결을 통하여서38) 비로소 명확하게 되어 진다.39) 예를 들어, 독일

---

35) Peter Marburger, Die Regeln der Technik im Recht, a. a. O., S. 117.

36) 물론 시험되고 입증되어지는 '일반적으로 승인된 기술의 규정'이 고려되는 곳에서는 어느 정도의 시간적 지연을 가지고서 시행이 된다.

37) Peter Marburger, Die Regeln der Technik im Recht," a. a. O., S. 110ff.; Peter Marburger, Technische Normen im Umwelt- und Technikrecht, a. a. O., 50면.

38) 독일에서 오늘날 거의 모든 시설허가에 대하여 제3자는 자기의 권리의 침해를 주장하면서 행정법적 절차 통하여 취소를 주장할 수 있다. 독일 행정법에서 통설에 의하면 안전기술적 허가요건에 대하여 법원은 제한없는 심사의무(Prüfungspflicht)를 지고 있다. 법원에 의한 심사는 사실상 행정청의 허가절차의 반복을 초래하는데, 법원은 안전기술적 전문지식의 평가와 수용의 광범위한 절차의 극복을 위해서 행정청보다는 사실상 더 열악한 여건에 놓여 있다.

39) Peter Marburger, Technische Normen im Recht der technischen

연방임밋시온방지법(BImSchG)을 근거로 하여 발전소, 공항, 화학시설과 같은 대규모 기술적 시설의 허가 시에 매우 큰 어려움에 부딪히게 되는데, 관할 행정청은 구속적인 안전기술적 개별 상세규정이 존재하지 않음으로써, 광범위한 전문가의 감정을 도움 받아서 상세한 검사를 위한 척도를 스스로 확정하게 되고, 그러므로 행정청은 사실 행정집행만이 아니라 법제정활동도 하여야 한다는 것이 된다. 그 결과 열린 규범적 기준(offene normative Standard)은 법적용의 단계에서야 비로소 개별적인 경우에 각각 구체화되어 진다. 그 결과 일반조항식 규정과 불확정한 법적 규정을 통한 유연성의 장점은 規範的 規定의 缺如(Regelungsdefizit)를 통하여 그 값을 치르게 되고, 종종 法的 不安全性(Rechtsunsicherheit)이 그 결과로 남게 된다. 그런데 기술적 안전에 대한 열린 기술적 규정을 통한 '규범적 규정의 결여'와 '법적 불안전성'을 보완하는 것이, 바로 독일표준화연구소(DIN) 등의 사적 단체에 의하여 제정된 초기업적 기술적 표준이고, 이를 통하여 기술적 표준이 기술법에서 법적 관련성을 가지게 된다.

Sicherheit, a. a. O., S. 17.

제 3 절 기술적 표준을 통한 안전요구의 구체화

I. 안전요구의 구체화로서 기술적 표준의 一般的 適合性

독일법상 기술법규정의 구조에서 살펴보았듯이, 기술 관련법에서 기술적 세부규정의 결여를 통한 '규범적 규정의 결여'나 '법적 불안정성'의 문제에서, 기술적 표준은 중요한 기능을 행할 수가 있다. 특히 기술적 표준 중 안전기술적 표준(sicherheitstechnische Normen)[40]은 법원의 결정에서 필요한 기술적·학문적 전문지식을 중재할 수 있고, 위에서 살펴본 규범적 규정의 결여를 보정할 수가 있다는 것이다.[41] 앞에서 보았듯이 독일에서는 수많은 사법상의 표준제정단체가 기술적 표준을 만들고 있으며, 이러한 기술적 표준들의 상당한 부분이 오로지 또는 주로 기술적 위험으로부터의 안전확보를 그 목적으로 한다. 이러한 기술적 표준에는 독일전기기술자협회(VDE)의 규정집, 독일가스·물전문협회(DVGW)의 가스와 물에 대한 규정집(Regelwerke) 및 독일기술자협회(VDI)의 소음감소·먼지와 공기청정에 대한 규정집 등이 이에 해당된다.[42] 또한 독일표준화연구소(DIN)의 약 2만개 이상에 달하는 DIN-표준의 상당한

---

40) 기술적 표준의 기능으로서 환경보호기능, 소비자보호기능, 정보기능(Informationsfunktion), 노동재해방지기능(Arbeitschutzfunktion) 등을 들기도 하지만, 기술적 표준의 기능은, 기술적 표준의 제정목적에 따라 기능을 크게 나누어 보면 합리화기능, 품질보증기능, 안전기능 등으로 분류해 볼 수 있다. 그리고 ISO의 경우 1970년대부터 표준화의 목적이 생명의 안전성, 환경보호 등 사람과 재화의 안전성을 목적으로 하는 안전기능이 강조되고 있어서 안전기술적 표준을 많이 제정하고 있다(한국표준협회, 표준화의 기초, 2004, 38면).

41) Peter Marburger, Rechtliche Bedeutung sicherheitstechnischer Normen, a. a. O., S. 128.; Andreas Rittstieg, Die Konkretisierung technischer Standards im Anlagenrecht, 1982, S. 75.

42) 이러한 기술적 표준의 제정기관과 규정집에 대한 상세한 것은 Peter Marburger, Die Regeln der Technik im Recht, a. a. O., SS. 195-234. 참조.

부분도 이에 포함된다. 그리고 게르만 로이드 상선회사의 선박건조규정(Schiffsbauvorschriften des Germanischen Lloyd), 폐수기술협회(Abwassertechnischen Vereinigung: ATV)의 ATV-규칙서와 기술감독협회(Vereinigung des Technischen Überwachungs-Vereine: VdTÜV)의 제작재료규정집(Werkstoffblätter)과 같은 작은 표준설정기관의 규정집도 여기에 해당된다.[43]

위와 같은 다양한 사적 단체가 제정한 초기업적 기술적 표준(überbetriebliche technische Normen)은 구체적인 안전기술적 문제의 해결을 위한 상세한 규정을 포함하고 있고, 실무에서 광범위하게 적용되고 있다. 특히 전기와 가스공급분야에서의 적용정도는 매우 높아서 시설, 도관과 배선시스템, 사용기구와 설비재료 등에서 예외 없이 해당하는 VDE-규정과 DVGW-규정이 적용되고 있다. 이것은 한편에서는 이러한 분야에서 안전기술적 표준제정의 오랜 전통에 기인하는 것이고, 다른 한편에서는 VDE-규정와 DVGW-규정은 '일반적으로 승인된 기술의 규정'으로서 법률과 명령에서 분명히 규범적으로 관련되어진다고 규정한 것에서 기인한다.[44] 또한 해당 기술자들은 일반적으로 공급기업과의 契約에서 이러한 규정의 준수를 위한 의무를 진다.[45] 기술의 다른 영역에

43) Peter Marburger, Technische Normen im Umwelt- und Technikrecht, a. a. O., 52-53면.

44) 독일 에너지경제법(EnWG) 제16조 제2항을 보면, ② 에너지의 생산과 전송 및 배부를 위한 시설이, 1. 독일 전기기술자협회의 전기에 대한 기술적 규정. 2. 독일 가스·물전문협회의 가스에 대한 기술적 규정을 준수한 때에는 일반적으로 승인된 기술의 규정을 준수한 것으로 추정된다(§ 16 Abs. 2 EnWG); 대규모 난방시설에 대한 법 제8조 제2항을 보면, ② 킬로그램당 12밀리그램 이상의 니켈이 함유되어 있는 DIN 51603 Teil 1 또는 DIN 51603 Teil 2에 의한 난방용유류 또는 DIN 51603에 의한 난방용유류로서 다른 액체연료로 사용되면, 비소·납·카드뮴·크롬·코발트 그리고 구성요소로 주어져서 그들과 결합된 먼지형태의 엠밋시온은 폐가스에서 입방미터당 전체 2밀리그램의 총농도를(폐가스에서 산소의 용적과 관련해서는 3%를) 넘지 못한다(§8 Abs. 2 Großfeuerungsanlagen-VO von 22. 6. 1983. BGBl. I S. 719).

45) Peter Marburger, Die Regeln der Technik im Recht, a. a. O., S. 213.

있어서도 해당 기술자는 안전기술적 문제의 판단과 해결에서 관련되는 규칙서(기술적 표준)를 1차적으로 고려하도록 되어있다.[46]

이러한 안전기술적 표준의 기능은 법익보호의 관점에서도 긍정적으로 평가되어져야만 한다. 기술적 표준은 실제 개개의 기술자에게 그들이 지향해서 따라야 할 행위척도를 주게 된다. 이러한 방법으로, 즉 기술적 표준의 준수를 통하여 개인적인 무지, 착오와 기타의 실책으로부터 벗어나게 되어서 기술적 안전이 달성되게 된다. 물론 이것은 기술적 표준이 '일반적으로 승인된 기술의 규정', '기술의 수준', '학문과 기술의 수준' 또는 이와 유사한 형식으로 규정된 법적인 안전요구와 자동적으로 그리고 예외 없이 일치한다는, 그러므로 기술적 안전법의 규범적인 기준의 법구속적인 구체화를 위하여 적당하다는 일관된 판단(Pauschalurteil)을 항상 도출할 수 있다는 것은 아니다.[47] 예를 들어, 기술적 표준이나 공법적 안전기준을 준수하고 있다는 증명만으로 제조자의 제조물책임이 면제되는 것은 아닌데, 이 점에 대해서 독일 연방대법원(BGH)은 '가스분사통사건(Gasspraydosen-Fall)'에서 이를 명백히 하였다.[48] 또한 개별적이고 구체적인 기술적 표준은 시대에 뒤떨어지고 기술적으로 추월당했거나 또는 다른 이유로서 안전기술적 보호를 위하여 충분하지 않을 수 있다. 물론 이러한 경우는 통상 흔치는 않은 일이고, 기술적 표준의 유래와 생성과정을 보면, 오히려 기술적 표준은 충분한 안전기준을 보증

46) Peter Marburger, Technische Normen im Recht der technischen Sicherheit, a. a. O., S. 18.

47) Peter Marburger, Technische Normen im Umwelt- und Technikrecht, a. a. O., 53면.

48) BGH NJW 1987, 373(이 사건에서 제조자는 압축가스에 관한 기술적 표준에 규정된 경고사항을 가스통에 부착하였는데, 경고내용은 단지 내용물 자체의 가연성에 관한 언급만이 있었다. 피고는 기술적 표준에 규정된 경고만으로 충분하다는 주장을 하였는데, 연방대법원은 제조자로서는 규정에 적합한 사용일지라도 그것으로 인하여 발화가 가능한 '가스와 공기와의 혼합물'이 형성될 수 있다는 것을 고려했어야만 했고, 그러므로 제조자는 이러한 특수한 위험의 발생가능성에 관하여 사용자에게 경고해야만 한다고 보았다); BGH, NJW 1984, 801, 802(아이스하키경기장 판결).

할 수 있다는 일반적인 기대를 형성시킬 수 있다. 즉 독일에서 통상적인 기술적 표준의 제정과정을 보면, 기술적 표준은 관련된 이해관계자 집단의 자격있는 전문가의 참여아래 독자적인 전문가위원회에서 만들어지고, 일반대중의 참여가 보장되도록 표준-초안을 발간하여 이의절차를 보장하고 있으며, 관련된 표준에서의 학문과 기술의 수준을 고려하도록 하고 있으며, 제정된 표준도 정기적인 개정을 통하여 진보된 기술의 수준을 반영하도록 하고 있다. 그러므로 기술적 표준은 충분한 안전기준을 보증할 수 있다는 일반적인 기대를 형성시킬 수 있고, 또한 기술적 표준의 준수를 통하여 손해의 발생을 일반적으로 유효하게 방지한다는 것이 경험적 사실을 통하여 입증되기 때문이다.[49]

그러므로 사적인 표준제정기관의 안전기술적 표준은 기본적으로 '열린 규범적 기준'(offene normative Standard)의 법적 결정을 위하여 필요한 학문적 · 기술적 전문지식의 매개체로서 원칙적으로 적당한 것이다. 때문에 행정청과 법원에 의하여 기술법의 '열린 규범적 기준'의 구체화를 위하여 기술적 표준이 동원되어질 수 있는 것이다.[50] 그러나 주의할 것은 '기술의 수준'이나 '학문과 기술의 수준'과 관련하여, 관례적으로 실무에서 인정되는 방법을 넘어서는 새로운 인식이나 해결을 연관시키는 요구에 관계되는 한, 해당하는 기술적 표준이 요구하는 안전기준에 상응하는지의 여부는 주의 깊게 검토되어야만 한다. 또한 대개의 경우에 기술적 표준은 성질상 특수한 구체적인 사안에 맞추어서가 아니라, 추상적 · 일반적 형식에서 하나의 불확정한 다수를 동일한 종류의 기술적 사안으로 규정한다는 것에 항상 주의해야만 한다. 즉 기술적 표준은 단지 정상적 경우와 이와 결합된 전형적인 위험의 방지를 규정하고, 이에 반해서 특수한 개별적인 경우에서 발생 가능한 비전형적인 상황에서 주

49) Peter Marburger, Technische Normen im Recht der technischen Sicherheit, a. a. O., S. 18.

50) Peter Marburger, Technische Normen im Umwelt- und Technikrecht, a. a. O., 53면; Helmut Köhler, Die haftungsrechtliche Bedeutung technischer Regeln, BB Beilage 4, 1985, S. 11.

어질 수 있는 특별한 위험상황은 규정하지 않는다는 것이다.[51] 이에 따라 특수한 비전형적인 상황 하에서는 '열린 규범적 기준'을 위하여 기술적 표준이 보정하는 기능은 제한될 수밖에 없다. 그러므로 특수한 개별적인 경우에서 발생 가능한 비전형적인 상황에서 주어질 수 있는 특별한 위험상황의 방지를 위하여, 기술적 표준에 의존하거나 기술적 표준의 준수로 그 위험을 방지할 수 있다고 생각하는 것은 타당하지 않다.

Ⅱ. 법원과 행정청의 결정에서의 기술적 표준의 판단가치

독일에서 다수의 견해는 기술적 표준과 규칙서를 행정청이나 법원이 불확정한 법적 개념의 결정시에 기초로 삼을 수 있는, 선취된 전문가의 감정으로 이해를 한다.[52] 물론 새로운 분야나 좀 더 진보된 기술적 지식의 분야에서는 기술적 표준을 전문가의 감정으로 이해하지 않고, 또한 법원이나 행정청을 구속하는 효과도 존재하지 않는다고 한다. 이러한 인식은 기술적 표준이 자격있는 전문가에 의해서 만들어진다는 것에 그 근거를 둔다. 즉 기술적 표준을 만드는 위원회는 일반적으로 해당 관련되는 전문가와 다양한 활동영역에 있는 전문가들이 참가하는데, 이렇게 구성된 전문위원회는 개개의 전문가보다는 학문과 기술의 수준을

51) Helmut Köhler, a. a. O., S. 11.; Fritz Nicklisch, Technische Regelwerke -Sachverständigengutachten im Rechtssinne?, NJW 1983, S. 848.; Peter Marburger, Die haftungs- und versicherungsrechtliche Bedeutung technischer Regeln, VersR 1983, S. 600.

52) Rüdiger Breuer, Gerichtliche der Technik als Gegenpol zu privater Option und administraitiver Standardisierung, in: Breuer/Kloepfer/Marburger/Schröder, Technische Überwachung im Umwelt- und Technikrecht, 1988, S. 101ff.; Gerhard Feldhaus, Entwicklung und Rechtsnatur von Umweltstandards, UPR 1982, S. 138; Hans D. Jarass, Der rechtliche Stellenwert technischer und wissenschaftlicher Standards, NJW 1987, S. 1231; Helmut Pieper, Die Regeln der Technik im Zivilprozeß, BB 1987, S. 276; DVBl. 1978, 591.

훨씬 더 잘 조사할 수 있고 안전기술적 문제를 광범위하게 인식하고 해결할 수 있다는 것이다. 이와 관련하여 Helmut Pieber 교수는 지금까지 독일의 소송법 교과서나 주석서에서 기술적 표준들이 명백하게 존재함에도 불구하고 이들의 소송상의 의미를 다루지 않았다고 하면서, 관련된 기술적 규정과 표준이 해당하는 학문과 기술의 수준을 묘사하고 있으므로, 해당하는 기술적 표준이 학문과 기술에 의하여 승인된 규정에 일치한다는 '반박할 수 있는 추정'(widerlegbare Vermutung)이 인정될 수 있다고 한다.[53][54]

물론 행정청이나 법원은 모든 경우에 기술적 표준을 판단의 자료로 삼아서, 자세히 검토하여야 하고 그들의 판단에 기초로 삼아야 할 의무도 권한도 없다고 할 것이다.[55] 오히려 그들은 구체적 기술적 표준의 안전기술적 적합성에 대하여 구체적으로 제시된 항변을 항상 조사해야만 하고, 필요한 경우에는 전문가의 감정의 도움을 받아야만 한다. 하지만 행정청이나 법원은 개개의 상이한 전문가의 판단으로는 명확한 결론을 얻을 수 없는 경우에, 즉 개별적 전문가들의 판단이 상이하여서 개별적 전문가의 판단이 의심스러운 경우에는 기술적 표준을 그들 판단에 상위에 둘 수 있을 것이다. 왜냐하면 다양한 전문분야의 전문가와 다양한 이해관계관계자들에 의해서 구성된 표준제정위원회는 개별적인 전문가보다는 기술적 안전을 실현하는데 있어서 우월할 수 있다는 어떤 사실상의 추정을 받을 수 있기 때문이다.[56] 물론 해당하는 기술적 표준이

---

53) Helmut Pieper, a. a. O., S. 276.

54) 국제적 표준은 권고 또는 지침(가이드라인)으로 운영되기 때문에 구속력이 없는 것으로 보이지만, 예를 들어 'SPS 협정'(Sanitary and Phytosanitary Agreement(위생검역협정)) 제3조에 규정된 국제적 표준 조화원칙에 의하여 회원국이 채택한 국제적 표준에 합치되는 조치는 SPS 협정과 합치되는 것으로 추정된다.

55) Peter Marburger, Technische Normen im Umwelt- und Technikrecht, a. a. O., 54면.

56) Helmut Pieper, a. a. O., S. 282.

시대에 뒤떨어져 있거나 진보된 학문과 기술의 수준에 상응하지 아니한 경우에는 이러한 추정을 부여해서는 안 될 것이다.

Ⅲ. 指示(Verweisung)를 통한 기술적 표준의 규범적 수용

1. 기술적 표준의 법적 성질 및 법과의 관계

기술적 표준을 준수할 것인가의 여부는 원칙적으로 자유이고, 표준제정기관들은 기술적 표준을 적용할 것을 강제하지 않고, 표준에 맞추어 생산과 제조를 하거나 또는 그 표준을 무시하는 것은 관계기업 등에 달려 있다. 즉 기술적 표준은 법규범(Rechtsnormen)이 아니다. 사적인 단체로서 표준화단체가 일반인을 구속하는 법을 제정할 수는 없다.[57] 즉 私法上의 단체가 그들 구성원의 범위를 벗어나서 구속력이 있는 법을 정하는 권한을 가질 수는 없다. 또한 기술적 표준은 일반적인 관습법으로 여겨질 수도 없을 것이다.[58]

이와 같이 기술적 표준은 법적 규범은 아니지만, 기술적 표준은 법규범에서 직접적인 거명을 통하여 법적인 의미를 가질 수 있다. 또한 기술적 표준의 법규범으로의 제정은 일반적으로 입법자들의 과제가 될 수 없는데, 왜냐하면 필요한 기술적 표준의 대량제정, 불가피한 세부적인 작업의 수행, 기술의 현재 수준에 대한 판단을 입법자에 대하여 요구한다는 것은 무리이기 때문이다.

그러나 기술적 표준이 법규범으로 되는 것에는 두 가지 방법이 있다. 법률과 명령과 같은 법규범에서 기술적 표준의 내용을 구성요건표지(Tatbestandsmerkmal)로서 반복하는 방법과 오로지 기술적 표준을 지시하는 방법이 있다.[59] 전자는 법적 규범으로서 편입(Inkorporation)이

57) Peter Marburger, Der Regeln der Technik im Recht, a. a. O., S. 330ff.
58) A. a. O., SS. 337-340.
59) Thomas Zubke-von Thünen, a. a. O., S. 314.

고,[60] 후자는 指示(Verweisung)이다.[61] 기술적 표준의 법규범으로의 편입은 법률과 명령과 같은 법규범에서 기술적 표준을 구성요건표지로서 반복하는 것이다. 즉 기술적 표준의 법규범으로의 편입의 한 방법인 '완전한 수용'은 기술적 규정을 법률이나 명령의 법문에서 그대로 다시 반복하는 것을 말한다. 즉 해당하는 법률이나 명령의 제정자가 기술적 표준을 법률이나 명령으로서 절차에 따라서 의결하고 해당하는 공표기관에서 공식적으로 공표하는 것이다. 이것은 실제 법적으로 허용이 될 수 있고, 법적으로도 아무런 문제점을 야기하지도 않는다. 그러나 실제 이러한 완전한 수용은 현실에서 거의 일어나지 않고, 기껏해야 생각할 수 있는 경우는, 법령의 별표(Anhang einer Rechtsverordnung)에서 기술적 규정(표준)을 수용하는 것을 생각할 수 있다. 여기에서는 둘째의 방법인 指示라는 입법기술에 대해서 자세히 살펴보기로 한다.

지시(Verweisung)는 기술적 표준을 법규범의 일부로 수용하는 하나의 입법기술로서, 기술적 표준은 법률이나 명령을 통하여 지시라는 입법기술의 사용에 의하여, 현저한 법적 의미를 갖게 된다. 독일의 기술법은 종종 이러한 지시를 활용하는데, 물론 동시에 헌법적인 문제점을 노출하기도 한다. 왜냐하면 지시를 통하여 사적 단체에 의해서 만들어진 규정의 내용이 규범적 규정(normative Regelung)으로 수용되고,

60) 연방임밋시온방지법 제18차 시행령의 제정에 의하여 스포츠시설소음이 어느 정도 범위에서 허용가능한가에 대한 다툼이 종결되었다고 볼 수 있다. 그리고 시행령의 내용은 TA-Lärm과 VDI-Richtlinie 2058에서 유래한다. TA-Lärm은 영업법 제16조에 따라서 인가가 필요한 시설에 대한 일반적인 행정규정(소음방지에 대한 기술지침(Technische Anleitung zum Schutz gegen Lärm: TA-Lärm))으로서 1968년 7월 16일에 제정되었다. VDI-Richtlinie는 독일기술자협회(VDI)의 소음방지, 먼지와 공기청정에 대한 규칙서를 말한다. 즉 기술적 표준으로서 VDI-Richtlinie 2058이 연방임밋시온방지법 제18차 시행령에 의하여 법적 규범으로의 편입이 일어났다고 할 것이다.

61) Hans-Ulrich Karpen, Die Verweisung als Mittel der Gesetzgebungstechnik, 1970, S. 131ff.

지시하는 법규범의 법적 효력에 참가하기 때문이다.[62] 이러한 지시에는 법률이나 명령에 의한 지시인 '법적인 지시'(gesetzliche Verweisung)와 일반적인 행정규칙을 통한 지시로서 '행정적 지시'(administrative Verweisung)로 구분할 수 있고, 그리고 법적인 지시는 다시 '확정적 지시'(Starre(statische) Verweisung)와 '유동적 지시'(gleitende(dynamische) Verweisung)로 구분할 수 있다.[63]

2. 기술적 표준에 대한 법적인 指示

1) 確定的 指示

법적인 지시는 '확정적 지시'와 '유동적 지시'로 구분할 수 있는데, 먼저 확정적 지시(starre(statische) Verweisung)란 법률이나 명령에서 하나 또는 다수의 기술적 표준의 제목, 표준번호와 제정일자를 관련된 법문에서 명시적으로 언급함으로써 행해지는 지시를 말한다.[64][65] 이러한

62) Peter Marburger, Technische Normen im Recht der technischen Sicherheit, a. a. O., S. 20.

63) Hans-Ulrich Karpen, Die Verweisung als Mittel der Gesetzgebungstechnik, 1970, S. 115ff; Barbara Veit; Die Rezeption technischer Regeln im Strafrecht und Ordnungswidrigkeitenrecht unter besonderer Berücksichtigung ihrer verfassungsrechtlichen Problematik, UPR Band 8, 1989, S. 25ff; Peter Marburger, Der Regeln der Technik im Recht, a. a. O., S. 379 ff.

64) RA Meyer, Die starre Verweisung aus der Sicht der Wirtschaft, in: DIN(hrsg), Verweisung auf technische Normen in Rechtsvorschriften, Normungskunde Band 17, 1982, S. 88; Peter Marburger, Technische Normen im Umwelt- und Technikrecht, a. a. O., 55면.

65) 확정적 지시의 예 중에서 가장 널리 알려진 것으로 도로교통허가령(Straßenverkehrszulassungsordnung: StVZO) 제55조가 있다. 이 규정에는 자동차모터의 점화장치에 있어서의 무선장애를 제거할 것을 언급하고 있는데, 이때 DIN 57879 Teil 1과 VDE 표준 0879 Teil 1/6.79의 4.1, 4.2, 4.3.1 및 4.4를 참조할 것을 지시하고 있다. 이와 같은 지시의 또 다른 예로 제정일자를 명확하게 표시함으로써 참조하도록 하는 것을 들 수 있는데, 그러한 것으로 도로교통허가령 제35조와 관련된 DIN 13163(1987년 12월

확정적 지시는 헌법적으로 아무런 문제점이 없다. 왜냐하면 입법자나 명령제정자는 이미 발표되어 존재하는 기술적 표준을 검토할 수 있고, 입법자가 해당 기술적 표준을 받아들일지의 여부를 충분히 검토할 수 있기 때문이다. 지시의 시간적 그리고 대상적 유효범위 내에서 관련된 기술적 표준의 내용은 입법자의 의사와 관계없이 변경되지 않는다. 즉 지시하는 법규범이 변경되지 않는 한, 지시에 관련된 기술적 표준의 내용은 비록 사적 표준제정기관이 새로운 기술적 표준을 발표하더라도 계속해서 효력을 가진다.

이러한 확정적 지시는 입법자가 법률이나 명령의 관련된 규정에서 문자적인 반복을 피하는 방법으로서, 법문내용의 입법기술적 축약이라고 할 것이다. 확정적 지시와 편입(Inkorporation)은 결과적으로 밀접한 관계에 있다. 그리고 확정적 지시는 정해진 기술적 해결을 수용하는 것이기 때문에 법규범과 기술적 표준의 결합을 위해서, 단지 기술적 발전이 잠정적인 종결에 도달하였고 가까운 시기에 본질적으로 새로운 기술적 표준이 기대되지 않을 때에만 적당할 수 있다.[66] 하지만 확정적 지시는 법적 유연성이 부족하다는 단점이 있다.

2) 流動的 指示

확정적 지시가 유동성이 부족하다는 단점은 유동적 지시(gleitende(dynamische) Verweisung)를 통하여 피할 수 있다. 유동적 지시는 하나 또는 다수의 기술적 표준을 관련된 법문에서 인용하는 것이다.[67]

제정) 또는 운전 중 휴대하여야 하는 붕대상자와 관련된 동일자의 DIN 13164를 들 수 있다. 또한 "벤진의 질에 관한 명령"(연방임밋시온방지법상 제10차 시행령) 제2조의 無鉛연료의 최소조건에 관한 DIN EN 228(1993년 5월 제정)과 有鉛연료의 최소조건에 관한 DIN 51600(1988년 1월 제정) 및 그 연료들의 벤졸포함량에 관한 DIN EN 228(1993년 5월 제정)을 들 수 있다.

66) Peter Marburger, Der Regeln der Technik im Recht, a. a. O., S. 387.

67) Peter Marburger, Die gleitende Verweisung aus der Sicht der Wissenschaft,

유동적 지시는 법규범이 기술적 규정의 제정일자 등을 언급하지 않을 때 유동적 지시가 있게 된다. 이러한 유동적 지시에 의하여 기술적 표준과 관련된 장래의 내용변경은 자동적으로 법규범에 포함되게 된다. 이러한 유동적 지시는 4가지의 장점을 가지는데, 첫째로 일반적으로 입법자에게는 필요한 전문지식이 결여되어 있는데 유동적 지시를 통하여 입법자의 입법과제를 면제케 해준다. 둘째로 법령이 매우 복잡화되고 광범위한 기술적 상세규정을 규정하는 것으로부터 자유롭게 된다. 셋째로 법령의 내용이 기술의 수준의 진보에 빠른 적합성을 가지게 된다. 넷째로 유동적 지시를 통하여 입법에 있어서 전문지식을 소유한자 간의 협력을 가능하게 한다. 즉 기술적 표준에 대한 유동적 지시를 통하여 입법자는 입법에 있어서 유연성을 넘어서, 입법의 실무에의 근접, 안전에 대한 이해와 경제적 이해의 조화 등을 달성할 수 있다.[68)]

물론 이러한 유동적 지시가 허용되는지의 여부가 문제로 된다. 이러한 유동적 지시는 2가지 형태로, 즉 규범보충적 유동적 지시(normergänzende gleitende Verweisung)와 규범구체화적 유동적 지시(normkonkretisierende gleitende Verweisung)로 나누어 볼 수 있다.[69)]

가. 規範補充的 流動的 指示

규범보충적 유동적 지시(normergänzende gleitende Verweisung)는 해당하는 기술적 규정의 법문에서 사적 단체가 제정한 기술적 표준에 직접적으로 구속적인 효과를 부여하는 경우이다. 예를 들어 '전기적 시설은 VDE-표준에 상응하여야 한다'[70)]고 법규범에 규정하는 방법이다.

이러한 유형의 지시는 독일의 통설과 판례에 의하면 허용되지 않는

---

in: DIN(hrsg), Verweisung auf technische Normen in Rechtsvorschriften, Normungskunde Band 17, 1982, S. 29.

68) Andreas Rittstieg, a. a. O., S. 242.

69) Peter Marburger, Die gleitende Verweisung aus der Sicht der Wissenschaft, a. a. O., S. 30.

70) §11 Abs. 4 Bay. Schifffahrtsordnung von 19. 6. 1968, GVBl. S. 202.

다고 한다.[71] 법규범이 장래 변경되는 기술적 표준에 의해서 영향을 받기 때문에, 지시하는 법규범의 내용과 규범수명자에게 해당되는 의무상황이 최종적으로 확정되어 있는 것이 아니라, 사적 표준제정자를 통하여 변경될 수 있기 때문이다. 이것은 헌법상의 대의민주주의 원칙(Art. 20 Abs. 2 GG)에 반할 뿐만 아니라, 헌법상의 법치국가의 원칙(Art. 20 Abs. 3, 28 Abs. 1 GG)에서 유래하는, 관련된 법적 내용이 확정되어야 한다는 원칙에 반하게 되기 때문이다.[72] 또한 사적 규범제정자에게 입법권을 양도하는 것이 된다. 규범보충적 유동적 지시는 공개된 입법위임으로서 기본법 제80조(명령의 공표)에 의하여서도 정당화되지는 않을 것이다. 이와 같이 기술적 표준에 대한 규범보충적 유동적 지시는 헌법적으로 금지되는 것이 분명하기 때문에 앞으로 이러한 방법이 독일에서는 이용되지 않을 것이다.[73]

나. 規範具體化的 流動的 指示

규범보충적 유동적 지시와 약간 상이한 것으로서 규범구체화적 유동적 지시(normkonkretisierende gleitende Verweisung)가 있다. 규범구체화적 유동적 지시에서는 지시하는 법규범 자체에서 기술적 안전의무를 확정적으로 규정을 한다. 물론 상세하게 규정하지는 않지만, 주로 '일반적으로 승인된 기술의 규정'이나 '기술의 수준'과 같은 불확정한 개념의 도움을 받아서 종국적으로 규정을 한다.[74] 즉 일정한 기술적 표준이 일반

---

71) Hans-Ulrich Karpen, a. a. O., S. 180; August Hannig, Umweltschutz und überbetriebliche technische Normung, 1976, S. 65f.; Schenke, NJW 1980, S. 745f.

72) Hans Jürgen, Grundfragen des technischen Normwesens, BB Beilage 1985, S. 7; Hans-Ulrich Karpen, a. a. O., S. 180; Wolf-Rüdiger Schenke, Die verfassungsrechtliche Problematik dynamischer Verweisungen, NJW 1980. S. 745.

73) Hans Jürgen, a. a. O., S. 7.

74) Peter Marburger, Formen, Verfahren und Rechtsprobleme der Bezugnahme gesetzicher Regelungen auf industrielle Normen und Standards, a. a. O.,

적으로 승인된 기술의 규정으로 인정되거나, 기구나 시설이 기술적 표준에 상응하는 한 일반적으로 법적 요구를 충족한 것으로 볼 수 있다는 것을 통하여, 기술적 표준에 불확정한 법적 개념을 위하여 유동적으로 지시하는 것이다. 예를 들어, 일정한 기술적 표준을 준수하였을 때에는 '일반적으로 승인된 기술의 규정'을 준수한 것으로 추정된다고 규정하는 방법이다.[75] 이러한 지시를 통하여 만약 분명히 언급된 기술적 규정이 적용되었으면, 법적으로 명령된 안전의무가 충족되었다는 것에 대하여 반박할 수 있는 법적 추정(widerlegbare gesetzliche Vermutung)이 인정된다.[76] 이러한 추정의 법적 의미는 소송법의 영역에서 입증책임부담에 관한 규정으로서의 의미를 갖고 있다.

이러한 지시는 헌법적인 관점에서는 별 문제를 발생시키지는 않는다.[77] 왜냐하면 규범구체화적 유동적 지시는 관련된 기술적 표준의 준수가 법적 의무로 강제되지 않고, 안전의무자에게 같은 안전수준의 상

S. 30.

75) 이러한 지시는, 예를 들어 에너지경제법(Energiewirtschaftsgesetz) 제16조 제2항에서 VDE 규정이나 DVGW 규정을 준수한 때에는 일반적으로 승인된 기술의 규정을 준수한 것으로 추정한다고 하고 있고, 에너지경제법에 대한 제2차 시행령 제1조 제2항 및 제2조 제2항에서도, 가스 및 전기배출기기가 DVGW 및 VDE의 기술기준을 유지하고 있는 경우에는 同기기가 일반적으로 인정된 기술규정을 준수하는 것으로 추정한다고 하고 있다. 또한 몇몇의 연방주 건축법에서도 이러한 지시를 하고 있다(vgl. §3 Abs. 3 Hess. BauO, §3 Abs. 3 BauO NW). 그 외 유럽공동체의 입법에서도 규범구체화적 유동적 지시가 이용되고 있다(vgl. Art. 5. Abs. 1 der Maschinen-Richtlinie 89/392/EWG von 14. 6. 1989(ABl.EG Nr. L 183 von 29. 6. 1989, S. 9)).

76) Andreas Rittstieg, a. a. O., S. 242; Helmut Pieper, Die Regeln der Technik im Zivilprozeß, BB 1987, S. 276; Peter Marburger, Die haftungs- und Versicherungsrechtliche Bedeutung technischer Regeln, VersR 1983, S. 602.

77) August Hannig, a. a. O., S. 67f.; Peter Marburger, Formen, Verfahren und Rechtsprobleme der Bezugnahme gesetzicher Regelungen auf industrielle Normen und Standards, a. a. O., S. 43.

이한 해결책을 자유롭게 선택할 수 있게 하기 때문이다. 특히 사적인 기술적 표준의 제정자가 기술적 안전의무에 대하여 규범적인 구속력을 가지도록 할 수가 없다. 이에 따라 기술적 표준이 법적인 안전요구를 충족하는지의 여부의 문제가 다투어지는 경우에는 법원의 판단에 맡겨져 있다.

이러한 방법으로 일반적인 경우의 안전요구는 필요한 유연성의 유지 아래 충분히 구체적으로 규정이 되어진다. 이로써 기술적 표준에로의 규범구체화 유동적 지시는 허용이 되고, 기술법에 있어서 매우 의미있는 입법방법이 되는 것이다.

3) 법적인 지시에서의 기술적 표준의 발간필요성

위에서 검토한 법적 지시(gesetzliche verveisung)가 실질적으로 헌법상 허용된다면, 법규범처럼 기술적 표준에 대한 일반인의 접근가능성이 문제로 된다. 왜냐하면 기술적 표준은 법규범처럼 공식적인 공표절차를 거치지 않기 때문이다. 그러나 관련된 기술적 표준이 법규범과 같은 공식적인 공표절차를 거치지 않았다고 해서 헌법상 허용되는 '법적인 지시'가 문제점이 있다고 보이지는 않는다.[78] 물론 일부 견해에서는 관련된 기술적 표준은 지시하는 법규범처럼 똑같은 방법으로 공표되어야 한다고 주장한다.[79] 이러한 방법으로의 공표가 없으면 지시는 효력을 가질 수 없다고 한다. 하지만 법규범과 관련된 기술적 표준의 공표에 대한 이러한 요구는 너무 과장되게 표현되었다고 할 것이다. 오히려 법치주의적 공표의 요구는, 규정이 확정된 절차 안에서 예외없이 공표되고

---

78) Peter Marburger, Formen, Verfahren und Rechtsprobleme der Bezugnahme gesetzicher Regelungen auf industrielle Normen und Standards, a. a. O., S. 45.

79) Hans-Ulrich Karpen, a. a. O., 154f.; Eberhard Baden, Dynamische Verweisungen und Verweisungen auf Nichtnormen, NJW 1979, S. 626; Burkhard Schulz, ZRP 1979, S. 261.

누구나 구입할 수 있으면 그것으로써 족하다고 할 것이다.[80]

하지만 기술적 표준의 높은 가격이 기술적 표준의 충분한 구입을 방해할 수가 있다.[81] 법규정에서 기술적 표준에 대하여 지시가 행하여진 그러한 경우에서는 여하튼 이러한 문제가 더 강하게 문제될 수 있다. 하지만 독일연방대법원(BGH)은 기술적 표준이 어쨌든 지시에 관련되거나 또는 연방주 건축법의 의미에서 기술적 건축규정으로서 공무상의 업무에 관련된 경우에는 저작권법 제5조의 공무상의 결과물(Amtliche Werke)로 보도록 하였다.[82] 독일 저작권법 제5조에 의하면 법률, 명령, 공무상의 발표나 공표물 등은 저작권(Urheberrecht)에 의한 보호를 받을 수 없다고 하는데, 위와 같은 연방대법원의 판례에 의하여, 결과적으로 관련된 기술적 표준에 대한 DIN 등의 저작권은 상실되게 된다. 그러므로 해당되는 기술적 표준은 자유롭게 복사되어질 수 있게 된다. 이에

80) Barbara Veit, a. a. O., 78f.; Peter Marburger, Formen, Verfahren und Rechtsprobleme der Bezugnahme gesetzicher Regelungen auf industrielle Normen und Standards, a. a. O., S. 45.

81) 기술적 표준은 그 기능의 원활한 수행을 위해서는 공표(발간)되어야만 한다. 이에 따라 기술적 표준은 인쇄물로써 발간이 되며 누구나 유상으로 구입할 수가 있다. 표준의 공표(발간)에 대해서는 해당하는 전문잡지나, 부분적으로는 연방관보에도 소개가 된다.
공공대중이 발간된 표준의 자유로운 구입가능성이 보장되어야 한다는 것은, 경우에 따라서는 비교적 높은 표준의 구입가격과 관련하여 문제가 나타날 수도 있다. 예를 들어, DIN의 전체 표준의 개수는 약 2만개에 달하는데, DIN 표준의 전체 가격은 약 40만 유로에 달하고, 약 7장의 A4용지로 구성된 하나의 DIN표준의 가격은 평균적으로 약 20유로로써 상당히 비싼 편이라고 할 것이다(Hans Picht, Empfehlungen zur Umstellung TGL-DIN, DIN-Mitt. 70, 1991, S. 333). 하지만 동시에 표준단체가 그들의 활동비용의 아주 많은 부분을 표준판매비용으로 충당하고 있다는 것을 고려해야만 한다. 물론 표준구입가격이 너무나 높아서 사실상의 구입장벽이 되고 이것이 기술적 표준의 광범위한 적용에 위험이 될 정도로 구입가격이 높아서는 안 될 것이다. 지금 당장 대표적인 표준단체에서 이러한 위험이 나타나고 있는 것은 아니다.

82) BGH NJW-RR 1990, S. 1452(이러한 연방대법원의 결정은 연방헌법재판소에 의하여서도 인정되었다(BVerfG NJW 1999, S. 414f.)).

따라 기술적 표준에 대한 출간과 관련된 지시의 법치주의상의 문제점은 제거된다고 보여진다. 왜냐하면 자유로운 복사의 가능성이 있는 곳에서는 기술적 표준의 높은 구입가격에 대한 부담은 더 이상 문제가 될 수 없기 때문이다.

3. 일반적 행정규칙에서의 기술적 표준에 대한 행정적 지시

기술적 표준에 대한 '지시'는 종종 일반적 행정규칙에서도 발견되는데, 이를 행정적 지시라고 한다. 즉 독일 기술법상의 많은 일반적 행정규칙이 기술적 표준에 대한 지시를 포함하고 있다. 그 예로는 연방임밋시온방지법(BImSchG) 제48조와 제51조에 의한 일반적 행정규칙으로서의 '공기오염에 대한 기술적 지침(Technische Anleitung zur Reinhaltung der Luft: TA-Luft)', 수질관리법(WHG) 제7a조에 의한 폐수행정규칙(Abwasserverwaltungs- vorschriften), 기구안전법(GSG) 제10조 의한 일반적 행정규칙(AVV) 등이 있다.[83]

독일 기구안전법(GSG)에서의 예를 보게 되면, 기구안전법 제3조 제1항 제2문에 의하면, 동법 제3조 제1항 제1문에 의한 명령에서 어떠한 요구도 규정하지 않은 기술적 노동수단(technische Arbeitsmittel)[84]은, 일반

83) Peter Marburger, Formen, Verfahren und Rechtsprobleme der Bezugnahme gesetzicher Regelungen auf industrielle Normen und Standards, a. a. O., S. 46.

84) '기술적 노동수단(Technische Arbeitsmittel)이란 규정상 배타적으로 노동시에만 사용되는 노동설비들, 그것들의 부속품 및 노동설비의 부분이 아닌 보호장비들이다. 여기서 노동설비(Arbeitseinrichtung)란 규정상 오로지(bestimmungsgemäß ausschließlich) 노동을 수행하기 위하여 이용되는 모든 대상물이 된다. 그러므로 공구, 발전기, 각종의 건설기계, 운반기구, 수확용농기계, 화학적 세탁시설(Reinigungsanlagen), 노동을 위하여 특별한 요구에 의하여 설치된 가구들 등이 노동설비에 해당한다. 또한 가정에서 사용하는 공구, 끌, 해머, 전자저울, 사적 사용을 위한 서가 등도 기구안전법상의 노동기구이다.

적으로 승인된 기술의 규정 및 노동보호규칙과 사고예방규칙(Arbeitsschutz- und Unfallverhütungsvorschriften)에 상응해야만 한다. 또한 기구안전법 제10조는 연방정부(노동부장관)에게, 특히 노동보호규칙과 사고예방규칙 및 일반적으로 승인된 기술의 규정이 반영된 기술적 표준이 언급된 '일반적인 행정규칙'을 공포하도록 하는 권한을 주고 있다.

이에 따라 공포된 행정규칙[85) 제3조에 의하면 관할행정청은 기술적 노동수단의 검사 시에, 연방노동부가 '일반적으로 승인된 기술의 규정'을 취급하기 위하여 연방노동관보에서 언급한 일정한 기술적 표준을 근거로 삼아야만 한다. 연방노동관보에 정기적으로 게재되어 발간된 목록에는 DIN-표준의 광범위한 목록, VDE-규정, DVGW-작업규정, VDI-지침, AFNOR-표준이 포함되어 있고, 목록에는 표준제정일자, 제목, 표준번호가 언급되어 있다.[86)87)]

행정규칙은 추상적·일반적 요구로서 과거부터 최상급행정청을 통하여 행정행위의 중앙집권적인 조종을 위한 수단이었다. 이러한 행정규칙에 대해서 오늘날 법규범으로서 인정은 하지만, 행정내부에서만 효력이 있다고 본다. 즉 행정규칙은 특별히 비정상적인 개개의 경우에서의 상이한 결정권(Abweichungsbefugnis)을 제외하고는 하위의 행정청을 구속한다. 이에 반해서 국가적인 행위 이외에 서있는 제3자나 법원은 행정규

---

85) Allgemeine Verwaltungsvorschrift zum Gesetz über technische Arbeitsmittel von 27. 10. 1970.

86) Peter Marburger, Technische Normen im Recht der technischen Sicherheit, a. a. O., S. 21.

87) 기구안전법에 있어서는 기구안전법 제3조에 따라서 기술적 작업수단의 안전에 의무있는 생산자와 수입자에게도 (간접적인) 구속효과가 존재한다. 기구가 언급된 기술적 표준에 상응하는 한 안전기술적 규범에 일치한다는 것을 생산자나 수입업자는 신뢰를 해도 좋다. 한편 기술적 표준의 준수는 의무가 아니고, 일반적으로 승인된 기술의 규정을 충족할 수 있는 한 다른 해결방법을 선택할 수도 있다(Peter Marburger, Der Regeln der Technik im Recht, a. a. O., S. 75). 또한 다른 방법으로 동일한 안전을 담보할 수 있는 한 일반적으로 승인된 기술의 규정 및 노동보호규칙과 사고예방규칙에서 벗어나는 것이 허용된다(§3 Abs. 1. S. 3 GSG).

칙에 의하여 구속을 받지 않는다.[88] 이에 따라 기술적 표준에 대한 행정적인 지시는 한 때에는 행정내부적인 효력만이 인정되었다. 행정규칙은 이러한 내부적인 구속효과를 가지지만 관련된 기술적 규정과 관련해서 간접적인 외부효과(indirekte Außenwirkung)를 부여할 수도 있다. 왜냐하면 행정규칙은 관련된 행정청에 의해서 모든 경우에 준수되므로, 행정규칙의 규정은 시민의 법적 지위에 간접적인 영향을 미치게 된다. 이러한 반사효과는 공무상의 고지문서에서 행정규칙의 공표를 통하여 사실상 강화된다. 이렇게 행정규칙이 사실상의 간접적인 효과를 가지는 것이 기술적 표준에 대한 지시에서는 법적으로 별 문제를 발생시키지 않는다.

하지만 법집행을 목적으로 하는 행정규칙에서의 기술적 표준에 대한 지시에서는 문제점이 있을 수도 있다. 단지 행정내부적인 구속력만이 있는 일반적인 행정규칙(규범해석적 행정규칙(norminterpretierende Verwaltungsvorschriften))에서는 기술적 표준에 대한 지시에 대하여 특별한 법적 고려를 요하지 않는다. 왜냐하면 법률의 해석에 대해서는 법원이 최종적으로 결정을 하고, 이러한 행정규칙이 사법적인 해석능력을 제한하지 않기 때문이다. 이에 반하여 판례[89]에 의해서 최근에 인정된 일정한 범위에서 행정법원도 시민도 구속하는 효과를 가지는 소위 규범구체화적 행정규칙(normkonkretisierende Verwaltungsvorschriften)에서는 법

---

88) Fritz Ossenbühl, in: Hans-Uwe Erichsen(hrsg), Allgemeines Verwaltungsrecht, 10. Aufl., 1995, S. 135f. .

89) 1985년 12월 19일 연방행정법원은 배출공기 또는 지표수를 통한 방사능유출량에 대한 일반적 산출기준은 규범구체화적 지침으로서 또한 행정법원도 구속한다고 하였다. 이 지침은 단지 규범해석적인 행정규칙과는 달리 규범에 의해 설정된 한계 내에서 행정법원을 구속한다는 것이다(BVerwGE 72, 300(Whyl-Urteil)). 행정법원은 오로지 이 지침이 자의에 의한 조사에 근거한 것인지의 여부와 허가관청이 이러한 산출기준을 적용함에 있어서, 그와 같은 방식으로 정해진 방사선노출치를 기초로 개개의 변수에 관해 현존하는 불확정성에도 불구하고 충분히 수용가능한 평가를 내릴 수 있다고 볼 수 있는지의 여부에 관해서만 심사할 수 있다는 것이다.

적 상황이 달라진다.

규범구체화적 행정규칙에는 기술적 표준에 대한, 특히 VDI-지침과 DIN-표준에 대한 수많은 지시를 포함하는 TA-Luft[90] 등이 있다. 이러한 규범구체화적 행정규칙은 직접적으로 시민과 행정법원을 구속하는 효과를 가지기 때문에 기술적 표준에 대한 지시에서 약간의 문제점이 있을 수 있다. 즉 행정규칙이 외부적인 구속효과를 가지는 한, 그리고 외부적인 구속효과를 가지기 때문에, 기술적 표준에 대한 지시의 허용은 '법적 지시'에서와 다르게 판단할 이유가 없다고 할 것이다. 이에 따라 확정적 지시와 규범구체화적 유동적 지시는 허용이 되지만, 이에 반해서 규범보충적 유동적 지시는 허용되지 않을 것이다.[91]

---

90) "공기오염에 대한 기술적 지침(Technische Anleitung zur Reinhaltung der Luft: TA-Luft)"은 연방임밋시온방지법을 위한 첫 번째의 일반 행정규칙으로서 연방임밋시온방지법 제48조에 의해서 1974년에 만들어지고 1985년 10월에 개정되었다.

91) Peter Marburger, Formen, Verfahren und Rechtsprobleme der Bezugnahme gesetzicher Regelungen auf industrielle Normen und Standards, a. a. O., S. 48.

제 4 절 소 결

독일의 Rudolf Lukes교수가 처음으로 논의를 시작한 기술법은 분명히 구분되는 법적 분야가 아니고, 오히려 한편으로는 기술제한적이고 다른 한편에서는 기술보호적 규범을 결합한 횡단면적 실체이다. 이러한 기술법에 대한 논의는 우리나라에서는 아직 본격적이고 체계적인 논의가 이루어지고 있지는 않지만, 기술의 사용으로 발생하는 위험에 대한 안전의 확보를 목적으로 하는 기술법은 분명히 하나의 법적 영역으로 성립될 수 있을 것이며, 또한 그 논의의 필요성은 기술의 사용으로 인한 위험성이 중대될수록 더욱 그 필요성을 절감할 것으로 생각된다. 기구안전 및 생산물 안전, 핵 및 방사능에서의 안전, 환경오염방지, 감독을 요하는 시설 및 위험한 물질에 대한 규제, 그리고 건축·교통·노동안전의 확보 등과 관련하여서 기술의 사용으로 발생할 수 있는 인간과 환경에 대한 안전의 확보를 목적으로 하는 기술법은 환경법과 밀접한 관련성을 가지면서 이제 새로운 법적 영역의 한 분야로서 우리 사회에서 본격적이고 체계적으로 논의되어야 하는 분야라고 생각된다.

실제 우리나라의 기술적 안전입법은 다양한 분야에서 상당한 수준까지 입법되어 있으며, 최근에 제정된 생명윤리 및 안전에 관한 법률과 유전자변형생물체의 국가간이동 등에 관한 법률[92]은 기술적 안전을 향한 우리의 진지한 노력을 보여주는 것이라고 할 수 있다. 그런데 왜 우리나라에서는 빈번한 대형참사사고가 발생하고 국민들을 불안에 떨게 하는가? 이에 대한 해답은 앞에서 논의한 바와 같이 기술적 안전법의 제정과 기술적 표준의 제정 및 그 관계 설정 등을 통하여 그 해답의 일부를 찾을 수 있다고 할 것이다. 이것이 바로 우리나라의 기술적 안전법의 과제라고 생각한다.

이에 따라 우리나라의 기술적 안전을 목적으로 하는 법의 제정 시나

92) 이에 대해서 자세한 것은, 전경운, 환경사법론, 집문당, 2009, 281-330면 참조.

그 운영과정 등에서의 과제를 정리해 보면, 첫째로 기술적 위험을 방지하기 위한 입법을 하면서 전통적인 위험방지수단에만 의존할 것이 아니라, 기술적 위험의 유동적 감소를 목적으로 하는 입법방법이 동원되어서 학문과 기술의 발전에 상응한 기술적 안전이 확보되도록 하여야 할 것이다.

둘째로 기술적 안전관련법의 정비와 더불어 필요한 초기업적 기술적 표준의 제정을 통하여 실무에서 광범위하게 적용되도록 하여야 할 것이다. 이를 통하여 개인의 무지, 착오와 기타 실책으로부터 벗어나서 기술적 안전이 달성되도록 하여야 할 것이다. 우리나라도 실제 기술적 안전에 관한 법에서 사전규제 및 지도 감독에 관한 법규정은 어느 정도 확립되어 있으나, 재해발생을 예방하기 위한 개개 행위자의 구체적인 행위의 표준이 결여되어 있고, 재해발생시 신속하게 대처할 수 있는 응급사고처리체계에 관한 규정 등이 미비되어 있으며, 사고처리에 있어서 각종 명령 · 조치권한에 관하여서도 법체계상의 공백지대로 방치되어 있다고 한다.[93] 바로 이러한 공백지대를 메울 수 있는 것이 기술적 표준의 제정이라 할 것이다. 실제 우리나라에서도 국가표준제도의 확립을 위하여 "국가표준기본법"과 "산업표준화법" 등의 법령이 제정되어 있다. 산업표준화 관련기관으로서는 산업통상자원부, 국가기술표준원, 한국표준협회 등이 있다. 그러나 각종의 기술적 표준 제정기관에서도 기술적 표준이 기술적 안전과 환경보호, 소비자보호 및 노동재해방지 등을 위해서 불가결하다는 인식이 부족하고, 그 제정에 있어서도 국제적 기준과 수준에 미달하고 있다.[94]

---

93) 조정찬, 안전관계법령의 현황과 개선방안, 한국법제연구원, 1994, 27면.

94) 기술적 표준이 우리 법에서 갖는 의미를 우리나라의 법학계에서는 본격적으로 논의하지 않는데, 규범학으로서 법학은 법적 규범(Rechtsnorm)에 그 논의를 제한할 것이 아니라 기술적 표준(technische Normen)이 우리 법에서 갖는 의미를 본격적으로 논의할 필요성이 있다고 할 것이다. 이와 더불어 기술관련 안전법에서 논의되는 입법기술로 指示(Verweisung)에 대해서도 그 연구를 더욱 필요로 한다고 할 것이다.

셋째로 기술관련 안전법에서 논의되는 입법기술로 指示(Verweisung)에 대해서도 그 연구를 더욱 필요로 한다고 할 것이다. 이러한 지시라는 입법기술이 도입됨으로써 또한 광범위한 국제적 수준의 기술적 표준의 제정에 더욱 힘을 실어 줄 수 있을 것이다.

제 5 장 기술적 표준의 책임법상 의미

제 5 장 기술적 표준의 책임법상 의미

제 1 절 제조물책임과 기술적 표준

I. 서 설

제조물책임(Produkthaftung)이란 제조물의 결함으로 인하여 제조물의 이용자나 제3자가 입은 손해에 대해서, 제조자가 배상책임을 지는 것을 말한다.[1)] 독일법상 이러한 제조물책임은 한편으로는 불법행위법 규정, 특히 독일민법 제823조 제1항에 의하여 불법행위적 제조물책임(Produzentenhaftung od. deliktische Produkthaftung)이 인정이 되고, 다른 한편으로는 제조물책임법(ProdHaftG)에 의하여 위험책임에 입각한 제조물책임이 인정된다. 그 외에도 유전공학법(GenTG) 제32조 이하의 규정이나 의약품법(AMG) 제84조 이하의 규정에서는 특별한 제조물에 대한 위험책임을 인정하는 특별규정들이 존재한다.

그러므로 이하에서는 과실책임에 의한 일반불법행위법상의 제조물책임과 위험책임에 의한 제조물책임법(ProdHaftG)상의 제조물책임을 살펴보고, 제조물책임상 결함의 판단에서 DIN-표준 등의 기술적 표준의 준수로 제조물의 결함이 없다고 주장할 수 있는지 등에 대해서 검토해 보고자 한다.

---

1) 결함있는 제조물로 인한 제조물책임은 이미 로마시대에서도 논의되었는데, 독성있는 사료로 인하여 매수인의 가축들이 죽은 경우나, 병든 가축의 매수를 통하여 매수인의 전체 가축이 죽은 경우나, 결함있는 대들보의 인도를 통하여 매수인의 집이 무너진 경우 등이 문제되었다. 이러한 경우에 매도인은 단지 사료에 독성이 있다는 것을 또는 대들보에 하자있다는 것을 안 경우에만 책임을 졌다(Heinrich Honsell, Produkthaftungsgesetz und allgemeine Deliktshaftung, JuS 1995, S. 211).

Ⅱ. 불법행위적 제조물책임과 기술적 표준

1. 서

1990년 시행된 독일 제조물책임법(ProdHaftG)은 제조물결함으로 인하여 발생한 손해에 대해서 제조자 등의 위험책임(Gefährdungshaftung)[2]을 규정하고 있다. 하지만 독일 제조물책임법에 의한 제조물책임은 실제 지금까지 독일에서 큰 의미를 갖지 못하고 있다.[3] 즉 대부분의 제조물책임은 독일민법 제823조 제1항 등의 불법행위적 제조물책임으로 해결되고 있는 실정이다. 실제 독일 제조물책임법이 실무적으로 많이 활용되지 않는 것은 독일의 판례에 의하여 발전되어온 불법행위적 제조물책임에 의하더라도 피해자 보호에 하등의 지장이 없기 때문이라고 할 수 있다.[4]

그러므로 독일민법상 불법행위적 제조물책임의 법리구성과 제조물의 결함의 유형에 대한 논의의 전개 및 입증책임의 전환 등에 대하여 살펴보고, 이를 통하여 독일에서 제조물책임법에 의한 제조물책임보다는 불법행위적 제조물책임이 보다 많이 활용되는 이유 등에 대하여 검토하고

---

2) 독일 제조물책임법상의 제조물책임이 위험책임인지의 여부에 대해서 독일의 다수설은 위험책임으로 보고 있는데, 이에 대해서 자세한 것은, 전경운, 독일 제조물책임법의 주요내용과 동향에 관한 일고찰, 법과 정책연구 제10집 3호, 2010. 12, 1265-1267면 참조.

3) Volker Emmerich, BGB-Schuldrecht Besonderer Teil, 11. Aufl., 2006,, §23 Rdnr. 16(제조물책임법 시행 이래 동법에 의한 제조물책임을 논한 하급심 판례는 다수 존재하지만 독일 연방대법원의 판례는 현재까지 2개에 불과한 것으로 나타나 있다. 2개의 연방대법원의 판결도 하나는 개발위험은 제조상의 하자에서는 인정되지 않고 구조상의 하자에서만 인정된다는 판결이고 (BGH VersR 1995, 924), 다른 하나는 유사제조자로서 공급자의 인정요건에 관한 판결이다(BGH VersR 2005. 1297)).

4) Peter Marburger, Grundsatzfragen des Haftungsrechts unter dem Einfluß der gesetzlichen Regelungen zur Produzenten- und zur Umwelthaftung, AcP 192(1992), S. 6.

자 한다. 그리고 제조자 등은 제조물을 제조함에 있어서 기술적 표준에 맞추어서 물건을 제조하는 것이 일반적인데, 제조자가 기술적 표준을 준수하였다고 해서, 제조물의 결함으로 불법행위적 제조물책임이 면책될 수 있는지의 여부 등에 대해서 검토하고자 한다.

2. 제조물책임의 구성법리

독일법상 제조물책임의 법리는 세 가지 방향에서 법리의 전개가 있었는데, 계약책임으로서의 구성, 신뢰책임의 확대[5] 및 불법행위 책임으로의 구성이 있었다. 그러나 계약책임으로서 구성(하자담보책임, 불완전이행책임, 제조자와 최종소비자 사이의 보증계약(Garantivertrag)의 인정, 최종소비자의 이행보조자로서 제조자, 제3자 보호효있는 계약의 법리, 제3자 손해청산의 법리 등)은 본질적으로 한계에 부딪힐 수밖에 없는데, 결함있는 제조물의 제조자와 소비자 내지 이용자 사이에 계약관계가 존재해야 하고, 계약당사자가 계약위반으로 인해서 손해가 발생한 경우에만 적용될 수 있기 때문이다. 즉 제조자와 최종소비자 사이에는 통상 계약관계가 없는 것이 일반적이기 때문에, 계약책임으로의 구성은 지극히 한계가 있었다.[6]

---

5) 신뢰책임(Vertrauenshaftung)으로의 구성은, 계약책임에 의한 해결의 어려움을 극복하기 위하여 주장된 이론으로서, 광고나 그 밖의 선전·홍보활동에 기초를 둔 생산자의 신뢰책임으로의 해결을 주장한 이론으로서, 이에는 Lorenz의 독일민법 제122조 유추적용설, Diederichsen의 일반적인 신뢰책임설 및 Canaris의 보호의무침해이론의 확장설 등이 있었다(Claus-Wilhelm Canaris, Die Produzentenhaftpflicht in Dogmatischer und rechtspolitischer Sicht, JZ 1968, S. 500ff.). 신뢰책임설은 제조자의 귀책사유를 요하지 않고 신뢰손해의 배상책임을 인정하고자 하는 주장으로서, 이에 대해서는 법적으로 분명하게 규정하지 않았는데도 불구하고, 위험책임의 법적 효과와 비슷한 결과를 가져오게 됨으로써 실정법상 한계가 있다는 비판이 제기된다(연기영, 생산물손해배상책임법, 육서당, 1999, 35면). 또한 최종소비자가 광고나 품질표시에 아무런 영향을 받지 않고, 제품을 구입하였으나 피해를 입은 경우에는 신뢰책임을 인정하기 곤란한 문제점 등이 있다.

6) Kurt Bartenbach, Produkthaftung und Normung, DIN-Mitt. 69(1990), S.

이에 반하여 제조물책임을 불법행위책임법리에 의하여 구성하는 견해는, 법적 근거를 주로 독일민법 제823조 제1항에 근거를 두어서, 일반 불법행위책임에 의하여 제조물책임을 인정하자는 입장이다. 불법행위에 의한 제조물책임의 근거는 제조물의 제조와 유통에 있어서 제조자에게 인정되는 위험조절과 위험방지의무(Gefahrensteuerungs- und -abwendungspflicht)의 침해이다. 제조자는 그의 제조물을 통하여 제3자의 법익의 침해를 방지하기 위하여, 그에게 가능하고 기대할 수 있는 조치를 취해야 한다는 것이다. 즉 불법행위에 의한 제조물책임의 인정근거는, 제조자가 제조물의 생산을 통하여 제3자의 법익의 침해를 막기 위하여 제조자에게 가능하고 기대할 수 있는 조치를 취해야 하는, 위험조절과 위험방지의무의 과실있는 침해의 결과라고 할 것이다.[7)]

불법행위책임에 의한 해결은 독일의 판례에 의하여 채택·발전된 것으로서, 1968년 11월 26일의 독일 연방최고재판소(BGH)는 닭페스트사건(Hühnerpestfall)[8)]에서 계약책임이나 신뢰책임으로 해결하자는 입장을 따르지 않고, 피해의 원인이 된 결함있는 제조물을 직접 제조자로부터 피해자가 취득하지 않은 이상, 제조물책임은 독일민법 제823조에 근거하여 인정된다고 하였다.[9)] 닭페스트 판결에서 중요한 두 가지 점은, 첫째로 독일민법 제823조 제1항에 의한 제조자에 대한 직접적인 제조물책임의 인정이며, 둘째로는 "공업생산물의 규정에 맞는 사용을 한 자가

203.

7) A. a. O., S. 203.

8) BGHZ 51, 91; BGH NJW 1969, 269(이 사건의 사실관계를 보면, 닭농장을 운영하는 원고는 그의 닭들에게 수의사로 하여금 닭페스트 예방접종을 시켰다. 이에 수의사는 피고에 의하여 생산된 닭페스트 예방백신을 접종하였는데, 그 후 곧 원고의 농장에 닭페스트가 발생하여 약 4천 마리의 닭들이 죽었다. 사실확인에 의하면 백신의 닭페스트 바이러스가 박테리아에 의하여 오염되어서(제조상의 결함), 백신이 면역효과가 없어서 닭페스트의 발생을 저지하지 못하여서 닭들이 죽게 되었다).

9) Hans Claudius Taschner/Erwin Frietsch, Produkthaftungsgesetz und EG-Produkthaftungsrichtlinie, 2. Aufl., 1990, S. 25.

결함있는 제조물로 인해 독일민법 제823조 제1항에 의하여 보호되는 법익이 침해를 받았다면, 그 결함을 발생시키지 않았다는 경과를 설명하고, 그에게 과책이 없다는 것을 설명해야 할 의무는 제조자의 일이다" 라고 하여서, 입증책임의 전환을 인정한 것이다.[10]

닭페스트 사건 이후에 수많은 독일의 판결은 독일민법 제823조 제1항에 의하여 불법행위적 제조물책임을 인정하였고,[11] 다른 한편으로는 위험책임에 입각한 제조물책임법(ProdHaftG)이 1990년 1월 1일부터 제정・시행되고 있다. 그러므로 현재 독일법상 제조물책임은 독일민법 제823조 제1항에 의한 제조물책임과 제조물책임법(ProdHaftG)상의 위험책임에 의한 제조물책임이 인정되고, 그 외에도 독일민법 제823조 제2항에 의하여 보호법률의 과실있는 침해에 의한 제조물책임과 독일민법 제826조의 악의적인 양속위반에 의한 제조물책임 등이 인정되고 있다. 또한 유전공학법(GenTG) 제32조 이하의 규정과 의약품법(AMG) 제84조 이하의 규정에서도 특별한 제조물에 대한 위험책임을 인정하는 특별규정들이 있다. 물론 계약책임으로서의 제조물책임이 전혀 부정되는 것은 아니고, 제조물책임의 체계 내에서 부차적인 역할은 인정된다고 할 것이다.[12]

3. 독일민법 제823조 제1항에 의한 제조물책임

1) 서

독일민법전은 결함있는 제조물의 규정에 맞는 사용(bestimmungsgemäße Verwendung)의 결과로 이용자나 제3자가 입은 손해에 대해서 제조물의 제조자가 책임을 진다는 제조물책임에 대해서 명문의 규정을 두고 있지

10) A. a. O., S. 36-37.
11) A. a. O., S. 45-46(불법행위책임에 입각한 수많은 독일의 판례를 자세히 소개하고 있다).
12) A. a. O., S. 23.

는 않다. 그러나 앞에서 본 것과 같이 독일의 판례에 의해서 독일민법 제823조 이하에 의한 일반불법행위법의 범위 내에서 점차로 제조물책임이 인정되기 시작하였다. 독일의 판례에 의해서 발전되어온 전통적인 불법행위적 제조물책임은 제조자와 계약적인 관계가 없고, 그런고로 계약상의 청구권을 제조자에 대하여 가질 수 없는 피해자도 결함있는 제조물의 위험으로부터 보호를 받게 된다. 계약한 물건이 계약상 보장된 성질이나 적합성의 결여로 구매자의 등가이익 내지 가치이익(Äquivalenz- und Nutzungsinteresse)의 보상을 배경으로 하는 계약법상의 하자담보책임 영역과는 달리, 제조물책임을 통해서는 완전성이익(Integritätsinteresse)이 보호된다.[13] 왜냐하면 독일민법 제823조 제1항에 근거한 제조물책임은 독일민법 제823조 제1항에 의하여 보호받는 법익이나 권리(생명, 신체, 건강, 자유, 소유권, 기타 절대권)중의 하나의 침해에 의하여 발생한 손해가 배상되어질 수 있기 때문이다. 이에 비하여 순수한 재산적 손해는 배상이 되지 않는다. 그리고 재산적 손해(Vermögensschaden) 중 제조물 그 자체의 결함으로 인한 손해는 배상되지 않는다. 왜냐하면 제조물 그 자체의 결함으로 인한 손해는 담보책임으로 해결할 수 있기 때문이다.[14] 하지만 판례에 의하면 재산적 손해 중 확대손해(weiterfressender Mangel)가 발생한 경우, 즉 결함있는 개별부품의 고장으로 인하여 물건이 전체적으로 손해를 입거나 파괴된 경우에는 결함있는 물건 자체도 제조물책임을 통하여 배상받을 수 있다.[15]

---

13) Peter Marburger, Gebrauchs- und Betriebsanleitungen im Produkthaftungsrecht, in: Michael Kloepfer(Hrsg), Gebrauchs- und Betriebsanleitungen in Recht und Praxis, 2007, S. 53.

14) Walter Rolland, Produkthaftungsrecht, 1990, Teil II, Rdnr. 99.

15) BGHZ 86, 256(일명 Gaszug 판결로 불리는 이 사건의 사실관계를 보면, 결함있는 압축공기가스 배급장치(Gaszug)가 새로 출고된 자동차의 사고원인이 되어서 자동차가 파손된 경우이다. 원고는 1976년 2월에 피고 자동차회사에서 생산된 승용차를 판매인 L로부터 구입하였다. 그런데 구입한 승용차는 Gaszug에 결함이 있어서, 가스페달의 조작 후에 가스페달이 원상태로 복귀되지 않았다. 매도인 L이 1976년 3월에 수리를 하였으나 결과가

독일민법 제823조 제1항에 의한 제조물책임은 제조물책임법에 의한 제조물책임과 동일한 것은 아니고, 그 적용범위에서 차이가 있다. 불법행위적 제조물책임은 제조물책임법에 의한 제조물책임보다 넓기도 하고 한편에서는 좁기도 하다. 이것이 독일민법 제823조 제1항에 의한 제조물책임과 제조물책임법에 의한 제조물책임과의 중요한 차이점이 될 것이다. 먼저 다음의 두 가지 점에서는 불법행위적 제조물책임이 제조물책임법에 의한 제조물책임보다는 그 적용범위가 좁다고 할 수 있다.[16] 첫째로 불법행위적 제조물책임은 과실책임이지만, 제조물책임법에 의한 제조물책임은 위험책임에 입각하고 있다. 물론 실무적 차이는 크지 않은데, 입증책임의 전환으로 제조자가 실제 면책의 입증에 성공하는 경우는 거의 없기 때문이다. 둘째로 제조물책임법 제4조에 의하면 준제조자, 수입업자 또는 공급자도 제조자로 보는데, 불법행위적 제조물책임은 준제조자, 수입업자 또는 공급자의 일반적 배상의무를 인정하지 않고 있다.

그리고 다음의 점에 있어서는 불법행위적 제조물책임이 제조물책임법에 의한 제조물책임보다는 그 적용범위가 넓다고 할 수 있다.[17] 첫째로 제조물책임법에 의하여 보호되는 법익과 권리의 범위(§1 Abs. 1 S. 1

없었다. 원고는 1976년 7월에 다른 자동차를 추돌하는 추돌사고를 일으켰는데, 원고에 의하면 가스페달에서 발을 뗐었음에도 불구하고 자동차가 계속 가속되어서 추돌사고가 있어났다. 이 사고를 통하여 승용차의 앞부분이 파손되었고, 원고는 자동차를 수리함과 아울러 새로운 Gaszug을 설치하였다. 그러나 몇 주 후에 원고의 약혼녀가 후진 시에 울타리를 들이받았다. 이 경우에서도 원고의 주장에 의하면 Gaszug이 계속 작동됨으로써 운전사에 의하여 기대되지 않은 가속이 있어서 사고가 일어났다. 이를 통하여 승용차의 뒷부분이 파손되었고, 두 사고를 통하여 전체 3742마르크의 수리비용이 들어갔다. 이에 대하여 독일 연방최고재판소(BGH)는 공급된 부품의 결함있는 구조상 또는 제조상결함으로 인하여 소유권이 침해된 경우에는 불법행위적 손해배상청구권을 제조자를 상대로 행사할 수 있다고 보았다).; BGHZ 67, 359; BGH NJW 1985, 2420; BGH ZIP 1992, 704; BGHZ 105, 236; BGH NJW 1990, 908.

16) Walter Rolland, a. a. O., Teil Ⅱ, Rdnr. 2.

17) A. a. O., Teil Ⅱ, Rdnr. 3-7.

ProdHaftG)는 제823조 제1항의 범위보다는 좁다. 제823조 제1항의 '기타의 권리'(sonstige Recht)는 포함되어 있지 않기 때문이다. 둘째로 영업적 또는 직업적으로 이용된 물건에 대한 물적 손해는 제조물책임법에 의한 책임의 범위 내에 있지 않다(§1 Abs. 1 S. 2 ProdHaftG). 이에 반해 제823조 제1항에 의한 책임에는 이러한 제한이 없다. 셋째로 제조물책임법상 제조물의 개념에서 농업적 자연생산물과 수렵물은 제외되는데 반하여,[18] 불법행위적 제조물책임에서는 이러한 제한이 없다. 넷째로 제조물책임법에서는 인적 손해에 대해서 8천5백만 유로로 손해배상책임이 제한되어 있는데(§10 ProdHaftG), 불법행위적 제조물책임에는 이러한 제한이 없다. 다섯째로 제조물책임법에서는 물적 손해 시 500유로까지의 손해는 피해자가 부담해야 하는데(§11 ProdHaftG), 불법행위적 제조물책임에서는 피해자의 자기부담이 없다. 여섯째로 불법행위적 제조물책임에서는 비물질적 손해의 배상이 가능함에도 불구하고(§847 BGB), 제조물책임법에 의해서는 이것이 예상되어 있지는 않다.[19] 독일민법 제823조 제1항에 의한 제조물책임보다 제조물책임법에 의한 제조물책임은 바

18) 물론 2000년 11월의 독일 제조물책임법 개정으로 농업적 생산물과 수렵물을 제조물책임법상 제조물의 개념에서 제외한다는 규정은 폐지되었다. 이는 1990년대 후반 전 유럽을 휩쓴 광우병의 영향으로 1차 농산물과 수렵물의 안전에 대한 소비자의 신뢰회복에 대한 필요성이 강하게 제기되었다. 이에 '1995년 5월 10일자의 EG제조물책임법의 개정입법지침'(Richtlinie 1999/34/EG des Europäischen Parlaments und des Rates zur Änderung der Richtlinie 85/374/EWG des Rates zur Angleichung der Rechts- und Verwaltungsvorschriften der Mitgliedstaaten über die Haftung für fehlerhafte Produkte)에 의하여 1차 농산물과 수렵물을 원칙적으로 제조물에서 배제하는 이전의 각료이사회의 입법지침 제2조의 내용을 수정하였다(박동진, 제조물책임법상 제조물의 개념, 비교사법 제10권 4호(통권 23호), 2003. 12, 283면).

19) 물론 2002년 7월 독일민법 개정으로 "신체, 건강, 자유 또는 성적 자기결정의 침해를 인하여 손해배상이 행하여지는 경우에는 비물질적인 손해에 대해서도 정당한 금전배상을 청구할 수 있다"(§253 Abs. 2 BGB)라고 하고 있으므로, 이제는 제조물책임법에 입각한 제조물책임에서도 위자료의 청구가 가능하게 되었다(Hans Brox/Wolf-Dietrich Walker, Allgemeines Schuldrecht, 31. Aufl., 2006, §29 Rdnr. 4).

로 위와 같은 많은 제한이 있으므로, 제823조 제1항에 의한 제조물책임은 앞으로도 중요한 의미를 잃지 않을 것이다.

2) 거래안전의무의 침해

독일민법 제823조 제1항에 의한 제조물책임은 제조자가 결함있는 제조물을 거래에 가져온 것, 그 자체에 대한 책임은 아니다. 오히려 책임의 근거는 제조자가 생산을 통하여 제3자의 법익의 침해를 막기 위하여 제조자에게 가능하고 기대할 수 있는 조치를 취해야 하는, 위험방지의무(Gefahenabwendungspflicht)의 과실있는 침해의 결과라고 할 것이다.[20] 즉 제조자에게 요구되는 거래안전의무(Verkehrspflichten)의 과실있는 침해가 제823조 제1항에 의한 제조물책임의 근거라고 할 수 있다.[21]

이를 좀 더 자세히 살펴보면, 제조자의 거래안전의무는, 다른 모든 거래안전의무에서처럼, 위험발생에 책임이 있는 자가 가능한 한 제3자의 손해를 방지하기 위하여, 위험의 회피 내지 제거를 위해 그에게 가능하고 기대할 수 있는 모든 방법을 강구해야 한다는 원칙으로부터 도출된다고 할 수 있다.[22] 수리나 정비작업 또는 설비작업과 같은 수공업적 노무제공과는 달리, 제조자에게는 물건제조에 있어서 잠재적인 위험과 이러한 위험의 예방과 관련되는 과학적이고 기술적인 최신지식도 고려해야 하는 것이 기대될 수 있다. 이에 따라 제조자는 원칙적으로 해

---

20) Walter Rolland, a. a. O., Teil II Rdnr. 19; Rainer Huth, Die Bedeutung technischer Normen für die Haftung des Warenherstellers nach §823 BGB und dem Produkthaftungsgesetz, Europäische Hochschulschriften Bd./Vol. 1297, S. 105; Hans Claudius Taschner/Erwin Frietsch, a. a. O., S. 44.

21) 이에 따라 독일민법 제823조 제1항에 의한 제조물책임의 요건을 보면, 첫째로 생명·신체·건강·자유·소유권 또는 기타 절대권의 침해가 있어야 하고, 둘째로 침해는 위법하게 행해져야 하며, 셋째로 가해자에게 고의·과실이 있어야 하며, 넷째로 위에서 거명한 법익의 침해로서 손해가 발생되어야 한다.

22) Produkthaftungshandbuch/Ulrich Foerste, Bd. 1, 2. Aufl., 1997, §24 Rdnr. 6.

당 분야의 '일반적으로 승인된 기술의 기준'(anerkannte Regeln des jeweiligen Faches)뿐만 아니라 '학문과 기술의 수준'(Stand von Wissenschaft und Technik)도 고려해야 한다는 것이 일반적인 학설과 판례의 입장이다.[23] '학문과 기술의 수준'은 원칙적으로 제조자에게 최고의 요구를 지시하는 것이며, 이의 준수를 통하여 제조자는 통상 그에게 부담된 거래안전의무를 충족할 수 있게 된다.[24] 동시에 현재 존재하는 인식만이 손해방지에 고려해야하는 기준이 된다. 이에 비해서 개발단계에서나 구조단계에서의 모든 기대할 수 있는 주의 시에도, 즉 그 당시의 '학문과 기술의 수준'에 비추어 인식할 수 없는 개발위험(Entwicklungsgefahren)[25]에

23) BGH, NJW 1987, 372, 373; BGH, NJW 1994. 3349, 3350; Produkthaftungshandbuch/Ulrich Foerste, a. a. O., §24 Rdnr. 44.

24) Rainer Huth, a. a. O., S. 151.

25) 개발위험, 즉 개발도상의 결함(Entwicklungsfehler)은 제조물을 유통시킬 때 최신의 학문과 기술의 수준에 의해서도 예방할 수 없었던 제조물의 위험을 말한다. 이러한 개발위험은 2가지 유형으로 나누어 볼 수 있다(Produkthaftungshandbuch/Ulrich Foerste, a. a. O., §24 Rdnr. 82-89:). 첫째로 최신의 학문과 기술의 수준에 의해서도 아무도 알 수 없었던 위험, 즉 '인식할 수 없는 위험'(nicht erkennbare Gefahren)은 개발위험이다. 둘째로 위험제거의 불가능성(Unmöglichkeit der Gefahrbeseitigung)으로서의 개발위험이다. 제조물의 설계 및 구조에서 종종 문제되는 위험으로서, 사실 위험을 알았고 인식했으나 유통시의 학문과 기술의 수준에 의해서는 이러한 위험을 막는 것이 가능하지 않은 위험이다. 이러한 제조물의 예로는 부작용을 수반한 의약품 등을 생각할 수 있다. 이러한 위험은 '개발도상의 공백'(Entwicklungslücke)으로도 언급된다. 개발도상의 공백을 가진 제조물에서는 제조물이용시의 남아있는 위험에 대한 충분한 지시·경고가 중요한 문제로 대두된다. 만일 개발도상의 공백으로 인하여 제조물에 최소한의 안전이 결여된다면 그 제조물은 거래에 유통되어서는 안 된다. 또한 최소한의 안전이 결여된 제조물에 대해서는 제조물 위험에 대한 경고나 지시(Instruktion)로서 극복되지는 않는다. 하지만 제조물의 최소한의 안전(Mindestsicherheit)이 확보되고 개발도상의 공백에 대한 충분한 지시·경고가 행해졌으면, 개발도상의 공백에는 제조물책임을 발생시키는 결함이 없다고 보아야 한다(Hans Claudius Taschner/Erwin Frietsch, a. a. O., S. 67). 그리고 미진한 위험인식(Unterentwickltes Gefahrenbewußtsein)의 경우에는 개발위험이라고 볼 수 없다. 즉 제조물의 위험이 인식되었고 학문

대한 책임은 제조자가 제조물책임으로서 책임지지 않는다.[26] 즉 제조물의 유통 당시를 기준으로 하여 학문과 기술의 수준이 미치지 못해서 결함있는 제조물이 제조되어서 유통됨으로 인하여 발생한 손해는 제조자가 제조물책임을 지지 않는다.[27]

제조나 유통과정에서 제조물안전의무를 위하여 제조자에게 주어지는 위험방지의무로서 다양한 거래안전의무는 통상 설계상의 의무(Konstruktionspflichten), 제조상의 의무(Fabrikationspflichten), 표시상의 의무(Instrukionspflichten), 제조물관찰의무(Produktbeobachtungspflichten) 등으로 분류된다.[28] 이에 따라 제조자는 생산물의 설계상의 결함, 제조상의 결함, 표시상의 결함 등에 대해서 과실이 있는 경우에 독일민법 제823조 제1항에 의한 제조물책임을 지게 된다. 그러므로 제조물책임에서 제조물의 결함은 불법행위법상의 제조자에게 특유한 거래안전의무에 따라서 설계상의 결함, 제조상의 결함, 표시상의 결함, 제조물관찰의무 등으로 유형화할 수 있다.[29]

과 기술의 수준에 따라서 이러한 위험을 방지할 수 있으나, 제조물의 유통 시에 이러한 안전설비를 하는 것이 월등한 안전기대하에서만 설치가 가능하기 때문에(예를 들어, 승용차의 구입 시 측면에어백의 설치), 이를 행하지 않은 것을 개발위험이라고 할 수는 없다. 다시 말하면 승용차에 측면에어백을 설치하지 않은 것을 개발위험이라고 할 수는 없다. 이러한 경우는 통상적인 안전기대에서 안전조치의 필요성이 결여되어 있기 때문이다. 즉 일정한 안전설비가 높은 가격으로 인하여 또는 편리성을 이유로 거부된 경우에도, 제조물의 기본적 안전이 보장되는 한, 제조자는 기본적 안전을 넘어서 안전설비나 장치를 할 의무를 부담하지는 않는다고 할 것이다.

26) Produkthaftungshandbuch/Ulrich Foerste, a. a. O., §24. Rdnr. 18.

27) 그러나 예외적으로 제조자에 대한 안전요구는 '학문과 기술의 수준'을 넘어서도 존재할 수 있는데, 이러한 경우는 특별법상의 규정이 있는 경우에 예외적으로 인정되고, 독일의 의약품법(AMG) 제84조와 유전공학법(GenTG) 제32조가 그 예로서 개발위험에 대해서도 위험책임을 인정하고 있다.

28) Hans Claudius Taschner/Erwin Frietsch, a. a. O., S. 45; Walter Rolland, a. a. O., Teil II Rdnr. 22.

29) 결함의 유형은 설계상의 결함(또는 구조상의 결함이라고도 한다), 제조상의 결

가. 설계상의 결함

제조물의 설계상의 결함(Konstruktionsfehler) 내지는 구조상의 결함이란 생산과정의 시간적 경과에서 첫 단계로 문제되는 결함으로서, 설계와 구조단계에서 발생한 모든 결함을 말한다.30) 제조자는 그의 제조물이 용도에 맞고 목적에 부합하도록 설계할 일반적인 의무를 부담한다. 제조물의 통상적이고 규정에 맞는 사용 시에 가능하고 기대할 수 있는 범위에서 결함이 없어야 한다. 즉 제조물의 설계와 구조에서 경험적으로 예상할 수 있는 물건의 목적에 상이한 이용(남용적 사용)을 고려하여, 평균적인 이용에서 위험이 발생하지 않도록 담보되어야 한다.31)

이에 따라 제조물의 설계의 영역에서는 높은 주의의무가 요구된다. 제조자는 그의 제조물의 안전한 기능을 담보하고 위험적인 효과를 배제하기 위하여 모든 가능한 예방조치를 취하여야 한다. 제조물의 설계와 구조에서 요구되는 중요한 척도는 현재 '일반적으로 승인된 기술의 수준' 뿐만 아니라 각각의 제조물의 유통시점에 얻을 수 있는 '학문과 기술의 수준'(Stand von Wissenschaft und Technik)이다. 이에 따라 예를 들어, 독일표준화연구소(DIN)의 일반적인 DIN-표준(DIN-Normen)이나 독일 전기기술・전기・정보기술협회(VDE)의 VDE-규정(VDE-Bestimmungen)을 충족시킨 것으로 충분한 것은 아니다. 이와 같은 표준들이 기술의 수준을 반영하지 못하거나 단지 최소한의 기준만을 담보하는 경우에는 표준의 준수로서 책임이 배제되지는 않는다. 오히려 위와 같은 표준들이 갖고 있는 기술적 지식이 최신의 기술수준에 상응한지 여부를 검토해야만

함, 표시상의 결함(또는 지시상의 결함이라고도 한다), 제조물관찰의무로 유형화하는 것이 일반적이며, 여기에 개발도상의 결함(Entwicklungsfehler)을 첨가하기도 한다.

30) 설계상의 결함은 주로 자동차의 생산처럼 연속적 제조(Serienfabrikation)에서 발생하지만, 그러나 설계상의 결함은 연속적 제조에서만 발생하는 것은 아니고, 개별제품(Unikat)에서도 발생할 수 있다(Walter Rolland, a. a. O., Teil. Ⅲ, Rdnr. 23).

31) Rainer Huth, a. a. O., S. 106.

한다.[32] 또한 제조물의 설계 내지 구조상의 의무는 공급된 부품이나 원료(zugelieferten Teilen oder Stoffen)의 사용 시에도 존재한다. 재가공을 하는 제조자는 그에게 공급된 부품이나 원료가 그의 제품을 위하여 필요한 안전요구를 충족하고 있는지의 여부를 정확히 검사해야만 한다. 그 외에 제조물에 대한 국가의 검사, 허가, 인가, 규격인가, 특허수여 등이, 제조자가 제조물의 위험방지를 위하여 연구하고 이에 합당한 조치를 취해야 한다는 제조자의 의무를 면제시키지는 않을 것이다.

나. 제조상의 결함

제조상의 결함(Fabrikationsfehler)이란 제조물의 생산과정에서 발생한 결함이 제조상의 결함인데, 모든 제조자는 해당 제조물에 결함이 발생하지 않도록 제조물의 생산과정을 준비·조직해야 한다. 즉 제조자는 결함없는 제품을 생산하기 위하여, 필요한 재료를 선정하고, 작업과정을 조직하고, 근로자를 선발해야 한다.[33] 특히 결함없는 제품의 생산을 위하여 필요한 재료가 적절히 선정되어야 하는데, 투입되는 원자재나 중간재는 설계상 요구되는 품질이 보증되어야 하며, 올바른 저장과 재료의 성질에 맞는 운송이 있어야 한다. 또한 적당한 기계설비의 투입 및 정비가 요구되며, 마지막으로 제품의 제조를 위하여 자격있고 충분히 감독되는 근로자의 투입이 있어야 한다.[34]

---

32) Hans Claudius Taschner/Erwin Frietsch, a. a. O., S. 47.

33) A. a. O., S. 51.

34) 설계상의 결함과는 달리 제조상의 결함은 단지 개별 제조물(einzelnen Produkten)에서만 수반된다는 견해(Volker Emmerich, BGB-Schuldrecht, Besonderer Teil, 11. Aufl., 2006, §23 Rdnr. 23)는 일반적으로 받아들이기 곤란한데, 예를 들어 다수의 같은 제품을 생산하는 조립설비나 검사시스템에 잘못이 있으면, 같은 제조상의 결함이 반복될 수 있다. 제조상의 결함과 관련한 거래안전의무의 중점은 기업의 조직영역에서의 문제이다(Walter Rolland, a. a. O., Teil Ⅱ, Rdnr. 29). 그러므로 연속적 제조에서도 제조상의 결함은 발생할 수 있다고 할 것이다.

그러나 제조과정에서 모든 주의와 감독 그리고 선정에도 불구하고, 인적 · 기술적으로 절대적 무결함이 담보될 수는 없으므로, 제조물의 제조과정에서의 결함을 방지하기 위한 그 외의 조치가 필요하다. 이와 관련해서 최종생산과정에서 일반적인 품질검사의 형태나 안전검사의 형태로서의 '검사'(Kontrollpflichten)가 중요한 의미를 가진다. 즉 제조공정과정상에서의 결함방지조치를 넘어서 결함있게 생산된 제조물이 거래에 유통되는 것을 막는 검사시스템(Kontrollsysteme)을 갖추어야 한다. 검사의 종류와 방법 등과 관련하여, 임의추출검사(Stichprobe)로 충분한지 아니면 개개 제품의 전체검사와 같이 더 많은 검사가 필요한지의 문제는, 관련되는 제조물의 종류와 위험성에 달려 있다. 일반적으로 제조과정이 어렵고 제조물이 복잡할수록 검사는 더 치밀하게 행해져야한다.[35] 또한 제품의 생산과정에서도 검사시스템에서도 당연히 학문과 기술의 수준에 상응해야 한다.

그러나 제조과정의 최적의 조직과 검사에도 불구하고 개별적인 경우에 결함있는 제조물이 거래에 유통되는 경우가 있는데, 이러한 소위 조악품을 통하여 발생한 손해에 대해서는 제조자가 책임을 지지 않는다. 왜냐하면 조악품(Ausreißer)의 경우에는 제조자에게 과실이 있다고 할 수 없기 때문이다.[36][37]

다. 표시상의 결함

표시상의 결함(Instruktionsfehler)은 지시 · 경고상의 결함[38]이라고도

---

35) Walter Rolland, a. a. O., Teil Ⅱ, Rdnr. 29.

36) Volker Emmerich, a. a. O., §23 Rdnr. 26; Walter Rolland, a. a. O., Teil Ⅱ Rdnr. 30.

37) 하지만 제조물책임법(ProdHaftG) 제1조에 의한 책임에서는, 제조자의 과실유무가 문제되지 않으므로, 조악품에 대하여서도 제조자는 책임을 져야 한다. 또한 독일의 판례에 의하면 일정한 제조물영역, 예를 들어 의료수술기구에서는 제조자의 조악품에 대한 항변이 인정되지 않는다고 한다(OLG Düsseldorf NJW 1978, 1693).

38) 지시는 제조물의 소비자에게 제조물의 올바른 이용방법을 가르쳐주는 것

하는데, 제조자가 제조물의 올바른 사용이나 제조물과 결합된 어떤 위험에 대해서 소비자에게 충분히 설명하지 않은 것을 말한다.[39] 제조물 중에는 제조물을 목적에 맞게 사용할지라도 종종 어느 정도의 위험이나 유해한 부작용이 수반되는 제조물이 있다. 이러한 제조물은 그래도 장점이 부작용보다 많거나 더 나은 제품이 없기 때문에, 그러한 제조물을 거래에 유통시키는 것을 인정할 수밖에 없다. 이러한 제조물 중에는 오용(Fehlgebrauch)이나 규정에 어긋나는 사용 시에만 위험이 발생하는 경우도 있고, 의약품이나 화장품처럼 일정한 사람들에게는 위의 제품이 맞지 않아서(예를 들어, 그 제품에 대한 민감성체질이나 알레르기성 체질 등) 일정한 부작용이 발생하는 경우도 있다. 따라서 제조자의 표시상의 의무(Instruktionspflicht)는 제조물에 결함은 없으나 위험이 수반되는 제조물에 존재하게 되고, 이에 제조자가 그에 상응하는 경고나 지시를 해주는 것이 요구된다.[40] 이는 소비자가 그 위험을 스스로 합리적으로 조정하여 자신을 보호할 수 있게 하기 위한 것이다.[41] 즉 제조물의 설계와 제조과정에서 결함이 없는 제품이라 하더라도, 그 제조물에 위험이 수반되는 경우, 소비자가 규정을 맞는 사용을 할 수 있도록 지시해 주어야 하며, 소비자가 규정에 맞는 사용 시에 발생할 수 있는 위험과 사용 시에 일정한 주의를 하지 않거나 예상할 수 있는 오용을 할 경우에 발생할 수 있는 위험에 대하여 제조자는 그 위험을 경고해 주어야 한다. 위험한 제조물에 대한 제조자의 이러한 표시상의 의무는 오늘날 소비자

이고, 제조물을 부적당하게 사용할 시에 발생할 수 있는 위험과 그 위험의 방지방법 등을 알려주는 것을 말한다.

39) Walter Rolland, a. a. O., Teil II Rdnr. 32; Hans Claudius Taschner/Erwin Frietsch, a. a. O., S. 54.

40) 제조물에 이미 설계상 또는 제조상의 결함이 있는 경우에, 제조자가 이러한 결함을 표시상의 의무를 통하여 이를 설명하더라도 제조물의 결함이 제거되는 것은 아니다. 즉 표시상의 의무가 제조물에 명령된 안전기준을 저감시키는 방법으로는 사용될 수 없다. 물론 이용자가 제조자의 결함에 대한 설명을 무시하고 제조물을 사용하여 피해를 입은 경우에는 이용자의 공동과실이 문제될 수 있다.

41) Produkthaftungshandbuch/Ulrich Foerste, a. a. O., §24 Rdnr. 173.

이해에 중심에 서 있고, 제조물의 설계상 또는 제조상의 결함을 입증하지 못한 경우에 제조자의 책임을 물을 수 있는 중요한 토대를 이룬다.[42]

제조자의 표시상의 의무의 형식은 통상 제조물에 첨부되거나 제조물의 표면에 인쇄된 된 사용설명서나 사용방법과 경고언급 등으로 행해지고, 그 내용은 '평균적인 이용자'(durchschnittlichen Benutzer)가 그 제조물을 위험없이 다룰 수 있도록 충분히 분명하고 상세하게 이해할 수 (hinreichend deutlich, ausführlich und verständlich) 있도록 작성되어야 한다.[43] 이러한 제조자의 표시상의 의무는 법률이나 명령에서 규정한 위험표시와 위험경고를 충족하더라도, 제조자의 표시상의 의무가 충족되는 것은 아니다.[44] 오히려 제조물의 이용자는 제조물을 위험없이 사용하기 위하여, 그 이상의 필요한 정보가 주어지기를 기대할 수 있다. 또한 제조물을 통하여 발생하는 위험의 전체 범위와 부작용이 분명하고 의미있고 잘 이해할 수 있도록 이용자에게 지시 및 경고가 전달되어야 한다.[45] 독일에서 유명한 Kindertee 판결에서는, 설탕이 함유된 어린이-티의 제조자는, 부모들에게 강력하고 효과있게 유아용 젖병을 통하여 어린이-티(Kindertee)의 지속적인 음용은 충치를 발생시킬 수 있다는 것을 경고해야 한다고 하였다.[46]

---

42) Volker Emmerich, a. a. O., §23 Rdnr. 27.

43) Rainer Huth, a. a. O., S. 108.

44) BGH NJW 1987, 372.

45) OLG Hamm, VersR 1983. 243(불화수소산이 포함된 세제의 제조자가 포장지에 부식작용의 위험상징(Gefahrensymbol)을 표시하지 않았을 뿐만 아니라, 세제에 포함된 불화수소산에 대해서도 알리지 않음으로서 제조물에 의한 특별한 위험을 경고하지 않았다면 표시상 의무의 위반으로 제조물책임을 부담한다).

46) BGH NJW 1994, 932(Kindertee와 관련한 첫 번째 판결로서, 설탕이 들어있는 어린이-티의 장기간 음용을 통하여 유아에게 충치가 발생한 사건에서, 연방대법원은 설탕이 들어있는 어린이-티의 제조자는 그들 티의 지속적인 빨아먹기(Dauernukeln)와 결합되어 있는 현저한 충치의 위험을 명확하게 경고해야 한다고 하면서, 그의 제조물이 상이한 위험인식을 가진 이

그리고 구체적인 경우에 제조자의 표시상의 의무가 존재하는지 또는 존재한다면 어느 범위에서 행해야 하는지는, 어느 정도에서 제조물의 '평균적인 이용자'가 위험없이 제조물을 취급할 수 있느냐에 달려있다. 즉 제조물의 평균적인 이용자가 위험없이 그 제조물을 취급할 수 있을 정도까지는 제조자의 표시상의 의무는 존재한다고 할 것이다.[47] 그러나 일상적으로 사용하는 기구와 같은 제조물에 대해서는 사용설명이나 경고는 필요하지 않다고 할 것이다. 예를 들어, 부엌칼이나 가위의 취급방법, 전구를 돌려서 끼워 넣는다는 것, 기름을 타고 있는 불속에 부어서는 안 된다는 것 등에 대해서는 제조자가 이를 설명하거나 경고할 필요성은 없다고 할 것이다. 그러므로 일반적인 경험지식의 범위 내에 있는 것들은 사용설명이나 경고를 할 필요성이 없다.

또한 모든 사람이 그 제조물의 위험성을 알고 있고, 그로 인해서 그 문제되는 제품을 이용하려는 사람은 그러한 위험을 감수해야 하는 그런 제조물의 위험성에 대해서는 제조자의 경고의무가 있다고 볼 수 없다. 즉 제조물의 이용과 전형적으로 결합된 위험을 모든 사람들이 인식하고 감수하면서 이용하는 경우에는 제조자의 지시 내지 경고상의 의무는 없다는 것이다.[48] 제조자의 표시상의 의무는 한편에서는 소비자가 그 위험

용자들에 의하여 사용되고 판매망이 분리되어 있지 않다면, 제조자의 설명·경고의 내용과 범위는 제조물의 위험성에 대하여 가장 적은 정보를 가지고 있는 가장 위험한 이용자 그룹에 맞추어져야 한다고 하였다).; BGH NJW 1999, 2273(이 사건도 Kindertee에 관한 판결인데, 앞의 사건과 약간 상이하게, 어린이-티가 고무젖꼭지를 가진 병 등으로 판매되었는데, 이를 지속적으로 유아가 빨아먹음으로써 충치피해가 발생한 사건으로서, 이에 대해서 연방대법원은 어린이 치아에 특별히 위험성을 가진 유아용젖꼭지를 가진 음료수병의 제조자는 충치의 원인이 되는 음료의 지속적인 빨아먹기는 충치를 발생시킬 수 있다는 것을 음료수병에 분명히 경고해 주어야 한다고 하였다).

47) Walter Rolland, a. a. O., Teil II Rdnr. 32.

48) Michael Adams/Annette Bornhäuser/Martina Pötschke-Langer/Barbara Grunewald, Die Haftung der Zigarettenhersteller für dürch Rauchen verursachte Gesundheitsschäden, NJW 2004, S. 3661; Volker Emmerich,

을 충분히 숙지하고 자기책임적으로 위험을 조종·회피(verantwortlliche Gefahrensteuerung)하도록 하여 자기 또는 제3자를 보호할 수 있는 상황을 마련해주기 위한 것이므로, 만약 제조물이용자가 위험관련적 정보를 처리하여 다룰 수 있고 구체적으로 현재 그 정보가 소비자에게 있다면, 제조자의 표시상의 의무는 필요하지 않다는 것이다.[49] 이로 인해서 담배, 초콜릿과 주류의 제조자는 이들 기호품의 과도한 향유로 인한 피할 수 없는 건강손해에 대해서, 비록 제조자가 그들 제조물에 이에 상응하는 경고를 행하지 않았다할지라도, 제조자는 소비자에게 제823조 제1항에 의한 제조물책임을 부담하지는 않는다.

지금까지 독일 판례에서는 담배 흡연자들의 흡연으로 인한 건강상의 손해에 대해서, 표시상의 결함으로 인한 담배 제조자의 제823조 제1항에 의한 제조물책임은 인정되지 않았는데, 그 이유는 오늘날 모든 사람이 흡연이 지극히 해롭다는 것을 알고 있다는 것이다.[50][51] 마찬가지로

---

a. a. O., §23 Rdnr. 28; Rainer Huth, a. a. O., S. 108.

49) BGH JZ 1999, 947; NJW 1999, 2815(이 사건의 사실관계를 보면, 이웃집에 놀러간 막 2세 정도의 여아가 사무실로 이용되는 방에 들어가서, 그 방에 놓여있던 높이 60센티 정도의 종이분쇄기(Papierreißwolf)에 손을 집어넣어서 손가락에 심한 부상을 입었다. 이 사건에서 피고회사인 제조자는 종이분쇄기에 손을 집어넣어서는 안 된다는 것은 이미 일반인의 상식이라고 주장하였으나, 연방대법원은 종이분쇄기의 칼날은 안으로 숨어있어 외부에서 바로 알아보기 힘든 것이고, 또 그 입구로 종이 등을 넣으면 바로 칼날이 작동된다는 것도 잘 알려져 있지 않으므로, 제조자는 경고의 그림문자(Piktogramm) 등을 종이분쇄기에 부착하는 형태로 사용자의 주의를 환기시킬 필요가 있다고 하였다. 물론 이러한 연방대법원의 판결에 대해서는 독일내부에서도 많은 논란이 있다(Ulrich Foerste, JZ 1999, S. 949f.).

50) Volker Emmerich, a. a. O., §23 Rdnr. 27; OLG Hamm, NJW 2005, 295 (이 결정은 담배회사에 대한 직접적인 손해배상청구사건은 아니고, 소송을 위해 소송비용구제신청(Prozeßkostenhilfe)을 한 사건인데, 독일민사소송법(ZPO) 제114조 의해 승소가능성이 없음을 이유로 기각되었다. 이 사건의 사실관계를 보면, 원고는 17세부터 피고 A회사의 담배만을 흡연하여 45세 정도에서 심장혈관질환이 발생하였다. 이에 대해서 Hamm 고등법원은, 담배에는 설계상 또는 지시상의 결함이 없기 때문에 담배제조자의 책임은 제조물책임법 제1조에 의한 책임뿐만 아니라 민법 제823조 제1항에 의한

초콜릿[52]과 맥주[53]의 과다한 섭취로 인한 건강상의 손해에 대해서도, 오늘날 모든 사람이 그러한 행위의 결과를 분명히 알고 있으므로, 제조자가 이에 대한 경고의무를 부담하지는 않는다. 그 외에도 제조자의 지시상 및 경고상의 의무는 제조물의 예상할 수 있는 오용의 범위 내에서 행하면 족하므로, 제조물의 객관적 이용목적과 전혀 관련이 없는 이용으로 발생할 수 있는 위험에 대해서는, 표시상의 의무가 미치지 않는다.

책임도 인정될 수 없다고 하면서, 지시상의 결함과 관련하여, 담배흡연의 위험은 60년대 이래 이미 알려져 왔고 이에 따라 제조자는 법률상 규정 이상으로 흡연의 위험성을 경고할 의무는 없다고 하였다).

51) 독일에서는 1999년 이래 흡연과 일정한 질병과의 관계를 주장하면서, 독일 담배제조사를 상대로 소송을 제기하기 위한 소송비용구제신청의 소가 독일의 상이한 각 법원에 7번 제기되어서 전체 16번의 결정이 있었는데, 모두 다 승소가능성의 결여를 이유로 기각되었다(Michael Molitoris, Tabakprozesse in den USA, Deutschland und anderen europäischen Ländern, NJW 2004, S. 3664). 또한 소송비용구제신청자가 법원에서 기각결정을 받자, 특히 2000년 1월 25일의 Bielefeld 지방법원의 기각결정(LG Bielefeld, NJW 2000, 2514)과 2000년 5월 24일의 Hamm 고등법원의 기각결정(OLG Hamm, ZLR 2001, 332)이 있자, 연방헌법재판소에 헌법소원을 제기하였다. 그러나 2000년 7월 24일에 부결정(Kammerbeschluss)으로 승소가능성의 결여를 이유로 받아들이지 않았다(Michael Molitoris, a. a. O., S. 3664). 현재 독일에서의 주류적인 견해는 담배제조자가 약한 담배(Light-Produkte)의 흡연이 다소 덜 위험하다는 것 등 담배의 위험성에 대한 불감증을 유발시키는 문구 등을 사용하였다던가, 중독성을 강화시키는 물질을 담배속에 투입한 경우에 등에 한하여 독일민법 제823조 제1항에 의한 책임이나 제조물책임법 제1조에 의한 책임이 인정될 수 있다고 한다(Michael Adams/Annette Bornhäuser/Martina Pötschke-Langer/Barbara Grunewald, a. a. O., S. 3662; Bernd Rohlfing/Markus Thiele, Die Haftung des Tabakwarenproduzenten, VersR 2000, S. 289f.; Hans Josef Kullman, Haftung für Raucherschäden, Festschrift für Erwin Deutsch, 1999, S. 217f.).

52) OLG Düsseldorf, VersR 2003, 912(초콜릿의 제조자는 초콜릿을 과도하게 먹는 것이 건강에 위험하다는 것을 경고할 의무는 없다고 보았다).

53) OLG Hamm, NJW 2001, 1654(맥주제조자의 지시상의 의무는 일반적으로 알려진 위험에 대해서까지 미치지 않는다고 하면서, 과도한 알콜섭취 시의 위험에 대해서 맥주병에 경고할 의무는 없다고 보았다).

또한 제조물의 위험에 익숙한 자들만이 제조물을 사용할 경우, 즉 그 제조물의 위험에 정통한 전문가의 손에서만 제조물이 이용될 것이 확실한 때에는 제조자의 경고의무가 존재하지 않는다.

이러한 제조자의 지시 및 경고상의 의무는 제조물을 통상 거래에 가져올 당시에 존재하는 것이 일반적이다. 하지만 제조물의 위험성이 그 제조물을 거래에 유통시킨 후에 발생하거나 나중에 비로소 알게 된 경우에는 유통시킨 후에 경고의무가 존재할 수 있다.[54] 그리고 제조물유통 이후에 나중에 발생한 경고의무와 관련한 표시상의 의무침해(실제 이것은 뒤에서 보게 되는 제조물관찰의무의 영역에 해당한다)로 인한 손해발생사건에서는 입증책임의 전환이 완전한 범위에서 적용되지는 않는다.[55] 이에 따라 설계상 또는 제조상의 결함에서와는 달리 피해자는 제조자의 객관적 의무침해의 입증을 해야 한다. 즉 구체적인 사건에서 피해자는 제조물의 위험적 성질에 대한 제조자의 경고가 필요하고, 제조자가 이 의무를 이행하지 않았다는 것을 입증해야만 한다. 또한 피해자는 적절한 지시나 경고가 있었다면 피해자가 그에 따라 행동했을 것이라는 것에 대한 입증도 필요하다.

라. 제조물관찰의무

제조물관찰의무(Produktbeobachtungspflichten)이란 제조물의 거래유통과 더불어 제조자의 거래안전의무는 종료되는 것이 아니라, 그 이후에도 학문과 기술의 수준의 발전에 좇아 지속적으로 제조물을 관찰하여 소비자에게 피해가 발생하지 않도록 일정한 조치를 해야 한다는 의무이다.[56] 제조물과 관련된 제조자의 위험방지 및 위험조절의 의무는 제조

---

54) Walter Rolland, a. a. O., Teil II Rdnr. 34.

55) Walter Rolland, a. a. O., Teil II Rdnr. 34.; BGHZ 80, 186, 198f.

56) 제조물관찰의무의 법적 근거에 대해서는, 명문의 규정이 없으므로, 독일의 판례와 통설은 제조물관찰의무의 근거를 독일민법 제823조 제1항의 해석론으로 발전된, 거래안전의무에서 그 근거를 찾는다(Klaus Vieweg/Christop

물의 거래유통과 더불어 종료되는 것이 아니다. 제조물의 위험잠재성과 그 위험의 방지나 최소화를 위한 적절한 수단은 제조물을 거래에 유통시킨 후에 비로소 제조자에게 알려지거나 제조자가 그러한 능력을 보유할 수 있는 경우가 있다. 그러므로 제조자에게는 제조물을 거래에 유통시킨 이후에도 학문과 기술의 발전에 좇아 그의 제조물이 소비자에게 어떠한 위험성을 발생시킬 수 있는지를 확인하기 위하여 시장을 관찰할 의무가 부과된다.[57] 즉 제조자는 그의 제조물과 제조물의 이용결과에 대해서 지속적으로 정보를 확보해야하고, 이를 통해서 제조물의 위험성을 파악한 경우에는 소비자에게 적절한 조치를 취해야 한다.[58]

제조자의 이러한 거래안전의무를 통하여, 제조자의 거래안전의무는 공간적으로는 자신의 생산기업의 영역을 넘어서서 인정되고, 시간적으로는 현재에서 미래로 확장된다. 이러한 제조자의 관찰의무는 소극적 제조물관찰의무(passive Produktbeobachtungspflichten)에 머무는 것이 아니라 적극적 제조물관찰의무(aktive Produktbeobachtungspflichten)를 부담한다.[59] 이에 따라 제조자는 제조물의 위험을 발견하기 위하여 그의 제조

Schrenk, Produktrückruf als Instrument präventiven Verbraucherschutzes, Jura 1997, S. 562f.). 그 외에도 독일민법 제1004조는 소유권에 대한 방해제거 및 유지청구권을 규정하고 있으므로, 독일민법 제1004조와 부정경쟁방지법(UWG) 제1조에 의하여 제조물이용자나 소비자단체의 예방적 리콜청구권을 인정하는 견해 등이 있다(Klaus Vieweg/Christop Schrenk, a. a. O., 563f.; Johannes Hager, Die Kostenbetragung bei Rückruf fehlerhafter Produkte, VersR 1984, S. 806f.).

57) Hans Claudius Taschner/Erwin Frietsch, a. a. O., S. 59; Walter Rolland, a. a. O., Teil II Rdnr. 45.

58) 제조물관찰의무를 체계적으로 수행하기 위해서, 제조자는 어떤 기업적인 조직의무(Organsationspflicht)를 부담한다. 제조자는 알려진 제조물하자에 대한 대응으로만 족한 것이 아니라, 제조물 결함을 적극적으로 발견하기 위하여 학문과 기술의 발전에 좇아 정보를 수집하고 평가하기 위해서 활동해야 한다.

59) 제조자의 관찰의무는, 제조자가 제조물의 거래유통 후 그의 제조물의 작용과 학문과 기술의 수준의 발전을 관찰해야 하는 적극적 제조물관찰의무와 제조물의 구매자의 이의와 항의에 대응하는 소극적 제조물관찰의무로 나

물이 실제 현실에서의 사용에서 어떤 잠재적 위험성을 발생시킬 수 있는지를 추적하고 아울러 특히 학문과 기술의 수준의 발전을 계속 추적해야만 한다. 만일 세계시장을 무대로 영업하는 제조자일 경우에는 학술적 회의와 전문학회의 연구결과의 추적 및 구체적 전문학술지의 활용도 요구된다.[60]

제조자의 제조물관찰의무의 대상은 거래에 유통시킨 전체 제조물이 그 대상으로 된다. 따라서 제조물관찰의무는 새롭게 개발된 제조물에 대해서만 존재하는 것이 아니라 이미 오래전에 시장에 유통시킨 제조물에 대해서도 존재한다. 시간적인 관점에서도 제조자의 이러한 의무가 종료되는 확정된 시점은 없다.[61] 지금까지 알려지지 않은 위험관련적 제조물의 결함이나 부작용을 인식하게 된 때에는, 제조자는 이에 대한 적절한 조치를 취해야 한다.

그리고 제조자의 제조물관찰의무는 제조물의 설계상의 하자(구조상의 하자)에 한정되는 것이 아니고, 제조물의 모든 결함유형을 그 대상으로 함으로 제조상의 결함 및 표시상의 결함을 위해서도 그 의미를 가지고,[62] 아울러 개발위험의 결함(Entwicklungsfehler)을 위해서도 그 의미를

누기도 한다(Volker Emmerich, a. a. O., §23 Rdnr. 29). 그러나 제조자의 제조물관찰의무는 소극적 관찰의무에 머무는 것이 아니라 적극적 제조물관찰의무를 가진다(Hans Claudius Taschner/Erwin Frietsch, a. a. O., S. 61). 그러므로 제조물의 이용자의 불만과 항의에 기초하여 제조물에 대한 추가적인 조치(경고 등)를 취해야하는 것에 그치는 것이 아니라, 제조물의 추가적인 위험을 발견하기 위하여 제조자가 적극적으로 노력해야 한다. 즉 학문과 기술의 발전의 관찰로서 관련 전문잡지, 실험보고, 학술대회 등을 통한 학문과 기술의 발전을 추적해야 하고, 제조물관련시험, 자동차정비소, 소비자보호단체 등의 활용을 통한 제조물결함신고체계의 확립 등도 필요하다고 할 것이다.

60) BGHZ 80, 199, 202; Hans Claudius Taschner/Erwin Frietsch, a. a. O., S. 61.

61) Produkthaftungshandbuch/Ulrich Foerste, a. a. O., §24 Rdnr. 297; Rainer Huth, a. a. O., S. 109.

62) 만일 제조물이 유통된 시점에 설계상, 제조상, 표시상의 결함이 존재하면 이는 제조물관찰의무의 문제는 아니다.

가질 수 있다.[63] 실제 제조물관찰의무를 통하여 개발위험의 항변의 여지가 축소된다고 할 것이다. 개발위험에 의한 결함은 제조자에게 과책이 없으므로 독일민법 제823조 제1항에 의한 제조물책임이 부정되고, 또한 독일 제조물책임법 제1조 제2항 제5호에서는 개발위험의 항변을 인정하여 제조자의 면책사유로 인정하고 있다. 하지만 제조물을 유통시킬 시점에 학문과 기술의 수준에 의하여 인식할 수 없었던 개발위험에 의한 제조물의 결함 시에도, 추후의 학문과 기술의 발전에 따라서 위험을 새롭게 인식했다면 그에 따른 적절한 조치를 취해야 하므로, 제조자의 개발위험의 항변의 여지가 제조물관찰의무를 통하여 축소된다. 물론 제조물 유통시의 개발위험에 대해서는, 제조자의 과책이 없으므로 독일 민법 제823조 제1항에 의한 제조자의 리콜의무는 부정된다고 하지만, 독일 기구 및 제조물안전법(GPSG) 제5조 제1항에 의한 공법적 제조물관찰의무에 의한 리콜의무는 인정될 수 있다. 또한 제조자의 관찰의무는 자신이 생산한 제조물에 한하는 것이 아니라, 다른 제조자가 생산한 제조물과 자신이 생산한 제조물의 결합을 통하여 발생할 수 있는 위험성에 대해서도 주의를 해야 한다.[64] 이와 관련하여 특히 주목을 끄는 독일 연방대법원의 판결은 혼다사건(Honda-Entscheidung)[65]으로서, 제조

---

63) Hans Claudius Taschner/Erwin Frietsch, a. a. O., S. 60.

64) Volker Emmerich, a. a. O., §23 Rdnr. 29; Hans Claudius Taschner/Erwin Frietsch, a. a. O., S. 62; Walter Rolland, Teil Ⅱ Rdnr. 46.

65) BGHZ 99, 167; BGH NJW 1987, 1009(이 사건의 사실관계를 보면, A는 1978년 7월 19일 건조한 날씨에, 구입한 중고오토바이로 고속도로를 주행하다가 약간 급경사진 우측커브를 돌다가 오토바이가 미끄러지면서 중앙선 분리대를 들이박고, 오토바이에서 떨어져 두개골절로 사망하였다. 이 사고는 중고 오토바이 자체의 결함이 아니라, 오토바이부품제조사인 K사가 개발하여 유통시킨 'Lenkerverkleidung'을 오토바이의 전소유자가 오토바이 본체에 장착시키면서 발생한 안정성 결여에 의한 사고였다. 그런데 1978년 6월 16일에 ADAC의 실험을 통해 K사의 'Lenkerverkleidung'을 장착한 피고회사의 오토바이가 고속주행시 안전성이 저하된다는 것을 알게 되었다. A가 사고를 당하기 전날 이 사건의 제2피고인 오토바이의 독일유

자는 다른 제조자가 생산한 부속품과 자신이 생산한 제조물이 결합함으로써 발생할 수 있는 위험을 적기에 적발하고 그리고 이를 저지하기 위하여 제조자와 판매회사는 제조물관찰의무를 부담한다고 하였다.[66)]

제조물관찰의무는 제조물의 제조자가 제조물관찰을 통하여 그에게 알려진 위험을 잠재적 제조물이용자에게 알려주는 방법으로 행해지게 된다. 즉 제조자가 제조물관찰을 통하여 그에게 지금까지 알려지지 않은 위험을 알게 되면, 이러한 위험에서 소비자를 보호하기 위하여 제조자는 지체없이 필요한 조치를 취해야 한다(§5 Abs. 1 Nr 2 GPSG). 이러한 필요한 조치에는 대표적으로 경고(Warnung)와 리콜(Rückruf)에 있을 수 있다. 만일 일정한 결함있는 사용과 결합하여 위험이 문제된다면, 소비자에게 그러한 위험에 대해서 경고하는 것으로 족할 것이다. 제조물의 위험에 대한 경고는 간결하고 명확하게 서신을 소비자에게 발송한다던가, 유통업체 등에 그 제조물의 위험을 알리는 포스터를 부착할 수도 있고, 중대한 위험시에는 라디오나 텔레비전을 통해서 경고해야 한다. 이러한 경고의 수단과 방법 및 범위는 위험의 정도에 따라 비례성의 원칙에 의해 정해져야 하는데, 제조물이 위험하면 위험할수록 경고는 더

통회사는 그의 모든 대리점에 서신을 발송하여, 문제된 'Lenkerverkleidung'을 장착한 오토바이가 주행 중 문제가 있음을 알렸다. 또한 제2피고인 오토바이의 독일유통회사는 그가 알고 있는 이 유형의 오토바이 운전자에 대하여도 개별적으로 서신을 발송하여 이를 통고하였다. 그러나 이 편지는 A에게는 도착하지 못하였다. 이에 A의 부모는 오토바이 제조사인 혼다를 제1피고로 하고 오토바이를 독일에 유통시킨 유통회사를 제2피고로 하여 손해배상을 청구하였다. 이에 대해서 독일 연방대법원은 오토바이의 설계상 및 제조상의 결함은 없지만, 제조물관찰의무로부터 연유하는 경고 및 지시의무의 위반이 있다고 보았다. 즉 피고회사와 독일 유통회사는 그의 제조물과 다른 회사의 제조물이 결합함으로써 발생할 수 있는 위험을 적기에 알려주어야 한다고 하면서, 외국 생산자의 독일 거주 판매회사가 독일 시장에서 유일한 대표자인 경우에, 독일 판매회사는 그에 의해서 판매된 제품과 관련하여 제조물관찰의무를 부담하고, 이에 따라 제조물관찰로부터 결과된 부가적인 경고의무를 부담한다고 하였다).

66) Rainer Huth, a. a. O., S. 109.

욱더 강력하게 행해져야 한다.67) 사람의 생명 · 신체 · 건강을 위협하는 것과 같이 중대한 위험이 존재하면 단순한 물적 손해의 경우보다 신속하게 강력하게 경고가 이루어져야 한다. 또한 제조자의 경고의무는 제조물의 위험이 제조물 유통시의 학문과 기술의 수준으로 결함을 발견할 수 없었던 개발위험으로 인하여 발생한 경우에도, 그리고 제조자에게 과책이 없는 피할 수 없었던 제조상의 하자인 조악품(Ausreißer)의 경우에도 제조자의 경고의무는 존재한다고 할 것이다.68) 이러한 경우에도 제조자의 경고의무를 인정하는 것은 통상 경미한 비용으로 경고를 실행할 수 있고, 그러므로 제조자의 특별한 의무침해없이도 경고의무는 인정될 수 있다고 본다.

이와 같이 제조물관찰의무의 효과로서 제조자의 경고의무를 인정하는 것은 일반적인 견해이다. 그리고 제조물의 구조의 변경을 통해서만 제조물의 위험을 방지할 수 있을 때에는 제조자는 제조물의 리콜(Rückruf)을 위한 필요한 조치(제조물의 교환, 무상수리 및 환불 등)를 취해야 한다. 그러나 제조물관찰의무의 효과로서 제조자의 경고의무를 넘어서, 결함있는 제조물에 대해서, 제조물의 결함을 제조자의 비용으로 제거하는 리콜의무(Rückrufpflicht)까지 포함될 수 있는지의 여부가 문제로 된다. 독일민법 제823조에 근거하는 제조물관찰의무로서의 리콜의무에 대해서, 주류적 견해는 이를 인정하는 것이 일반적이고,69) 소수설적 견해는 이를 부정하고 있으며,70) 또 다른 견해는 침해받는 법익에 따라

---

67) Walter Rolland, a. a. O., Teil Ⅱ Rdnr. 48; Produkthaftungshandbuch/Ulrich Foerste, a. a. O., §24 Rdnr. 251-253.

68) Walter Rolland, a. a. O., Teil Ⅱ Rdnr. 48.

69) Produkthaftungshandbuch/Ulrich Foerste, a. a. O., §24 Rdnr. 258f.; Hans Brox/Wolf-Dietrich Walker, Besonderes Schuldrecht, 31. Aufl., 2006, §41 Rdnr. 41; Klaus Vieweg/Christoph Schrenk, Produktrückruf als Instrument präventiven Verbraucherschutzes, Jura 1997, S. 563; Harald Herrmann, Die Rückrufhaftung des Produzenten, BB 1985, S. 1808f.

70) Dieter Medicus, Schuldrecht Ⅱ, Besonderer Teil, 13. Aufl., 2005, Rdnr. 106; Walter Rolland, a. a. O., Teil Ⅱ Rdnr. 50(결함있는 제조물에 대한 광범위한 리콜의무는 원칙적으로 독일민법 제823조를 통하여서는 인정되

차이를 두어서, 임박한 인적 손해 시에는 리콜의무를 인정하고 이에 비해서 임박한 물적 손해 시에는 이를 부정하는 견해가 있다.[71] 지금까지 결함있는 제조물에 대하여 제조자의 리콜의무를 명시적으로 승인한 독일 연방대법원의 판례는 없으나, 제조물의 위험상황에 따라서 제조자의 단순한 경고 등으로는 족하지 않다고 하고 있다.[72] 하급심 판결 중에는 방론으로 제조자의 불법행위적 리콜의무를 인정한 것이 있고,[73] 또한 사람의 생명·신체에 대한 위협이 존재할 경우에는 제조자가 그의 비용으로 제조물의 위험을 제거해야한다고 한 판결이 있다.[74] 하지만 제조물관찰을 통하여 추후에 확인된 결함이 표시상의 결함(Instruktionsfehler)이라면, 일반적으로 새로운 사용지시로 그 결함이 제거될 수 있으므로 리콜까지 할 필요는 없다고 할 것이다.[75] 그러나 제조물관찰의무를 통하여 발견된 결함이 설계상의 결함이나 제조상의 결함인 경우에는, 제조자의 리콜의무가 제조물위험의 방지를 위하여 필요하고 기대할 수 있는 경우에는 존재한다고 볼 것이다.[76] 즉 제조물 이용자나 공공에 대한

지 않는다고 하면서, 그러한 제조자의 의무는 계약법상의 하자담보책임에 관한 문제로 해결되어야 한다고 한다. 또한 제조물이용자에 대한 경고로서 관련되는 제조물의 이용을 중지시킬 수 있으므로, 경고로서 충분하다고 한다. 만일 제조물 위험성에 대한 인식 후에도 이용자가 계속 이용해서 피해를 받았다면, 발생한 손해는 제조물이용자의 자기결정에 기인한 것이라고 한다).

71) Ingeborg Schwenzer, Rückruf- und Warenpflichten des Warenherstellers, JZ 1987, S. 1062; Lutz Michalski, Produktbeobachtung und Rückrufpflicht des Produznten, BB 1998, S. 965(제조물리콜의 문제는 위험방지의 비례성과 기대가능성의 문제이므로, 특히 위험한 자동차영역과 같이 임박한 인적 손해의 경우만으로 리콜의무는 제한되어야 한다고 한다. 그리고 순수한 물적 손해만이 예상되는 경우에는 비례성의 관점에서 제조자의 경고로서 충분하다고 보는데, 제조물이용자가 스스로 위험방지를 위하여 기대할 수 있는 활동을 할 수 있기 때문이라고 한다).

72) Lutz Michalski, a. a. O., S. 965.

73) OLG Karlsruhe, VersR 1986. 1125.

74) OLG Stuttgart, NJW 1967, 572.

75) Lutz Michalski, a. a. O., S. 965.

76) Klaus Vieweg/Christoph Schrenk, a. a. O., S. 563.

경고가 제조물위험의 방지를 위하여 충분하지 않고, 리콜활동을 통하여 과도한 비용이 요구되지 않는다면 제조자의 리콜의무는 인정된다고 하겠다. 제조자의 제조물 리콜 시에 발생하는 비용은 제조자가 부담하여야 한다. 제조자는 수리나 교체 비용뿐만 아니라 리콜을 위한 기타비용도 부담해야 하고, 만일 제조물에 회복할 수 없는 위험이 있으면 고객에게 매매대금을 반환해 주어야 할 것이다.

위와 같이 제조물관찰의무에 의한 불법행위적 리콜의무가 인정되느냐에 대해서는 논란이 있지만, 그러나 독일 기구 및 제조물안전법(GPSG)상의 공법상의 제조물관찰의무에 의해서는 당연히 제조자의 리콜의무가 인정된다. 즉 독일 기구 및 제조물안전법(GPSG) 제5조 제1항에 의하면 제조자의 의무로서 "제조자는 제조물의 유통 시에 소비자제품의 회수, 적절하고 유효한 경고와 리콜 등에까지 이르는 대책들을 할 수 있도록 그들에 의해서 유통되어진 소비자제품의 성질에 적절한 안전대책을 취해야 한다"라고 하고 있다. 그러므로 제조자의 의무로서 경고의무뿐만 아니라 리콜의무도 명백히 당연히 인정된다고 할 것이다. 이에 따라 제조물관찰의무에 의하여 제조자는 제조물에 의한 소비자 위험을 다른 방법으로는 방지할 수 없는 극단적인 경우에는, 제조물의 판매를 중단하거나 이미 유통된 제조물을 거래로부터 회수해야 한다.[77)]

위와 같이 제조자 등은 제조물을 시장에 유통시킨 이후에도 학문과 기술수준의 발전에 좇아 지속적으로 제조물을 관찰하여 소비자에게 예상하지 못한 위험이 발생하지 않도록 조치할 의무가 주어지는데, 이는 주로 경고나 리콜을 통하여 행해지고, 이러한 제조물관찰의무의 과실있는 위반 시에는 제조자 등의 손해배상책임이 인정된다. 그러면 제조물을 유통시킬 시점에 학문과 기술의 수준에 의하여 인식할 수 없었던 개발위험(Entwicklungsgefahren)에 의한 하자 시에서도, 제조자의 불법행위적 리콜의무가 인정되느냐가 문제이다. 이에 대해서는 개발위험에 의한 결함에 대해서는 제조자의 과실이 없으므로 경고의무는 인정되지만 리

77) Volker Emmerich, a. a. O., §23 Rdnr. 30.

콜의무를 부정하는 견해[78]와 개발위험에 의한 결함 시에도 경고의무와 더불어 독일민법 제1004조에 의한 리콜의무는 인정하는 견해가 있다.[79] 그 외에도 개발위험의 경우에도 불법행위적 리콜을 인정할 수 있고 이러한 의무의 과실있는 침해가 있으면 손해배상책임이 인정된다는 견해가 있다.[80] 제조물의 개발위험을 통하여 제조물이용자 등에게 손해가 발생하더라도 제조자에게는 주의의무의 위반이 없으므로 독일민법 제823조 제1항에 의한 제조물책임이 인정되지 않고, 또한 위험책임에 입각한 제조물책임법 제1조 제1항에 의한 제조물책임도 부담하지 않는다(§1 Abs. 2 Nr. 5 ProdHaftG). 그러므로 개발위험에 의한 결함에 대해서는 제조자의 주의의무의 위반이 없으므로 경고의무는 인정되지만 불법행위적(민사적) 리콜의무를 부정하는 견해가 타당할 것이다. 또한 개발위험에 의한 결함 시에도, 독일민법 제1004조에 의한 방해제거 및 유지청구권은 방해자의 고의·과실을 요하지 않으므로 독일민법 제1004조에 의한 리콜의무를 인정하고자 하지만, 그 요건을 충족해야 하므로 그 적용범위가 매우 제한적이라는 것을 염두에 둘 필요가 있을 것이다.[81] 이에 반해서 독일 기구 및 제조물안전법(GPSG)에 의한 공법상의 리콜의무에서는 제조자의 과책을 요구하지 않음으로, 제조물을 거래에 가져올 당시에 제조물의 위험을 인식할 수 없었다 할지라도 제조자의 공법적 리콜의무는 인정된다. 이에 따라 기구 및 제조물안전법 제5조 제1항에 의하여 리콜의무가 인정되는 경우에, 이것은 독일민법 제823조 제1항의 거래안전의무로 인정이 되어서 제조물책임이 인정될 수 있으므로, 기구 및 제조물안전법이 민법 제823조 제1항에 의한 제조물책임을 강화시키

---

78) Ingeborg Schwenzer, a. a. O., S. 1061: Produkthaftungshandbuch/Ulrich Foerste, a. a. O., §24 Rdnr. 261.

79) Harald Herrmann, a. a. O., S. S. 1804f.; Johannes Hager, a. a. O., S. 806.

80) Rolf Sack, Produzentenhaftung und Produktbeobachtungspflicht, BB 1985, S. 817.

81) Klaus Vieweg/Christoph Schrenk, a. a. O., S. 563f.

는 면이 있다. 또한 제조자의 과책(Verschulden)이 없으므로 독일민법 제823조 제1항에 따른 리콜의무가 부정되는 '피할 수 없는 제조상의 하자'(unvermeidbaren Fabrikationsmangel) 시에도 기구 및 제조물안전법(GPSG) 제5조 제1항에 의한 제조자의 공법적인 리콜의무는 인정될 수 있다.[82)]

위와 같은 제조물관찰의무는 제조물책임법(ProdHaftG) 제정 이후에도 여전히 중요한 의미를 가진다. 왜냐하면 제조물의 결함으로서 설계상의 결함, 제조상의 결함, 지시상의 결함은 제조물책임법상의 결함개념(§3 ProdHaftG)에 포함되어서 위험책임에 입각한 제조물책임이 인정될 수 있지만, 제조물관찰의무는 제조물책임법상의 결함개념에 포함되지 않으므로, 제조물책임법 제정 이후에도 여전히 과실책임의 영역에 남아있는 제조자의 거래안전의무의 영역이기 때문이다. 또한 제조물관찰의무는 공법적인 제조물안전법의 민사법적 바탕이 된다고 할 수 있다. 특히 제조물관찰의무가 제조자의 거래안전의무로서 인정이 되어서, 제조자는 제조물 유통 이후에 발견된 제조물결함에 대해서 경고나 리콜의무 등을 부담함으로, 이러한 제조물관찰의무는 제조물안전을 위한 제조자의 공법상의 각종의 의무가 인정되는 바탕이 되기 때문이다.

3) 제조물의 개념

독일 제조물책임법(ProdHaftG) 제2조에 의하면, "동법상 제조물이란 다른 동산이나 부동산의 일부를 구성하는 경우를 포함한 모든 동산(bewegliche Sache) 및 전기(Elektrizität)이다"라고 제조물의 개념을 정의하고 있다.[83)] 하지만 불법행위적 제조물책임법에서는 분명한 제조물 개

82) Peter Marburger, Produktsicherheit und Produkthaftung, Festschrift für Erwin Deutsch, 1999, S. 277.

83) 2000년 11월 독일 제조물책임법 개정 전에는 동법 제2조 제2문에서 "1차적 가공을 거치지 않은 토지, 축산, 양봉과 수산의 농업경제적 생산물(농업적 자연생산물)은 동법의 적용이 제외된다. 수렵물도 마찬가지이다"라고 하여

념에 대한 제한이 없다. 이에 따라 불법행위적 제조물책임의 제조물개념은 동산과 전기로 제한하는 제조물책임법상의 제조물개념보다는 넓다고 할 수 있다.[84] 불법행위적 제조물책임에서는 모든 유체물이 제조물에 포함되므로 기술적 시설(technische Anlagen)[85]과 완성된 건물(schlüsselfertige Häuser)[86]과 같은 부동산도 포함이 되고, 그 외에도 구체화된 정신적 창작물(인쇄물)도 제조물에 해당된다. 물론 실무에서 중점이 주어지는 것은 동산이 된다. 하지만 은행이나 보험영업상의 노무제공은 제조물책임법상의 제조물에 해당되지는 않는다.

즉 독일 제조물책임법 제2조상의 제조물은 모두 불법행위적 제조물책임의 제조물이고, 또한 불법행위적 제조물책임의 제조물의 개념은 보다 더 넓게 인정이 된다. 이러한 광범위한 제조물의 예를 구체적으로 살펴보면, 다음과 같은 것들이 포함이 된다.[87] 기술적 시설물, 기계류, 자동차류, 화학적 생산물, 포장재료, 산업폐기물,[88] 식료품과 소비재는

서 농업적 생산물과 수렵물을 제조물책임법이 적용되는 제조물의 개념에서 제외를 하였다. 하지만 1995년의 유럽공동체의 입법지침에 따라서 위의 내용이 삭제되었다. 그러므로 지금은 농업적 자연생산물과 수렵물도 독일 제조물책임법이 적용되는 제조물이 된다.

84) Walter Rolland, a. a. O., S. Teil Ⅱ Rdnr. 58.

85) BGHZ 67, 359, 361.

86) Staudinger Komm/Johannes Hager, 13. Aufl., 1999, §823, Rdnr. F6(예를 들어, 석면에 오염된 집을 짓고 이를 판매한 자는 그가 동산을 제조한 것이 아니라는 이유로 면책되지는 않을 것이다).

87) Staudinger Komm/Johannes Hager, a. a. O., §823, Rdnr. F6.

88) BGH NJW 1976, 46(기름폐기물을 통하여 지하수가 오염된 사건에서, 연방대법원은 제조과정에서 산업폐기물이 발생하면 제조자는 이들의 저장과 폐기와 관련하여 제3자에게 손해를 발생시키지 않도록 할 거래안전의무를 부담한다고 보았다); Walter Rolland, a. a. O., Teil Ⅱ Rdnr. 68(제조물책임법(ProdHaftG)에 의하면 폐기물을 제조물로 볼 수 있느냐가 문제로 된다. 왜냐하면 일정한 폐기물은 경제적 거래를 목적으로 하지 않고 또한 거래에 유통되지도 않기 때문이다. 오히려 폐기물은 기업내부적인 사용에 따라서 처리될 뿐이다. 그러나 불법행위적 제조물책임에서는 폐기물에 대해서 이러한 어려움이 따르지 않는데, 불법행위적 제조물책임은 위험방지와 위험조절의무의 침해와 관련되어 있기 때문이다. 그러므로 판매를 목적으

당연히 제조물에 해당된다. 또한 수공업제품과 예술적 결과물(künstlerische Arbeiten)도 제조물인데, 제조자가 산업적으로 생산하지 않았다고 해서 그의 위험방지의무가 면제되는 것은 아니기 때문이다. 제조물의 응집상태는 중요하지 않으므로 수증기도 제조물이 된다. 또한 부동산도 제조물이며, 이에 반해서 유체화(Körperlichkeit)가 요구되므로 노무제공 그 자체는 불법행위적 제조물책임상의 제조물이 아니다. 그리고 사람의 신체의 일부분은 분리와 함과 제조물책임의 대상이 되는 동산(예를 들어, 오염된 혈액이나 전염성이 있는 뇌막(Hirnhäute))이 된다.[89] 아울러 유전공학적으로 변형된 유기체도 불법행위적 제조물책임의 제조물이다.

또한 가공하기 전의 토지, 축산, 양봉, 수산의 농업적 생산물 및 수렵물도 불법행위적 제조물책임의 대상이 된다. 수산업의 결과물인 물고기나 사냥에 의한 수렵물, 야생버섯과 야생딸기의 채취 시에 제조자는 이러한 물건의 생성에 사실상 전혀 관여하지 않았고 오히려 단지 모으거나 붙잡았을 뿐이다. 하지만 이러한 물건의 제조자는 위의 물건을 생산하지는 않았지만 이들을 유통시키는 것을 결정했으므로, 물건의 위험성(예를 들어, 버섯의 독성)에 대해서 일차적으로 평가해야 하는 주의의무를 가지는 제조자라고 할 것이다.[90] 불법행위적 제조물책임에서는 농업적 제조자가 수확 후에 곡물에 유책하게 해로운 물질을 첨가했느냐 또는 수확 전 숙성된 곡물에 건강에 해롭게 할 비료 등을 주었느냐의 구별은 문제가 되지 않는다. 그 외 원재료의 생산자도 제조자로 볼 수 있다. 모래, 자갈, 물, 석탄, 철, 이탄(Torf)[91] 등의 원재료의 생산자도 야생버섯

로 하지 않은 폐기물도 불법행위적 제조물책임법상의 제조물이다(Staudinger Komm/Johannes Hager, a. a. O., §823, Rdnr. F6)).

89) Staudinger Komm/Johannes Hager, a. a. O., §823, Rdnr. F6.

90) Walter Rolland, a. a. O., Teil II Rdnr. 63.

91) OLG Hamm DB 1973, 325(이 판결에서는 인도된 이탄의 결함으로 인하여 식물에 발생한 손해에 대해서 불법행위적 제조물책임을 부정했지만, 이에 대해서는 많은 비판이 제기된다(Uwe Diederichsen, NJW 1978, 1281, 1287).

이나 수렵물의 채취자와 같이 이들을 생산하지는 않았다. 하지만 원재료의 생산자는 이들을 개발했고, 사용할 수 있도록 만들었다. 그러므로 원재료의 생산자는 위의 물건을 거래에 유통시킬 것인지 그리고 경우에 따라서는 어떤 안전조치를 취해야 할 것인지의 여부를 결정하게 된다. 그러므로 원재료의 생산자도 제조자이고 원재료도 불법행위적 제조물책임법상의 제조물로 볼 수 있다.[92]

유체화된 지적 생산물로서 인쇄물(Druckwerke)은 동산임과 동시에 제조물이다. 그림(Zeichungen), 지도, 서적,[93] 디스켓, 자기테이프, 소프트웨어[94] 등은 모두 인쇄제조물이라고 할 수 있으며, 이러한 제조물에 대해서 불법행위적 제조물책임을 배제할 근거는 없다.[95] 제조물로서의 인쇄물에서, 가능한 하자성은 제조물에 부수된 기술상의 하자(예를 들어, 인쇄상의 하자[96])인지 유체화된 지적 인쇄물의 내용상의 하자(예를 들어, 내용적인 오류)인지는 중요하지가 않다.

4) 입증책임의 전환

민사소송에서 입증책임에 대한 독일의 통설과 판례는 규범설(Normentheorie)에 의하는데, 이에 의하면 피해자는 청구권의 근거가 되는 규범의 요건사실을 모두 입증해야 한다. 즉 독일민법 제823조 제1항

---

92) Walter Rolland, a. a. O., Teil II Rdnr. 63.

93) BGH JZ 1971, 63(의학서적은 불법행위적 제조물책임상의 제조물이라고 보았다).

94) 소프트웨어 중에서 인터넷 등 온라인상의 전송수단에 의하여 이전되는 소프트웨어도 제조물을 의미하는 지가 문제로 된다(Hans Claudius Taschner/Erwin Frietsch, a. a. O., S. 305; Walter Rolland, a. a. O., §2 ProdHaftG Rdnr. 18).

95) Walter Rolland, a. a. O., Teil II Rdnr. 64; Andreas Kahn, Produkthaftung für verkörperte geistige Leistungen, NJW 1996, 2899f..

96) 인쇄상의 하자의 범주에서는 고려해야 할 것이 있는데, 경험상 최선의 주의시에도 인쇄상의 하자를 방지할 수 없다는 것이다. 그러므로 어느 정도의 피할 수 없는 인쇄상의 하자는 제조물의 하자로 볼 수 없을 것이다.

에 의한 손해배상청구시 피해자는 전체불법행위구성요건에 대한 입증책임을 부담한다. 제823조 제1항에 의한 손해배상청구권은 가해자가 위법하고 책임있는 행위에 의하여 제823조 제1항에 의해서 보호되는 타인의 법익을 침해하고 발생한 손해와 가해행위 사이에 인과관계가 있는 경우에 인정된다. 이에 따르면 제조물책임소송에서 피해자는 제조물의 결함, 결함있는 제조물에 대한 제조자의 고의·과실, 제823조 제1항에 의하여 보호되는 권리나 법익의 침해 및 법익침해를 통한 손해의 발생, 결함과 손해발생사이의 인과관계에 관한 입증책임을 부담한다.[97] 그러나 제조물소송에서 피해자가 이 모든 요건을 입증해야 한다면, 제조자의 생산과정에 대해서 전혀 알 수 없는 피해자로서는 도저히 극복할 수 없는 어려움에 부딪힐 것이다.[98] 하지만 닭페스트 사건이래 독일의 판례와

97) Walter Rolland, a. a. O., Teil Ⅱ Rdnr. 109.

98) 이러한 피해자의 입증의 어려움을 극복하기 위하여, 뒤에서 보게 되는 위험영역설에 의한 입증책임의 전환 이외에, 독일의 판례에서는 표현증명(Anscheinsbeweis od. prima-facie Beweis)을 가지고서 입증책임을 완화하기 위해서 노력하였다(Walter Rolland, a. a. O., Teil Ⅱ Rdnr. 109; 연기영, 전게서, 218-224면). 표현증명은 독일의 판례법상 발달한 법리로서, 생활경험에 의하여 손해가 '정형적 사상경과'(typischer Geschensablauf)에 의해서 발생되면 다른 가능성을 완전히 배제한 개개의 확정이 없더라도 구체적인 사안에 있어서 因果關係나 過失의 존재가 입증된 것과 같은 효과를 가지는 법리이다. 이렇게 되면 상대방은 당해 경우에 비정형적 사상경과가 발생할 가능성이 있는 예외사유가 존재함을 입증하여 이러한 개연성을 배제할 책임을 부담하게 된다. 만일 상대방이 이러한 책임을 다하게 되면 입증책임을 부담하고 있는 당사자는 비로소 일반적인 경험칙을 원용함이 없이 개별적 증거를 제출하여 주장사실을 입증하지 않으면 안 된다. 이러한 표현증명이 입증책임의 전환을 가져오는 것이냐, 아니면 법관의 증거가치의 판단에 상관이 있을 뿐이냐 하는 것이 문제인데, 표현증명시 상대방은 표현증명에 의하여 입증되었던 원인 자체에 대하여 증거를 제출해야 한다는 점에서 표현증명은 입증책임의 전환을 가져오는 것이 아니라 단지 법관의증거가치의 판단에 관련된다고 보아야 할 것이다(Othmar Jauernig, Zivilprozeßrecht, 24. Aufl., 1993, S. 189).

제조물소송에서 표현증명과 관련하여 독일 연방대법원은 '공기청정기를 설치한지 약 20일이 경과한 후 사무실에 화재가 발생하여 원고가 손해를

학설은 제조물책임에서 입증책임의 분배를 수정하여 왔다. 즉 피해자는 첫째로 제조물의 결함과 제조물의 유통당시에 그 결함의 존재, 둘째로 결함으로 인하여 보호되는 권리나 법익의 침해 및 그로부터 피해자에게 발생한 손해만을 입증하면 된다는 것이다.[99][100] 이 외의 사항에 있어서는 입증책임이 전환(Beweislastumkehr)되어서, 제조자는 그에게 객관적인 의무침해가 없다거나 과책(Verschulden)이 없다는 것을 완전 입증해야만 한다. 그런데 실제 소송에서 제조자에 대한 면책입증에 대한 요구는 매우 엄격한데, 왜냐하면 제조자의 의무는 학문과 기술의 수준에 따라서 객관적으로 결정이 되므로, 제조자가 면책입증을 하기는 쉽지 않다.

독일 연방대법원은 닭페스트 사건이래, 적어도 살충제사건(Derosal-Fall) 이래 제조자가 그의 객관적 의무위반과 과책에 대해서는 면책의 입증책임을 부담한다고 보았다.[101] 닭페스트사건(Hühnerpest-Fall)[102]에서 "공업생산물의 규정에 맞는 사용을 한 자가 결함있는 제조물로 인해 독일민법 제823조 제1항에 의하여 보호되는 법익이 침해를 받았다면, 그 결함

입었다면, 공기청정기의 결함과 화재발생 사이의 인과관계에 대해 표현증명이 적용될 수 있다'(BGH VersR 1981, 1181)고 하였다. 그 외에도 다수의 판례가 있지만(BGH NJW 1968, 247; BGH NJW 1973, 1603 등), 실제 표현증명은 상대방의 비정형적 사상경과에 대한 반증에 의하여 쉽게 번복될 수 있다는 점에서, 또한 제조물책임에서 정형적 사상경과를 가지는 경우가 많지 않다는 점에서 한계가 있다. 만일 상대방이 비정형적 사상경과가 발생할 가능성이 있는 예외사유가 존재함을 입증하면, 원고는 일반적인 경험칙을 원용함이 없이 개별적 증거를 제출하여 주장사실을 완전입증하지 않으면 안 된다.

99) Staudinger Komm/Johannes Hager, a. a. O., §823, Rdnr. F39; Volker Emmerich, a. a. O., §24 Rdnr. 32; Rainer Huth, a. a. O., S. 111.

100) 제조물의 결함(Produktfehler), 권리나 보호법익의 침해 및 결함과 발생한 손해 사이의 인과관계를 입증하는 것 이 외에도 제조물결함이 제조자가 책임을 져야하는 제조자의 조직영역 내지는 위험영역으로부터 유래했다는 것의 입증도 필요하다(Staudinger Komm/Johannes Hager, a. a. O., §823, Rdnr. F39; Volker Emmerich, a. a. O., §24 Rdnr. 32).

101) Rainer Huth, a. a. O., S. 111.

102) BGH 51, 91; BGH NJW 1969, 269.

을 발생시키지 않았다는 경과를 설명하고, 그에게 과책이 없다는 것을 설명해야 할 의무는 제조자의 일이다"라고 하여서, 입증책임의 전환을 인정하였다. 이 사건에서는 입증책임전환의 적용범위가 제조자의 과책(주관적 주의)에만 관계되는지 아니면 객관적 주의의무(외부적 주의)까지 포함되는지는 명확하지 않았다. 하지만 살충제사건(Derosal-Fall)[103]에서는 '입증책임의 전환은 주관적 의무위반(과책)에서 그치는 것이 아니라 객관적인 의무위반(objektive Pflichtwidrigkeit)에 까지 미친다'고 하여서, 제조물의 결함으로 손해가 발생된 것이 입증되면 제조자는 객관적 의무위반 뿐만 아니라 과책에 대해서도 면책의 입증을 해야만 한다고 하였다.[104] 물론 제조자는 의무위반과 제조물결함 사이에 인과관계가 없다는 입증책임도 부담한다.

독일 연방대법원은 이러한 입증책임의 전환을 위험영역설(Sphärentheorie)에 근거하고 있다.[105] 제조자는 제조물의 계획과 생산 및 제조물의 통제를 그의 영역에서 조직하므로 사실관계를 해명할 수 있는 모든 정보와 인식가능성은 제조자의 영역에서 일어나게 된다. 그리고 피해자는 제조물의 기술적 과정과 기업내부적인 조직과, 특히 제조물의 제조과정 등에 대해서 매우 제한적으로만 사실관계의 해명을 위한 가능성을 가지고 있을 뿐이다. 이에 프룁스(Prölss)는 진위불명인 사건경과가 손해배상을 청구당한 자의 위험영역(Gefahrenbereiche)에 있는 경우에는 그에게 증명되지 않은 책임을 부담시키는 것이 정의의 요청에 따르는 것이라고 보았다.[106] 즉 피해자는 제조자의 위험영역을 조사할 수 없고, 따라서 제조자의 영역에서 발생한 것은 피해자에 의해서 증명될 수 없다. 그럼에도 불구하고 피해자에게 이러한 사건경과가 해명되지 않은 것에 대한

103) BGHZ 80, 186, 196f.; BGH NJW 1981, 1604.
104) Staudinger Komm/Johannes Hager, a. a. O., §823, Rdnr. F43.
105) Walter Rolland, a. a. O., Teil II Rdnr. 112.
106) Jürgen Prölss, Die Beweislastverteilung nach Gefahrenbereichen, VersR 1964, S. 903f.

위험을 부담시키면, 가해자가 자신에게 불리한 사실관계를 해명한다는 것은 기대할 수 없기 때문에 피해자는 자신의 손해배상청구권을 기대할 수 없고, 따라서 법의 보호를 받을 수 없게 된다. 실제 제조물이용자는 제조물의 계획과 생산에 아무런 영향을 미치지 못하며, 오로지 제조물 결함의 희생자일 뿐이며, 제조물생산 시 전체 기술적·경제적 조직과 판매는 제조자의 영역에 놓여있다. 즉 전체 생산위험은 제조자에게 귀속되므로 입증책임을 전환하는 것이 타당한 것이다.[107]

그 외에도 입증책임전환의 근거로서는, 제조자는 책임보험 등을 통하여 위험을 분산시킬 수 있으므로 결함생산물로 인한 위험을 우연히 피해를 입은 이용자에게 부담시키기 보다는 제조자에게 인수시키는 것이 타당하다는 주장도 있고, 제조자는 결함생산물로부터 이익기회(Gewinnchance)를 가지므로 과실이나 제조물의 결함없음에 대한 입증책임은 제조자가 부담하는 것이 타당하다는 입장도 있다.[108]

이에 따라 실제 제조물소송에서 제조자에 대한 면책입증(Entlastungsbeweis)에 대한 요구는 매우 엄격한데, 왜냐하면 제조자의 의무는 학문과 기술의 수준에 따라서 객관적으로 결정이 되므로, 제조자가 면책입증을 하기는 쉽지 않기 때문이다. 만약 설계상의 결함, 제조상의 결함, 지시상의 결함이 있으면, 제조자는 자신의 책임없음(Schuldlosigkeit)에 대한 면책의 입증은 제조물의 유통당시에 학문과 기술의 수준에 의해서 인식할 수 없었던 개발도상의 결함이거나 모든 주의에도 불구하고 인식할 수 없고 예방할 수 없는 제조상의 결함(즉, 조악품)이라는 것을 입증한 경

107) 이러한 위험영역설에 대해서, 위험영역설은 그것이 입증책임의 영역에서 주장되었건 혹은 그것이 책임의 법률요건을 한계 짓고 해석하기 위해 적용되던지에 관계없이 그 이론 자체에서 만든 개념, 즉 입증책임전환을 가능하게 하기 위해 요구되는 위험영역을 정확하게 한계 지을 수 없다는 비판 등이 제기된다.

108) Walter Rolland, a. a. O., Teil II Rdnr. 113(하지만 제조물이용자도 제조물을 통하여 이익을 누리므로, 위험있는 제조물의 생산으로부터 나타나는 이익은 일방적은 아니라는 비판이 제기되기도 한다).

우에만 면책의 입증에 성공할 수 있다. 이를 반영이라도 하듯이 지금까지 제조물소송에서 독일 연방대법원이 제조자의 면책의 입증을 받아들인 경우는 없고, 단지 하급심에서 통밀빵(Vollkornbrot)[109] 이나 순대소세지(Rotwurst)[110]에 이물질이 들어간 경우에 예외적으로 제조자의 면책 입증을 인정한 경우가 있을 뿐이다. 하지만 이러한 하급심의 제조자의 면책입증에 대해서도 의심스럽다고 한다.[111]

제조물소송에서 입증책임의 전환은 설계상의 결함, 제조상의 결함, 지시상의 결함에는 그대로 적용된다. 그러나 제조물관찰의무에서는 입증책임의 전환이 제한적으로만 적용된다는 것이 연방대법원의 입장이다.[112] 즉 처음 제조물을 유통할 때의 지시상의 의무 위반의 경우에는 입증책임의 전환이 그대로 적용되지만, 추가적으로 발생하는 경고의무에서는 피해자가 제조자의 객관적 거래안전의무의 침해에 대한 입증을 해야 한다는 것이다. 그러므로 피해자가 청구권의 요건을 입증한다는 일반적인 입증책임의 원칙에 따라, 피해자가 제조자에게 경고의무가 있고 이러한 의무를 제조자가 침해했다는 것을 입증해야만 한다. 물론 객관적 의무침해가 입증이 되면 제조자가 내적 주의(innere Sorgfalt)의 침해에 대해서는 면책의 입증을 하여야 한다.[113] 하지만 제조물이 시차를 두고 거래에 유통되었을 때에는 거의 이러한 구별은 의미를 갖지 않는다는 등의 이유로, 연방대법원의 판례에 반대하는 견해가 강하게 주장되고 있다.[114]

---

109) AG Frankfurt aM VersR 1977, 1137(원고는 피고가 제조한 통밀빵에 들어있는 돌을 씹어서 치아손상을 입었는데, 이에 대해서 하급심은, 피고는 빵반죽에 이물질을 통한 오염물질이 들어가는 것을 막기 위한 모든 기대가능한 예방조치를 취했다고 볼 수 있다고 하면서, 피고의 면책입증을 인정하였다).

110) LG Dortmund VersR 1987, 697.

111) Staudinger Komm/Johannes Hager, a. a. O., §823, Rdnr. F44.

112) BGHZ 80, 186, 198f; BGHZ 116, 60, 72f.

113) Walter Rolland, a. a. O., Teil II Rdnr. 122.

114) Staudinger Komm/Johannes Hager, a. a. O., §823, Rdnr. F44; Münchener Komm/Mertens, a. a. O., §823, Rdnr. 922.

그 외 입증책임의 전환이 생산종류와 기업의 규모에 관계없이 모든 제조물에 일반적으로 적용되는지 여부가 문제인데, 이에 대해서는 아직까지 연방대법원의 명확한 결정이 없다.[115] 그러나 제조물의 비산업적 생산에서도 입증책임의 전환이 인정된다는 것이 통설의 입장이다.[116] 피해자의 입증상황은 생산의 종류와 기업의 규모에 따라서 변화되지는 않기 때문이다. 비산업적 제조자도 제조물의 계획과 생산을 지배하며, 소비자보다는 제조자가 그의 지배영역에 대해서 좀 더 잘 관찰 내지는 조망할 수 있으므로, 입증책임의 전환이 그대로 인정되어야 한다.

5) 소 결

실제 독일 제조물책임법(ProdHaftG)이 실무적으로 많이 활용되지 않는 것은 앞에서 살펴본 바와 같이 독일의 판례에 의하여 발전되어온 불법행위적 제조물책임에 의하더라도 피해자 보호에 하등의 지장이 없기 때문이라고 할 수 있다.[117] 그 내용을 좀 더 구체적으로 살펴보면, 첫째로 불법행위적 제조물책임과 제조물책임법에 의한 제조물책임 사이에 피해자의 입증책임에서 실무상 차이가 없다는 것이다. 독일 제조물책임법에 의한 책임을 다수설에 따라 위험책임으로 본다면 제조자의 과책과 객관적 거래안전의무의 위반을 요하지 않게 되는데, 불법행위적 제조물책임에서도 제조물의 결함이 입증되면 독일 판례상 확립된 입증책임의 전환(Beweilastumkehr)에 의하여 제조자가 자신의 과책이 없다는 것과 객관적 거래안전의무의 위반이 없다는 것에 대해여 완전입증을 하여야 하는데, 독일 판례상 제조자의 면책의 입증을 거의 받아들이고 있지 않기 때문이다. 그러므로 실무상 양책임의 차이는 실제 거의 존재하지 않게 된다. 둘째로 불법행위적 제조물책임의 적용범위는 제조물책임법에

115) Walter Rolland, a. a. O., Teil II Rdnr. 124.

116) Staudinger Komm/Johannes Hager, a. a. O., §823, Rdnr. F45; Walter Rolland, a. a. O., Teil II Rdnr. 124.

117) Peter Marburger, a. a. O., S. 6.

의한 책임보다는 현저하게 그 적용범위가 넓다고 할 수 있다. 즉 불법행위적 제조물책임에 의하면 제조물의 범위가 현저히 넓어서 동산·부동산을 가리지 않고 모두 제조물이 될 수 있으며, 독일 제조물책임법에 의하면 물적 손해에 대해서는 500유로까지 피해자가 부담해야 하고(§11 ProdHaftG), 물적 손해의 배상에서 결함있는 제조물 자체손해는 배상하지 않음과 아울러 제조물을 통상 사적으로 사용 내지 소비했어야 하므로 제조물을 영업적 또는 직업적으로 사용한 경우에는 동법의 대상이 되지 않음에(§1 Abs. 1 S. 2 ProdHaftG) 비하여 불법행위적 제조물책임에서는 영업적 또는 직업적으로 이용된 물건에 대한 물적 손해도 그 배상대상이 되며, 또한 물적 손해나 인적 손해에 대해서 아무런 배상책임의 제한[118]이 있지 않기 때문이다. 그러므로 불법행위적 제조물책임에 의할 때 피해자 보호에 실무상 아무런 문제가 없으므로, 앞으로도 제조물책임법에 의한 제조물책임보다는 불법행위적 제조물책임이 보다 많이 활용될 것으로 보여진다.[119]

그 외 불법행위적 제조물책임에서 유형화된 결함개념 중 독일 제조물책임법 제3조에 의하여 포함되는 결함개념은 구조상의 결함, 제조상의 결함, 지시상의 결함만이라고 할 것이고, 제조물관찰의무의 침해로 인한 책임부분은 여전히 과실책임의 규정영역에 남아있다고 할 것이다.[120] 이에 따라 제조물관찰의무의 위반으로 인한 제조물책임은 여전히 불법행위적 제조물책임에 의하여 해결될 수밖에 없게 된다.

---

118) 독일 제조물책임법에 의하면 인적 손해가 발생한 경우에는 배상의무자는 8천 5백만 유로의 한도 내에서만 책임을 지며(§10 Abs. 1 ProdHaftG), 그 외 지금은 해결되었지만 제조물책임법의 제정 당시에는 미가공된 농업적 자연생산물과 수렵물을 제조물로 인정을 하지 않고, 또한 위자료의 배상책임도 인정하지 않았다.

119) Peter Marburger, a. a. O.(주 6), S. 6; Walter Rolland, a. a. O., Teil II Rdnr. 1.

120) Wolfgang Fikentscher/Andreas Heinemann, Schuldrecht, 10. Aufl., 2006. Rdnr. 1622; Hans Claudius Taschner/Erwin Frietsch, a. a. O., Art. 6 Richtl. Rdnr. 9.

4. 과실책임에 의한 제조물책임과 기술적 표준

1) 기술적 표준의 제정

독일에는 기술적 표준을 작성하고 공표하는 사법상의 단체가 현재 약 150개가 있다. 이들 단체 중 중요하고 널리 알려진 단체로서는 독일표준화연구소(DIN), 독일기술자협회(VDI), 독일 전기기술·전기·정보기술협회(VDE), 독일가스·물전문협회(DVGW) 등이 있고, 그 외 약 150여개의 표준제정단체가 있다.[121] 이러한 독일의 표준화단체가 제정한 표준의 숫자를 보면, 독일표준화연구소(DIN)의 표준이 약 2만개 이상이 되고, 그 외의 약 150개의 표준제정단체가 제정한 3만 5천개 이상의 표준이 독일에서 작용을 하고 있다.

2) 기술적 표준의 준수와 제조물책임

전문적인 기술적 표준의 제정단체인 독일표준화연구소(DIN)나 독일 전기기술·전기·정보기술협회(VDE) 등에 의하여 제정되는 초기업적 기술적 표준(Überbetriebliche technische Normen)은 제조자의 거래안전의무에 영향을 미칠 수 있다. 사적 단체의 전문가위원회에 의해서 제정된 초기업적 기술적 표준은 법적 규범(Rechtsnorm)은 아니지만, 일정한 대상의 통일화, 품질보증 및 안전을 목적으로 한다. 이러한 기술적 표준은 실무에서 법적 규범처럼 광범위하게 적용되고, 또한 이로 인해서 공법적 기술적 안전을 위한 법에서는 그들의 안전요구를 사적 단체의 기술적 표준에 지시(Verweisung)라는 입법기술을 통하여 법규범과 밀접한 관련을 맺기도 한다. 이러한 사적 단체의 기술적 표준에 대한 지시를 통하여 기술적 표준은 단지 해당하는 공법적 안전법의 영역에서만 유효범

---

121) Peter Marburger/Thomas Gebhard, Gesellschaftliche Umweltnormierungen, in: Alfred Endres/Peter Marburger, Umweltschutz durch gesellschaftliche Selbststeuerung, 1993, S. 5.

위가 제한이 되고, 이를 통하여 기술적 표준이 사법상의 거래안전의무를 직접적으로 확장하거나 제한하지는 않는다.

그러면 기술적 표준이 관련기술의 '일반적으로 승인된 기술의 수준'(allgemein anerkannten Regeln der Technik)으로 볼 수 있느냐가 문제인데, 기술적 표준을 일반적으로 승인된 기술의 규정으로 볼 수 없다는 견해도 있다.[122] 이 입장에서는 기술적 표준은 일정한 기술에 대한 통일적인 사용도 정당한 것으로 승인도 요건으로 하지도 않고, 종종 현실에서 통일적인 사용 등이 되어야만 하는 요구를 가질 뿐이며, 또한 기술적 표준은 제정 이후에 몇 년이 경과하면 낡은 것으로 되기 때문에 일반적으로 승인된 기술의 규정성을 상실해버린다고 한다. 하지만 기술적 표준은 일반적으로 승인된 기술적 수준이거나 그렇게 보아야 하는 것으로서 사실상의 추정(tatsächliche Vermutung)이 된다는 입장도 있다.[123] 이 입장에서도 기술적 표준이 항상 일반적으로 승인된 기술의 수준에 자동적으로 일치한다고 보지는 않는다. 왜냐하면 기술적 표준이 오래되었거나 기술이 발전했거나 또는 하자가 있는 등의 경우에는, 기술적 표준이 안전기준 등을 충족시킬 수 없기 때문이다. 그러나 일반적으로 기술적 안전법 등에서 기술적 표준을 일반적으로 승인된 기술의 규정으로 볼 수 있고, 즉 기술적 표준은 일반적으로 승인된 기술의 규정에 상응하는 것으로서의 반박할 수 있는 추정력을 가진다고 본다.

그리고 제조물의 설계와 제조 및 지시에 있어서 제조자의 제조물에 대한 주의의무는 '일반적으로 승인된 기술의 수준'의 준수로서 제823조 제1항에 의한 제조물책임을 면할 수는 없다. 제조자의 제조물에 대한 주의의무는 각각의 제조물의 유통시점에 얻을 수 있는 '학문과 기술의 수준'(Stand von Wissenschaft und Technik)의 충족을 요한다.[124] 즉 제조

---

122) Produkthaftungshandbuch/Ulrich Foerste, a. a. O., §24 Rdnr. 37.

123) Helmut Pieper, Die Regeln der Technik im Zivilprozeß, BB 1987, S. 276; Peter Marburger, Die haftungs- und Versicherungsrechtliche Bedeutung technischer Regeln, VersR 1983, S. 602.

124) Produkthaftungshandbuch/Ulrich Foerste, a. a. O., §24 Rdnr. 42.

자는 원칙적으로 해당 분야의 '일반적으로 승인된 기술의 기준'(anerkannte Regeln des jeweiligen Faches)뿐만 아니라 '학문과 기술의 수준'(Stand von Wissenschaft und Technik)도 고려해야 한다는 것이 일반적인 학설과 판례의 입장이다.[125] '학문과 기술의 수준'은 원칙적으로 제조자에게 최고의 요구를 지시하는 것이며, 이의 준수를 통하여 제조자는 통상 그에게 부담된 거래안전의무를 충족할 수 있게 된다.[126]

제조자의 주의의무의 기준으로서 학문과 기술의 수준은 구체적인 경우에 기술적 표준을 초과할 수 있다. 이에 따라 일반적인 DIN-표준(DIN-Normen)이나 VDE-규정(VDE-Bestimmungen) 등을 준수한 것으로 제조물책임을 면할 수 있는 것은 아니다.[127] 물론 제조물 생산 시 해당되는 제조물의 기술적 표준의 준수는 많은 부분에서 제조자가 학문과 기술의 수준에 유의하였음을 말해줄 수도 있지만, 이들 기술적 표준의 준수가 제823조 제1항에 의한 제조물책임의 면제로 연결될 수는 없다. 이에 따라 제조자는 해당되는 기술적 표준이 최신의 학문과 기술의 수준에 상응하는지의 여부에 대해서 면밀히 검토하여야 하며,[128] 기술적 표준이 오래되었으면 제조자는 그에 상응하여 해당하는 기술적 표준이 어느 정도까지 최신의 학문과 기술의 수준에 상응하는지의 여부를 더욱

---

125) BGH, NJW 1987, 372, 373; BGH, NJW 1994, 3349, 3350; Produkthaftungshandbuch/Ulrich Foerste, a. a. O., §24 Rdnr. 44.

126) Rainer Huth, a. a. O., S. 151.

127) 기술적 표준이나 공법적 안전기준을 준수하고 있다는 증명만으로 제조자의 제조물책임이 면제되는 것은 아닌데, 이점에 대해서 독일 연방대법원(BGH)은 '가스분사통사건'(Gaspraydosen-Fall)에서 이를 명백히 하였다(BGH NJW 1987, 373). 이 사건에서 제조자는 압축가스에 관한 기술적 표준에 규정된 경고사항을 가스통에 부착하였는데, 경고내용은 단지 내용물 자체의 가연성에 관한 언급만이 있었다. 피고는 기술적 표준에 규정된 경고만으로 충분하다는 주장을 하였는데, 연방대법원은 제조자로서는 규정에 적합한 사용일지라도 그것으로 인하여 발화가 가능한 '가스와 공기와의 혼합물'이 형성될 수 있다는 것을 고려했어야만 했고, 그러므로 제조자는 이러한 특수한 위험의 발생가능성에 관하여 사용자에게 경고해야만 한다고 보았다.

128) Hans Claudius Taschner/Erwin Frietsch, a. a. O., S. 47.

더 주의깊게 검토하여야 한다. 독일의 판례도 기술적 표준은 거래안전의무가 있는 제조자의 행태의무(Verhaltenspflicht)를 구체화하고 있으나 종국적인 행태의무를 규정하고 있는 것은 아니며, 상황과 생산 및 제조물의 성질에 따라서 보충의 필요성이 있는 것이고, 이를 보충할 책임은 제조자에게 있다고 보고 있다.[129)][130)]

위와 같이 초기업적 기술적 표준이나 공법적 기준(öffentlich-rechtlichen Regelwerke)의 준수를 바로 제조자의 거래안전의무의 이행으로 볼 수는 없으므로, 즉시 제조자의 제조물책임의 면책을 가져오지는 않는다. 그러나 공법적 기준이나 초기업적 기술적 표준에서 규정한 안전기준에 미달할 경우에는 거래안전의무의 침해를 나타낸다고 볼 것이다. 즉 공법적 규정이나 DIN-표준 등은 결코 미달되어서는 안 되는 최소한의 기준(Mindeststandard)을 설정한 것이며, 만일 기술적 발전이 이를 넘어선 경우에는 이 기준에 초과하여 충족되어야만 되는 것이다.[131)] 왜냐하면 사법상 제조자의 의무는 법이나 해당관청이 제조자에게 요구하는 것보다는 높기 때문이다. 독일 연방대법원은 끌사건(Meißel-Fall)에서 끌이 DIN-표준이 요구하고 있는 강도에 미달된 것은 기구안전법(GSG) 제3조를 위반한 것으로서 독일민법 제823조 제2항에 의하여 손해배상책임이 인정된다고 하였다.[132)] 또한 어린이놀이터 사건(Kinderspielplatz- Fall)

---

129) BGH NJW 1987, 373.

130) 하지만 순수한 사실상의 관점에서 볼 때, 일반적으로 승인된 기술의 수준, 즉 해당하는 기술적 표준의 준수 시에 손해의 원인이 되는 제조물결함을 방지하기 위하여 충분할 수 있을 것이다(Peter Marburger, a. a. O.(주 82), S. 282). 그러므로 제조자는 제조의 모든 단계(제조계획, 구조, 생산, 품질안전, 사용자에 대한 지시 등)에서 관련되는 기술적 표준을 주의 깊게 고려할 필요성이 있다.

131) Produkthaftungshandbuch/Ulrich Foerste, a. a. O., §24 Rdnr. 39; Staudinger Komm/Johannes Hager, a. a. O., §823, Rdnr. F10.

132) BGH VersR 1984, 270(이 사건은 원고가 끌(Meißel)을 사용하던 도중에 끌의 금속파편이 튀어서 원고의 눈에 심한 상처를 입힌 사건이다. 문제되는 끌은 끌에 적용되는 DIN-표준이 요구하고 있는 강도에 일치하지 않았는데, 만약 DIN-표준의 강도를 준수했더라면 위와 같은 파편이 발생하지

에서도 어린이놀이터에 놀이기구를 설치하면서 그 기구의 설치 및 조립에 적용되는 DIN-표준을 고려하지 않은 것은 거래안전의무의 위반이 있는 것으로 보았다.[133] 이에 따라 제조물책임소송에서 기술적 표준과 공법적 안전기준은 제조자가 상품의 제조 및 판매에 있어서 주의해야할 최소한의 기준으로의 역할은 한다고 할 것이므로, 공법적 안전기준과 기술적 표준에 미달한 제조물은 결함이 있는 것으로 보아 제조자는 제조물의 이용자와 제3자의 물적·인적 손해에 대해서 제조물책임을 져야 한다고 할 것이다. 이와 같이 기술적 표준은 최소한의 안전기준으로서의 역할을 할 뿐이므로, 기술적 표준을 넘어서는 추가적인 거래안전의무와 판례에 의하여 형성된 보다 강화된 안전기준이 배제되는 것은 아니므로, 제조자는 기술적 표준과 공법적 기준 등이 최신의 학문과 기술의 수준에 낙후된 것으로 인식되는 경우에는 최신의 학문과 기술의 수준에 따라서 제품을 생산하고 유통시켜야 한다.

그 외 행정관청의 완성된 제조물에 대한 검사는 제조물책임을 면책

않았을 것이었다. 이에 연방대법원은 피고인 제조자에 대하여 기구안전법(GSG) 제3조 위반, 즉 보호법률의 위반을 이유로 독일민법 제823조 제2항에 의하여 손해배상책임을 인정하였다. 기구안전법 제3조 제1항에 의하면 '기술적 노동기구(Arbeitsmittel)는 동법에 의한 명령에서 특별한 요구가 없으면, 일반적으로 승인된 기술의 규정에 의하여 만들어진 경우에는 거래에 유통될 수 있다'고 규정하고 있는데, 위의 문제된 끌은 기구안전법 제3조 제1항에 규정된 일반적으로 승인된 기술의 규정상의 안전기준에 일치하지 않는다는 것이었다).

133) BGHZ 103, 338(이 사건은, 어린이가 피고시가 운영하는 어린이놀이터의 미끄럼장치에서 상처를 입었는데, 피고시가 어린이놀이터 사고에 대하여 책임을 져야하는지가 문제되었다. 그런데 피고시는 어린이놀이터에 놀이기구를 설치하면서 그 기구의 설치 및 조립에 적용되는 DIN-표준(DIN-Norm)을 고려하지 않았다. 이에 연방대법원은 항소심이 피고시에 대한 안전의무의 확정에 있어서 DIN-표준 7926 Teil 1을 원용한 것은 의문의 여지가 없다고 하였다. 또한 연방대법원은 DIN-표준은 관련분야에서 일반적으로 승인된 기술의 규정을 반영한 것이며, 따라서 안전을 보장하기 위하여 거래관념에 따라 요구하고 있는 기술규정으로 특히 적합하다고 보았다).

시키지는 않는다.[134] 이것은 단지 공법적 의미의 규정위반이 없다는 것을 뜻하며, 제조물의 결함이 없다는 것을 의미하지는 않기 때문이다.

3) 소 결

앞에서 살펴본 바와 같이 독일민법상 불법행위적 제조물책임에서 제조자의 주의의무는 제조물의 유통시점에 얻을 수 있는 '학문과 기술의 수준'의 충족을 요한다. 그런데 기술적 표준의 준수는 통상 일반적으로 승인된 기술의 수준을 반영한다고 볼 수 있으므로, 기술적 표준의 준수로 제조자의 주의의무를 다했다고 할 수는 없다. 그러므로 기술적 표준의 준수로 독일민법 제823조 제1항에 의한 제조물책임의 면제로 연결될 수는 없다. 이에 따라 우리나라의 기업들이 독일의 기술적 표준을 준수했지만, 독일 등에 수출한 물건에 결함이 발생한 경우에, 기술적 표준을 준수했다는 항변이 제조물책임의 면책을 가져오지는 않게 될 것이다.

Ⅲ. 제조물책임법상의 제조물책임과 기술적 표준

1. 서

1990년 1월 1일 시행된 독일 제조물책임법(Gesetz über die Haftung für fehlerhafte Produkte vom 15. 12. 1989(Produkthaftungsgesetz: ProdHaftG))은 유럽공동체의 제조물책임입법지침(EG-Produkthaftungsrichtlinie)[135]을 독

134) Staudinger Komm/Johannes Hager, a. a. O., §823, Rdnr. F10.

135) 1985년 7월 25일 제조물책임에 관한 유럽공동체의 입법지침(Richtlinie des Rates vom 25. 7. 1985 zur Angleichung der Rechts- und Verwaltungsvorschriften der Mitgliedstaaten über die Haftung für fehlerhafte Produkte)이 각료이사회에 의해 채택됨으로써 회원국들은 자국법으로 전환하여 시행할 의무를 부담하게 되었다. 이를 계기로 독일에서는 1988년 6월 9일 연방의회에 결함제조물에 관한 법률안이 연방정부

일법으로 전환한 것으로서, 제조물결함으로 인하여 발생한 손해에 대해서 제조자 등의 위험책임(Gefährdungshaftung)을 규정하고 있다. 이러한 독일 제조물책임법은 학계·실무계 등의 많은 관심 속에서 제정·시행되었고, 제정·시행된 지 어느덧 20년을 경과하고 있다. 그러므로 이하에서는 독일 제조물책임법의 주요내용과 동법의 제정의미 등에 대해서 살펴보고, 또한 동법에 의한 책임의 법적 성질이 진정한 위험책임인가의 여부를 두고 다투어지고 있으므로, 이러한 문제에 대해서 그간 독일에서의 논의를 중심으로 검토하고자 한다.

그리고 제조물책임법상의 제조물책임의 중심적 의의는 위험책임을 규정한 동법 제1조와 위험책임의 책임요건인 제조물결함의 판단기준이 되는 결함개념을 규정한 동법 제3조일 것이다. 왜냐하면 위험책임에 의한 제조물책임에서는 제조물책임의 성립여부 사이에 가장 결정적인 것

안으로 제출되고, 이를 기초로 1989년 12월 5일에 독일 제조물책임법이 제정되었다. 유럽공동체의 제조물입법지침은 1968년 여름부터 준비작업에 들어가서, 1976년 9월 9일에 유럽공동체의 집행위원회가 각료이사회에 '결함제조물의 책임에 관한 각료이사회의 입법지침안'(Vorschlag einer Richtlinie des Rates vom 25. 7. 1985 zur Angleichung der Rechts- und Verwaltungsvorschriften der Mitgliedstaaten über die Haftung für fehlerhafte Produkte)을 제출하였고, 이에 대해서 회원국 간에 결함개념, 개발위험의 면책, 책임최고액제한의 확정 등의 문제를 놓고 집중적인 논의를 거쳐서, 1985년 7월 25일에 각료이사회에 의하여 유럽공동체의 제조물책임에 관한 입법지침이 확정되었다(Joachim Schmidt-Salzer, Kommentar EG-Richtlinie Produkthaftung, Bd. 1, 2. Aufl., 1988, EinLl. Rdnr. 41-45). 유럽공동체의 제조물책임입법지침은 제조물책임에 관한 유럽공동체 회원국 간의 완전한 법적 동화는 이루지 못하여, 회원국은 다음의 사항에 대해서는 선택권을 가지게 되었다. 즉 개발위험의 면책여부(Art 15 Abs. 1 EG-ProdukthaftungsR), 농업적 자연생산물과 수렵물의 제조물인정여부((Art 15 Abs. 1 EG-ProdukthaftungsR), 비재산적 손해의 배상여부(Art 9 EG-ProdukthaftungsR), 책임최고액의 제한 여부((Art 16 EG-ProdukthaftungsR) 등에 대해서는 각회원국이 자국법으로의 전환 시에 선택을 할 수 있도록 하였다(Produkthaftungshandbuch/Graf von Westphalen, Bd. 2, 2. Aufl., 1999, §70 Rdnr. 2-3).

은 제조물의 결함이기 때문이다.[136] 동법 제3조 제1항에 의하면 '모든 사정의 고려 하에 정당하게 기대할 수 있는 안전성을 결여한 제조물은 결함이 있다'라고 규정하면서, 특히 고려해야하는 사정은 광고나 사용설명서 등과 같은 '제조물의 표시', 예상된 오용이나 통상적인 오용을 포함한 '합리적으로 기대할 수 있는 사용', '유통된 시점'이라고 규정하고 있다. 그러면 법적 안전규정이나 DIN-표준, VDE-표준, DVGW-표준 등의 기술적 표준의 준수가 합리적으로 기대할 수 있는 안전성의 준수로 될 수 있는가가 문제이다. 즉 제조자가 물건의 제조 시에 기술적 표준의 준수로서 결함이 없다는 항변을 하여 동법에 의한 제조물책임의 면책을 주장할 수 있는지 여부에 대해서 살펴보고자 한다.

2. 제조물책임의 법적 성질

독일 제조물책임법(ProdHaftG)은 제조물결함으로 인하여 발생한 손해에 대해서 제조자 등의 위험책임을 규정하고 있다고 통상 이해하고 있다. 동법 제1조 제1항에 의하면, '제조물의 결함으로 인하여 사람이 사망하거나 신체 또는 건강이 침해되거나 또는 물건이 손괴된 경우, 제조물의 제조자는 제조물의 결함으로 발생한 손해를 배상할 의무가 있다'(§1 Abs. 1 ProdHaftG)라고 해서, 제조자의 객관적인 의무침해나 과책을 요건으로 하지 않음으로써, 불법행위적 제조물책임에서 가능했던 객관적인 의무위반과 과책에 대한 제조자의 면책의 입증이, 제조물책임법에서는 원천적으로 차단되게 되었다. 이에 따라 독일민법 제823조 제1항에 의한 불법행위적 제조물책임과는 달리 소위 '조악품(Ausreißer)'[137]

136) Wolfgang Fikentscher/Andreas Heinemann, a. a. O., Rdnr. 1622.

137) 독일민법 제823조 제1항에 의한 불법행위적 제조물책임에서는 제조과정의 최적의 조직과 검사에도 불구하고 개별적인 경우에 결함있는 제조물이 거래에 유통되는 경우가 있는데, 이러한 소위 조악품을 통하여 발생한 손해에 대해서는 제조자가 책임을 지지 않는다. 왜냐하면 조악품(Ausreißer)의 경우에는 제조자에게 과실이 있다고 할 수 없기 때문이다 (Volker Emmerich, BGB-Schuldrecht Besonderer Teil, 11. Aufl., 2006,

에 대해서도 제조자는 동법에 의해서 책임을 지게 되었다.[138)]

그런데 독일 제조물책임법에 의한 제조물책임의 법적 성질에 대해서는 지금까지도 논란이 있다.[139)] 제조물책임법에 의한 책임의 법적 성질에 대해서는 처음부터 논란이 있었고, 아마 생각할 수 있는 모든 가능성이 논의의 대상으로 떠올랐다. 독일의 다수설은 제조물책임법에 의한 책임을 과책과 위법성을 요하지 않는 위험책임, 즉 결함있는 제조물을 거래에 유통시킨 것과 연결되는 위험책임(eine an das Inverkehrbringenen eines fehlerhaften Produkts anknüpfende Gefährdungshaftung)으로 파악을 하고 있으며,[140)] 소수설은 전형적인 위험책임이 아니라 과실을 요건으로 하지 않는 무과실책임(verschuldensunabhängige Haftung)으로 이해하며,[141)] 또 다른 견해는 제조물책임법에 의한 책임은 독일민법 제823조 제1항에 의한 불법행위적 제조물책임과 기본구조에서 일치하므로 과실책임의 원칙에 입각한 과실책임(Verschuldenhaftung)을 규정한 것이라는 입장도 있다.[142)]

---

§23 Rdnr. 26). 하지만 독일 제조물책임법(ProdHaftG) 제1조에 의한 책임에서는, 제조자의 과실유무가 문제되지 않으므로, 조악품에 대하여서도 제조자는 책임을 져야 한다.

138) Volker Emmerich, a. a. O., §23 Rdnr. 17; Hans Claudius Taschner/Erwin Frietsch, a. a. O., §1 ProdHaftG Rdnr. 20.

139) Karl Larenz/Claus-Wilhelm Canaris, Lehrbuch des Schuldrechts Besonderer Teil, Bd. Ⅱ, 13. Aufl., 1994, S. 643; Dirk Looschelders, Schulrecht Besonderer Teil, 4. Aufl., 2010, Rdnr. 1268.

140) Peter Marburger, a. a. O., S. 14; Karl Larenz/Claus-Wilhelm Canaris, a. a. O., S. 644; Hermann H. Hollmann, Die EG-Produkthaftungsrichtlinie, DB 1985, S. 2389; Walter Rolland, Produkthaftungsrecht, 1990, §1 ProdHaftG, Rdnr. 7.

141) Hans Claudius Taschner/Erwin Frietsch, a. a. O., §1 ProdHaftG Rdnr. 17f.; Graf von Westphalen, Das Neue Produkthaftungsgesetz, NJW 1990, S. 85; Joachim Schmidt-Salzer, a. a. O., Art. 1, Rdnr. 5f.; Volker Emmerich, a. a. O., §23 Rdnr. 16,; Rolf Schmidt, Schuldrecht Besonderer Teil Ⅱ, 2009, Rdnr. 1029.

142) Häsemeyer, Das Produkthaftungsgesetz im System des Haftungsrecht,

먼저 제조물책임법에 의한 책임이 과실책임이라는 주장에 대해서 살펴보면, 이 견해의 근거는 불법행위적 제조물책임과 제조물책임법에 의한 책임은 모두다, 제조자가 제조물의 결함을 학문과 기술의 수준에 의하여 예방할 수 없었다는 것을 입증하면 면책되기 때문에 양자의 책임은 동일하다고 한다.143) 그러나 이 견해는 약간의 오해에서 비롯된다고 할 수 있다. 독일 제조물책임법에 의한 제조물책임에서 제조자에게는 결함을 학문과 기술의 수준에 의하여 예방할 수 없었다는 개발위험의 항변이 주로 제조물의 구조상의 결함과 관련이 되어서 인정이 된다(§1 Abs. 2 Nr. 2 ProdHaftG).144) 이에 반해서 제조상의 결함에 귀속시킬 수 있는 조악품의 항변(Ausreißereinwand)은 인정되지 않는다. 즉 제조물책임법에 의해서는 제조물의 생산이 최신의 학문과 기술의 수준에 상응한 품질안전시스템에 의하여 조직되고, 그럼에도 불구하고 결함을 알 수 없었다는 것을 입증할지라도 제조자는 조악품에 대해서 면책되지 않는다. 이에 반해서 독일민법 제823조 제1항에 의한 제조물책임에서는 위와 같은 입증이 있는 경우에 제조자는 면책될 수 있다. 그러므로 양책임에는 차이가 있다고 할 것이다.145) 사실 불법행위적 제조물책임에서 조악품에 대한 항변은 별 큰 의미가 없었지만, 독일 제조물책임법에 의한 책임에서는 원래부터 이러한 조악품에 대한 항변이 배제되어 있는 것이다.

그 다음 독일 제조물책임법에 의한 책임이 무과실 책임(verschuldensunabhängige Haftung)이라는 입장에 의하면, 동법에 의한 책

Festschrift für Niederländer, 1991. S. 254ff.

143) A. a. O., S. 263.

144) 개발위험의 항변은 주로 제조물의 구조상의 결함(Konstruktionsfehler)과 관련하여서 인정되지만, 제조상의 결함(Fabrikationsfehler) 및 지시상의 결함(Informationsfehler)과 관련하여서도 인정될 수 있다(Karl Larenz/Claus-Wilhelm Canaris, a. a. O., S. 645). 하지만 개발위험은 제조물의 구조상의 결함과만 관련된다는 견해도 있다(Volker Emmerich, a. a. O., §23 Rdnr. 17).

145) Peter Marburger, a. a. O., S. 11.

임은 객관적 의무위반, 즉 외부적 주의의무의 침해가 있는 한, 내부적 주의의무의 침해는 요구되지 않는다는 입장이다. 이 입장은 제조물책임법에 의한 책임은 과책과 위법성을 요하지 않는 전통적인 의미에서 위험책임이 아니라, 단지 위법성을 요건으로 하면서도 과실을 요하지 않는 무과실책임이라고 본다. 이 견해에 의하면, 위험책임은 허용된 위험의 실현에 의한 책임, 즉 적법한 행태의 일정한 결과에 대한 책임으로서, 순수한 제조물 위험책임(reine Produkt-Gefährdungshaftung)이란 제조물의(결함이 없더라도) 위험있는 유통(risikobehaftete Inverkehrbringen)과 그로부터 발생한 손해에 대한 책임이라고 볼 수 있는데, 제조물책임법상의 책임의 배경으로 제조물의 유통이 위험인수라고는 일반적으로 볼 수 없다는 것이다. 또한 제조물의 결함이 있다는 것은, 비록 제조자의 과책에 의하여 발생한 것인지의 여부는 별론으로 하고, 제조자에게 요구되는 거래안전의무(Verkehrspflichten)의 위반이 있음을 의미한다고 본다.[146) 사실 불법행위적 제조물책임에서의 거래안전의무는 매우 엄격하게 파악되므로, 이에 따라 제조자가 결함있는 제조물을 거래에 가져오면 거래안전의무의 침해로 볼 수도 있다. 하지만 위법성을 요건으로 하는 단순한 무과실책임은 독일 불법행위법에서 낯선 것이며, 결함있는 제조물의 경우에서만 위험책임이 아니라 무과실책임으로 보아야 하는 근거도 명백하지 않다고 할 것이다.[147)]

그렇다면 독일 제조물책임법에 의한 제조물책임을 위험책임으로 보아야 할 것이데, 여기에는 약간의 특수성이 있다고 할 것이다. 첫째로 제조물책임법에 의한 제조물책임은 제조물을 생산하고 유통시킨 것과 관련되는 책임이므로 보유자책임(Halterhaftung)이 아니라 행위책임(Handlungshaftung)이라고 할 것이다. 행위책임이 위험책임의 체계 안에서 현재는 그리 낯선 것이라고는 할 수 없다.[148)] 둘째로 제조물 내지

146) Hans Claudius Taschner/Erwin Frietsch, a. a. O., §1 ProdHaftG Rdnr. 19.

147) Karl Larenz/Claus-Wilhelm Canaris, a. a. O., S. 644.

148) 위험책임은 대상적으로 구체화된 위험원에 대한 책임으로 이해하는 것이

제조물의 생산은 추상적으로나 일반적으로 위험한 것이라고 말할 수는 없다. 하지만 독일 제조물책임법에 의한 책임을 위험책임으로 분류하는 것이 모순된다고 할 수는 없는데, 왜냐하면 제조물의 구체적인 결함도 위험원으로 볼 수 있고 제조물책임법 제1조에서도 제조물의 결함으로 발생한 손해를 배상해야 한다고 해서 바로 이점과 연결시키고 있기 때문이다. 이에 따라 제조물책임법에 의한 책임은 결함 있는 제조물의 유통과 관련되는 위험책임으로 이해할 수 있을 것이다.[149] 즉 독일 제조물책임법상의 책임의 성질은 결함있는 제조물을 거래에 유통시킨 것과 연결되는 위험책임으로 볼 수 있을 것이다.[150]

3. 독일 제조물책임법의 주요내용

1) 제조물 및 제조물의 결함

일반적인데, 위험책임의 구성요건은 일반적으로 일정한 시설의 운영과 결부되거나 일정한 물건이나 물질의 보유와 관련되어서 나타나는 위험에 대한 책임을 규정한다. 이에 따라 위험책임은 주로 시설책임과 연관이 되나, 위험책임은 위험한 시설의 운영이나 위험한 물질의 보유로 인해서가 아니라 위험한 행위를 행하는 자에게도 해당이 될 수 있다. 이렇게 행위책임을 인정한 것으로서는 독일 수질관리법(WHG) 제22조에 의한 행위책임과 유전공학법(GenTG) 제32조에 의한 유전공학적 작업의 실행과 이를 통하여 유전공학적으로 변형된 유기체를 방출한 자의 책임이 이에 해당한다.

149) Peter Marburger, a. a. O., S. 14.

150) 하지만 제조물에 결함이 있다는 것은, 이미 제조 유통과정에서 제조물안전의무를 위하여 제조자에게 주어지는 위험방지의무로서 다양한 거래안전의무(Verkehrspflichten)(이 거래안전의무는 제조자에게 통상 구조상의 의무(Konstruktionspflichten), 제조상의 의무(Fabrikationspflichten), 표시상의 의무(Instrukionspflichten), 제조물관찰의무(Produktbeobachtungspflichten) 등으로 나타난다)의 위반이 있다는 것을 의미함으로, 제조물책임법에 의한 제조물책임을 진정한 위험책임으로 보는 데에는 한계가 있는 면을 부인할 수 없을 것이다.

가. 제조물

독일 제조물책임법(ProdHaftG) 제2조는, "동법상 제조물이란 다른 동산이나 부동산의 일부를 구성하는 경우를 포함한 모든 동산(bewegliche Sache) 및 전기(Elektrizität)이다"라고 제조물의 개념을 정의하고 있다. 이러한 개념정의는 '물건이란 유체물이다'라고 규정한 독일민법 제90조와 일치하지는 않지만 직접적으로 밀접한 관련을 가지고 있으며,[151] 이에 따라 가스, 수돗물, 저장혈액, 기계 및 그의 부품, 책 · 지도 등의 인쇄물, 박테리아 · 바이러스 등의 미생물, 건물에 설치된 엘리베이터 · 내방 및 난방시설,[152] 등기된 선박을 포함한 선박 및 항공기, 살아있는 동물 등이 모두 제조물이 된다.[153]

2000년 11월 독일 제조물책임법 개정전에는 동법 제2조 제2문에서 "1차적 가공을 거치지 않은 토지, 축산, 양봉과 수산의 농업경제적 생산물(농업적 자연생산물)은 동법의 적용이 제외된다. 수렵물도 마찬가지이다"라고 하여서 미가공된 농업적 자연생산물과 수렵물을 제조물책임법이 적용되는 제조물의 개념에서 제외를 하였다. 원래 1985년의 제조물책임에 관한 유럽공동체의 입법지침에서는 미가공된 농업적 자연생산물과 수렵물을 제조물로 인정할 것인지의 여부는 각 국가의 선택사항으로 규정하고 있었는데(Art 15 Abs. 1 EG-ProdukthaftungsR), 독일은 이를 제조물책임법이 적용되는 제조물로 인정하지 않았었다. 그러나 1990년대 후반 전 유럽을 휩쓴 광우병의 영향으로 1차 농산물과 수렵물의 안전에 대한 소비자의 신뢰회복에 대한 필요성이 강하게 제기되었고, 이에 따라 1999년 5월의 '유럽공동체의 제조물책임에 관한 개정입법지

151) Friedich Graf v. Westphalen, a. a. O., S. 87.

152) Nobert Kollmer, Zivilrechtliche und arbeitsrechtliche Wirkungen des Gerätesicherheitsgesetzes, NJW 1997, S. 2018.

153) Hans Claudius Taschner/Erwin Frietsch, a. a. O., §2 ProdHaftG Rdnr. 1-73; Walter Rolland, Produkthaftungsrecht, 1990, Teil Ⅰ, §2 ProdHaftG Rdnr. 1-40.

침'(Richtlinie 1999/34/EG des Europäischen Parlaments und des Rates zur Änderung der Richtlinie 85/374/EWG des Rates zur Angleichung der Rechts- und Verwaltungsvorschriften der Mitgliedstaaten über die Haftung für fehlerhafte Produkte)에 따라서 위의 내용이 2000년 11월 독일 제조물책임법의 개정을 통하여 삭제되었다. 그러므로 지금은 미가공된 농업적 자연생산물과 수렵물도 독일 제조물책임법이 적용되는 제조물이 된다. 예를 들어, 미가공된 버섯, 딸기, 물고기 등도 동법 제2조상의 제조물이다.[154)]

나. 제조물의 결함

독일 제조물책임법상의 제조물책임의 중심적 의의는 위험책임을 규정한 동법 제1조 다음으로, 위험책임의 책임요건인 제조물결함의 판단기준이 되는 결함개념(Fehlerbegriff)[155)]을 규정한 동법 제3조일 것이다. 왜냐하면 위험책임에 의한 제조물책임에서는 제조물책임의 성립여부 사이에 가장 결정적인 것은 제조물의 결함이기 때문이다.[156)] 동법 제3조 제1항에 의하면 '모든 사정의 고려 하에 정당하게 기대할 수 있는 안전성을 결여한 제조물은 결함이 있다'라고 규정하면서, 특히 고려해야하는

---

154) 박동진, 제조물책임법상 제조물의 개념, 비교사법 제10권 4호(통권 23호), 283면.

155) 하자담보책임에서의 하자개념과 제조물책임에서의 결함개념은, 관련되는 물건의 있어야할 성상(Sollenbeschaffenhaeit)과 있는 성상(Istbeschaffenheit)이 상이할 때 발생한다는 점에서 유사하나, 하자담보책임에서의 하자는 물건의 계약적 합의에 의한 성상이나 물건의 통상적인 성상과 사실상의 성상이 상이할 때 하자로 볼 수 있으나, 제조물책임에서의 결함은 객관적인 기준에 의하여 정해진 물건의 안전성의 결여가 결함이 된다(Wolfgang Fikentscher/Andreas Heinemann, Schuldrecht, 10. Aufl., 2006, Rdnr. 1622; Walter Rolland, a. a. O., Teil Ⅰ, §2 ProdHaftG Rdnr. 3). 물건의 취득자는 품질적합적 제조물을 취득하고자 하는데, 단순히 제조물의 무효력이나 품질의 하자는 제조물책임의 대상이 아니다. 이것은 계약법이나 물건의 하자담보책임에 의해서 해결되어야 한다.

156) Wolfgang Fikentscher/Andreas Heinemann, a. a. O., Rdnr. 1622.

사정은 광고나 사용설명서 등과 같은 '제조물의 표시', 예상된 오용이나 통상적인 오용을 포함한 '합리적으로 기대할 수 있는 사용', '유통된 시점'이라고 규정하고 있다.

그러면 법적 안전규정이나 DIN-표준, VDE-표준, DVGW-표준 등의 기술적 표준의 준수가 합리적으로 기대할 수 있는 안전성의 준수로 될 수 있는가가 문제이다. 독일정부의 입법이유서에서는 제조자가 위와 같은 법적 규정이나 기술적 표준을 준수한 경우에는 그 제조물은 정당하게 기대할 수 있는 안전에 상응한 것으로 볼 수 있다(Anschein)고 하고 있다.[157] 하지만 법적 규정이나 표준 또는 기타 제조물관련 기술적 상술의 준수를 통하여 제조물의 결함이 없다는 강제적인 간접증거(Indiz)가 되지는 않는다.[158] 사실 위와 같은 규정은 제조자의 의무를 구체화하지만, 그러나 근본적으로 제조자의 의무를 최종적으로 확정하는 규정은 될 수 없다. 또한 위와 같은 규정이 최신의(aktuellen) 학문과 기술의 수준을 항상 반영한다고 할 수도 없다. 하지만 해당 제조물은 '일반적으로 승인된 기술의 기준'뿐만 아니라 제조물의 유통당시의 '학문과 기술의 수준'에 상응한 안전성을 갖추어야만 한다.[159] 이에 따라 국제적으로 제조물을 제조·판매하는 자는 국제적인 학문과 기술의 수준에 상응하여 해당제조물의 안전성을 확보해야 한다. 이러한 결함개념은 본질적으로 불법행위적 제조물책임의 결함개념과 일치하는 것이다.[160] 그러나

157) BT-Drs. 11/2247, S. 19.

158) Hans Claudius Taschner/Erwin Frietsch, a. a. O., ProdHaftG § 3 Rdnr. 16; Walter Rolland, a. a. O., Teil I §3 ProdHaftG Rdnr. 13.

159) 불법행위적 제조물책임에서도 제조물은 원칙적으로 해당 분야의 '일반적으로 승인된 기술의 기준'(anerkannte Regeln des jeweiligen Faches)뿐만 아니라 '학문과 기술의 수준'(Stand von Wissenschaft und Technik)에 상응한 안전성을 갖추어야 한다는 것이 일반적인 학설과 판례의 입장이다(BGH, NJW 1987, 372, 373; BGH, NJW 1994, 3349, 3350; Produkthaftungshandbuch/Ulrich Foerste, a. a. O., §24 Rdnr. 44).

160) Peter Marburger, Gebrauchs- und Betriebsanleitungen im Produkthaftungsrecht, in: Michael Kloepfer(Hrsg), Gebrauchs- und Betriebsanleitungen in Recht und Praxis, 2007, S. 56.

불법행위적 제조물책임에서 유형화된 결함개념 중 동법 제3조에 의하여 포함되는 결함개념은 구조상의 결함, 제조상의 결함, 지시상의 결함만이라고 할 것이고, 제조물관찰의무의 침해로 인한 책임부분은 여전히 과실책임의 규정영역에 남아있다고 할 것이다.[161] 또한 제조물은 유통될 시점의 안전기준을 준수했느냐의 여부가 중요하므로, 제조물책임법 제3조 제2항은 '제조물은 추후에 보다 우수한 제조물이 유통되었다는 이유만으로는 결함이 있다고 할 수 없다'고 규정하고 있다.[162]

독일 제조물책임법 제3조의 의미에서 '정당하게 기대할 수 있는 안전성'의 확정에서는 모든 사정을 고려해야 하는데, 특히 제조물의 표시, 합리적으로 기대할 수 있는 사용, 유통된 시점을 고려하도록 하고 있다. 하지만 이러한 3가지 특히 고려해야 할 사정은 모든 사정을 고려하도록 하고 있으므로, 한정적인 의미를 가지지는 않고 열거적인 의미만을 가질 뿐이다.[163] 먼저 정당하게 기대할 수 있는 안전성의 판단에서 '제조물의 표시'는 지시상의 결함을 의미하는데,[164] 제조물의 사용자 등이 위

161) Wolfgang Fikentscher/Andreas Heinemann, a. a. O., Rdnr. 1622; Hans Claudius Taschner/Erwin Frietsch, a. a. O., Art. 6 Richtl. Rdnr. 9.

162) 유럽공동체의 제조물입법지침 제6조는 결함개념을 통일적으로 파악하였고, 독일 제조물책임법 제3조도 결함개념을 유형화해서 규정한 것이 아니라 통일적으로 규정하고 있다(Hans Claudius Taschner/Erwin Frietsch, a. a. O., Art. 6 Richtl. Rdnr. 10). 불법행위적 제조물책임에서 통상 결함개념을 유형화하여 구조상의 결함, 제조상의 결함, 지시상의 결함, 제조물관찰상의 결함(Produktbeobachtungsfehler) 등으로 유형화하는 것이 일반적인데, 이에 대해서는 많은 비판이 제기되면서 통일적으로 결함개념을 파악해야 한다는 주장이 제기되었다. 즉 결함의 유형화는 단순한 기술적·경영학적 관점에서 파악한 개념이며 법률적인 가치판단의 참고자료는 될 수 있을지언정 책임근거적 요소는 아니라는 주장이 제기되었다. 즉 과학기술이 발달되면서 제조물의 설계·제조·유통과정이 더욱 복잡해지고 그 과정이 연결되어 있으므로, 제조물 제조의 모든 단계에서 발생한 결함을 결과로서 파악하여 책임근거를 설정하는 것이 합리적이기 때문에 통일적으로 결함개념을 파악해야 한다는 것이다(연기영, 생산물손해배상책임법, 육서당, 1999, 167면).

163) Walter Rolland, a. a. O., Teil I §3 ProdHaftG Rdnr. 20.

164) Wolfgang Fikentscher/Andreas Heinemann, a. a. O., Rdnr. 1622.

험한 제조물의 위험 등을 인식할 수 있도록 적절한 지시·경고하여야 하며, 만일 제조물에 관한 사용설명서, 지시서 및 제조물에 대한 광고 등이 적절하지 않았거나 경고문이 없었던 경우에는 제조물의 결함이 인정된다는 것이다. 지시상의 결함은 사용설명이나 지시 및 경고를 전혀 하지 않았거나 이것이 불충분하거나 혹은 난해하여 평균인이 이해하기 어려운 기술적 전문용어를 사용한 경우에도 있게 된다. 예를 들어, 단기 마취제 Estil의 제조자는 팔꿈치와 같이 정맥과 동맥이 서로 밀집되어 있는 곳에서는 이 마취제를 사용하여서는 안 된다는 것을 분명히 지시하여야 한다[165]는 것이다. 그러나 일상적으로 사용하는 기구와 같은 일상적인 위험, 즉 일반적인 경험지식의 범위 내에 있는 것들에 대해서는 경고할 필요가 없다고 할 것이다.[166] 둘째로 고려해야 할 사정은 예상된 오용이나 통상적인 오용을 포함한 '합리적으로 기대할 수 있는 사용'이다. 독일 제조물책임법 제3조 제1항 b호의 '합리적으로 기대할 수 있는 사용'으로부터 제조물이용자에 의하여 예상되는 오용(vorhersehbarer Fehlgebrauch)이나 통상적인 오용(üblicher Fehlgebrauch), 즉 거래관념에 따라 통상 소비자에 의하여 예상할 수 있는 제조물의 오용의 경우를 고려해야 한다는 것으로서,[167] 오용적 사용의 경우에도 역시 제조물책임법의 보호대상이 된다는 것이다. 다시 말하면, 규정위반적 사용을 계산(예상)할 수 있는 경우에는 규정위반적 사용도 '합리적으로 기대할 수 있는 사용에 포함된다는 것이다. 물론 고의적 남용적 사용과 같이 책임귀속관계를 중지시킬 정도로 큰 경우에는 고려해야할 사정에 포함되지 않을 것이다. 즉 거래관념에 의한 사용에서 구체적으로 도저히 계산되어질 수 없는 사용의 경우는 제조물의 결함이 있다고 할 수 없다.[168]

---

165) BGH NJW 1972, 2217.

166) 예들 들어, 그릴기구의 제조자는 그릴탄에 연료알콜을 부어서는 안 된다는 것을 경고할 의무까지는 없다고 할 것이다(OLG Koblenz, VersR 1981. 740).

167) Hans Brox/Wolf-Dietrich Walker, Besonderes Schuldrecht, 31. Aufl., 2006, §46 Rdnr. 31.

168) Walter Rolland, a. a. O., Teil I §3 ProdHaftG Rdnr. 37.

이러한 경우에는 제조물책임법 제6조 제1항의 피해자의 공동과책(Mitverschulden)이 고려될 여지도 없이, 제조자는 제조물책임을 부담하지 않는다. 셋째로 결함의 판단에서 고려해야 할 사정은 '유통된 시점'이다. 그러므로 제조물이 유통될 당시의 안전기준(Sicherheitsstandard)을 충족하였는지가 결정적이 된다. 제조물에 대한 안전기대(Sichherheitserwartung)는 불변적인 것이 아니라, 기술적 발전에 따라서 변화하는 것이다. 시간적 기준점이 없이 제조물에 대한 안전기대가 변경되면, 제조물은 추후에 결함있는 것으로 될 것이다. 그러므로 제조자가 제조물 유통 당시에 도달할 수 없는 안전수준은 추후에 고려되지 않아야 한다는 것이다. 그리고 유통된 시점(Zeitpunkt des Inverkehrbringen)은 단순히 고려해야하는 사정의 하나가 아니라 제조물의 결함을 판단하기 위한 결정적인 시점(maßgebende Zeitpunkt)이 된다.[169] 이에 따라 제조물이 유통된 시점에서 요구하는 안전기준을 준수한 경우에는 제조물은 결함이 없는 것이 된다.[170] 이와 같이 제조물은 유통될 시점의 안전기준을 준수했느냐의 여부가 중요하므로, 제조물책임법 제3조 제2항은 '제조물은 추후에 보다 우수한 제조물이 유통되었다는 이유만으로는 결함이 있다고 할 수 없다'고 하고 있다. 이는 시간의 경과로 당연히 제조물에 대한 안전성기대가 높아질 수 있기 때문이다.

기타 고려해야할 사정으로는 제조물의 특성(Nater des Produkts), 제조물의 가격(Preis des Produkts), 제조물의 내구연한 등과 관련된 제조물의 장기상태(Langzeitverhalten des Produkts) 등이 있다.[171] 첫째로 정당하게

---

169) A. a. O., Teil Ⅰ §3 ProdHaftG Rdnr. 38.

170) 그리고 유통된 시점에 제조물의 결함이 없어서 제조물책임에 배제되는 것은 개발위험으로 인한 책임의 배제(§1 Abs. 2 Nr. 5 ProdHaftG)와는 원칙적으로 구분된다고 할 것이다. 개발위험은 제조물의 유통 당시에 결함이 있었으나, 이 결함을 유통 당시의 학문과 기술의 수준에 의하여 인식할 수 없었거나 제거할 수 없었던 결함을 말한다(A. a. O., Teil Ⅰ §3 ProdHaftG Rdnr. 40).

171) Hans Claudius Taschner/Erwin Frietsch, a. a. O., ProdHaftG §3 Rdnr. 52-57.

기대할 수 있는 안전성의 판단에서 고려해야 할 사정으로는 제조물의 특성도 관련된다. 칼(Messer)의 사용 시에 사람이 상처를 입을 수 있다는 것은 칼이라는 제조물의 특성이고 이러한 특성은 모든 사람들이 알고 있으므로 특별히 경고나 지시를 필요로 하지 않는다. 또한 공공은 제조물 중에서 현저한 부작용을 감수하면서 제조물을 생산하여 이용하는 경우가 있다. 예를 들어, 주류나 담배[172]를 즐길 시에는 건강에 현저한 해로움이 있는데, 이러한 제품의 안전성결여는 그 제품의 특성이므로 제조물책임법 제3조의 의미에서 결함이 있다고 볼 수는 없다. 물론

172) 지금까지 독일 판례에서는 담배흡연자들의 흡연으로 인한 건강상의 손해에 대해서, 표시상의 결함으로 인한 담배제조자의 독일민법 제823조 제1항에 의한 제조물책임을 인정하지 않았는데, 그 이유는 오늘날 모든 사람이 흡연이 지극히 해롭다는 것을 알고 있다는 것이다(Volker Emmerich, a. a. O., §23 Rdnr. 27; OLG Hamm, NJW 2005, 295). 그리고 독일에서는 1999년 이래 흡연과 일정한 질병과의 관계를 주장하면서, 독일 담배제조사를 상대로 소송을 제기하기 위한 소송비용구제신청의 소가 독일의 상이한 각 법원에 7번 제기되어서 전체 16번의 결정이 있었는데, 모두 다 승소가능성의 결여를 이유로 기각되었다(Michael Molitoris, Tabakprozesse in den USA, Deutschland und anderen europäischen Ländern, NJW 2004, S. 3664). 또한 소송비용구제신청자가 법원에서 기각결정을 받자, 특히 2000년 1월 25일의 Bielefeld 지방법원의 기각결정(LG Bielefeld, NJW 2000, 2514)과 2000년 5월 24일의 Hamm 고등법원의 기각결정(OLG Hamm, ZLR 2001, 332)이 있자, 연방헌법재판소에 헌법소원을 제기하였다. 그러나 2000년 7월 24일에 부결정(Kammerbeschluss)으로 승소가능성의 결여를 이유로 받아들이지 않았다(Michael Molitoris, a. a. O., S. 3664). 현재 독일에서의 주류적인 견해는 담배제조자가 약한 담배(Light-Produkte)의 흡연이 다소 덜 위험하다는 것 등 담배의 위험성에 대한 불감증을 유발시키는 문구 등을 사용하였다던가, 중독성을 강화시키는 물질을 담배 속에 투입한 경우 등에 한하여 독일민법 제823조 제1항에 의한 책임이나 제조물책임법 제1조에 의한 책임이 인정될 수 있다고 한다(Michael Adams/Annette Bornhäuser/Martina Pötschke-Langer/Barbara Grunewald, a. a. O., S. 3662; Bernd Rohlfing/Markus Thiele, Die Haftung des Tabakwarenproduzenten, VersR 2000, S. 289f.; Hans Josef Kullman, Haftung für Raucherschäden, Festschrift für Erwin Deutsch, 1999, S. 217f.).

충분한 설명이나 경고가 없으면 지시상의 결함으로 인하여 제조물책임이 인정될 수도 있다. 둘째로 구체적인 경우에는 제조물의 가격(Preis des Produkts)도 안전성의 판단기준이 될 수 있다. 제조물의 일정한 안전성은 가격에 의존한다는 것은 잘 알려진 사실이다.[173] 같은 사용목적을 가진 동일한 제조물에서 값싼 물건을 선택한 사람은, 가격과 결부되어 비싼 제조물에서만 실현될 수 있는 안전성을 기대할 수는 없다. 예를 들어, 자동차를 구입하면서 ABS시스템을 구입하지 않은 사람은, 자신의 자동차에 ABS시스템이 가진 안전성을 기대할 수는 없는 것이다. 그리고 가격과 결부된 이러한 안전장치를 하지 않은 것이 제조물의 결함이라고는 할 수 없는데, 일정한 안전설비가 높은 가격으로 인하여 거부된 경우에도, 제조자는 기본적 안전을 넘어서는 안전장치를 할 의무는 부담하지 않기 때문이다. 왜냐하면 제조물책임법 제3조의 의미에서 안전성기대는 기본적 안전기준의 준수(Einhaltung eines Mindeststandards)로서 충분하기 때문이다.[174] 그 외에도 제조물의 내구연한 등의 제조물의 장기행태도 안전성판단에 영향을 미칠 수 있다.

2) 제조자

독일 제조물책임법상 제조물책임을 지는 제조자로서 동법 제4조에서는 실제 제조자, 유사제조자, 수입업자 및 공급업자를 거명하고 있다. 이에 따라 동법상 제조자(Hersteller)는 불법행위적 제조물책임상의 제조자(Produzent)보다는 훨씬 넓게 인정되고 있다.[175] 제조물책임법 제4조 제1항에서는 '완성품의 제조자 이외에도 원재료 또는 부품의 제조자도 제조자이고, 또한 자신의 성명, 상표 기타 식별가능한 인식표시를 통해 스스로 제조자로 표시한 유사제조자(Quasi-Hersteller)도 제조자'로 규정

173) Rainer Huth, a. a. O., S. 277; Hans Claudius Taschner/Erwin Frietsch, a. a. O., ProdHaftG §3 Rdnr. 55.
174) Walter Rolland, a. a. O., Teil Ⅰ §3 ProdHaftG Rdnr. 44.
175) Friedrich Graf von Westphalen, a. a. O., S. 89.

하고 있다. 또한 유럽공동체 경제구역안으로 제조물을 수입한 수입업자(§4 Abs. 2 ProdHaftG)와 일정한 요건 아래에서 공급업자(§4 Abs. 3 ProdHaftG)도 제조물책임을 지는 제조자로 규정하고 있다.

독일 제조물책임법 제4조 제1항에 의하면, 먼저 실제 제조자(Tatsächlicher Hersteller)인 완성품제조자, 부품제조자, 원재료제조자를 제조자로 규정하고 있다(§4 Abs. 1 Satz. 1 ProdHaftG). 완성품제조자(Hersteller des Endprodukts)는 시장에 판매할 수 있을 정도로 제조물을 완전히 제조하는 자로서, 다른 부품제조자에 의하여 완성된 제조물을 조립하는 조립자(Assembler)도 완성품의 제조자이다.[176] 동법 제4조 제1항 제1문의 완성품의 제조자로서의 분류에 결정적인 것은, 사실상의 관점에서 거래에 유통시킨 제조물의 제조자인가의 여부가 결정적이기 때문이다. 이에 따라 자기에게 부여된 제조물의 완성허가를 토대로 제조물을 제조한자인 허가받은 제조자(Lizenznehmer)도 제조자이다. 그러므로 비록 구조상의 결함이 허가된 노-하우(Know-How)에서 비롯되더라도, 허가받은 제조자는 제조물의 구조상의 결함에 대해서 책임을 진다.[177] 지금까지의 독일민법 제823조 제1항에 의한 불법행위적 제조물책임에서의 판례에 의하면, 완제품제조자와 부품제조자[178]는 제조자로서 책임을 부담하였지만, 조립자의 원초적 구조상의 결함에 대한 책임[179]이나 허가받은 자(Lizenznehmer)의 제조물책임은 부정되었었다.

부품제조자(Hersteller eines TeilProdukts)란 완성된 최종제조물에 부품으로 들어간 모든 물품의 제조자를 말하는데(예를 들어, 자동차의 나사, 바퀴, 방풍유리, 브레이크 등), 부품제조자도 부품의 결함에 의하여 발생한 손해에 대해서 제조자로서 제조물책임을 진다. 최종제조자 이외에 제조물의 제조에 관여한 부품제조자의 책임을 인정한 이유는, 피해자에게

176) BT-Dr 11/2447, S. 19.
177) Friedrich Graf von Westphalen, a. a. O., S. 89; BT-Dr 11/2447, S. 20.
178) BGH NJW 1968, 247.
179) BGH BB 1977, 1117.

가능한 한 많은 청구권의 상대방을 인정하기 위함에서이다.[180] 그리고 원재료제조자(Hersteller eines Grundstoffes)도 제조자인데, 이 때 원재료란 예를 들어, 석탄, 원유, 광석, 목재, 화학물질, 모래 등과 같이 반제품이나 완제품의 생산을 위하여 투입된 원료나 물질을 말한다. 그러나 펄프, 염료, 커피가루나 우유분말과 같은 분말(Pulver) 등이 다른 제조물을 위하여 원료제품으로 투입된다할지라도 원재료로 볼 것이 아니라 부품(Teilprodukte)으로 보아야 할 것이다.[181] 그런데 부품제조자와 원재료제조자는 일정한 경우에 면책될 수 있는데, 독일 제조물책임법 제1조 제3항에서는 "부품제조자는 결합이 그 부품이 조립된 제조물의 구조(Konstruktion) 또는 제조물제조자의 지시(Anleitung)로 인해 발생한 경우에는 배상의무를 부담하지 않는다"라고 하면서, "원재료제조자에 대해서도 이를 준용한다"라고 규정하고 있다. 이를 통하여 부품의 결함을 통하여 피해자에게 손해가 발생하였더라도 부품의 결함이 제조물제조자의 지시로 인하여 발생하였거나, 부품이 조립된 제조물의 구조를 통하여 발생한 경우에는, 부품제조자는 이러한 항변을 통하여 면책될 수 있다.

또한 제조물책임법 제4조 제1항 제2문에 의하면 자신의 성명, 상표 기타 식별가능한 인식표시를 통해 스스로 제조자로 표시한 유사제조자(Quasi-Hersteller)도 제조자로 규정하고 있다.[182] 즉 그의 행동을 통하여 완성품제조자, 부품제조자, 원재료제조자인 것처럼 인상을 준 자는 실제 제조자와 동일하게 다루어져서 제조물책임을 부담하게 된다. 물론 제품의 판매만을 표시하는 상표 등을 통하여서는 유사제조자로 다루어지지 않는다. 이러한 유자제조자의 책임을 통하여 피해자가 실제 제조자를

---

180) Hans Claudius Taschner/Erwin Frietsch, a. a. O., ProdHaftG §4 Rdnr. 36.

181) Produkthaftungshandbuch/Graf von Westphalen, a. a. O., §75 Rdnr. 38.

182) 독일민법 제823조 제1항에 의한 불법행위적 제조물책임에서는 유사제조자에게는 제조자의 지위가 인정되지 않았었다(BGH BB 1977, 1117; BGH, NJW 1980, 1219). 그러나 제조물책임법 제4조를 통하여 유사제조자를 실제 제조자와 동일하게 다룸으로써 제조자의 범위를 확장하고 있다.

조사해야만 하는 노력이 면해질 수 있다.[183] 그리고 제조물책임법은 수입업자(Importeur)[184]도 제조자로 규정하여, "영업활동의 범위 내에서 판매, 임대차 또는 경제적 목적을 가진 다른 형태의 판매를 목적으로 제조물을 유럽경제공동체조약의 적용지역에 수입하는 자는 제조자이다(§4 Abs. 2 ProdHaftG)"라고 규정하고 있다. 즉 유럽경제공동체 적용지역 이외의 국가에서 제조물을 영업활동의 범위 내에서 판매를 목적으로 유럽경제공동체조약의 적용지역에 수입하거나 가져오는 자를 수입업자라 하고, 수입업자도 제조자로 규정하고 있다. 이에 따라 유럽경제공동체 국가들 사이에서 제조물이 이동된 경우에는 제조물책임법상의 수입업자는 아니고, 단지 유럽경제공동체조약 적용지역 이외의 국가(Drittstaat)로부터 동조약의 적용지역 내로 제조물이 수입된 경우에만 수입업자에 관한 규정이 적용된다.[185] 이렇게 수입업자의 제조물책임법상의 책임을 인정한 이유는, 제조물 결함으로 인한 피해자에게 법적 추궁을 쉽게 하도록 인정하기 위해서이다. 만일 피해자가 제3의 국가에 있는 제조자를 상대로 법적 추궁을 한다면, 피해자가 극복하기 어려운 문제에 부딪힐 수 있기 때문이다.[186] 그 외 수입업자는 완성품의 수입업자이거나 부품 또는 원재료의 수입업자이거나 관계없이, 결함있는 제조물을 수입한 수입업자이면 동법 제4조 제2항이 적용된다.[187]

마지막으로 제조물책임법은 "제조물의 제조자를 확정할 수 없는 경우에는 각각의 공급업자를 제조자로 본다(§4 Abs. 3 ProdHaftG)"라고 규

---

183) BGH NJW 2005, 2695, 2696.

184) 독일 연방대법원은 수입업자를 독일민법 제823조 제1항에 의한 불법행위적 제조물책임의 수명자로 이미 인정하고 있었다(BGH NJW 1980, 1219; Friedrich Graf von Westphalen, a. a. O., S. 89).

185) Produkthaftungshandbuch/Graf von Westphalen, a. a. O., §75 Rdnr. 51.

186) BT-Dr 11/2447, S. 20; Hans Brox/Wolf-Dietrich Walker, a. a. O., §46 Rdnr. 34; Produkthaftungshandbuch/Graf von Westphalen, a. a. O., §75 Rdnr. 50.

187) Hans Claudius Taschner/Erwin Frietsch, a. a. O., ProdHaftG §4 Rdnr. 53.

정하여, 일정한 요건 아래에서 공급업자(Lieferant)도 제조물책임을 지는 제조자로 규정하고 있다. 공급업자를 일정한 경우에 제조자로 규정한 이유는, 익명의 제조물의 사용을 통하여 발생하는 소비자피해의 보호, 즉 피해자가 제조자를 알지 못함으로써 그의 청구권을 실행하지 못하는 어려움으로부터 피해자를 보호하기 위함에 있다.[188] 다만 "공급업자가 청구의 도달 후 1개월 이내에 피해자에게 제조자 또는 자기에게 제조물을 공급한 자를 알려 준 경우에는 그러하지 아니하다"(§4 Abs. 3 ProdHaftG)라고 규정하여서, 이를 통하여 공급업자가 제조자나 적어도 전공급업자(도매상 등)를 피해자에게 알려주도록 하는 압박수단으로 작용하게끔 규정하고 있다.[189] 즉 공급업자가 청구의 도달 후 1개월 이내에 피해자에게 제조자나 전공급업자(Vorlieferant)를 거명한 경우에는 소위 임시책임(Auffanghaftung)이 면해질 수 있다고 하고 있다. 또한 제3의 국가(Drittstaat)에서 수입한 제조물의 경우에, 제3의 국가에 있는 제조자는 알 수 있으나, 수입업자에 해당하는 자를 알 수 없는 경우에도 공급업자를 제조자로 보도록 규정하고 있다(§4 Abs. 3 S. 2 ProdHaftG).

위와 같은 제조물책임을 부담하는 제조자가 실제 제조자인 완성품제조자 · 부품제조자 · 원재료제조자 이외에도 유사제조자 및 수입업자 등이 있으므로, 하나의 손해에 배상책임을 지는 다수의 제조자가 있을 수 있다. 이를 대비하여 독일 제조물책임법 제5조에서는 "동일한 손해에 대해서 다수의 제조자가 동시에 손해배상의무를 지는 경우에 그들은 연대채무자로서 책임을 진다(§5 S. 1 ProdHaftG)"라고 하고 있다. 그러나 공급업자는 보조적으로 책임을 지므로, 다른 제조자 등과 연대책임을 지는 경우는 없을 것이다. 배상의무를 지는 다수의 제조자 상호간에 관계에 있어서 일방이 피해자에게 손해배상을 한 경우에는, 구상청구권(Ausgleichsanspruch)의 범위는 다른 정함이 없는 한 손해가 누구에 의하

188) BT-Dr 11/2447, S. 20.
189) Hans Claudius Taschner/Erwin Frietsch, a. a. O., ProdHaftG §4 Rdnr. 64.

여 얼마나 야기되었는가에 따른다(§5 S. 2 ProdHaftG).[190] 그리고 제조물의 결함과 더불어 제3자의 행위에 의하여 손해가 야기된 경우 제조자의 책임은 경감되지 않는다(§6 Abs. 2 ProdHaftG). 이러한 경우에는 독일민법 제840조상의 공동불법행위책임이 인정될 것이고, 제조물책임법 제5조 제2문이 적용되어서(§6 Abs. 2 ProdHaftG), 구상청구권의 범위는 다른 정함이 없는 한 손해가 누구에 의하여 얼마나 야기되었는가에 따른다(§5 S. 2 ProdHaftG). 그 외에 손해의 발생에 피해자의 과실이 함께 작용한 경우에는 독일민법 제254조상의 공동과책에 관한 규정이 적용되고, 물적 손실(Sachbeschädigung)의 경우에 물건에 대하여 사실상의 지배를 행사하는 자의 과실은 피해자의 과실과 동일하게 취급한다(§6 Abs. 1 ProdHaftG).

3) 보호법익

독일 제조물책임법을 통하여 보호되는 법익은 생명, 신체, 건강과 사적으로 사용되는 물건이다(§1 Abs. 1 Satz 1 ProdHaftG). 즉 동법에 의하여 배상되는 손해는 제조물의 결함으로 사망, 신체 또는 건강침해로 인한 손해 및 사적으로 사용되는 물건의 손해이다. 사망, 신체 또는 건강의 침해 시에는 피해자가 영업적 또는 사적인 구매자이든, 제조물을 가지고 일하는 피용자든, 결함있는 의자와 함께 넘어진 초대받지 아니한 파티손님과 같은 우연히 관련된 제3자든지에 관계가 없이 모든 피해자는 보호된다.

그러나 물적 손해의 경우에는 인적 손해와 달리 많은 제한이 따른다.[191] 이는 제조물책임법 제1조 제1항 제2문에서, 물적 손해(Sachbeschädigung)시는 결함 있는 제조물이 아닌 다른 물건이 손상되고 그 다른 물건은 통

190) 배상의무자가 다수인 경우, 독일 제조물책임법 제5조 제2문 후단에서는 독일민법 제421조 내지 제425조, 제426조 제1항 제2문 및 제2항을 적용한다고 규정하고 있다.

191) BT-Dr 111/2447, S. 13.

상 사적인 사용 또는 소비를 목적으로 주로 피해자가 사용하였던 경우에 배상책임이 발생한다(§1 Abs. 1 Satz 2 ProdHaftG)고 규정하고 있기 때문이다. 이에 따라 먼저, 물적 손해는 결함있는 제조물이 아닌 다른 물건에 손상이 발생되어야 한다. 이로써 물적 손해시 결함있는 제조물 자체의 소위 확대손해(Weiterfresserschäden od. Weiterfressende Schäden)[192]는 제조물책임법을 통하여 배상되어질 수 없다. 결함있는 제조물 자체의 확대손해의 배상은 제조물책임법을 통하여 배상되어지는 않는다는 것은 '다른 물건이 손상되어야 한다'는 규정으로부터 명백한 입법자의 의사라

192) 문제가 되는 예를 들어 보면, 새롭게 출고된 자동차가 가스페달의 결함으로 완전히 파손되었고, 그 외에 자동차의 소유자가 그의 집을 장식하기 위하여 구입하여 자동차에 실어놓은 고가의 그림이 완전히 파손되었다. 그리고 가스페달은 부품업자 A에 의하여, 자동차는 B에 의하여 생산되었다. 그러면 피해자는 A와 B에 대하여 자동차와 그림에 대한 피해의 배상을 청구할 수 있는가? 이 때 그림에 대한 제조물책임의 인정은 문제가 없다. 왜냐하면 그림은 결함있는 제조물이 아닌 다른 물건이고 사적 사용을 목적으로 하고 피해자에 의하여 이용되었기 때문이다. 문제는 자동차 자체의 손해이다. 자동차제조자인 B는 파손된 자동차에 대해서 제조물책임법상의 제조물책임을 지지는 않는데, 왜냐하면 동법 제1조 제1항 제2문에 의하여 결함있는 제조물과 다른 물건이 손상되었어야 하므로, 결함있는 가스페달을 포함한 자동차 전체는 결함있는 제조물을 의미하고 자동차와 다른 물건에 손해가 발생하지는 않았으므로, 자동차제조자 B는 자동차손해에 대해서는 제조물책임법에 의하여 제조물책임을 부담하지는 않는다(Hans Claudius Taschner/Erwin Frietsch, a. a. O., ProdHaftG §1 Rdnr. 38f.; Joachim Schmidt-Salzer, a. a. O., Art. 9 Rdnr. 27). 그러나 복잡한 문제를 가져오는 것은, 부품제조자 A가 제조물책임에 의하여 자동차에 대하여 제조물책임을 지는 가가 문제이다. 이 경우 최종생산자인 자동차제조자 B의 제조물책임이 부정된다할지라도 제조물책임법에 의하여 최종생산물인 자동차에 대한 부품제조자 A의 제조물책임은 인정된다는 견해가 있다(Joachim Schmidt-Salzer, a. a. O., Art. 9 Rdnr. 28). 하지만 결함있는 부품을 가진 자동차는 전체제조물(Gesamtsache, komplette Endprodukt)로서, 기능적으로 구별할 수 있는 부품을 통하여 자동차 전체에 손해가 발생하였으면, 그 손해는 제조물책임법 제1조 제1항 제2문의 의미에서 다른 물건에 대한 손해가 아니라고 할 것이다. 그러므로 자동차 전체에 대한 손해는 완제품제조자인 B도 부품제조자인 A도 제조물책임법에 의하여 책임을 지지는 않는다고 할 것이다.

고 할 것이다.[193] 만일 결함있는 제조물로 인한 물적 손해가 제조물 그 자체에 한정된다면 이러한 손해는 매매나 도급계약 등의 하자담보책임의 대상이 될 뿐이다.[194] 둘째로 다른 물건은 통상 사적인 사용 또는 소비(private Ge- oder Verbrauch)를 목적으로 하며, 더하여 피해자에 의하여 주로 사용되었어야 한다. 그러므로 물적 손해에 있어서는 사적인 최종소비자의 보호만을 목적으로 하고 있음을 분명히 알 수 있다.[195] 만일 물건을 직업적 또는 영업적 영역에서 사용한 경우[196]에는 피해자는 그의 손해를 불법행위적 제조물책임을 통하여 배상받을 수 있을 뿐이다.

4) 책임의 면책

독일 제조물책임법은 일정한 제조자의 면책사유를 규정하여서, 제조물책임이 인정되기 위한 동법 제1조 제1항의 구성요건적 요건을 충족할지라도, 동법 제1조 제2항과 제3항에 규정된 면책사유(Haftungsausschlußgründe)를 제조자가 주장하고 소송에서 입증한 경우(§1 Abs. 4 Satz 2 ProdHaftG)에는 제조자의 배상의무는 면책된다(§1 Abs. 2-3 ProdHaftG). 이러한 제조자의 면책사유를 규정한 이유는, 피해자와 제조자 사이에 위험의 정당한 분배를 위해서이다.[197] 이러한 동법 제1조 제2항상의 면책조항은 동법 제4조상의 모든 제조자에게 적용되고, 면책사유에 대한 입증책임은 제조자가 부담한다.[198]

---

193) BT-Dr 11/2447, S. 13; Peter Marburger, a. a. O., S. 6-10; Hans Claudius Taschner/Erwin Frietsch, a. a. O., ProdHaftG §1 Rdnr. 39; Walter Rolland, a. a. O., §1 ProdHaftG Rdnr. 44.

194) BT-Dr 11/2447, S. 13.

195) Friedrich Graf von Westphalen, a. a. O., S. 84.

196) 만일 타자기를 변호사 업무를 위하여 사용한 경우에는 자유직업적 영역에서 사용된 것으로서(BT-Dr 11/2447, S. 13), 결함있는 제조물로 인하여 타자기가 훼손되더라도 제조물책임법에 의한 책임은 부정된다고 할 것이다.

197) Hans Claudius Taschner/Erwin Frietsch, a. a. O., ProdHaftG §1 Rdnr. 51.

198) BT-Drs. 11/2447, S. 13.

제조자의 제조물책임이 면책되는 경우를 구체적으로 보면, 첫째로 제조자가 제조물을 유통시키지 않은(nicht in den Verkehr gebracht) 경우이다(§1 Abs. 2 Nr. 1 ProdHaftG). 시장이 있는 제조물은 제조자의 인식과 의지아래 유통되었다는 것이 일반적인 경험칙상 정당하게 추정된다. 그러므로 제조자는 제조물의 유통이 그의 자유의지의 박탈아래 일어났다는 것을 입증해야 한다. 만약 제조자로부터 제조물이 절도당하거나 횡령당하거나 또는 다른 방법으로 그의 처분권이 박탈되어진 후에 거래에 유통된 제조물에 의한 피해에 대해서는, 제조자의 배상책임이 면책된다.[199] 즉 유통(Inverkehrbringen)이라는 개념에서 볼 때, 제조물을 시장에 출시하겠다는 제조자의 자유로운 결정이 있어야 한다. 만약 제조물이 제조자의 공장을 사실상 떠나면, 다시 말하면 제조자의 지배영역으로부터 양도가 행하여지면, 일반적으로 유통되었다 할 것이다(Werktorprinzip).[200] 그리고 부품제조자의 경우는 부품을 최종제조자에게 공급함으로써 유통시킨 것이 되며, 공급업자의 경우에는 제조물을 공급함으로써 비로소 제조자로 다루어지게 되므로, 제조물의 공급의 시점이 동시에 유통의 시점이 된다.

둘째로 제조자가 제조물을 유통시킨 시점에서는 손해를 발생시킨 결함이 없었다고 상황에 따라 그렇게 볼 수 있는 경우에(§1 Abs. 2 Nr. 2 ProdHaftG)는 제조자의 책임은 면책된다. 이것을 통하여 제조물을 유통시킨 이후에 피해자나 제3자의 부적절한 제조물취급을 통하여 결함이 발생하였다거나 유통시킨 후에 결함이 발생하였다는 것을 입증하면 제조자는 면책된다. 그러나 이러한 제조자의 면책가능성은 단지 제조상의 결함(Fabrikationsfehler)에서만 실제상의 의미를 가질 수 있고, 제조물의 본질적으로 정해진 속성으로서 구조상의 결함 및 적기에 추가적인 지시·경고가 행하여지지 않는 한 지시상의 결함에서는 처음부터 대개 결

199) BT-Drs. 11/2447, S. 14.

200) Walter Rolland, a. a. O., §1 ProdHaftG Rdnr. 90; Hans Claudius Taschner/Erwin Frietsch, a. a. O., ProdHaftG §1 Rdnr. 53.

함이 함께 동반되었으므로 문제가 되지 않을 것이다.[201] 그리고 제조물책임법 제1조 제2항 제2문상의 제조자의 입증은 완전한 입증을 요하지 않고, 결함이 제조물의 유통 시에 아직 존재하지 않았다는 '우월한 개연성'(überwiegende Wahrscheinlichkeit)의 입증으로 족하다고 할 것이다.[202] 이는 동법 제1조 제2항 제2문에서 제조물을 유통시킨 시점에 손해를 발생시킨 결함이 없었다고 '상황에 따라 그렇게 볼 수 있는 경우에(nach den Umständen davon auszugehen ist)'[203]는 제조자는 면책될 수 있다고 규정하기 때문이다. 이에 따라 제조물의 유통 당시에 결함이 존재하지 않았다거나 후에 결함이 발생하였다는 것에 대한 높은 정도의 개연성으로 제조자의 면책의 입증이 되었다고 할 것이다.

셋째로 제조자가 판매 또는 경제적 목적을 갖는 다른 형태의 판매(예를 들어, 리스나 임대 등)를 위해서 제조물을 제조한 것도 아니고 직업적 활동의 범위 내에서 제조하거나 판매한 것도 아닌 경우에는, 제조자의 책임은 면책된다(§1 Abs. 2 Nr. 3 ProdHaftG). 이는 제조자가 영업적 및 직업적으로 제조물을 제조한 경우가 아닌 것으로서, 제조물에 대한 넓은 의미에서 상업상의 목적(kommerzieller Zweck)이 없었던 경우에 제조자는 면책된다는 것이다. 즉 결함있는 제조물이 경제적 활동의 목적으로 제조되지도 않았고 직업적 활동의 범위 내에서 제조되거나 판매되지도 않은 경우에는 제조자의 책임이 면책된다는 것이어서, 두 가지 사유는 중첩적으로 적용되므로, 두 가지 사유에 모두 다 해당되지 않을 때 제조자의 책임은 면책된다는 것이다.[204] 예를 들어, 가정주부가 자선모

---

201) BT-Drs. 11/2447, S. 14; Hans Claudius Taschner/Erwin Frietsch, a. a. O., ProdHaftG §1 Rdnr. 66.

202) Hans Brox/Wolf-Dietrich Walker, a. a. O., §46 Rdnr. 41; Hans Claudius Taschner/Erwin Frietsch, a. a. O., ProdHaftG §1 Rdnr. 71; Walter Rolland, a. a. O., §1 ProdHaftG Rdnr. 108.

203) 유럽공동체의 제조물책임입법지침(PHRl)의 영어로 표현된 문장에 의하면 이것은 다음과 같이 표현된다. "if it is probable that a defect...... did not exit"

204) BT-Drs. 11/2447, S. 14; Walter Rolland, a. a. O., §1 ProdHaftG Rdnr.

임을 위해서 빵을 스스로 구워서 제공한 경우가 이 경우에 해당된다. 하지만 빵제조자가 그의 직업적 활동의 범위 내에서 자선모임을 위하여 빵을 만들어 공급한 경우에는 제조물책임법 제1조 제2항 제3문에 해당되지 않을 것이다. 위와 같은 면책사유는 제조물책임법 제4조상의 모든 제조자에게 적용될 수 있으나, 유사제조자는 경제적 목적이 없거나 직업적 활동으로 하지 않는 유사제조자는 거의 있을 수 없기 때문에 실제 유사제조자에게는 거의 의미가 없는 면책사유이고, 수입업자도 마찬가지라고 할 것이다.[205]

넷째로 제조자가 해당 제조물의 강제적 법령(zwingenden Rechtsvorschriften)을 준수 한 경우로서, 제조자가 제조물을 유통시킬 당시의 강제적 법령을 준수함으로써 이를 통하여 결함이 발생된 경우에는 제조자의 책임이 면책된다(§1 Abs. 2 Nr. 4 ProdHaftG). 제조자가 강제적 법령을 따랐고, 그 결과로 결함있는 제조물이 제조된 경우로서, 위 규정은 강제적 법령의 복종과 책임 사이에서 발생하는 제조자의 딜레마를 해결해주자는 것이다.[206] 먼저 위 조문에서 말하는 법령(Rechtsvorschrift)은 제조물에 대해서 구속적인 상세한 규정을 가진 법률이나 명령 또는 법문에서 일정한 기술적 표준을 구속적으로 받아들인 확정적 지시(starre Verweisung)가 있는 경우를 말한다. 그러나 법률이나 명령에서 규정한 단순한 보호목적이나 이러한 보호목적의 실현을 위하여 규정한 일반조항 또는 일반조항의 구체화를 위하여 받아들여진 기술적 상술이나 기준은 위 조문상의 법령에 해당되지는 않는다. 또한 법령은 강제적(zwingend)이어서 제조물을 법령에 따라 제조하든 아니면 법령에 의하지 않고서는 제조할 수 없는 경우이어야 한다. 만약 제조자가 해당하는 유사한 또는 높은 기준을 가지고 법령과 상이한 해결을 하는 것이 허용되어 있다면, 위 조문의 의미에서 강제적인 법령은 아닌 것이 된다.[207] 그러나 독일법상

116-122.

205) BT-Drs. 11/2447, S. 15.

206) BT-Drs. 11/2447, S. 15.

207) BT-Drs. 11/2447, S. 15.

에서 제조물을 제조하면서 반드시 준수해야하는 강제적 법령은 찾아볼 수 없기 때문에, 위 조문의 면책사유는 실제상 그 의미가 없다고 할 것이다.[208] 공법상의 많은 사고예방규정(Unfallverhüttungsvorschriften)들은 일반적으로 고권적으로 발포된 규범이지만, 제조물책임법 제1조 제2항 제4호의 의미에서의 강제적 법령은 아니며, 그 외 초기업적 기술적 상술(Überbetriebliche Regelwerke), 즉 기술적 표준도 법령이 아니고, 예를 들어, DIN-표준이나 VDE-표준 등은 자유로운 적용을 기대하는 표준위원회의 권고에 불과하기 때문이다. 그러므로 제조물책임법 제1조 제2항 제4호의 면책사유가 될 수 있는 그러한 특별한 규정은 현재까지 독일법에서 입법되지는 않았다고 할 것이다. 만일 입법자가 제조물결함의 원인이 되는 강제적 법령기준을 제정한 경우에는 제조물책임의 영역을 벗어나서 국가책임 또는 행정기관책임(Staats- oder Amtshaftung)이 논해질 수 있을 것이다.[209]

다섯째로 제조자의 면책사유가 되는 것은 개발위험, 즉 개발도상의 위험(Entwicklungsrisiko)으로서, 제조자가 제조물을 유통시킬 시점의 학문과 기술의 수준으로는 결함을 인식할 수 없었던 경우에는(§1 Abs. 2 Nr. 5 ProdHaftG) 제조자는 면책된다는 것이다. 불법행위적 제조물책임(Produzentenhaftung)에서 독일연방대법원은 이미 제조물에 의한 위험을 제조자가 모든 기대할 수 있는 주의 시에도 인식할 수 없었던 개발위험의 경우에는 의약품법(AMG)[210]처럼 특별규정이 없는 한 제조자는 면책된다고 하였다.[211] 제조물책임법의 영역에서도 이러한 입장을 변경할

208) Walter Rolland, a. a. O., §1 ProdHaftG Rdnr. 132; Hans Claudius Taschner/Erwin Frietsch, a. a. O., ProdHaftG §1 Rdnr. 87-90.

209) Peter Marburger, Die haftungs- und versicherungsrechtliche Bedeutung technischer Regeln, VersR 1983, S. 597ff.; Hans Claudius Taschner/Erwin Frietsch, a. a. O., ProdHaftG §1 Rdnr. 97.

210) 개발도상의 결함은 의약품의 개발의 경우에 종종 발생하는 문제로서, 독일 의약품법(Arzneimittelgesetz: AMG)에서는 의약품의 결함으로 인한 손해배상책임에 관하여는 제조물책임법을 적용하지 아니하고, 개발도상의 결함에 대해서도 책임을 인정하고 있다(§84 AMG).

211) BGHZ 51, 91, 105.

만한 특별한 동기가 없으므로, 개발도상의 위험에 대해서 제조자의 면책을 인정하고 있다.[212)][213)] 독일 제조물책임법 제1조 제2항 제5호상의 개발위험인가의 여부의 결정적인 기준은 손해에 원인이 된 제조물을 유통시킬 당시에 결함이 있었지만 제조자가 결함을 인식하지 못하였다는 것이다. 물론 이때 결함의 인식가능성여부는 제조물을 유통시킬 당시의 최신의 학문과 기술의 수준(Stand der Wissenschaft und Technik)에 의해서 평가하게 된다. 학문과 기술의 수준은 학문과 기술의 영역에서 일반적으로 승인되어있고 일반적으로 사용할 수 있는 전문지식을 말한다. 이에 따라 학문분야와 기술분야를 합산한 해당 제조물에 대한 전문지식에 대하여, 개별제조자의 주관적 인식가능성은 문제되지 않고, 객관적으로 학문과 기술의 수준이 평가된다.[214)] 국제적으로 제조물을 제조・판매하는 경우와 같은 경우에는 학문과 기술의 수준은 개별 국가의 범위를 벗어나서 세계적인 범위에서 존재하는 학문과 기술의 수준에 의하여 객관적으로 평가된다. 그러므로 제조물을 유통시킬 당시에 학문과 기술이 충분히 발전하지 못하여 제조물의 잠재적 위험성을 인식하지 못한 경우에만 제조자의 책임이 면책되게 된다.[215)] 이러한 제조자의 개발위험의

212) BT-Drs. 11/2447, S. 15.

213) 물론 개발위험의 면책여부는 유럽공동체의 제조물책임입법지침(PHRl) 제15조 제1항에서 각회원국이 자국법으로 전환시에 면책여부를 선택할 수 있도록 하였고, 1989년에 제정된 룩셈부르크의 제조물책임법에서는 개발위험에 대한 항변을 부정하는 조항을 규정하였다.

214) BT-Drs. 11/2447, S. 15; Produkthaftungshandbuch/Graf von Westphalen, a. a. O., §72 Rdnr. 80.

215) 제조물의 생산과정 및 실제 사용을 위한 시험기간 동안에 해당 제조물 관련 학문과 기술의 수준의 발전을 관찰하고 그것을 제조물에 반영하는 것은 당연히 제조자에게 기대되어질 수 있는 것이다. 또한 개발위험의 항변은 제조물을 유통시킬 당시에 제조물의 결함이 있었던 경우이다. 그러면 제조물을 거래에 유통시킬 당시에는 결함이 없었고 단지 제조물을 유통시킨 이후에 학문과 기술의 수준이 발전하여 결함있는 것으로 된 경우에는 어떻게 하여야 하는가가 문제이다. 제조물을 사용하는 중에 추후에 학문과 기술이 발전하여 결함이 인식된 경우에도 개발위험의 항변을 인정하는 제조물책임법 제1조 제2항 제5문에 의하여 제조자는 보호될 수

항변은 제조상의 결함(Fabrikationsfehler)에 대해서는 인정되지 않고 제조물의 구조상의 결함(Konstruktionsfehler)에 대해서만 인정된다는 것이 독일 연방대법원의 판례에 입장이다.[216] 물론 개발위험은 제조상의 결함 및 지시상의 결함과 관련해서도 인정될 수 있다는 견해가 있지만,[217] 일반적인 견해는 제조물책임법 제1조 제2항 제5문상의 개발위험의 항변은 제조물의 구조상의 결함과 관련해서 인정된다고 보고 있다.[218] 그 외에 개발위험과 관련하여 위험제거의 불가능성으로의 개발위험에 대해서는 제조물책임법 제1조 제2항 제5문에서 거론하고 있지 않다. 즉 제조물의 위험성에 대해서 제조물을 유통시킬 당시에 인식했으나 그 당시의 학문과 기술의 수준에 의해서는 그 위험을 막는 것이 가능하지 않은 경우인, 개발도상의 공백(Entwicklungslüke)에 대해서는 위 규정이 언급하고 있지 않다는 것이다.[219] 이와 같은 개발도상의 공백이 있는 경우에는, 그 해당 제조물의 최소한의 안전이 확보되고, 개발도상의 공백에 의한 위험에 대해서 충분한 지시 · 경고가 행해지면 제조물책임은 발생되지 않는다고 할 것이다. 물론 전체적으로는 결함의 종류와 제조물의 지시(Produktdarbietung)에 의해서 제조자의 책임이 좌우될 것이고, 이것은 개별적인 법원의 결정에 맡겨져 있다고 할 것이다.[220]

여섯째로 부품제조자와 원재료제조자에게만 해당되는 면책사유로서, 제조물책임법은 '부품제조자는 결함이 그 부품이 조립된 제조물의 구조(Konstruktion) 또는 제조물제조자의 지시(Anleitung)로 인해 발생한 경우

있을 것이다(BT-Drs. 11/2447, S. 16). 물론 이러한 경우에는 불법행위적 제조물책임으로 제조물관찰의무위반의 문제가 있을 수 있다.

216) BGH VersR 1995, 924; BGHZ 129, 353.

217) Karl Larenz/Claus-Wilhelm Canaris, a. a. O., S. 645.

218) Volker Emmerich, a. a. O., §23 Rdnr. 17; Hans Brox/Wolf-Dietrich Walker, a. a. O., §46 Rdnr. 44: Peter Marburger, a. a. O., S. 10.

219) Hans Claudius Taschner/Erwin Frietsch, a. a. O., ProdHaftG §1 Rdnr. 100.

220) A. a. O., ProdHaftG §1 Rdnr. 100.

에는 배상의무를 부담하지 않는다'(§1 Abs. 3 Satz 1 ProdHaftG)고 하면서, '원재료제조자에 대해서도 이를 준용한다'(§1 Abs. 3 Satz 2 ProdHaftG)고 규정하고 있다. 즉 부품이 들어간 제조물의 구조를 통하여 결함이 발생하였거나 부품의 결함이 제조자의 지시로 인하여 발생하였다는 것을 부품제조자가 이를 입증한 경우에는 부품제조자는 면책된다.[221] 이와 같은 경우에 위 내용의 첫 번째에 해당되는 경우에는 부품의 결함이 없으므로 부품제조자는 책임을 지는 것이 아니고, 두 번째에 해당하는 경우에는 부품의 결함에 대해서 최종제조물의 제조자가 책임을 지게 된다.[222] 이것은 원재료제조자에게 준용된다.[223]

5) 기 타

가. 입증책임

결함, 손해 및 결함과 손해 사이의 인과관계의 입증책임은 피해자에게 있다. 하지만 독일 제조물책임법 제1조 제2항과 제3항의 면책사유에 대한 입증책임은 제조자가 부담한다(§1 Abs. 4 ProdHaftG). 이러한 입증책임에 관한 규정은 일반적인 입증책임에 관한 규정과 차이가 없으며, 결함유형에 따라 차이가 나지도 않는다.[224]

나. 손해배상의 범위와 제한

손해배상의 범위는 사람이 사망했느냐 또는 상해를 입었느냐 또는

---

221) BT-Drs. 11/2447, S. 16.

222) Walter Rolland, a. a. O., §1 ProdHaftG Rdnr. 147-149.

223) 그 외 불가항력이 면책사유가 될 수 있다는 것에 대하여는 제조물책임입법지침에서도 독일 제조물책임법에서도 명문의 언급이 없다. 하지만 불가항력에 의한 결함의 발생의 경우에 최후수단(ultima ratio)으로서 면책사유가 될 수 있다고 할 것이다(Hans Claudius Taschner/Erwin Frietsch, a. a. O., ProdHaftG §1 Rdnr. 110-112).

224) BT-Drs. 11/2447, S. 16.

물건이 훼손되었느냐, 즉 인적 손해(Personenschäden)가 발생했느냐 물적 손해(Sachbeschädigung)가 발생했느냐에 따라서 정해진다. 사람이 사망한 경우에는, 치료에 소요된 비용, 치료 중 근로능력이 상실 또는 감소되었거나 필요비가 증감함으로써 사망자가 입었던 재산상의 손실은 배상하여야 한다(§7 Abs. 1 Satz 1 ProdHaftG). 이러한 사망자의 청구권은 상속인에게 상속된다(§1922 Abs. 1 BGB).[225] 그러나 다음과 같은 두 가지 경우에는 간접적 피해자(mittelbare Geschädigte)에게도 손해배상청구권이 귀속된다. 첫째로 배상의무자는 장례비용에 대해서는 이 비용을 부담한 자에게 배상하여야 한다(§7 Abs. 1 Satz 2 ProdHaftG). 둘째로 사망자가 상해를 입을 당시 제3자에 대하여 법률상 부양의무를 지게 될 관계에 있었는데, 사망으로 인하여 부양받을 제3자가 부양받을 권리를 박탈당한 경우에 배상의무자는 사망자가 추정생존기간 동안 부양할 의무가 있었던 한도에서 제3자에게 손해배상을 하여야 한다(§7 Abs. 2 Satz 1 ProdHaftG). 상해당시에 제3자가 수태되었으나 아직 출생하지 않은 경우에도 배상의무는 발생한다(§7 Abs. 2 Satz 2 ProdHaftG). 이러한 손해배상은 정기금으로 지급하여야 한다(§9 Abs. 1 ProdHaftG).

제조물의 결함으로 사람이 상해된 경우의 손해배상의 범위에 대해서는 독일 제조물책임법 제8조가 규정하는데, '신체 또는 건강침해의 경우에는 치료비용 및 상해의 결과 일시적 또는 영구적으로 노동능력이 상실 또는 감소되거나 필수품이 증가함으로써 피해자가 입은 재산상의 손실을 배상하여야 한다'(§8 ProdHaftG). 이 때 노동능력의 상실 및 감소에 대한 손해배상과 피해자의 생계비 증가에 대한 손해배상은 정기금으로 지급하여야 한다(§9 Abs. 1 ProdHaftG).[226] 그리고 신체 또는 건강침

---

225) Hans Brox/Wolf-Dietrich Walker, a. a. O., §46 Rdnr. 48.

226) 손해배상의 범위 등에 관한 제조물책임법 제7조 내지 제9조의 규정은 일반 손해배상법의 규정과 독일민법 제842조 이하에 상응하는 규정을 반복해서 규정하고 있는 것이다. 즉 동법 제7조 제1항 1문은 독일민법 제249조, 동법 제7조 제1항 2문은 독일민법 제844조, 동법 제8조는 독일민법 제842조, 그리고 동법 제9조는 독일민법 제843조의 규정에 상응한 조문이다.

해와 같은 인적 손해 시 위자료청구권에 관한 규정은 독일 제조물책임법 제정 시에는 규정되지 않아서, 불법행위적 제조물책임을 통하여서만 위자료청구가 가능했었다(§847 BGB). 그러나 2002년 제2차 손해배상법 개정법(2. SchadRÄndG)을 통하여 제조물책임법 제8조 2문이 개정되어서 신체 또는 건강침해와 같은 인적 손해 시에 비재산적 손해에 대해서 정당한 금전배상을 청구할 수 있게 되었다(§8 Satz 2 ProdHaftG).[227)]

제조물책임법에 의한 제조자의 책임의 제한으로서, 인적 손해발생시의 제조자의 책임최고액에 관한 규정(§10 ProdHaftG)과 물적 손해시의 피해자 본인부담에 관한 규정(§11 ProdHaftG)이 있다. 인적 손해 시 8천 5백만 유로의 책임최고액 제한이 있는데,[228)] '하나의 제조물 또는 동일한 결함을 가진 동종의 제조물에 의하여 인적 손해가 발생한 경우에 배상의무자는 8천 5백만 유로의 한도 내에서만 배상책임을 지게 되고(§10 Abs 1 ProdHaftG)', 또한 다수의 피해자에게 지급하여야할 배상액이 8천 5백만 유로의 한도액을 초과하는 경우에는 각각의 손해배상은 그 총액의 한도액에 대한 비율에 따라 감소된다(§10 Abs. 2 ProdHaftG).[229)] '동일한 결함을 가진 동종의 제조물(Gleiche Produkte mit demselben Fehler)'

---

227) Dirk Looschelders, a. a. O., Rdnr. 1273.

228) 책임최고액의 제한여부는 유럽공동체의 제조물책임입법지침 제16조에 의하면, 각 회원국이 자국법으로의 전환 시에 선택할 수 있도록 규정하였으며, 독일 제조물책임법 제10조에서는 위험책임에서 일반적으로 책임최고액을 제한하는 독일법의 전통에 따라서 이러한 규정을 두었다고 한다(BT-Drs. 11/2447, S. 24). 책임최고액의 제한은 일면에서는 보험수학에 근거하고 있다. 이러한 책임최고액의 제한을 둘 것인지 여부에 대한 독일 내부의 논란에 대해서 자세한 것은, Hans Claudius Taschner/Erwin Frietsch, a. a. O., ProdHaftG §10 Rdnr. 1-6 참조.

229) 책임최고액의 제한은 독일 제조물책임법이 적용될 때 그 의미를 가질 수 있다는 것에 주의를 해야만 한다. 독일에서 생산된 제조물이 문제로 된 경우에, 만약 외국법에 의하여 손해배상이 이루어지고 외국법이 책임최고액에 관한 규정을 두지 않은 경우에는, 제조자는 책임액에 제한없이 책임을 져야 한다(Hans Claudius Taschner/Erwin Frietsch, a. a. O., ProdHaftG §10 Rdnr. 12).

은 대량생산물의 결합을 의미하는데, 동종의 제조물인지의 여부는 일반적인 거래관념에 의하여 결정되는데, 제조물의 일반적인 종류에 의하여 결정되는 것이 아니라 구체적인 유형에 의하여 결정된다.[230] 예를 들어, 모든 컴퓨터가 동종의 제조물은 아니고 하나의 시리즈로서 같은 디자인이나 스타일(Machart)을 가진 컴퓨터는 동종의 제조물이다. 물론 물적 손해를 위해서는 동법 제10조에 의한 책임최고액제한이 적용되지 않고, 동법 제11조에 의한 피해자 본인부담부분에 관한 규정만이 적용될 뿐이다.

그리고 물적 손해의 경우 피해자의 자기부담부분에 관한 규정이 있어서, 500유로까지의 손해는 피해자가 부담하여야 한다(§11 ProdHaftG). 이러한 규정은 유럽공동체의 제조물책임입법지침(PHRl) 제9조 제1문 b)에 의한 강제적 내용으로서, 일정한 피해자의 자기부담부분을 규정함으로써 사소한 손해(Bagatellschäden)에 대해서 너무 많은 소송이 제기되는 것을 막기 위함에 그 목적이 있다.[231] 하지만 이러한 피해자 부담에 관한 조항은 그 높은 금액으로 말미암아 사소한 조항으로 평가되지 않으며, 이 정도의 금액은 독일법영역이나 기타 회원국의 영역에서 소송경제상으로 정당화되지 않는데, 피해자는 거의 이 금액을 포기하려고 하지 않기 때문이다. 피해자는 오히려 이 금액을 과실책임에 의한 제조물책임을 통하여 확보하려고 할 것이다.[232] 실제 독일의 입법자들도 이를 간파하여서 소송경제상의 원칙에 입각하여 이 규정을 입법한 것이 아니라, 무과실에 입각한 제조물책임소송을 커다란 손해(große Schäden)에 제한하려는 입장에서 이를 입법하였다.[233]

그 외 제조물책임법에 의한 제조자의 배상의무는 사전에 배제하거나 제한되어질 수 없다. 이를 위반하는 합의는 무효로 한다(§14 ProdHaftG). 그러므로 계약적 합의에 의한 책임배제는 위와 같은 규정에 의하여 허

230) Walter Rolland, a. a. O., §10 ProdHaftG Rdnr. 3.
231) Hans Claudius Taschner/Erwin Frietsch, a. a. O., ProdHaftG §11 Rdnr. 1; Walter Rolland, a. a. O., §11 ProdHaftG Rdnr. 2.
232) Hans Claudius Taschner/Erwin Frietsch, a. a. O., ProdHaftG §11 Rdnr. 4.
233) BT-Drs. 11/2447, S. 24.

용되지 않는다.[234)]

다. 청구권의 경합과 청구권의 소멸

청구권의 경합과 관련한 문제를 보면, 먼저 독일 제조물책임법은 의약품법(AMG)에 의하여 의약품책임(Arzneimittelhaftung)이 관여되는 곳에서는 적용되지 않는다. 즉 의약품법의 적용범위 내에서 소비자에게 제공되고 그리고 허가의무가 정하여져 있거나 법규에 의하여 허가의무가 면제된, 인체에 사용하도록 규정된 의약품의 사용으로 인하여 사람이 사망하거나 신체 또는 건강이 침해된 경우에는 제조물책임법이 적용되지 않는다(§15 Abs. 1 ProdHaftG). 하지만 제조물책임법 제2조 제1문상의 제조물개념과 연관하여, 지금까지 의약품법상의 의약품책임에 포함되지 않고 의약품법 제91조에 의하여 일반 책임법만이 적용되는 유사치료 약품(homöopathische Arzneimittel) 및 동물에 사용되는 약품(Tierarzneimittel)에는 제조물책임법이 적용된다.[235)] 또한 원자력법(Atomgesetz)에 의한 책임에서도 제조물책임법의 적용이 배제된다. 제조물책임입법지침(PHRl) 제14조에 의하면 동입법지침은 회원국에 의하여 비준된 국제조약이 적용되는 원자력사고의 결과에 의한 손해에 대해서는 적용되지 않는다고 규정하고 있다. 이는 이미 원자력손해배상책임과 관련하여서는 모든 회원국이 충분한 특별규정을 마련하고 있으므로, 법적 조화관점에서도 부가적인 책임토대가 만들어질 필요성이 없기 때문이다.[236)]

독일 의약품법과 원자력법 이외에 독일민법 제823조 이하에 의한 청구권, 계약상 의무 침해로 인한 청구권(§280 BGB)이나 기타 위험책임에 의한 손해배상청구권은 제조물책임법에 의하여 배제되지 않는다. 즉 제조물책임법이 다른 법규정에 의한 책임에는 영향을 미치지 않는다(§15 Abs. 2 ProdHaftG). 이에 따라 제조물책임법은 독일민법 제823조 이하의

234) Wolfgang Fikentscher/Andreas Heinemann, a. a. O., Rdnr. 1623.
235) BT-Drs. 11/2447, S. 26.
236) Hans Claudius Taschner/Erwin Frietsch, a. a. O., ProdHaftG §15 Rdnr. 7.

규정에 의한 제조자의 과실에 의한 제조물책임을 배제하는 것이 아니라 실제 보충하는 기능을 갖게 된다. 특히 독일민법 제823조 이하에 의한 제조물책임은 제조물책임법의 제정에도 불구하고 여전히 특별한 의미를 가질 수 있는데, 결함있는 제조물에 의하여 침해받은 물건이 사적으로 사용되던 물건이 아니라 영업적으로 사용되는 물건인 경우, 물적 손해시 500유로의 피해자부담부분의 제한을 받지 않으려고 하는 경우, 인적 손해시의 발생한 손해액이 8천 5백만 유로를 초과하는 경우 등에는, 제조물책임법을 통하여서는 이들 손해의 배상을 받을 수 없으므로, 독일민법 제823조 이하의 과실에 의한 제조물책임이 그 중요성을 잃지 않게 된다.[237]

독일 제조물책임법은 청구권의 소멸시효와 구분되는 청구권의 소멸(Erlöschen von Ansprüchen)에 대해서 규정하고 있는데, 제조물책임법에 의한 손해배상청구권은 제조자가 손해를 발생시킨 제조물을 유통시킨 시점으로부터 10년이 경과하면 소멸된다(§13 Abs. 1 Satz 1 ProdHaftG). 이러한 규정은 제조물책임입법지침 제11조의 독일법으로의 전환으로서, 시간의 경과로 제조물은 낡은 것이 됨과 아울러 학문과 기술의 수준이 진전되어 엄격한 안전기준이 발전되기 때문에 이러한 기간을 설정하는 것이 필요하기 때문이다.[238] 하지만 손해배상청구권에 대하여 소송절차가 계속 중이거나 독촉절차가 계속 중이면 그러하지 아니하다(§13 Abs. 1 Satz 2 ProdHaftG). 또한 판결에 의하여 확정된 청구권이나 다른 집행권원에 의한 청구권 및 법률행위상의 의사표시에 의하여 승인된 청구권 등은 제조물을 유통시킨 시점으로부터 10년이 경과하여도 소멸하지 않는다(§13 Abs. 2 ProdHaftG).

그리고 청구권의 소멸과 구별되는 것으로 청구권의 소멸시효(Verjährung)의 규정이 있다.[239] 독일 제조물책임법에 의한 청구권은 배

---

237) Peter Marburger, a. a. O.(주 7), S. 6.

238) Hans Claudius Taschner/Erwin Frietsch, a. a. O., ProdHaftG §13 Rdnr. 1; BT-Drs. 11/2447, S. 25..

239) 독일 제조물책임법은 이 법률이 효력이 발생되기 전에 거래에 유통된 제

상청구권자가 손해, 결함 및 배상의무자를 알았거나 알 수 있었던 때로부터 3년간 행사하지 아니하면 시효로 소멸한다(§12 Abs. 1 ProdHaftG). 소멸시효기간을 3년으로 정한 것은 유럽공동체 회원국의 불법행위로 인한 청구권의 소멸시효기간은 압도적으로 3년으로 규정되어 있기 때문이다.[240] 또한 이 규정은 독일민법 제195조의 통상적인 소멸시효기간에 상응한 규정이 된다. 소멸시효기간은 기산점은 손해, 결함 및 배상의무자에 대한 인식시뿐만 아니라 과실있는 불인식시의 경우에도 기산된다.

그 외 독일 제조물책임법은 소멸시효와 관련하여 소멸시효의 정지(Hemmung)를 규정하고 있는데, 배상의무자와 배상청구권자 사이에 지급하여야할 손해배상에 관한 협의가 진행 중인 경우 협의의 계속이 거절될 때까지 소멸시효는 정지된다(§12 Abs. 2 ProdHaftG)고 규정하고 있다. 이러한 규정은 독일민법 제203조(교섭으로 인한 시효정지)에 상응한 규정으로서, 권리남용금지의 원칙에 입각하여 발전된 독일의 판례를 입법화한 것이다.[241] 독일법상의 소멸시효의 정지에는 우리민법과 같은 소멸시효의 만료정지(Ablaufhemmung)와 정지(Hemmung)가 있는데, 만료정지가 아닌 정지는, 소멸시효가 정지하는 동안의 일정한 기간을 소멸시효기간 안에 산입하지 않는 정지를 말한다(§209 BGB).[242]

조물에 대해서는 적용되지 않으므로(§16 ProdHaftG), 동법 이전에 유통된 결함있는 제조물에 대해서는 동법에 의하여 청구권 자체가 발생하지 않는다.

240) Walter Rolland, a. a. O., §12 ProdHaftG Rdnr. 1.

241) Münchener Komm./Ursula Stein, Bürgerliches Gesetzbuch, 3. Aufl., 1997, §852 Rdnr. 66-67.

242) Hans Brox/Wolf-Dietrich Walker, Allgemeiner Teil des BGB, 30 Aufl., 2006, Rdnr. 675(독일민법 제204조 제1항에서 논하는 모든 권리추급을 위한 조치들, 예를 들어, 소의 제기, 독촉결정의 송달, 파산절차에 참가 등이 소멸시효의 정지사유에 속하고, 2002년 독일민법의 개정을 통하여 그 이전에 대부분의 소멸시효의 중단사유(Unterbrechungsgründe)들이 소멸시효의 정지사유로 변경이 되었다. 독일 민법 제203조 이외의 소멸시효의 정지사유로는 독일민법 제205조 내지 제208조의 규정이 있다).

4. 동법제정의 실무상 의미

독일 제조물책임법에 의한 제조물책임은 실제 지금까지 독일에서 큰 의미를 갖지 못하고 있다.[243] 1990년 제조물책임법 시행 이래 동법에 의한 제조물책임을 논한 하급심판례는 다수 존재하지만 독일 연방대법원의 판례는 현재까지 2개에 불과한 것으로 나타나 있다. 2개의 연방대법원의 판결도 하나는 개발위험은 제조상의 하자에서는 인정되지 않고 구조상의 하자에서만 인정된다는 판결이고,[244] 다른 하나는 유사제조자(Quasihersteller)로서 공급자의 인정요건에 관한 판결이다.[245] 즉 대부분의 제조물책임은 독일민법 제823조 제1항 등의 불법행위적 제조물책임으로 해결되고 있는 실정이다. 그 이유를 살펴보면, 독일 제조물책임법은 첫째로 물적 손해에 대해서는 500유로까지 피해자가 부담해야 하며(§11 ProdHaftG), 둘째로 물적 손해의 배상에서 결함있는 제조물 자체손해는 배상하지 않음과 아울러 제조물을 통상 사적으로 사용 내지 소비했어야 하므로 제조물을 영업적 또는 직업적으로 사용한 경우에는 동법의 대상이 되지 않고(§1 Abs. 1 S. 2 ProdHaftG), 셋째로 인적 손해가 발생한 경우에 배상의무자는 8천 5백만 유로의 한도 내에서만 책임을 지며(§10 Abs. 1 ProdHaftG), 넷째로 지금은 해결되었지만 제조물책임법의 제정 당시에는 미가공된 농업적 자연생산물과 수렵물을 제조물로 인정하지 않고, 또한 위자료의 배상책임도 인정하지 않았기 때문이다.

그러나 실제 독일 제조물책임법이 실무적으로 많이 활용되지 않는 것은 독일의 판례에 의하여 발전되어온 불법행위적 제조물책임에 의하더라도 피해자 보호에 하등의 지장이 없기 때문이라고 할 수 있다.[246] 그 내용을 좀 더 구체적으로 살펴보면, 첫째로 불법행위적 제조물책임과 제조물책임법에 의한 제조물책임 사이에 피해자의 입증책임에서 실

243) Volker Emmerich, a. a. O., §23 Rdnr. 16.
244) BGH VersR 1995, 924.
245) BGH VersR 2005, 1297.
246) Peter Marburger, a. a. O., S. 6.

무상 차이가 없다는 것이다. 독일 제조물책임법에 의한 책임을 위험책임으로 본다고 하면 제조자의 과책과 객관적 거래안전의무의 위반을 요하지 않게 되는데, 불법행위적 제조물책임에서도 제조물의 결함이 입증되면 독일 판례상 확립된 입증책임의 전환(Beweilastumkehr)[247]에 의하여 제조자가 자신의 과책이 없다는 것과 객관적 거래안전의무의 위반이 없다는 것에 대해여 완전입증을 하여야 하는데, 독일 판례상 제조자의 면책의 입증을 거의 받아들이고 있지 않기 때문이다.[248] 그러므로 실무

---

247) 독일 연방대법원은 닭페스트 사건(Hühnerpest-Fall)이래, 적어도 살충제 사건(Derosal-Fall) 이래 제조자가 그의 객관적 의무위반과 과책에 대해서 면책의 입증책임을 부담한다고 보았다(Rainer Huth, a. a. O., S. 111). 닭페스트사건(Hühnerpest-Fall)에서 "공업생산물의 규정에 맞는 사용을 한 자가 결함있는 제조물로 인해 독일민법 제823조 제1항에 의하여 보호되는 법익이 침해를 받았다면, 그 결함을 발생시키지 않았다는 경과를 설명하고, 그에게 과책이 없다는 것을 설명해야 할 의무는 제조자의 일이다"라고 하여서(BGH 51, 91; BGH NJW 1969, 269), 입증책임의 전환을 인정하였다. 이 사건에서는 입증책임전환의 적용범위가 제조자의 과책(주관적 주의)에만 관계되는지 아니면 객관적 주의의무(외부적 주의)까지 포함되는지는 명확하지 않았다. 하지만 살충제사건(Derosal-Fall)에서는 '입증책임의 전환은 주관적 의무위반(과책)에서 그치는 것이 아니라 객관적인 의무위반(objektive Pflichtwidrigkeit)에 까지 미친다'고 하여서, 제조물의 결함으로 손해가 발생된 것이 입증되면 제조자는 객관적 의무위반 뿐만 아니라 과책에 대해서도 면책의 입증을 해야만 한다고 하였다(BGHZ 80, 186, 196f.; BGH NJW 1981, 1604). 독일 연방대법원은 이러한 입증책임의 전환을 위험영역설(Sphärentheorie)에 근거하고 있다(Walter Rolland, a. a. O., Teil Ⅱ Rdnr. 112).

248) 불법행위적 제조물책임소송에서 제조자에 대한 면책입증(Entlastungsbeweis)에 대한 요구는 매우 엄격한데, 왜냐하면 제조자의 의무는 학문과 기술의 수준에 따라서 객관적으로 결정이 되므로, 제조자가 면책입증을 하기는 쉽지 않다. 만약 설계상의 결함, 제조상의 결함, 지시상의 결함이 있으면, 제조자는 자신의 책임없음(Schuldlosigkeit)에 대한 면책의 입증은 제조물의 유통당시에 학문과 기술의 수준에 의해서 인식할 수 없었던 개발도상의 결함이거나 모든 주의에도 불구하고 인식할 수 없고 예방할 수 없는 제조상의 결함(즉, 조악품)이라는 것을 입증한 경우에만 면책의 입증에 성공할 수 있다. 이를 반영이라도 하듯이 지금까지 제조물소송에서 독일 연방대법원이 제조자의 면책의 입증을 받아들인 경우는 없고, 단지 하급

상 양책임의 차이는 실제 거의 존재하지 않게 된다. 둘째로 불법행위적 제조물책임의 적용범위는 제조물책임법에 의한 책임보다는 현저하게 그 적용범위가 넓다고 할 수 있다. 즉 불법행위적 제조물책임에 의하면 제조물의 범위가 현저히 넓어서 동산·부동산을 가리지 않고 모두 제조물이 될 수 있으며, 영업적 또는 직업적으로 이용된 물건에 대한 물적 손해도 그 배상대상이 되며, 아울러 물적 손해나 인적 손해에 대해서 아무런 배상책임의 제한이 있지 않다. 그러므로 불법행위적 제조물책임에 의할 때 피해자 보호에 실무상 아무런 문제가 없으므로, 앞으로도 제조물책임법에 의한 제조물책임보다는 불법행위적 제조물책임이 보다 많이 활용될 것으로 보여진다.[249]

5. 제조물책임법과 기술적 표준

먼저 기술적 표준은 제조물책임법 제3조 제1항에 의한 결함개념의 해석에서 큰 의미를 가질 수 있다.[250] 동법 제3조 제1항에 의하면 '제조물의 표시, 합리적으로 기대될 수 있는 사용, 유통된 시점을 포함한 모든 사정의 고려 하에 정당하게 기대될 수 있는 안전성을 결여한 제조물은 결함이 있다'고 규정하고 있다. 실제 기술적 표준에서 규정한 안전기준은 정당한 안전기대(Sicherheitserwartungen)의 최소한의 기준으로서 강한 징후를 가질 수 있다. 독일연방정부의 제조물책임법 입법이유서에서

심에서 통밀빵(Vollkornbrot)(AG Frankfurt aM VersR 1977, 1137)이나 순대소세지(Rotwurst)(LG Dortmund VersR 1987, 697)에 이물질이 들어간 경우에 예외적으로 제조자의 면책입증을 인정한 경우가 있을 뿐이다. 하지만 이러한 하급심의 제조자의 면책입증의 인정에 대해서도 그 타당성이 의심스럽다고 한다(Staudinger Komm/Johannes Hager, a. a. O., §823, Rdnr. F44).

249) Peter Marburger, a. a. O., S. 6; Walter Rolland, a. a. O., Teil II Rdnr. 1.

250) Rainer Huth, Die Bedeutung technischer Normen für die Haftung des Warenherstellers nach §823 BGB und dem Produkthaftungsgesetz, Europäische Hochschulschriften Bd./Vol. 1297, S. 289.

도, DIN-표준(DIN-Normen), VDE-표준(VDE-Normen)과 기타 초기업적 기술적 표준은 동법 제3조에서 상당한 의미를 가질 수 있으며, 안전에 대한 기본적인 사실적 내용은 안전성에 대한 정당한 기대를 형성할 수 있다고 하고 있다.[251] 사실 DIN-표준과 같은 초기업적 기술적 표준은 법적 규범은 아니며, 단지 표준의 임의적인 적용이 기대되는 권고에 불과하다.[252] 이러한 표준은 단지 최소한의 안전기준으로서의 의미를 가지고 제조자를 구속하지는 않는다.[253] 이에 따라 초기업적 기술적 표준을 충족하지 않은 제조물이 바로 무조건 위험한 제조물이라고 할 수는 없다. 하지만 제조물이 기술적 표준을 충족하지 않음으로써, 즉 기술적 표준의 안전요구에 미달한 안전을 갖춤으로써 손해가 발생한 경우에는, 해당하는 기술적 표준은 정당하게 기대할 수 있는 안전기대의 최소한의 기준으로서의 의미를 가지기 때문에, 그 제조물은 일반적으로 결함있는 제조물이라고 할 수 있다.[254]

그러면 제조물의 설계와 제조 및 지시에서 초기업적 기술적 표준에의 적합성(Normgemäßheit)이 제조물의 결함없음을 의미할 수 있느냐가 문제이다. 기술적 표준에서의 안전규정이 해당되는 제조물의 정당한 안전기대(berechtigte Sicherheitserwartungen)를 확정적으로 규정한 것이라고는 어떠한 경우에도 일반적으로 말할 수는 없을 것이다.[255] 특히 경쟁상대에 있는 제조물이 보다 높은 안전기준을 가지고 시장에 유통되어 있는 경우에는, 관련 제조물이 해당되는 기술적 표준을 준수했다는 원용으로써 결함이 없다는 것을 주장하는 것은 더욱더 힘들 것이다. 왜냐

---

251) BT-Drs. 11/2447, S. 15.

252) Hans Claudius Taschner/Erwin Frietsch, a. a. O., ProdHaftG §1 Rdnr. 88; BGH NJW 1968, 2238.

253) BT-Drs. 11/2447, S. 15.

254) Hans Claudius Taschner/Erwin Frietsch, a. a. O., ProdHaftG §3 Rdnr. 17; Nobert Kollmer, Zivilrechtliche und arbeitsrechtliche Wirkungen des Gerätesicherheitsgesetzes, NJW 1997, S. 2018.

255) Rainer Huth, a. a. O., S. 288; Hans Claudius Taschner/Erwin Frietsch, a. a. O., ProdHaftG §1 Rdnr. 89.

하면 제조물책임법에 의한 책임은 제조자의 과책을 요구하지 않음으로써, 해당되는 기술적 표준의 적용이 필요한 안전기대를 충족할 것이라는 것을 과실없이 제조자가 신뢰하더라도, 제조자는 면책되지 않기 때문이다. 기술적 표준에 대한 이러한 판단은 이미 독일민법 제823조 제1항에 의한 제조물책임에서 논한바와 같다. 이를 좀 더 자세히 살펴보면, 제조물책임법 제3조 제1항은 결함판단의 기준으로서 '학문과 기술의 수준(Stand von Wissenschaft und Technik)'을 분명히 규정하지는 않았지만, 특히 책임면책사유로서 동법 제1조 제2항 제5호의 규정에서 나타나듯이 제조물책임법의 전체 입법체계에서 볼 때, 제조물은 유통 당시의 '학문과 기술의 수준'에 상응해야만 한다.[256] 그러므로 해당 제조물은 '일반적으로 승인된 기술의 기준'뿐만 아니라 제조물의 유통당시의 '학문과 기술의 수준'에 상응한 안전성을 갖추어야만 한다. 이에 따라 기술적 표준의 준수가 제조물의 안전에 대한 정당한 기대를 항상 충족한다고 말할 수는 없다. 물론 경우에 따라서는 관련된 기술적 표준이 최신의(aktuelle) 학문과 기술의 수준을 정확히 반영하고 있는 경우도 있을 수 있는데, 이러한 경우에는 초기업적 기술적 표준의 준수로서 제조물의 무결함을 주장할 수도 있을 수 있다. 하지만 제조물이 관련되는 초기업적 기술적 표준에의 적합성을 들어서, 제조물의 결함이 없다고 일반적으로 말할 수는 없다. 통상 기술적 표준은 최신의 학문과 기술의 수준으로부터 일정한 간격을 두고 발전된다는 것을 고려할 때, 기술적 표준의 현재의 안전기대 수준에 일치한다고 담보할 수는 없기 때문이다.[257] 그러므로 제조자는 실제 해당되는 기술적 표준이 최신의 학문과 기술의 수준에 상응하는지의 여부를 면밀히 검토하여야 할 것이다. 그런데 순수한 사실적인 관점에서 볼 때, 초기업적 기술적 표준의 준수는 일반적으로 승인된 기술의 규정의 준수로 인정될 수 있고, 이를 통하여 대개

256) Rainer Huth, a. a. O., S. 355; Peter Marburger, Gebrauchs- und Betriebsanleitungen im Produkthaftungsrecht, in: Michael Kloepfer(Hrsg), Gebrauchs- und Betriebsanleitungen in Recht und Praxis, 2007, S. 56.
257) Walter Rolland, Produkthaftungsrecht, 1990, §3 ProdHaftG, Rdnr. 42.

는 손해발생의 원인이 되는 제조물의 결함을 방지할 수 있게 된다.[258] 물론 위에서 보듯이 기술적 표준의 준수가 항상 제조물에 대한 정당한 안전기대에 부응하지는 못하므로, 법적인 평가는 이와 다를 수 있음에 주의를 해야 한다. 그 외 결함의 입증책임과 관련하여, 제조물의 결함이 있다는 것에 대한 입증책임은 피해자가 부담하는데(§1 Abs. 4 ProdHaftG), 기술적 표준을 준수한 경우에 안전한 제조물로 추정된다는 제조물안전법(§6 Abs. 2 ProdSG)과 같은 공법과 관련하여 비추어 볼 때, 제조물이 해당하는 기술적 표준을 준수한 것이 확실한 경우에는 일반적으로 피해자의 결함의 입증이 쉽지는 않을 것이다.[259][260]

기술적 표준과 제조물책임법과의 관계에서 살펴볼 그 다음의 문제로서, 기술적 표준이 독일 제조물책임법 제1조 제2항 제4호에서 말하는 강제적 법령기준(zwingenden Rechtsvorschriften)이 될 수 있는가가 문제이다. 제조자의 제조물책임의 면책사유의 하나로서, 제조자가 제조물을 유통시킬 당시의 강제적 법령을 준수함으로써 이를 통하여 결함이 발생된 경우에는 제조자의 책임이 면책된다(§1 Abs. 2 Nr. 4 ProdHaftG). 이는 유럽공동체의 제조물책임입법지침 제7조 d)에서 연원하는 것으로서, 이에 의하면 제조물이 구속적이고 고권적으로 발포된 규범(Normen)에 상응함으로써 이로부터 결함이 발생한 경우에는 제조자는 면책된다고 하고 있다. 이러한 표현으로부터 기술적 표준(technishe Normen)이 여기에 해당될 수 있는 듯한 오해를 불러일으킬 수 있다. 실제 위 규정은 강제적 법령의 복종과 책임 사이에서 발생하는 제조자의 딜레마를 해결해주

---

258) Peter Marburger, Produktsicherheit und Produkthaftung, Festschrift für Erwin Deutsch, 1999, S. 282.

259) Walter Rolland, a. a. O., §3 ProdHaftG, Rdnr. 43.

260) 제조물책임법에서의 결함개념과 관련하여 기술적 표준의 법적 의미에 대해서 위와 같이 살펴보았지만, 이러한 내용은 의약품법(AMG) 제84조에 의한 의약품손해 위험책임이나 유전공학법(GenTG) 제32조에 의한 유전공학 위험책임에 있어서는 개발위험의 항변이 인정되지 않으므로, 기술적 표준의 준수가 결함개념과 관련하여 특별한 의미를 가질 수 없을 것이다.

자는 것인데,[261] 면책의 요건으로 인정되는 것은 '법령기준'의 강제적인 준수가 요구되는 경우로서, 제조물을 법령에 따라 제조하든 아니면 법령에 의하지 않고서는 제조할 수 없는 경우이어야 한다. 만약 제조자가 해당하는 유사한 또는 높은 기준을 가지고 법령과 상이한 해결을 하는 것이 허용되어 있다면, 위 조문의 의미에서 강제적인 법령은 아닌 것이 된다.[262] 또한 여기서 말하는 법령(Rechtsvorschrift)은 제조물에 대해서 구속적인 상세한 규정을 가진 법률이나 명령 또는 법문에서 일정한 기술적 표준을 구속적으로 받아들인 확정적 지시(starre Verweisung)[263]가 있는 경우를 말한다.[264] 이에 따라 비구속적이고 표준위원회의 권고적 성질만을 가지고 있는 DIN-표준 등은 '강제적 법령기준'에 해당하지 않는다.[265] 그러므로 초기업적 기술적 표준은 제조물책임법 제1조 제2항 제4호의 '강제적 법령'에 해당되지 않는다.[266] 또한 제조물책임법 제1조 제2항 제4호의 규정은 실질적인 의미를 거의 찾을 수 없다. 그 이유는 일정한 안전기술적 상세한 해결을 자세히 규정하고 이를 강제적으로 적용하도록 규정한 입법이 독일법 내에서 실제 존재하지 않으며, 그리고 기껏해야 기술적 표준에 대한 확정적 지시의 아주 드문 경우에만 제조물책임법 제1조 제2항 제4호의 요건을 충족할 수 있는 경우가 발생할 수 있는 여지도 있을 것이기 때문이다. 하지만 확정적 지시와 관련하여서도, 즉 법적 규정이 기술적 표준에 확정적 지시(Verwesung)를 한다할지라도, 이것이 제조자에게 구체적인 기술적 표준의 준수를 법적인 의

261) BT-Drs. 11/2447, S. 15.
262) Kurt Bartenbach, Produkthaftung und Normung, DIN-Mitt. 69(1990), S. 205; BT-Drs. 11/2447, S. 15.
263) 확정적 지시란 법률이나 명령에서 하나 또는 다수의 기술적 표준의 제목, 표준번호와 제정일자를 관련된 법문에서 명시적으로 언급함으로써 행해지는 지시를 말하고, 확정적 지시의 대표적인 예가 도로교통허가령(StVZO) 제35조가 된다.
264) Kurt Bartenbach, a. a. O., S. 205.
265) BT-Drs. 11/2447, S. 15; BGH VersR 1984, 270.
266) Rainer Huth, a. a. O., S. 355.

무로 강제하지만, 각각의 동일한 또는 그 이상의 안전기준을 가진 상이한 해결을 인정하고 있기 때문에,[267] 확정적 지시를 통하여서도 기술적 표준이 제조물책임법 제1조 제2항 제4호의 의미에서의 강제적 법령기준이 되는 경우는 없을 것이다. 즉 법령을 통하여 초기업적 기술적 표준의 준수가 강제될 때만, 제조물책임법 제1조 제2항 제4호에 의한 면책사유가 존재할 수 있을 것인데, 그러나 위에서 살펴본 바와 같이 실제 이러한 경우는 독일법에서 현재 존재하지 않는다는 것이 일반적인 입장이다.

그리고 제조물책임법 제1조 제2항 제5호의 개발위험의 면책과 관련한 '학문과 기술의 수준(Stand von Wissenschaft und Technik)'의 구체화와 관련하여서도, 기술적 표준은 큰 의미를 가질 수는 없다. 제조물책임법 제1조 제2항 제5호에 의하면, 제조자가 제조물을 유통시킬 시점의 학문과 기술의 수준으로는 결함을 인식할 수 없었던 경우에는(§1 Abs. 2 Nr. 5 ProdHaftG) 제조자는 면책된다고 하여서, 개발위험에 대하여 제조자를 면책시키고 있다. '학문과 기술의 수준'판단과 관련하여, 기술적 표준의 법적 의미를 고려해 볼 수 있다. 먼저 기술적 표준은 관련된 분야에서 신뢰할 수 있는 일반적으로 보증된 전문지식으로 일반적으로 승인된 기술의 수준을 의미하고 일반적인 사용을 할 수 있도록 되어있으므로, 기술적 표준에서 다룬 위험에 대해서는 위험의 불인식을 주장할 수는 없다고 할 것이다.[268] 즉 기술적 표준에서 일정한 제조물의 결함방지를 위하여 규정한 내용을 준수하지 않음으로써 결함이 발생한 경우에는, 어떠한 경우에도 개발위험의 항변을 주장할 수 없다고 할 것이다. 그러나 초기업적 기술적 표준이 최신의 학문과 기술의 수준을 반영한다고 보기에는 원칙적으로 타당하지 않다. 오히려 기술적 표준은 기술적 표준을 제정하는데 필요한 시간적인 필요성 등의 이유로 최신의 학문과

---

267) Kurt Bartenbach, a. a. O., S. 205; Hermann H. Hollmann, Die EG-Produkthaftungsrichtlinie(I), DB 1985, S. 2395.

268) Kurt Bartenbach, a. a. O., S. 205; Rainer Huth, a. a. O., S. 349.

기술의 수준을 반영한 최신의 기술적 수준(aktuellen Stand von Technik)에 뒤쳐져 있는 경우가 대부분이라고 할 것이다. 그러므로 해당되는 기술적 표준의 준수를 통하여 제조자가 개발위험으로 인한 책임의 면책을 주장하는 것은 인정될 수 없을 것이다. 왜냐하면 제조물결함이 최신의 연구결과를 포함한 모든 특별한 인식원(Erkenntnisquelle)의 동원 시에도 객관적으로 결함을 인식할 수 없었던 경우에만 개발위험으로 제조자가 면책되기 때문이다.[269]

---

269) Rainer Huth, a. a. O., S. 349; Kurt Bartenbach, a. a. O., S. 205.

제 2 절 환경책임법상 기술적 표준의 의미

Ⅰ. 서 설

1. 환경침해에 대한 방어청구권과 손해배상청구권

물 · 공기 · 토지 등의 환경이 인간의 생활을 위하여 적당한 상태를 유지하거나, 그러한 상태가 되도록 국가가 관여하여야 하는 경우에서의 환경법은 공법의 영역에 속하고, 환경침해에 대하여 개인적인 법익보호를 목적으로 하는 경우에서의 환경법은 사법의 영역에 속한다.[270] 이러한 사법적인 환경법을 환경사법(Umweltprivatrecht)이라고 하는데, 환경문제에 주로 적용되고 사법상의 개인의 이익을 방어하는데 사용되는 방어청구권(Abwehransprüche)[271]과 환경침해로 인한 손해배상청구권이 이

---

270) Jürgen F. Baur/Rolf Stürner, Lehrbuch des Sachenrechts, 16. Aufl., S. 265.

271) 현재 발생하여 계속되고 있는 환경침해나 장차 발생할 우려가 있는 환경침해를 예방하기 위하여 일반적으로 우리는 留止請求라는 말을 쓰고 있다. 유지청구 이외에도 중지청구, 금지청구, 정지청구 등의 말을 쓰고 있다. 독일민법 제1004조에서는 방해제거청구(Beseitigungsanspruch)와 유지청구(Unterlassungsanspruch)와 합하여 방어청구권(Abwehranspruch)이라는 말로써 쓰고 있는데, 이에 상응하는 것으로 우리는 제214조에서 방해제거청구와 방해예방청구라는 용어를 사용하고 있다. 독일민법상의 방어청구권을 유지청구권으로 번역해서 쓰는 경향도 있으나(吳錫洛, 環境訴訟의 諸問題, 일신사, 1991, 39면), 우리 민법과 독일민법에서는 분명히 현재의 침해의 제거와 장래의 침해의 예방으로서의 청구권을 분명히 구분하고 있고 구분이 되는 것으로서, 환경침해라는 영역에서만 특수하게 유지청구라는 말로서 이 모두를 표현하는 것은 타당하지가 않다고 생각된다. 그리고 유지청구라는 어의에는 방해제거청구라는 의미는 포함되어 있지 않고 오히려 장래의 침해의 예방을 청구하는 방해예방의 의미가 강하게 포함되어 있으므로 현재의 침해의 제거와 장래의 침해의 예방이라는 의미에서의 유지청구라는 말은 적당한 표현이라고 볼 수 없다. 그러므

에 속한다.[272]

독일법상 환경침해에 대하여 피해자는 독일민법 제1004조에 의해서 방해제거청구권과 방해예방청구권을 행사할 수 있는 데, 이러한 청구권은 독일민법 제906조에 의해서 비본질적인 침해나 장소통상적 이용(ortübliche Benutzung)으로 인한 침해인 경우에는 인용할 의무가 부과된다. 이때 피해자가 장소통상적 이용으로 인하여 인용할 의무가 있는 경우에 피해자의 희생에 대하여 제906조 제2항 제2문에 의해서 침해가 자기의 토지의 장소통상적 이용이나 자기의 토지의 수익을 기대할 수 있는 정도를 넘어서 침해하는 경우에는 조정적 보상청구권(Ausgleichsanspruch)이 주어지게 된다. 아울러 연방임밋시온방지법(BImSchG) 제14조 제2항에 의해서도 동법에 의해서 인가를 받은 시설에 대해서는 가동중지를 요구할 수 없고 예방조치만을 청구할 수 있도록 규정하면서, 이러한 예방조치가 기술수준에 의해서 실행할 수 없거나 비대체적인 때에는 오로지 손해배상만을 청구할 수 있다고 규정하여서 제906조 제2항에서와 같은 희생책임(Aufopferungshaftung)을 규정하고 있다. 그리고 불법행위에 기한 손해배상청구는 독일민법 제823조 제1항과 제2항에 의해서 행하도록 하고 있다. 독일에서도 다른 제국가와 마찬가지로 환경침해로 인한 피해자의 손해배상의 어려움을 덜어주고자 위험책임을 인정하는 많은

로 환경침해로 인하여 현재 계속되고 있는 침해의 제거는 방해제거청구권으로 장차 발생할 우려가 있는 침해를 예방하기 위하여서는 방해예방청구권을 행사할 수 있다고 보는 것이 타당할 것이다. 방해제거청구권과 방해예방청구권을 모두 포함하는 법률상의 용어를 우리 민법에서는 사용하고 있지 않는데, 독일민법에서는 제1004조의 방해제거청구권과 유지청구권(방해예방청구권)을 합하여 방어청구권이라는 용어를 사용하고 있으므로(Staudingers Komm./Karl-Heinz Gursky, 13. Aufl., 1993, §1004 Rdnr. 1), 우리도 이러한 용어를 사용하여서 방해제거청구권과 방해예방청구권을 포괄하는 용어로 사용하는 것이 타당하다고 생각되므로, 이하에서는 방어청구권이라는 용어를 사용을 하는 것으로 한다.

272) Michael Klopfer, Umweltrecht, 1989, § 4 Rdnr. 292; Reiner Schmidt, Einführung in das Umweltrecht, 4. Aufl., Rdnr. 39-40; Peter-Christoph Strom, Umweltrecht, 6. Aufl., Rdnr. 88.

입법을 하였다.273)

이렇게 독일에서는 환경침해로 인한 개인의 법익의 침해를 보호하기 위하여 제거청구권과 방해예방청구권은 물권법적으로 손해배상청구권은 불법행위적으로 해결하고, 일정한 경우에 피해자의 법익의 과도한 희생을 방지하기 위한 희생책임으로서 보상청구권을 규정하고 있다. 그 외 계약법상의 담보책임 등에 의한 환경침해책임이 학설과 판례에 의해서 인정되고 있다.

2. 논의의 전개

독일민법(BGB) 제1004조는 소위 물권법적인 환경보호의 전면에 서 있어서, 환경침해에 대한 방해제거청구권과 방해예방청구권의 중심규정이 되는데, 독일민법 제1004조에 의한 방어청구권의 행사시에 공법상의 규정이나 시설의 認·許可가 위법성평가에 영향을 미칠 수 있느냐가 문제가 된다. 즉 테니스장판결(Tennisplatz-Urteil)에서처럼 지구상세계획(Bebauungsplan)과 건축허가에 대하여 상린관계자가 대항할 수 있는지의 여부가 문제된다.

또한 TA-Luft, TA-Lärm 등의 환경기준(Environmental standards)과 DIN-표준, VDI-지침 등에서 규정한 환경기준이 독일민법 제906조상의 침해의 본질성의 판단 등에서도 고려될 수 있는지가 문제된다. 배출허

273) 불법행위에 의한 손해배상청구를 危險責任(Gefährdungshaftung)으로서 규정하는 입법을 보면 1990년에 제정된 환경책임법(UmweltHG)은 일정한 시설의 환경침해에 대한 위험책임을 규정하고, 1957년에 제정된 수질관리법(WHG) 제22조에는 수질오염에 대한 위험책임을 규정하고, 1990년에 제정된 유전공학법(GenTG) 제32조 이하에서는 유전공학적 작업에 기인하는 환경침해에 대해서 위험책임을 규정하고 있다. 이 외에 원자력법(AtG) 제25조 이하에서는 핵시설에 의한 핵에너지 사고로 인한 손해 등을, 연방광산법(Bundesberggesetz) 제114조 이하에서는 鑛害의 배상을 위험책임으로 규정하고, 아울러 책임법(Haftpflichtgesetz), 항공교통법(Luftverkehrsgesetz) 등에서 환경침해와 관련된 위험책임을 규정하고 있다.

용기준 등의 환경기준의 준수가 민법상의 책임법에서 어떠한 의미를 가질 수 있는지, 즉 독일민법 제906조의 의미에서 소유권에 대한 침해가 본질적인 침해인지 여부에서 판단기준으로 작용할 수 있는지, 또한 불법행위책임에서 위법성판단과 관련하여 어떠한 의미를 가질 수 있는지를 살펴볼 필요성이 있다. 즉 많은 환경공법들은 유해한 환경물질의 배출을 규제하는 세분화된 규정들을 다수 가지고 있는데, 민사법적 관점에서 이들 규정들이 민사법원도 구속하느냐의 여부가 문제된다. 이에 따라 환경책임법에서의 공법상의 허가나 인가의 법적 의미와 환경기준(기술적 표준 등)의 환경책임법적 의미 등을 독일의 학설과 판례를 중심으로 하여 살펴보고자 한다.

Ⅱ. 공법상의 인·허가와 환경책임

1. 서

환경침해로 인한 불법행위책임이나 방해제거 또는 방해예방청구권의 행사시에 공법상의 규정이나 시설의 認·許可가 위법성평가에 영향을 미칠 수 있느냐가 문제가 된다. 불법행위책임과 방해제거·방해예방청구의 위법성판단에서 환경행정법 등의 공법과의 관계에서의 독자성은 그렇게 간단히 판단할 수 있는 문제는 아니기 때문이다.

2. 방어청구권 행사와 공법상의 인·허가

1) 건축법상의 허가

이와 관련하여서 독일에서 문제가 된 테니스장판결(Tennisplatz-Urteil)에서처럼 지구상세계획(Bebauungsplan)과 건축허가에 대하여 상린관계자가 대항할 수 있는지의 여부가 문제된다. 즉 환경침해에 대한 위법성판단에서 공법적 규정과 사법적 규정의 관계가 문제되는데,[274] 독일민법상의 환경침해에 대한 방해제거청구권과 방해예방청구권이 건축과 그에 상응하는 시설의 운영에 대한 건축계획법(Bauplanuungsrecht)에 의한 허가로서 배제될 수 있느냐하는 것이 문제로 된다.

이러한 문제는 1982년 12월 17일의 독일 연방대법원(BGH)의 테니스장판결(Tennisplatz-Urteil)[275]이 동기가 되었다.[276] 독일 건축이용령(Baunutzungsverordnung: BauNVO) 제6조 제2항 제5호에 의하면 테니스장은 혼합지역(Mischgebiet)에 지구상세계획상 원칙적으로 허용되는데, 독일 연방대법원은 독일민법 제906조 제2항 제1문상의 장소통상적 이용(ortsübliche Benutzung)[277]의 검토에서 구체적인 상황에서는 위의 건축법에 의한 규정은 중요하지 않은 것으로 취급하였다. 이것은 독일 연방대법원의 일반적인 판결과 일치하는데, 독일 연방대법원은 장소통상성

---

274) Medicus, Bürgerliches Recht, 17. Aufl., Rdnr. 442.

275) BGH, NJW 1983, 751(이 사안을 보면, 피고 스포츠협회에 의해서 운영되는 테니스장에서의 경기를 통하여 발생된 소음침해가 원고의 주택지에 허용되느냐의 다툼이었다. 원고는 건축이용령(Baunutzungsverordnug: BauNVO)의 의미에서 혼합지역(Mischgebiet)의 토지의 소유자이고, 피고도 마찬가지로 S시에 의하여 특별건축평면(Sonderbaufläche)으로서 지구상세계획에 테니스장으로 명시된 곳에서 테니스장을 운영하고 있었다. 그리고 원고의 집은 테니스장에서 4미터만 떨어져 있어서 테니스 경기에서의 소음과 공이 튀는 소음 등으로 생활에서 방해를 받았다. 이에 원고는 피고에 대하여 독일민법 제1004조 제1항 제2문에 따라서 유지청구의 소를 제기하였고, 연방대법원에 의해서 인용되었다. 판결이유에서 연방대법원은 테니스장의 소음은 원고의 토지의 이용을 본질적으로 침해하였고, 피고의 이용은 장소통상적 이용(ortübliche Benutzung)이 아니기 때문에 원고의 인용의무(Duldungspflicht)는 부정된다고 하였다).

276) Peter Marburger, "Ausbau des Individualschutzes gegen Umweltbelastungen als Aufgabe des bürgerlichen und öffentlichen Rechts," Das Gutachten Marburgers zum 56. DJT(1986), Bd. I C102.

277) 독일민법 제906조 제2항 1문에서는 가스, 증기, 냄새, 연기, 매연 등의 침입이 본질적 침해라 할지라도 토지의 통상적인 이용으로 야기되고 경제상 기대할 수 있는 조치에 의해서 침해를 저지할 수 없는 경우에는 인용하여야 한다고 규정하고 있다.

(Ortüblichkeit)은 그때 그때의 판단지역의 사실상의 관계에 따라서 판단하여야 한다고 하였다. 즉 주위에 있는 토지의 다수가 같은 침해적인 작용의 종류와 범위 하에서 이용되느냐가 장소통상성의 판단에 중요하다는 것이다. 공법상의 건축기준계획(Bauleitplanung)은 단지 장소통상적 이용의 조사에 일반적인 실마리의 구실을 할 뿐이지, 구체적으로 계획에 따르는 이용이 장소통상적 이용으로서 판단되어서는 안 된다는 것이다.[278)]

그러나 이러한 민법상의 견해는 공법학자들에 의해서는 상당한 저항에 부딪혔는데, 그 주장내용을 보면 다음과 같다. 건축기준계획과 그의 실현이 사법상의 상린관계법(Nachbarrecht)에 의해서 방해될 수 있다는 것은 건축법(Baugesetz) 제1조 제1항에 규정된 건축기준계획(Bauleitplanung)의 과제[279)]를 실현할 수 없게 한다는 것이다. 즉 현재의 상태의 유지를 목적으로 하는 민법상의 방어청구권에 의해서 입법자는 거의 지구상세계획(Bebauungsplan)을 만들 수 없다는 것이다.[280)] 이러한 문제의 해결을 위하여 공법상의 입장에서 2가지 해결책이 제시되었는데, 첫째는 지구상세계획은 건축법 제1조 제5항 제7호에 따르는 형량명령[281)]으로 족하고, 기타 법적인 하자가 없으면 계획에 일치하는 이용에 대해서는 상린관계자에게 인용의무가 주어지고, 독일민법 제1004조에 따르는 제거청구권 내지 방해예방청구권이 배제된다는 것이다.[282)] 둘째는 지구상세

278) Münchener Komm., 2. Aufl.(1986), §906 Rdnr. 16; Gûnter Hager, Sportanlagen im Wohnbereich, UPR 1985, S. 193.

279) 건축법 제1조 제1항에 의하면 "건축기준계획의 과제는 이 법상의 조치에 따라서 지방자치단체에서의 토지의 건축적인 또는 기타의 이용을 준비하고 지도하기 위한 것이다"라고 규정하고 있다.

280) Günter Gaentzsch, Sportanlagen im Wohnbereich, UPR 1985, S. 210.

281) 건축법 제1조 제5항에는 "건축기준계획은 다음의 각호를 특별히 고려하여야 한다"고 규정하고, 제7호에서는 "건축기준계획(Bauleitplanung)은 환경보호, 자연보호와 경관보호에 특히 자연, 물, 공기, 광물산출을 포함한 토양 및 기후에 관심(Belange)을 두어야 한다"고 규정하고 있다.

282) Günter Gaentzsh, a. a. O., S. 209.

계획은 장소통상적 이용이므로 계획에 일치하는 이용은 독일민법 제906조 제2항 제1문의 의미에서의 장소통상적 이용으로 보아야 하고 상린관계자의 민법상 인용의무의 토대가 된다는 것이다.[283]

이러한 공법상의 주장에 대하여 민법상의 견지에서 또한 확실한 반론이 제기되었다. 건축법은 지구상세계획에 그러한 私法形成的 效力을 고려하지 않았고, 또한 지구상세계획이 근본적으로 임밋시온방지법적인 상린관계법의 우위에 설 수 없다는 것이다.[284] 그리고 사법적 이익은 건축계획에서 고려의 중요한 요소의 하나에 불과하고, 계획확정절차에서 시민의 법적 보호가능성은 구체적으로 자신의 이해가 문제가 되는 민사상의 절차보다는 부족하다는 것이다. 마지막으로 정해진 건축계획의 내용은 계획의 실행 전에는 시민들에게 완전히 알려지지 않고, 지구상세계획의 존속력(Bestandskraft)에 따라서 더 이상 私法上의 權利를 주장할 수 없다면 잘못된 계획의 위험이 상린관계자에게 부담되므로 옳지 않다는 것이다.[285] 그러므로 건축법에 따르는 지구상세계획이 독일민법 제1004조에 의한 방어청구권의 적용가능성을 배제할 수는 없고, 단지 독일민법 제906조 제2항의 장소통상적 이용의 판단에서는 어느 정도 영향을 줄 수 있다고 본다.[286]

2) 연방임밋시온방지법상의 인가

연방임밋시온방지법(BImSchG)[287] 제14조 제1문에서는 "인접한 토지

283) Jürgen Salzwedel, Sportanlagen im Wohnbereich, UPR 1985, S. 213.

284) Horst Hagen, Sportanlagen im Wohnbereich, UPR 1985, S. 196 ff.

285) Dirk Olzen, Zivilrechtlicher Schutz gegen Belastungen aus der Umwelt, Jura 1991, S. 283.

286) Dirk Olzen, a. a. O., S. 283; Münchener Komm., a. a. O., § 906 Rdnr. 16.

287) 연방임밋시온방지법(BImSchG)은 1974년 3월 15일에 제정이 되어서 4월 1일부터 시행되었는데, 동법 제1조에서는 "이 법의 목적은 사람, 동물이나 식물, 토양, 물, 공기 및 문화재나 기타의 재화를 유해한 환경침해로부터 그리고 인가를 요하는 시설에 관계되는 한 위험, 현저한 불이익과 기

에 대한 토지에 의한 유해한 환경침해의 방지를 구하는 청구가 특별한 권원(besondere Titel)에 기하지 않고 私法上의 權利에 기하고 있는 때에는 시설에 대한 인가를 다툴 수 없는 경우에는 시설의 가동중지(Einstellung des Betriebs)를 요구할 수 없다. 피해자는 단지 유해한 환경침해를 배제하는 예방조치만을 요구할 수 있다"고 규정하고, 제14조 제2문에서는 "그러한 예방조치가 기술수준에 의해서 실행할 수 없거나 경제적으로 비대체적(nicht vertretbar)인 때에는 오로지 손해배상만을 청구할 수 있다"고 규정하고 있다. 즉 독일민법 제906조를 넘어서는 인용의무가 연방임밋시온방지법 제14조에 의해서 설정이 된다.[288)]

연방임밋시온방지법 제14조는 시설의 위험성으로 인하여 동법 제4조 이하[289)]에 따라서 인가를 필요로 하는 시설에만 적용이 되고, 기타의 이유로서 인가를 필요로 하는 시설에는 적용이 되지 않는다.[290)] 그러므로 인가를 받은 시설은 독일민법 제903조 · 제906조 · 제1004조를 이유로 한 인가된 시설의 가동중지는 더 이상 요구될 수 없고, 예방조치만을 요구할 수 있는데, 예방조치도 기술적인 상태에 따라서 실현될 수 없거

타의 방법으로 초래되는 현저한 부담으로부터 보호하고 유해한 환경침해의 발생을 예방한다"고 규정하여, 임밋시온방지의 기본법적인 역할을 수행한다. 임밋시온방지를 위한 법은 연방임밋시온방지법 이외에 연방의 보충적인 법규명령과 행정규정, 무연휘발유법(Benzinbleigesetz), 비행소음방지법(Fluglärmschutzgesetz) 및 각 연방주의 임밋시온방지법과 명령이 있다(Reiner Schmidt, a. a. O., S. 57). 임밋시온에 대한 보호는 현대환경법에서 핵심영역에 속하나 그 자체로서 새로운 것은 아니다. 원래 소유권에 대한 환경침해의 사법적 방어청구권으로 발생했으나, 이제 임밋시온에 대한 보호는 공법상 과제가 되었다(Reiner Schmidt, a. a. O., S. 57).

288) Staudingers Komm., 12. Aufl., § 906 Rdnr. 237.

289) 연방임밋시온방지법 제4조에서는 위험하거나 환경침해적 시설은 인가가 필요하다고 규정하는데, 구체적으로 유해한 환경침해를 야기하거나 기타의 방법으로 공공이나 상린관계자를 위험하게 하거나, 현저하게 손해를 끼치거나 현저하게 부담이 되는, 즉 시설의 성질이나 운영을 통하여 특별한 정도에서 열거한 것을 야기하기에 적당한 시설의 설치나 가동은 인가를 필요로 한다.

290) Jürgen F. Baur/Rolf Stürner, a. a. O., S. 256.

나 경제적으로 비대체적인 경우에는 예방조치의 청구도 허용되지 않고 손해배상(금전적인 보상)만 청구할 수 있도록 하고 있다.[291] 이때 예방조치는 침해가 독일민법 제906조의 범위를 넘어서는 경우에만 행할 수 있고 침해가 비본질적인 때에는 예방조치의 청구도 허용되지 않는다.

이렇게 인가된 시설이 상린관계법적인 제거청구권이나 방해예방청구권으로부터 영향을 받지 않는 이유에 대해서는 다음과 같이 설명이 된다.[292] 표면적으로는 국가의 권력적 행위가 민사법정의 판결에 의해서 다시 판단되어져서는 안 된다는 것이고, 보다 깊은 이유는 임밋시온의 문제는 미리 검토되어져서 인가의 수여나 거절을 이끌어야 한다는 것이다. 이러한 임밋시온문제의 사전판단은 공공(Allgemeinheit)과 상린자의 보호뿐만 아니라 한번 창출된 경제적인 가치가 사후에 민사법정의 판결을 통하여 파기되어지는 것을 방지하는 효과를 가진다는 것이다. 연방임밋시온방지법 제14조[293]와 독일민법 제906조 제2항의 구체적인 차이점은 연방임밋시온방지법에 따라서 인가를 받은 시설은 침해가 본질적이고 장소통상적이 아닌 침해에 대해서도 인용의무가 존재한다는 것이다.[294]

연방임밋시온방지법 제14조와 유사한 규정이 원자력법(AtG) 제7조 6항[295], 항공교통법(LuftVG) 제11조[296], 행정절차법(Verwaltungsverfahrensgesetz) 제75조

---

291) A. a. O., S. 255.

292) A. a. O., S. 256.

293) 물론 이러한 규정은 침해된 상린자를 위해서는 불리한데, 인가행정청은 인가의 수여 후에도 공공이나 상린자의 보호를 위하여(§17 BImSchG), 일정한 요건 하에서 가동의 중지를 요구하거나(§20 BImSchG) 인가를 철회할 수 있다(§21 BImSchG).

294) Staudingers Kommentar, a. a. O., §906 Rdnr. 237.

295) 원자력법 제7조 6항 "연방임밋시온방지법 제14조는 인가된 시설에 의해서 다른 토지에 대해서 행하는 침해에 대해서는 의미있는 것으로 본다."

296) 항공교통법 제11조 "연방임밋시온방지법 제14조의 규정은 비행장을 위해서 준용된다. 비행장이 공법상의 목적으로 이용되는 때에도 또한 적용된다."

2항[297]에 규정되어 있다.[298] 또한 수질관리법(WHG) 제11조에서는 동법에서의 동의된 이용의 유해한 침해에 대해서는 방해의 제거나 이용의 유지청구나 보호설비나 손해배상의 청구도 배제된다고 규정하고 있다. 다른 공법상의 규정(예를 들어, 연방자연보호법)[299]도 독일민법 제1004조와 제906조에 따르는 방어청구권을 배제할 수 있다.

3. 불법행위책임과 공법상의 인·허가

공법상의 규정도 민법상 의의를 가질 수 있는 위법성 정당화요소를 지정할 수 있다. 예를 들어, Baden-Würtenberg 州의 수렵법(Jagdgesetz) 제23조 제1항 제2호에 의하면 수렵권자는 야생하는 개나 야생의 의심이 있는 자유스러운 개를 죽일 권리가 있다. 이러한 규정이 독일민법 제823조 제1항과 관련한 살해행위의 위법성을 배제시킨다는 것은 의심의 여지가 없다.[300]

이와 관련하여서 Erwin Deutsch 교수는 한 법영역에서의 법적인 정당화사유의 포섭은 다른 법영역에서도 근본적으로 인정되어야 한다고 한다.[301] 그러나 또한 위법성의 개념은 모든 법영역에서 동일한 것은 아니며 위법성은 각각의 법질서에 위반한 행위라고 한다.[302] 그러나 공법의 규정에 대한 위반이 아닌 행위는 민법상으로도 위법하지 않은 행위가 있을 수 있다. 그러므로 공법이 피해자의 법익에 대한 침해를 정

297) 행정절차법 제75조 2항 "계획확정결정(Planfeststellungsbeschluss)이 취소될 수 없으면 사업계획의 유지청구, 시설의 제거청구나 변경청구 또는 시설이용의 유지청구는 배제된다."

298) Münchener Kommentar, a. a. O., §906 Rdnr. 105.

299) 연방자연보호법(Bundesnaturschtzgesetz: BNatSchG)은 제10조에서 각 연방주는 자연보호를 위하여 토지의 이용을 기대할 수 없을 정도로 침해하지 않는 범위 내에서 인용의무를 설정할 수 있다고 규정한다.

300) Palandt, Bürgerliches Gesetzbuch, 56. Aufl., 1997, § 823 Rdnr. 36.

301) Erwin Deutsch, Haftungsrecht, Erster Band: Allgemeine Lehren, 1976, S. 213.

302) A. a. O., S. 207.

당화할 때 공법상의 규정을 통한 행위가 독일민법 제823조 제1항의 불법행위적 책임을 조각시킬 수 있다. 그러나 공법적인 규정에 대한 비위반의 의미에서의 합법성이 민법상의 책임을 탈락시키기에 항상 충분한 것은 아니다.

이와 관련하여 불법행위적인 환경책임법(§823 Abs. 1 BGB)에서 공법상의 규정이나 시설의 인가가 위법성평가에 영향을 미칠 수 있느냐가 문제가 된다. 민법상의 상린관계법(§§906 · 1004 BGB)에서는 Tennisplatz 판결에서 보았듯이, 판례와 학설은 민법상의 위법성은 기본적으로 공법상의 규정이나 허가와 관계없이 독자적으로 결정된다고 보았다. 불법행위법상의 위법성판단에서 행정법과의 관계에서 민법의 독자성은 사실 그렇게 간단하게 설정될 수 있는 것은 아니다. 책임법과 행정법과의 비부가성(Nichtakzessorietät)을 위해서, 사실 법정책적인 논의에서 상린관계법상의 논의가 여기에 그대로 유효하다고 할 수 있지만, 그러나 이것이 인가되고 동시에 행정법적으로 적법한 정상운영(Normalbetrieb)에서 독일민법 제823조 제1항에서의 보호되는 권리나 법익의 위법한 침해로 인한 손해배상청구권을 발생시킨다는 구체적인 논거를 설정하고 있는 것은 아니다.

먼저 일정한 환경침해에 대한 행정청의 인가(behördliche Genehmigung)가 법질서의 통일이라는 관점아래서 민법이나 형법[303]의 영역에서 위법성조각사유로서 작용해야 한다는 주장[304]이 설득력 있어 보인다. 그리고 한편에서는 공법적인 인가의 범위 내에서의 행위는 위법성이 배제

---

303) 형법에서는 '권한없는(unbefugte)' 수질오염(§324 StGB)과 폐기물제거(§326 StGB), '행정법적인 의무의 침해아래(unter Verletzung verwaltungsrechtlicher Pflichten)' 공기오염과 소음야기(§325 StGB), '필요한 인가없는(ohne die erforderliche Genehmigung)' 핵에너지시설의 운영(§327 StGB) 등을 규정하고 있다.

304) Uwe Diederichsen, Ausbau des Individualschutzs gegen Umweltbelastungen als Aufgabe des bürgerlichen und des öffentlichen Rechts, Referat von Prof. Dr. Uwe Diederichsen zum 56. DJT(1986), L65.

된다고 주장하고 있다.[305] 또한 연방환경부도 환경의 이용이 공법적으로 허락이 되고 이러한 범위 안에서 행동하였으면 가해의 위법성이 기본적으로 조각되므로, 독일민법 제823조 제1항으로서의 법적 보호의 약점으로 작용한다고 보았다. 이에 반하여 최근에는 불법행위의 위법성은 공법적인 규정과는 독자적으로 결정해야 한다는 견해가 증가하고 있다.[306] 이러한 두 견해는 '법질서의 통일'과 '민법의 자주성'이라는 슬로건 하에서 양극단의 위치에 서있는 것처럼 보인다. 이러한 견해들은 구체적으로 사고손해(Unfallschäden)[307]와 정상운영(Normalbetrieb)[308]을 통한 예측한 결과와 예측하지 못한 결과로 유형을 나누어서 살펴보는 것이 효과적일 것이다.

먼저 사고손해시의 인가의 효과로서, 허락된 위험한 시설이나 인가된 위험한 행위에서 인가규정의 준수에도 불구하고 사고적인 사건경과를 가진 경우를 고려해보아야 할 것이다. 이러한 방법으로 허락된 위험이 실현된 경우에는 발생한 법익침해는 곧 위법한 것이다. 예를 들어, 규정에 맞게 인가된 화재위험적인 운영에서 폭발이 있게 되면 안전규정이나 인가의 규정을 준수하였을지라도 이를 통하여 제3자에게 발생한 가해는 합법적으로 행해진 것이 아니고 기껏해야 과실의 인정여부만이 문제될

305) Friedhelm G. Nickel, Industrielle Produktion und Gefährdungshafung, VW 1988, S. 964.

306) Johann W. Gerlach, Privatrecht und Umweltschutz im System des Umweltrechts, 1989. S. 94f.; Jost Pietzker, "Mitverantwortung des Staates, Verantwortung der Bürges," JZ 1985 S. 210f.; Claus-Wilhelm Canaris, "Schutzgesetze-Verkehrspflichten-Schutzpflichten," in: Festschrift für Karl Larenz, 1983, S. 56.

307) 사고손해란 모든 의도되지 않고 비전형적인 운영과정하에서의 손해로 이해될 수 있는데, 사고손해 대신에 장애의 경우(Störfälle)의 손해도 부분적으로 언급되는데, 장애(Störung)의 경우는 기술적인 시설의 장애로 이해하여야 할 것이다.

308) 정상운영(Normalbetrieb)은 공법적인 규정이나 인가의 준수아래 시설이나 기계의 규정에 맞는 운영(bestimmungs- und ordnungsgemässe Betrieb)을 말한다.

수 있을 뿐이다. 환경책임법 이외의 판결에서 오래전부터 독일의 판례는 행정관청에서 지시한 안전조치를 하였고 관청의 대리자에 의해서 위험한 시설이 검사되었을지라도 사고가 발생하면 위법성이 탈락되지 않는다고 하였다.309) 마찬가지로 자동차경주의 주체자의 책임은 관중을 보호하는 설비가 행정청의 부담(behördliche Auflagen)에 상응한다고 해서 책임이 배제되는 것은 아니라고 하였다.310) 제조물책임법(Produkthaftungsrecht)에서도 의약품이나 건축자재처럼 위험한 물질의 예방적인 검사나 인가가 생산자에게 이로 인한 책임의 위험을 제거하는 것은 아닌 것이다.311) 그러므로 행정청에 의하여 수여된 인가에도 불구하고 발생된 사고손해 시에는 인가로 인해서 위법성이 조각되지는 않는다고 할 것이다.

그 다음으로 정상운영 시에 예측할 수 없었던 손해가 발생한 경우에는, 즉 예측하지 않은 결과에 대한 행정청의 인가의 효과는 사고손해의 경우와 차이가 있을 수 없다고 할 것이다. 이것은 다음과 같은 보기에서 분명하게 될 것이다. 새로운 시설의 운영이 일반적으로 무해한 것으로 평가되는 엠밋시온(Emission)을 행정청의 인가를 가지고서 배출하였다. 그러나 뒤에 이러한 엠밋시온이 사람의 건강에 치명적인 침해를 일으키거나 토양을 심각하게 불이익하게 변경시킨다는 것이 발견되었다. 이러한 경우에 건강침해가 정당화될 수 있다는 것은 단지 시설운영자의 과실유무가 의심될 수 있다는 것에 불과할 것이다.

그리고 인가수여 시에 예측한 결과가 정상운영 시에 발생한 경우에, 행정청이 이에 필요한 권능을 가지고 있을 때에는 행정청에 의해서 발해진 인가가 본질적으로 위법성정당화요소로 작용할 수도 있을 것이다. 그러나 집행으로서의 행정이 행정행위를 통하여 시민의 권리를 침해할 수 있는 권리, 즉 이로써 시민사이의 관계에서 침해가 서로 정당화되어

309) 독일제국법원(Reichsgericht)은 강 위에 통과하는 고압선으로 인하여 선원의 사망이 발생한 경우에 관청이 이를 허가하였을지라도 책임이 발생한다고 하였다(RG, JW 1936, 2911).

310) BGH, VersR 1975, 329.

311) Jost Pietzker, a. a. O., S. 211.

지는 권리를 허가할 수 있는지의 여부가 문제로 남는다. 분명히 연방임밋시온방지법(BImSchG) 제14조, 수질관리법(WHG) 제11조 제1항, 원자력법(AtG) 제7조 제6항은 인가를 통하여 사법관계에 효과를 갖는 인용의무(Duldungspflicht)를 설정할 수 있다고 규정한다. 이러한 특별한 규정은 이러한 특별한 규정이 없는 곳에서는 *私法形成的 效果*(privatrechtsgestaltender Wirkung)를 가진 공법상의 인용의무는 부인되어야 한다는 것을 역으로 암시한다. 연방임밋시온방지법 제14조 제1항에 의한 시설운영자와 그의 상린자 사이의 민법적인 관계에 대한 인가의 효과의 확장은, 인가가 인가의무적인 시설의 설치와 운영을 위하여 선행되어야 하고 동시에 법적으로 규정된 공공(Allgemeinheit)과 상린자의 참여가능성(§§8f. BImSchG)을 통하여 인가가 정당화되어 진다.[312] 그러므로 행정청의 결정에 대한 관련자의 구속과 그것과 결합된 사법적인 청구권의 배제는 잠재적인 관계자가, 특히 청문이나 제소권 등을 통하여 행정절차에 참여되어질 때에만 정당화되어진다.[313] 또한 더하여 연방임밋시온방지법 제14조 제1문으로부터의 인용의무는 동법 제14조 제2문에 의한 손해배상청구권과 결합되어 있다.[314] 하지만 용선로사건(Kupolofenfall)[315]에서의 피해자처

312) Rudolf Stich/Karl-Wilhelm Porger, Kommentar zum Bundesimmissionsschutzgesetz, 1988, §14 Rdnr. 1.

313) Franz-Joseph Peine, Privatrechtsgestaltung durch Anlagengenehmigung, NJW 1990, S. 2444.

314) 이러한 책임은 독일민법 제823조 제1항에 의한 책임보다 더 맵다고 한다. 왜냐하면 이러한 책임은 희생책임으로서 위법성과 고의·과실을 요하지 않기 때문이다(Franz-Joseph Peine, a. a. O., S. 2449).

315) BGHZ 92, 143(피고는 1979년 이래 연방임밋시온방지법 제4조에 의해서 인가받은 철광과 석탄의 용해하는 시설의 운영자이고 1980년 1월에 실시한 시설검사에 의하면 용선로(Kupolofen)로부터의 배기가스에 포함된 분진은 1974년 8월 28일의 공기청정을 위한 기술적인 지침(TA-Luft)에 규정된 한계치에 도달하지 않았다. 원고는 인근에 위치한 O.회사의 직원으로서 근무 중 그들의 승용차를 피고사업장의 경계에 위치한 회사전용주차장에 주차시키고 있었다. 사고는 피고의 용선로에서 배출된 분진으로 인하여 원고들의 승용차에 피해가 발생하여서 야기되었다. 원고들은 1980년 11월말과 12월초, 1981년 1월 26일 그리고 1981년 4월 10일에는 산화

럼 연방임밋시온방지법 제14조 제2문에 의한 청구권자의 범위에 속하지 않으면, 그의 민법상의 청구권은 인가로 인한 인용의무와 관련해서 민법상의 청구권이 배제되어서는 안 될 것이다. 용선로사건에서 인가조건의 준수 시에도 발생한 침해가 합법적인 것은 아니고, 과실의 범위에서 TA-Luft와 관련시킨 연방대법원의 판결도 이러한 결과와 일치한다.

그러면 연방임밋시온방지법 제14조 제1문에 따라서 인가로 인해서 인용의무가 있는 자가 동법 제14조 제2문으로 인해서 독일민법 제823조 제1항의 손해배상청구권을 행사할 수 없는지의 여부가 문제로 남는다. 이에 대해서 동법 규정의 본문은 분명히 단지 방어청구권만이 배제된다고 말하고 있다. 이와 관련해서 구영업법(Gewerbeordnung) 제26조는 불법행위적인 청구권을 배제하지 않는다고 제국재판소(Reichsgericht)는 받아들였다.[316] 그리고 오늘날 다수의 견해는 연방임밋시온방지법 제14조 제2문의 청구권과 독일민법 제823조 제1항으로서의 청구권은 병존할 수 있는 것으로 본다.[317] 즉 이러한 견해는 인가로 인해서 설정된 인용의무가 독일민법 제823조 제1항의 청구권의 위법성을 조각시키는 정당화

철분진이 유달리 많이 배출되었고, 용선로가스의 초과방출은 사업장설비의 가동과 감독의 결함으로 인해 허용된 에밋시온한계치를 넘은 것으로서 이는 피고의 경영상의 묵인으로 인해 발생되었고, 배출된 분진은 원고들의 승용차의 라크칠, 유리와 크롬부위를 부식시켰으며 이 손해는 위 배기가스가 과다배출된 첫날부터 이미 발생하였다는 것이다. 피고는 이에 대하여 용선로를 매일 감독하고 있으며 최대에밋시온한계치를 넘지 않았다고 하면서, 원고들이 주장하는 손해는 그들의 공동과실에 기인한다고 주장하였다. 원고는 원심과 항소심에서 패소하였다. 항소심은 독일민법 제906조 제2항 제2문과 연방임밋시온방지법 제14조는 원고가 피고의 용선로에서 방출된 분진의 영향으로 감소된 부동산의 가치에 대한 보상이 아닌 그들 자동차의 침해로 인한 손해배상을 요구하였기 때문에 적용할 수 없다고 판시하였다).

316) RGZ 159, 69.

317) Gerhard Feldhaus, Bundesimmissionsschutzrecht(Kommentar zum BImSchG), 1989, § 14 Rdnr. 11; Johann W. Gerlach, Die Grundstrukturen des privaten Umweltrechts im Spannungsverhältnis zum öffentlichen Recht, JZ 1988, S. 174.

사유로서 작용할 수 없다는 것이다. 아무튼 이러한 문제는 부동산권리자가 건강침해로 인한 위자료의 청구를 주장할 때 실질적인 의미를 갖는다. 그러므로 연방임밋시온방지법 제14조 제1문의 인용의무로 인해서 불법행위청구권을 배제하는 것은 받아들일 수 없다고 할 것이다.

즉 행정청의 인가는 불법행위로 인한 손해배상청구권에서 위법성조각사유로서 설정될 수 없으며, 그러므로 독일민법 제823조 제1항의 책임은 행정청의 인가로 인해서 근본적으로 배제될 수 없다고 할 것이다. 바로 무엇보다도 공법적인 임밋시온방지법에서 민법상의 법익에 대한 그러한 필요한 침해권능을 일반적으로 수여하는 것으로 볼 수는 없다. 연방임밋시온방지법 제5조 제1항 제1호에 의하면 인가를 필요로 하는 시설은 공공이나 상린자에게 유해한 환경침해와 현저한 불이익과 부담, 기타 위험이 발생되지 않도록 설치하고 운영하여야 한다. 동법 제6조에서는 제5조에서 주어지는 의무가 충족된다고 보장될 때에만 인가가 수여되도록 하고 있다. 그리고 인가가 필요로 하지 않는 시설도 동법 제22조에서는 기술수준에 따라서 예방할 수 있는 환경침해를 저지하고 예방할 수 없는 침해는 최소한으로 제한하도록 규정하고 있다. 이러한 규정이 타인의 법익을 침해할 권리를 준다고 말할 수는 없다. 연방임밋시온방지법은 무엇이 공법적으로 허락이 되는지를 규정할 뿐이지 공법의 영역을 넘어서서 침해를 정당화하고 있는 것은 아니다. 모든 임밋시온방지법이 동시에 임밋시온허용법이고, 그러므로 시민의 권리에 대한 입법자의 간섭을 규정하는 것이라는 것은 연방임밋시온방지법 제14조로 인한 방어청구권과 관련하여서 해당되는 것이지 불법행위적 책임법에서는 유효한 것이 아니라고 할 것이다.

그러므로 지금까지의 고찰을 종합하자면, 독일민법 제823조 제1항의 위법성에 대한 공법의 영향은 경미한 것이고, 행정청의 인가는 사고손해시와 정상운영을 통하여 인가의 수여 시에 예측하지 않은 그러한 침해를 위해서 결코 행정청의 인가가 침해의 정당화사유가 될 수 없다. 그리고 정상운영을 통하여 예측한 침해의 발생 시에도 행정이 본질적으로 침해를 합법화할 권능이 없으므로 침해가 정당화될 수는 없다. 연방임밋시온방지법 제14조에 의한 인용의무는 단지 방어청구권만을 배제하고 독일민법 제823조 제1항의 손해배상청구권은 배제하지 않는다. 또한 연방임밋시온방지법 제14조에 의한 인용의무도 인가절차에 참여할 수 있고 대상청구로서 동법 제14조 제2문에 의한 손해배상청구권이 귀속되는 자만이 인용의무를 갖는다. 공법적인 규정은 공법이 타인의 법익의 침해를 정당화할 때에만 불법행위적인 위법성에 의미를 가질 수 있고, 공법이 단지 행위가 공법적으로 허용된다는 것을 설명할 때에는 그렇지 않다고 할 것이다.

Ⅲ. 환경기준과 환경책임

1. 서

환경법에서 중요한 의미를 가지는 환경기준은 행정기관이나 전문가 단체에서 만들어지고 있는데, 일반적인 행정규칙으로서의 환경기준(Umweltstandards)은 행정내부적인 규정으로서 사인 간에 직접적인 법적 효과를 가질 수 없으므로 위법성에서 독자적인 의의를 가질 수는 없다.[318] 즉 환경기준을 준수하는 것은 행정적인 제재를 받지 않을 뿐이지 기본적으로 사법상의 책임과는 관련이 될 수 없다. 물론 1985년 12월 19일 독일 연방행정법원은 Whyl-Urteil에서 행정규칙인 "배출공기 또는 지표수를 통한 방사능유출량에 대한 일반적 산출기준"은 원자력법상의 허가요건을 구체화시킨 규범구체화적 행정규칙으로서 또한 행정법원도 구속한다고 하였다.[319] 또한 1978년의 독일 연방행정법원의

318) Peter Baumann, Die Haftung für Umweltschäden aus zivilrechtlicher Sicht, JuS 1989, S. 438.

319) BVerwGE 72, 300(규범구체화적 행정규칙은 단지 규범해석적인 행정규칙과는 달리 규범에 의해 설정된 한계 내에서 행정법원을 구속한다는 것

Voerda-Urteil에서도, 연방임밋시온방지법 제48조에 의하여 TA-Luft를 통하여 확정된 임밋시온기준(Immissionswerte)은 전문가들의 경험과 지식을 기초로 만들어진 것이므로 법원에 대하여 '선취된 전문가감정서(antizipiertes Sachverständigengutachten)'로서, 특별한 이유없이 상이하게 판단할 수 없는 높은 지위가 인정된다고 하였다.[320] 이에 따라 TA-Luft 등의 환경기준이 행정법원의 판례를 통하여서는 행정법원에 대하여 실질적인 구속력을 보여주고 있다.[321]

그러면 TA-Luft 등의 기준치가 독일민법 제906조상의 침해의 본질성의 판단 등에서도 고려될 수 있는지가 문제이다. 즉 배출허용기준 등의 환경기준의 준수가 민법상의 책임법에서 어떠한 의미를 가질 수 있는지, 즉 독일민법 제906조의 의미에서 소유권에 대한 침해가 본질적인 침해인지 여부에서 판단기준으로 작용할 수 있는지, 또한 불법행위책임에서 위법성판단과 관련하여 어떠한 의미를 가질 수 있는지를 살펴볼 필요성이 있다.

2. 방어청구권의 행사와 환경기준

1) 독일민법 제906조 제1항 제2문과 제3문의 입법과 그 이유

환경기준은 이의 준수로 유해한 환경침해를 방지할 수 있다는 단지 일반적인 기준에 불과하므로, 만약 유해한 환경침해를 통하여 현저한 손해가 발생하면 배출허용기준치의 준수에도 불구하고 독일민법 제906조상의 본질적인 침해(wesentliche Beeinträchtigung)가 성립할 수 있다. 그

이다. 행정법원은 오로지 이 행정규칙이 자의에 의한 조사에 근거한 것인지의 여부와 허가관청이 이러한 산출기준을 적용함에 있어서, 그와 같은 방식으로 정해진 방사선노출치를 기초로 개개의 변수에 관해 현존하는 불확정성에도 불구하고 충분히 수용가능한 평가를 내릴 수 있다고 볼 수 있는지의 여부에 관해서만 심사할 수 있다고 하였다).

320) BVerwGE 55, 250.

321) Peter Baumann, a. a. O., S. 438.

러나 독일민법 제906조 제1항 제2문과 제3문은 이와 약간 상이한 규정을 두고 있으므로 이 규정의 의미를 살펴볼 필요성이 있고, 또한 DIN-표준(DIN-Norm)[322] 등의 기술적 표준에서의 환경기준이 독일민법 제906조상의 본질적인 침해의 인정여부에 대한 판단에서의 의미를 검토할 필요성이 있다.

먼저 독일민법 제906조 제1항 제2문과 제3문[323]은 공법과 사법의 조화를 위해서, 제2문에서는 "법률이나 법규명령(Rechtsverordnugen)에 규정된 한계기준(Grenzwerte)이나 권고기준(Richtwerte)이 이러한 법규정에 따라서 조사되고 평가된 침해에 의해서 초과되지 않으면 일반적으로(in der Regel) 비본질적 침해이다"라고 규정하고, 제3문에서는 "연방임밋시온방지법 제48조에 의해서 만들어지고 기술의 수준을 반영하는 일반적인 행정규칙상에서의 수치도 마찬가지이다"라고 규정하고 있다. 그러므로 제906조상의 침해의 본질성을 판단하기 위해서는 TA-Luft와 TA-Lärm에서의 배출허용기준, 측정방법, 기술적인 취급법(technische Verfahrenswerten) 등에 대한 행정규칙에서의 규정이 중요하게 된다.[324] 그리고 이 규정에 의하면 '법률이나 법규명령에서 규정된 한계기준(Grenzwerte)과 권고기준(Richtwerte)'[325]을 준수하거나 연방임밋시온방지

---

322) DIN 표준은 독일 표준화연구소(Deutsches Institut für Normung e. V.: DIN)의 표준을 말하는데, 이에 관하여 상세한 것은, 전경운, 독일법상 기술적 표준의 제정과 제정자의 책임, 민사법학 제26호, 2004. 9, 76-79면 참조).

323) 독일민법 제906조 제1항 제2문과 제3문은 1994년 9월 21일의 '물권법개정법률(Sachenrechtsänderungsgesetz vom 21. 9. 1994)'에 의하여 추가되었다(BGBl. I 2457).

324) Marburger, Peter, a. a. O. C106; BGHZ 70, 102(제906조 1항 1문에서의 침해의 비본질성 및 배출하는 시설의 장소통상적 이용의 평가에서는 측정결과가 TA-Luft에 규정된 기준치와 관련되어야만 하고, 그러한 비교의 진술치(Aussagewerte)의 평가는 TA-Luft에 규정된 측정방법이 고려되어야만 한다).

325) 제906조 제1항 제2문상의 법률이나 법규명령에는 연방임밋시온방지법(BImSchG)에 의하여 만들어진 명령이 특히 이에 해당하는데, 소규모난방시설에 대한 시행령(Verordnung über Kleinfeuerungsanlagen-1. BImSchV),

법 제48조에 의하여 만들어진 TA-Luft나 TA-Lärm[326]과 같은 행정규칙을 초과하지 않은 임밋시온은 일반적으로 비본질적인 침해(unwesentliche Beeinträchtigung)로 침해를 받는 자가 인용해야 한다는 것이 된다. 이 규정의 의미를 좀 더 구체적으로 보면, 법원은 침해가 상응하는 기준치를 초과하지 않은 경우에는 단지 비본질적인 침해만이 인정되는 것으로 일반적으로 받아들여야 하고, 아주 좁게 한정된 요건 아래서만 예외적으로 기준치의 준수에도 불구하고 본질적인 침해가 인정될 수 있는 것으로 볼 수 있다는 것이 된다.[327]

이러한 규정의 입법이유는 통상 공법과 사법의 조화를 위하여 개정되었다고 하지만,[328] 입법이유서 내용을 요약해 보면 다음과 같다. 입법이유서에서는, 제906조 제1항 제2문의 입법을 통하여 비본질적인 침해라는 불확정 법적 개념을 보완하는 것이며,[329] 만약 침해가 법적 규정을 준수하면 상린관계자는 이를 감수하여야 하고 그렇지 않은 경우에는 상린관계자가 침해에 대해서 방어할 수 있는 것으로 되어, 이를 통하여

기화성 할로겐화탄화수소물질의 엠밋시온제한에 대한 시행령(Verordnung zur Emissionsbegrenzung von leichtflüchtigen Halogenkohlenwasserstoffen-2. BImSchV), 잔디깎는 기계소음에 대한 시행령(Rasenmäherlärm-Verordnung-8. BImSchV), 대규모난방시설에 대한 시행령(Verordnung über Großfeuerungsanlagen-13. BImSchV), 건설기계소음에 대한 시행령(Baumaschinenlärm-Verordnung-15. BImSchV), 교통소음방지 시행령(Verkehrslärmschutzverordnung-16. BImSchV), 스포츠시설소음방지 시행령(Sportanlagenlärmschutzverordnung-1. BImSchV)이 이에 해당된다(BT-Dr. 12/7425, S. 88).

326) 연방임밋시온방지법 제48조에 의하여 제정된 일반적인 행정규칙으로서는 '소음방지를 위한 기술적 지침'(Technische Anleitung zum Schutz gegen Lärm: TA- Lärm)과 '공기오염방지에 대한 기술적 지침'(Technische Anleitung zur Reinhaltung der Luft: TA- Luft)이 있다(Hans D. Jarass, Bundes-Immissionsschutzgesetz(Kommentar), 5. Aufl., §48 Rdnr. 8-25).

327) Peter Marburger, Zur Reform des §906 BGB, Festschrift für Wolfgang Ritter, 1997, S. 904.

328) BT-Drs. 12/7245, S. 86f.

329) BT-Dr. 12/7245, S. 87f.

방해자뿐만 아니라 상린관계자에게도 법적 안정성을 확보할 수 있는 것이 된다. 그리고 공법적 환경기준과 관련하여 일반적으로(in der Regel)이라는 표현을 통하여, 기준치의 준수는 항상 반드시가 아니라 통상 침해의 비본질성을 받아들일 수 있도록 하며, 반대로 기준치의 초과시에는 강제적으로 본질적인 침해라는 것을 설정시키지 않고 개별적인 상황에 유보할 수 있도록 한다. 이러한 해결은 배출자를 위하여 분명한 이점을 가져오는데, 지금까지는 배출자가 침해가 단지 비본질적이고 이에 따라 상린관계자가 인용해야 한다는 것을 주장하고 입증해야 했다. 하지만 새로운 입법을 통하여 입증주제의 변화를 가져오는데, 배출자는 단지 공법적 한계치나 기준치의 준수에 대한 진술과 입증만을 부담하고, 반면에 상린관계자는 기준치의 준수에도 불구하고 본질적인 침해가 존재한다는 것을 입증해야하기 때문이다. 상린관계자의 이러한 입증에서는 법원이 완전한 확신을 가지도록 입증해야 한다. 그러므로 상린관계자의 입증을 위해서는 법률상의 추정(§292 ZPO)과 유사하게 입증책임의 전환을 발생시키게 된다는 것이다.[330)]

그리고 독일민법 제906조의 이러한 개정의 이유는 또 다른 측면에서 찾아볼 수 있다. 1982년 독일 연방대법원은 전술한 테니스장판결(Tennisplatz-Urteil)[331)]에서 테니스장의 소음에 대하여 상린관계자의 방어청구를 받아들임에 따라, 스포츠시설소음이 어느 정도 범위 내에서 허용가능한가의 기준마련의 필요성이 제기되었다. 이에 1991년에, 스포츠시설은 연방임밋시온방지법에 따라서 인가를 요하는 시설은 아니지만, 연방임밋시온방지법상 스포츠시설은 토지에 고정된 설비에 해당되므로 인가를 요하지 않는 시설에 적용되는 연방임밋시온방지법의 규정(§§22-25 BImSchG)에 따라서, 연방임밋시온방지법 제18차 시행령인 스포츠시설소음방지 시행령(Sportanlagenlärmschutzverordnung)[332)]을 제정하였

330) BT-Drs 12/7425, S 88.
331) BGH NJW 1983, 751.
332) Achtzehnte Verordnung zur Durchführung des Bundes-Immissionsschutzgesetzes(Sportanlagenlärmschutzverordnung- 18. BImSchV)

다.[333][334] 스포츠시설소음방지 시행령은 정온시간(Ruhezeit)을 포함하는 일정한 시간대에 준수해야 하는 임밋시온기준치를 규정하였다.[335] 즉 1991년 10월 26일에 발효된 스프초시설소음방지 시행령을 통하여, 연방정부는 스포츠시설의 설치 및 영업에 적용되는 임밋시온기준치(Immissions-Richtwerte)를 규정함으로써 스포츠시설소음이 어느 정도 범위에서 허용가능한가에 대한 불만족스러운 법적 상태에 대한 다툼을 종

---

v. 18. 7. 1991, BGBl. I S. 1588.

333) 연방임밋시온방지법 제18차 시행령의 제정에 의하여 스포츠시설소음이 어느 정도 범위에서 허용가능한가에 대한 불만족스러운 법적 상태에 대한 다툼이 종결되었다고 볼 수 있다. 그리고 시행령의 내용은 TA-Lärm과 VDI-Richtlinie 2058에서 유래한다. VDI-Richtlinie는 독일기술자협회(Verein Deutscher Ingenieure: VDI)의 소음방지, 먼지와 공기청정에 대한 규칙서를 말한다.

334) 보다 자세한 것은, 전경운, 스포츠시설의 소음에 대한 규제와 책임, 스포츠와 법(제2권), 한국스포츠법학회, 2001, 273-279면 참조.

335) 스포츠시설소음방지 시행령 제2조 제5항에서는 주간(tags), 야간(nachts), 정온시간(Ruhezeit)에 따라서 각각 달리 임밋시온기준치를 정하고 있다. 스포츠시설소음방지시행령 제2조 제2항에 의하면, i) 영업지역에서는 정온시간 이외의 주간에는 65dB, 정온시간대의 주간에는 60dB, 야간에는 50dB, ii) 중심지역, 마을지역과 혼합지역에서는 정온시간 이외의 주간에는 60dB, 정온시간대의 주간에는 55dB, 야간에는 45dB, iii) 일반주거지역과 소규모취락지역에서는 정온시간 이외의 주간에는 55dB, 정온시간대의 주간에는 50dB, 야간에는 40dB, iv) 전용주거지역에서는 정온시간 이외의 주간에는 50dB, 정온시간대의 주간에는 45dB, 야간에는 35dB, v) 병원과 간호시설을 위한 요양지역에서는 정온시간 이외의 주간에는 45dB, 정온시간대의 주간에는 45dB, 야간에는 35dB을 스포츠시설의 소음임밋시온기준치로 규정하고 있다.

또한 개별적인 단시간의 소음최고치(Einzelne kurzzeitige Geräuschspitzen)는 일정한 범위 내에서만 임밋시온기준치를 초과할 수 있는데, 스포츠시설소음방지 시행령 제2조 제4항에 의하면 제2항에서 규정하는 임밋시온기준치보다 주간에는 30dB을 야간에는 20dB보다 높지 않게 초과할 수 있다고 규정하고 있다. 그리고 스포치시설이나 스포츠시설에 의하여 원인된 소음임밋시온은 스포츠시설소음방지시행령에 규정한 별표(Anhang)에 따라서 조사되어져야 한다.

결하려고 하였다.[336] 또한 연방주를 대표하는 연방참사원(Bundesrat)은 1991년 12월의 연방임밋시온방지법 개정법 초안(Entwurf eines Gesetzes zur Änderung des Bundes-Immissionsschutzgesetzes)에서, 동법에 제25a조를 첨가하여, 스포츠시설이 공법적 규정에 일치하여 운영되는 한, 비영업적 목적으로 운영되는 스포츠시설에서의 스포츠소음을 통한 침해에 대하여 상린관계자가 민법상의 방어청구권을 행사하지 못하도록 입법하려고 하였다.[337] 물론 연방참사원의 이러한 입법안에 대해서, 연방정부는 비영업적 스포츠시설에 대한 분명한 제한은, 영업적 스포츠시설과 다른 공공복지를 위한 시설이 공법적 규정에 일치하여 운영되더라도 민사상 방어청구권을 행사할 수 있다는 반대결론에 이르게 됨으로써, 사법과 공법상 임밋시온방지법의 척도의 동일성이 다시 문제될 수 있으므로, 이러한 입법에 대하여 반대의 입장을 표시하였다.[338] 이러한 연방정부의 기대에 부응하여, Zweibrücken 고등법원[339]은 1992년 4월 2일의 판결을 통하여, 스포츠시설에서 발산되는 소음에 대하여 민법 제906조 제1항의 의미에서의 소음임밋시온의 본질성의 판단에서 스포츠시설소음방지 시행령에 규정된 기준치가 출발점이 되어야 한다고 하였다. 하지만 1992년 4월 24일의 테니스시설 소음임밋시온에 대한 Koblenz 고등법원의 판결[340]을 통하여서는, 판례에서 민법과 공법상 임밋시온방지법 사이에 이루어졌던 조화가 파괴되었다.[341] Koblenz 고등법원은 스포츠시설소음방지 시행령상의 기준치의 수용을 거부하고, 제906조상의 침해의 본질성을 판단함에 있어서 위 시행령에서 규정한 기준치를 준수한 경우에도

336) Volker Kregel, Änderung von §906 I BGB im Rahmen des Sachenrechtsänderungsgesetzes, NJW 1994, S. 2599; 안경희, 공법상 배출허용기준의 사법상 의미, 비교사법 제11권 4호(통권27호), 2004. 12. 333면.
337) BT-Dr. 12/1866, S. 6.
338) BT-Dr. 12/1866, S. 6-7.
339) OLG Zweibrücken, NJW 1992, 1242.
340) OLG Koblenz, NVwZ 1993, 301.
341) Volker Kregel, a. a. O., S. 2599.

본질적인 침해가 될 수 있다고 보았다. 이로써 실무상 불확정은 계속 존속할 수밖에 없게 되었다. 그러자 스포츠시설 보유자들이 스포츠시설에 대한 민법상의 방어청구권의 행사를 저지하기 위하여 스포츠로비를 하여, 연방의회의 스포츠위원회(Sportausschuss des Bundestages)의 노력을 통하여, 1994년 9월의 '물권법개정 법률'에 독일민법 제906조 제1항 제2문과 제3문이 추가되었다.[342]

2) 개정내용에 대한 학자들의 입장

이러한 독일민법 제906조 제2문과 제3문에 대해서, Peter Marburger 교수는 입법자가 너무나 조급하고 주의없이 제정한 졸속입법이라고 강하게 비판을 제기하면서, 시급한 개정을 주장하고 있다.[343] Marburger 교수는 다음의 3가지 점에서 제906조 제1항 제2문과 제3문을 강하게 비판하고 있다.[344] 첫째로 법률상의 추정과 유사하게 입증책임의 전환(Beweilastumkehr)을 가져온다[345]는 것은 환경사법에서의 체계위반적 침해를 일으킨다는 것이다. 독일민법 제1004조와 제906조에 의한 방어청구권의 행사시 민법 제906조 제1항의 개정 전에는, 관련된 상린관계자는 그의 소유권과 피고의 토지에서 발산되는 임밋시온, 임밋시온의 자신의 토지에 대한 침해 및 양자사이의 인과관계만을 진술하고 입증하면 되었다. 그러면 배출자가 침해가 없다거나 단지 비본질적인 침해만이

---

342) 이러한 독일민법 제906조 제1항 제2문과 제3문의 개정과정의 특이함에 대해서는, Klaus Fritz, Das Verhältnis von privatem und öffentlichem Immissionsschutzrecht nach der Ergänzung von §906 Ⅰ BGB, NJW 1996. S. 573-574.

343) Peter Marburger, a. a. O., S. 921(가능한 한 빨리 개정된 제906조 제1항 제2문과 제3문은 폐지되어야 한다고 한다).

344) A. a. O., SS. 904-913.

345) BT-Dr. 12/7425, S. 88; Klaus Fritz, a. a. O., S. 574; Staudingers Komm/Herbert Roth, 13. Aufl., 1996, §906 Rdnr. 178; Palandt/Bassenge, BGB, 55. Aufl., §906 Rdnr. 20.

존재한다는 것, 또는 장소통상적인 침해이면서 경제적으로 기대가능한 방지조치를 통하여 침해를 저지할 수 없음을 입증하여야 했다. 이러한 입증책임의 분배는 각 당사자가 해당 법적 규범의 사실상의 요건을 주장하고 입증해야 한다는 일반적 입증책임원칙에 상응한 것이다.[346] 그러나 제906조 제1항의 개정을 통하여 배출자가 공법상 한계치나 기준치의 준수를 입증한 경우에는 상린관계자가 기준치의 준수에도 불구하고 본질적인 침해가 있다는 것을 입증하여야 한다.[347] 즉 배출자가 공법상 한계치나 기준치의 준수를 통하여 비본질적인 침해에 대한 입증책임이 면제된다는 것인데, 이는 불명료성에 대한 법적인 입증책임의 분배를 잘 형량된 상태에서 한 쪽으로 기울어진 상태를 만들어 내게 된다. 이것은 사법적인 임밋시온방지법체계의 심각한 침해를 의미하게 되고, 또한 공법상의 기준치의 준수가 이러한 체계침해를 정당화시킬 수 있는지의 여부는 분명히 의심스럽다고 할 것이다.[348] 이로 인해서 제906조 제1항의 개정내용에서도 공법상의 기준치의 준수는 일반적으로(in der Regel) 비본질적인 침해이다라고 규정하였다고 할 것이다. 둘째로 배출자가 제906조 제1항 제2문과 제3문에서 언급한 기준치를 준수한 경우에 침해의 본질성에 대한 입증책임을 상린관계자가 부담하게 된다는 것은, 공법적 규정에 민법의 강한 구속성을 의미한다.[349] 입법이유서에서도 말하듯이 공법상 기준치의 준수는 항상 반드시가 아니라 통상 침해의 비본질성을 의미함으로, 사실 구체적인 사건에서 민사법원을 통하여 심사될 수 있지만, 민사법원의 검토의 한계는 매우 제한적이라고 할 것이

346) 이에 따라 원고는 그의 청구권의 근거를 입증하고, 피고는 권리방해적, 권리정지적, 또는 권리멸각적 사유에 대하여 입증책임을 지게 된다.

347) Staudingers Komm/Herbert Roth, a. a. O., §906 Rdnr. 178.

348) 그리고 공법상의 한계치나 기준치의 준수에도 불구하고 본질적인 침해가 존재한다는 것을 원고가 입증해야 한다면, 사실상 원고의 제1004조에 의한 방어청구권은 거의 성공하지 못할 것이다(Peter Marburger, a. a. O., S. 905).

349) Peter Marburger, a. a. O, S. 908.

다. 문제되는 공법상의 기준치의 준수에도 불구하고 본질적인 침해가 받아들여지자면, 침해의 본질성의 입증 시에 상린관계자는 법원이 완전한 확신을 가지도록 입증해야만 하기 때문이다. 또한 공법상의 한계치와 기준치는 사법상의 상린관계법에서 공법적 환경법에서와 같은 구속적 효과를 가질 수는 없다. 왜냐하면 침해의 본질성은 개별적 사건의 구체적인 상황에 의하여 판단되는 것이므로, 공법상의 추상적 일반적 확정이 최종적인 기준이 될 수는 없기 때문이다. 즉 공법상의 한계치와 기준치의 준수와 연결된 입증책임의 전환은 공법에 대한 사법상의 상린관계법의 커다란 종속성을 가져올 것이고, 환경행정법과의 관계에서 환경사법의 필요하고도 승인된 보완적 보호기능은 정지되고 말 것이다. 셋째로 제906조 제1항 제2문과 제3문은 유동적 지시(dynamische Verweisung)를 한 것으로 헌법상 고려에서도 문제점이 있다.[350] 제906조 제1항 제2문은 '법률이나 법규명령'에 지시를 하고 있고, 제906조 제1항 제3문은 공포나 효력발생의 확정된 시점의 언급이 없이 연방임밋시온방지법 제48조에 의한 '일반적인 행정규칙'에 지시를 하고 있다. 이것은 민법규정이 장래 변경되는 행정규칙 등에 의하여 영향을 받기 때문에, 지시하는 법규범의 내용과 의무상황이 확정적인 것이 아니라 행정규칙제정자 등을 통하여 변경될 수 있음을 나타낸다. 이것은 헌법상의 대의민주주의 원칙(Art. 20 Abs. 2 GG)에 반할 뿐만 아니라, 헌법상의 법치국가의 원칙(Art. 20 Abs. 3, 28 Abs. 1 GG)에서 유래하는, 관련된 법적 내용이 확정되어야 한다는 원칙(Bestimmtheitsgrundsatz)에 반하게 되기 때문에 무효일 수 있다.[351]

그러면 1994년에 개정된 제906조 제1항 제2문과 제3문에 대해서 해석

---

350) Peter Marburger, a. a. O., S. 910-912(그리고 제906조 제1항 제2문의 법문상 " ....일 때는 일반적으로 비본질적인 침해이다"라는 법문 자체는 지금까지의 민법규정과는 매우 상이한, 독특한 규정이라고 할 것이다).

351) Wolf-Rüdiger Schenke, Die verfassungsrechtliche Problematik dynamischer Verweisungen, NJW 1980. S. 745.

론의 입장을 살펴보면 다음과 같다. 먼저 학설에서는 제906조 제1항 제2문에서 '일반적으로(in der Regel)'라는 표현을 사용하고 있으므로 개별적인 경우에는 침해의 본질성의 판단에서 공법상의 한계치와 기준치에 구속되지 않고 상이하게 판단하는 것이 인정된다고 본다.[352] 이에 따라 공법상의 기준치나 한계치를 준수한 경우에 침해의 비본질성이 일반적으로 인정된다는 제906조 제1항 제2문과 제3문의 해석론은 다양하게 전개되고 있다. 먼저 제906조 제1항 제2문과 제3문은 입법이유서에서 밝힌 내용과 동일하게, 일반적으로 법률상의 추정과 유사하게 입증책임의 전환을 가져온다는 입장이 있다.[353] 이 견해에 의하면 독일민법 제1004조와 제906조에 의한 방어청구권의 행사시, 과거에는 배출자(피고)가 침해가 없다거나 단지 비본질적인 침해만이 존재한다는 것, 또는 장소통상적인 침해이면서 경제적으로 기대가능한 방지조치를 통하여 침해를 저지할 수 없음을 입증하여야 했다. 그러나 제906조 제1항의 개정을 통하여 배출자가 공법상 한계치나 기준치의 준수를 입증한 경우에는, 상린관계자가 기준치의 준수에도 불구하고 본질적인 침해가 있다는 것을 입증하여야 하므로 입증책임의 전환을 가져온다고 한다.[354]

둘째의 입장은 기존 판례의 견해와 같은 입장을 취하고 있다. 기존 연방대법원의 판례는 공법상의 한계치나 기준치의 초과는 본질적 침해를 위한 간접증거(Indiz)로, 기준치의 준수나 미달은 비본질적인 침해를 위한 간접증거로 보았다.[355] 물론 기준치의 초과에 대해서 더 분명한 입장을 부여하여서, 기준치의 초과는 본질적인 침해를 의미하고, 기준치의 미달의 경우에는 비본질적인 침해로 인정하는 것이 강제되지 않는다

352) Klaus Fritz, a. a. O., S. 575; Volker Kregel, a. a. O., S. 2600.

353) BT-Dr. 12/7425, S. 88; Klaus Fritz, a. a. O., S. 574; Staudingers Komm/Herbert Roth, 13. Aufl., 1996, §906 Rdnr. 178; Palandt/Bassenge, BGB, 55. Aufl., §906 Rdnr. 20.

354) Staudingers Komm/Herbert Roth, a. a. O., §906 Rdnr. 178.

355) BGHZ 70, 102, 107; BGHZ 92, 143, 151; BGHZ 111, 63, 66f.; BGHZ 120, 239, 251; BGHZ 121, 248, 251f.; BGH NJW 1995. 132, 133.

고 하였다.[356] 바로 이러한 판례의 입장과 같이, 제906조 제1항 제2문과 제3문의 의미를 해석하여, 해당하는 공법상의 한계치나 기준치의 준수나 미달은 침해의 비본질성을 의미하는 간접증거로 보자는 것이다.[357] 그런데 간접증거(Indiz)로 보자는 견해는 용어적으로 문제가 전혀 없는 것은 아니다. '간접증거'는 원래 구성요건과는 관련이 없는 보조사실을 의미하는 것으로서, 즉 법규에서 정하는 구성요건에 해당하는 사실은 아니나 이를 추단할 수 있는 간접사실을 증명함으로 결국 법규상의 구성요건사실이 충족되었음을 증명하는 것으로서, 단지 간접적으로 법적으로 중대한 것이 되는 보조사실이다. 나아가 간접사실은 주요사실의 존재를 추단하는 기초가 되는 사실이므로 기준준수를 간접사실로 인정하려면 침해의 비본질성이 주요사실이어야 한다. 그런데 제906조 제1항의 의미에서 침해의 비본질성은 사실(Tatsache)이 아니고, 법관의 판단을 통하여 충족되어야 하는 규범적 구성요건(normative Tatbestandsmerkmal)이다.[358] 그러므로 기준치의 준수여부는 입증수단(Beweismittel)이 아니고 실체법적인 평가를 위한 보조수단(Hilfsmittel)인 것이다.[359]

셋째의 입장은, 제906조 제1항의 침해의 비본질성의 판단에서 한계치나 기준치의 준수는 입증책임법적 기능은 없고, 침해의 본질성여부는 법관의 판단을 통하여 구체적으로 충족되므로, 기준치의 준수는 법관이 제906조 제1항의 침해의 본질성여부를 판단하는데 의미를 가질 수 있다는 것이다.[360] 이에 의하면 공법상의 한계치나 기준치의 준수는 법관이 침해의 비본질성을 판단하는데 있어서, 방향설정의 보조수단(Orientierungshilfe)

---

356) 기준치의 초과는 원칙적으로 본질적인 침해를 의미하고(BGH NJW 1995, 132, 133; BGHZ 120, 239, 256f.), 또한 기준치의 미달은 비본질적인 침해임을 전제하지는 않는다고 하였다(BGHZ 121, 248, 251).

357) Karl Heinz Schwab/Hanns Prütting, Sachenrecht, 32. Aufl., Rdnr. 332.

358) Peter Marburger, a. a. O., S. 916.

359) Peter Bitzer, Grenz- und Richtwerte im Anwendungsbereich des §906 BGB, Dissertation, 2000, S. 107; Peter Marburger, a. a. O., S. 916-918.

360) Peter Marburger, a. a. O., S. 917; Peter Bitzer, a. a. O., 107.

내지 판단의 보조수단(Beurteilungshilfe), 법의 선취된 평가(antizipierten Würdigung) 내지는 규정의 예(Regelbeispiel)에 불과하다는 것이다.[361] 그러므로 규정의 예 내지는 판단의 보조수단으로서 제906조 제1항 제2문과 제3문의 규정형태를 통하여, 사실심법관에게는 개별적 사건의 특별한 상황을 고려할 공간이 남아있게 된다. 즉 TA-Luft와 TA-Lärm에 규정된 기준치에 미달하더라도 개별적인 경우에 본질적인 침해로 평가할 수 있는데, 이는 제906조 제1항 제2문에서 TA-Luft와 TA-Lärm는 일반적으로(in der Regel) 기준적이 된다고 설명되기 때문이다. 입법이유서에서도 기준치의 준수시에 항상 반드시가 아니라 통상 비본질적인 침해로 보자고 하고 있으므로,[362] 이러한 해석을 하는 것이 가능한 것이다. 이러한 해석을 통하여 공법상의 규정을 가능한 한 넓게 고려할 수 있으며, 또한 공법에 대한 민법의 필요한 자주성이 지켜질 수 있게 된다.

3) 독일 판례의 입장

그러면 1994년 제906조 제1항 제2문과 제3문이 개정되고 난 이후의 독일 연방대법원의 판례의 입장은 어떠한가? 독일 연방대법원은 1997년의 판결을 통하여 TA-Luft의 기준치의 준수에도 불구하고 배출한 유해물질들이 건강을 해치는 결과를 야기할 수 있다고 보았다.[363] 그리고 2001년의 연방대법원의 판례에서는 좀 더 분명하게, 기준치(Richtwerte)의 준수나 미달은 침해의 비본질성을 의미하는 간접증거일 수 있지만, 개별적인 사건에서 적당한 소음임밋시온의 한계는 수학적 정확성이 아니라 평가하는 판단을 토대로 확정해야 한다고 하면서, 소음침해는 측정치에 의해서가 아니라 사실심법관의 합리적인 판단에 기초가 되는 모

361) Peter Marburger, a. a. O., 917; Peter Bitzer, a. a. O., S. 107; Harry Westermann, Westermann Sachenrecht, 7. Aufl., S. 500; Münchener Komm/Säcker, 3. Aufl., 1997, §906 Rdnr. 69.
362) BT-Dr. 12/7425, S. 89f.
363) BGH NJW 1997, 2748, 2749.

든 일련의 상황에 의해서 좌우된다고 하였다.[364] 이는 1994년의 제906조 제1항 제2문에서 입법자가 '일반적으로'라는 표현을 사용함으로써 개별사건과 관련하여 사실심법관의 판단여지를 제공하는 빌미를 제공했다고 하고 있다. 또한 제906조 제1항 제2문과 제3문에서 말하는 환경기준에 해당하는 것은 아니지만, 1998년 판결에서도 DIN-표준(DIN-Norm) 4150에서 설정된 한계치에 미달되었음에도 불구하고 폭발에 의하여 발생한 진동에 의하여 이웃가옥에 물적 손해가 발생한 사건에서 제906조 제1항의 의미에서 본질적인 침해가 인정된다고 하였다.[365] 이를 보면 독일의 판례는 공사법의 조화를 위한 제906조 제1항 제2문과 제3문의 개정에도 불구하고, 실제로는 과거의 판례와 같은 입장을 보여주고 있다고 할 것이다.

4) 기술적 표준상의 환경기준의 법적 의미

지금까지는 제906조 제1항 제2문과 제3문에서 언급된 TA-Luft, TA-Lärm 등의 환경기준의 사법상의 의미를 살펴보았다. 그러면 제906조 제1항 제2문과 제3문에서 해당되지 않는 환경기준과 DIN-표준, VDI-지침 등에서 규정한 환경기준이 제906조상의 침해의 본질성판단에서 어떠한 법적 의미를 가지는지를 살펴볼 필요성이 있다. 예를 들어, 독일에서 VDI-지침(VDI-Richtlinie) 2058[366]은 법적 실무에서 소음침해에 대한 판단을 함에 있어서 출발점으로 차용되고 있으며, 오늘날 교통소음방지명령(Verkehrlärmschutzverordnung)의 기준이 되고 있다.[367] VDI-Richtlinie 2058은 영업과 산업(Gewerbe und Industrie)에서 발생하는 소음에 대한 기준치를 규정하고 있다.[368] TA-Lärm에 대한 VDI-Richtlinie 2058의

---

364) BGH NJW 2001, 3119, 3120.

365) BGH NJW 1999, 1029.

366) VDI-Richtlinie는 독일기술자협회(Verein Deutscher Ingeniere: VDI)의 소음방지, 먼지와 공기청정에 대한 규칙서를 말한다.

367) Staudingers Komm/Herbert Roth, a. a. O., §906 Rdnr. 169.

368) VDI-Richtlinie 2058에 규정된 소음기준치를 보면, 일반주거지역에서는 주

우선성(Bevorzugung)은 VDI-Richtlinie 2058에 규정된 내용이 좀 더 최신의 자료를 토대로 하여 새로운 인식상태를 포함하고 있다는 데서 그 정당성이 주어진다.[369] 이에 따라 VDI-Richtlinie 2058은 대부분 장기소음(Dauerlärm)의 평가에서 판단의 보조수단으로 활용이 된다. 즉 공장소음,[370] 미니골프시설소음,[371] 시가전차순회(Straßenbahnkehre)소음,[372] 음식점소음, 비행소음, 거리교통(Straßenverkehr)소음[373] 등의 소음침해에서 판단의 보조수단으로 활용이 되었다.

즉 독일의 판례는 DIN-표준, VDI-지침 등에서 규정한 환경기준은 제906조상의 침해의 본질성 판단에서 판단의 보조수단 또는 권고기준(Richtwert)에 불과하므로 사실심법관이 자신의 판단에 의하여 판단해야 한다고 보고 있다. 구체적으로 보면, 침해하는 시설에서 발산하는 임밋시온수치가 TA-Luft에서 규정한 수치를 초과하면 본질적 침해이고, TA-Luft에서 규정한 수치에 미달되면 침해의 본질성에 대한 판단은 기타 입증된 결과와 더불어서 평가해야 한다고 하였다.[374] 또한 VDI-Richtlinie 2058은 테니스장 소음의 본질성여부를 판단하는데 있어서 판단의 실마리(Anhaltspunkt)로 판단하는 것은 정당하다고 하였으며,[375] 민속축제소음판결에서도 LAI-Hinweise[376]는 전문가에 의하여 만들어지고 연방주에서 적용되는 지침으로서 법원의 판단에서도 판단의

간 55dB(A)・야간 40dB(A), 전용주거지역에서는 주간 50dB(A)・야간 35dB(A), 요양지역 및 병원과 간호시설이 있는 지역에서는 주간 45dB(A)・야간 35dB(A)이다.

369) Staudingers Komm/Herbert Roth, a. a. O., §906 Rdnr. 169.

370) BGHZ 46, 35.

371) OLG Karlsruhe ZMR 1989, 90.

372) BGH NJW 1968. 1133.

373) BGH MDR 1978. 286.

374) BGHZ 70, 102.

375) BGH NJW 1983, 751.

376) LAI-Hinweise는 1988년 4월 26일에 라인란트-팔츠주 환경부장관에 의하여 공포된 것으로서, 여가시설(Freizeitanlage)에서 발산되는 소음의 평가와 판단에 적용되는 환경기준이다.

보조수단(Entscheidungshilfe)으로 사용될 수 있으며, TA-Lärm과 유사하게 소위 선취된 전문가감정서로 볼 수 있고, 해당하는 기준치의 초과는 제906조 제1항의 의미에서 본질적인 침해가 된다고 하였다.[377] 그 외 1998년 판결에서도 DIN-Norm 4150에서 설정된 한계치에 미달되었음에도 불구하고 폭발에 의하여 발생한 진동에 의하여 이웃가옥에 물적 손해가 발생한 사건에서 제906조 제1항의 의미에서 본질적인 침해가 인정된다고 하였다.[378] 이와 같이 판례의 입장은 DIN-표준, VDI-지침 등에서 규정한 기준치의 초과는 제906조 제1항의 의미에서 본질적인 침해가 인정된다고 보면서, 기준치의 준수나 미달 시에도 사실심 법관이 개별적 사건에서 구체적으로 판단하여 본질적 침해가 인정될 수 있다고 하고 있다. 이러한 판례의 입장과 마찬가지로 학설에서도 DIN-표준, VDI-지침 등에서 규정한 기준치와 관련하여, 이러한 기준치는 침해의 본질성여부를 판단하기 위한 판단의 보조수단 또는 판단의 실마리로서, 사실심법관은 제906조 제1항 제2문과 제3문에도 불구하고 경우에 따라서는 전문가감정의 원용아래, 자신의 합리적인 느낌에 의존하여 판단하여야 한다고 한다.[379]

3. 불법행위책임에서의 환경기준의 의미

독일민법 제906조에 의해서 인용해야 하는 환경침해는 위법하지 않고, 이에 따라 피해자에게는 독일민법 제823조 제1항에 의한 불법행위로 인한 손해배상청구권도 인정되지 않는다.[380] 이것은 제906조에 의하

---

377) BGHZ 111, 63, 67.

378) BGH NJW 1999, 1029.

379) Staudingers Komm/Herbert Roth, a. a. O., §906 Rdnr. 170; Münchener Kommentar, a. a. O., §906 Rdnr. 51-64.

380) Peter Marburger/Heinrich Herrmann, Zur Verteilung der Darlegungs- und Beweislast bei der Haftung für Umweltschäden, JuS 1986, S. 355; Staudingers Kommentar/Herbert Roth, a. a. O., § 906 Rdnr. 57.

여 침해의 비본질성이 인정되면 제823조 제1항에 의한 청구권에서도 가행행위의 위법성이 인정되지 않기 때문이다. 제906조 제1항에 의해서 인용해야 하는 비본질적 침해에 대해서는 상린자의 사회공동생활에서 어떤 사소한 방해는 피할 수 없고 사회상당성(sozialadäquat)이 있으므로 손해배상 없이 감수해야 한다는 것이 된다.

TA-Luft, TA-Lärm, DIN-Normen, VDI-Richtlinien 등과 같은 일반적인 행정적 규칙 등으로서의 환경기준(Umweltstandards)도 위에서 살펴본 바와 같이 불법행위책임에서도 마찬가지로 적용된다고 할 것이다. 즉 행정규칙 등으로서의 환경기준은 행정내부적인 규정으로서 사인 간에 직접적인 법적 효과를 가질 수 없으므로 위법성에서 독자적인 의의를 가질 수는 없다.[381] 하지만 이러한 환경기준의 준수는 제906조 제1항의 의미에서 침해가 본질적인 침해인지 여부의 문제에서 고려될 수 있다. 하지만 오늘날 일반적인 견해에 의하면 환경기준치를 초과한 임밋시온은 제906조 제1항의 의미에서 본질적인 침해이고, 반면에 환경기준의 준수를 통하여 침해의 비본질성이 바로 인정되는 것은 아니라고 하고 있다.[382] 즉 환경기준은 이의 준수로 유해한 임밋시온을 방지할 수 있다는 단지 일반적인 기준에 불과하므로 만약 오염된 토지의 식물에 현저한 손해가 확인되면 기준치의 준수에도 불구하고 본질적인 침해가 성립할 수 있게 된다고 할 것이다.

Ⅳ. 소 결

환경침해로 인한 방어청구권의 행사에서나 불법행위로 인한 손해배상청구권 행사시에 공법상의 인·허가가 위법성 판단에 영향을 미칠 수 있느냐의 여부에 대해서 검토해 보았지만, 독일 판례에서 보여주듯이,

---

381) Uwe Diederichsen, a. a. O., Referat von Prof. Dr. Uwe Diederichsen zum 56. DJT(1986), L58; Peter Baumann, a. a. O., S. 438.

382) BGHZ 70, 102, 110.

건축법에 따르는 지구상세계획 등에 의한 건축허가가 독일민법 제1004조에 의한 방어청구권의 적용가능성을 배제할 수는 없고, 단지 독일민법 제906조 제2항의 장소통상적 이용의 판단에서만 어느 정도 영향을 줄 수 있다고 할 것이다. 또한 독일민법 제823조 제1항의 위법성에 대한 공법의 영향은 경미한 것이고, 행정청의 인가는 사고손해시와 정상운영을 통하여 인가수여시에 예측하지 않은 그러한 침해를 위해서 결코 행정청의 인가가 침해의 정당화사유가 될 수 없으며, 아울러 정상운영을 통하여 예측한 침해의 발생 시에도 행정이 본질적으로 침해를 합법화할 권능이 없으므로 침해가 정당화될 수는 없다고 할 것이다.

그리고 1994년에 개정된 독일민법 제906조 제1항 제2문과 제3문은 공법과 사법의 조화를 위해서 일반적으로 공법상의 한계기준이나 권고기준을 준수하면 비본질적 침해가 된다고 규정하였다. 그러나 이러한 개정에 대해서는 독일 내부에서 많은 비판에 제기되고 독일의 판례도 그렇게 보지 않고 있다. 즉 독일 판례는 환경기준상의 배출허용기준을 초과하면 침해가 본질적 침해가 되고, 미달하면 침해가 비본질 침해라는 것을 위한 간접증거(Indiz)가 될 수 있을 뿐이라고 하면서, 개별사건에서 적당한 임밋시온의 한계는 사실심법관의 합리적인 판단에 기초하여 모든 일련의 상황에 좌우된다고 하고 있다. 그러므로 배출허용기준에 미달한다고 해서 반드시 비본질적 침해라고 볼 수는 없다. 즉 환경침해가 환경기준에 규정된 수치에 미달하더라도 개개의 경우에는 경미하지 않은 본질적 침해가 될 수 있다고 보는데, 이는 독일민법 제906조 제1항 제2문에 의하면 배출허용기준 등은 一般的(in der Regel)으로 기준적이 된다고 설명되기 때문이다.

우리나라 판례도 "공장에서 배출된 오염물질(아황산가스)의 농도가 환경보전법에 의하여 허용된 기준치 이내라 하더라도 그 유해의 정도가 통상의 수인한도를 넘어 인근 농장의 관상수를 고사케 하는 한 원인이 되었다면 그 배출행위로 인한 손해배상책임을 면하지 못한다"고 하고 있다.[383] 또한 독일 판례도 위와 같이 공·사법의 조화를 위한 독일민법 제906조 제1항 제2문과 제3문의 개정에도 불구하고, 실제로는 과거의 판례와 같은 입장을 보여주고 있다고 할 것이다. 그러므로 우리 민법에서는 독일민법 제906조 제1항 제2문 및 제3문과 유사한 규정을 입법할 필요는 없다고 할 것이다. 이는 앞에서 고찰 한 바와 같이, 첫째로 독일민법 제906조 제1항의 개정은 스포츠로비를 통하여 상린관계자의 방어청구권 행사에 대비하여 스포츠시설영업자를 보호하기 위한 비정상적 개정이었고, 둘째로 이러한 개정내용은 사법의 기능을 제한하는 것으로서 많은 문제점이 있다고 독일내부에서도 지적되고 있는 점 등으로 보아서 이러한 내용을 우리 민법에 서둘러 도입할 필요성은 없다고 할 것이다.

383) 대판 1991. 7. 23, 89다카1275.

제 3 절 매매와 도급에서의 하자담보책임과 기술적 표준

Ⅰ. 서 설

독일은 표준화에 있어서 선진적 국가로서, 독일표준화연구소(DIN)를 중심으로 하여 일찍부터 산업에 있어서 표준화를 진척시켜왔을 뿐만 아니라, 국제표준화기구(ISO)를 비롯하여 유럽표준위원회(CEN) 등과도 유기적인 관계를 맺고서, 독일 표준화를 국제적인 표준에 맞추고 있는 국가이다. 그러므로 기술적 표준이 매매와 도급계약상의 하자담보책임에서 어떠한 법적 의미를 갖는지에 대해서 독일의 이론과 판례를 중심으로 해서 살펴보고자 한다. 그리고 이러한 논의를 이끌어 가기 위하여, 2001년 11월 26일에 공포되고 2002년 1월 1일부터 시행된 "채권법의 현대화 법(Gesetz zur Modernisierung des Schuldrechts)"을 통하여 독일의 매매계약법과 도급계약법상의 하자담보책임에 관한 규정이 현저히 수정되었으므로 이에 대해서 먼저 살펴보는 것이 필요하다고 생각된다.

독일에서의 기술적 표준의 매매와 도급계약상의 하자담보책임에서의 법적 의미를 고찰하는 것은, 실제 우리나라의 많은 기업이 유럽공동체에 수출을 하고 있는데, 수출제품을 주로 독일의 기술적 표준에 맞추어서 수출을 하고 있는 현실을 생각해 보면, 우리나라 기업이 독일의 기술적 표준을 준수하였다고 해서, 물건 등의 하자로 하자담보책임이 문제되는 경우에 우리나라 기업의 책임이 면책될 수 있는지의 여부 등과 관련하여 그 의미를 가질 수 있다고 할 것이다. 이에 따라 먼저 독일 채권법의 현대화 법에 따른 매매와 도급계약상의 담보책임의 변화와 하자개념 등에 대해서 자세히 검토한 다음에, 기술적 표준의 하자담보책임법상의 의미에 대해서 독일에서의 논의를 중심으로 살펴보고자 한다.

Ⅱ. 매매와 도급계약상의 하자담보책임의 현대화

1. 개정 전의 내용

2001년 12월 31일까지의 독일 민법상의 매매계약과 도급계약에서의 하자담보책임과 관련한 규정을 간단히 보면 다음과 같다. 매매된 물건의 위험이전 당시에[384] 물건의 가치 또는 통상적인 사용이나 계약상 전제된 사용에의 적합성(Tauglichkeit)을 소멸시키거나 단지 사소하지 않게 감소시키는 하자[385]가 있는 경우에는, 매수인은 매도인에 대하여 매매의 해제(Wandelung) 또는 매매대금의 감액(Minderung)을 청구할 수 있었다(§§459 Abs. 1, 462 BGB a. F.). 또한 매매 당시에 매매목적물이 보증된 성상을 갖추지 못한 때에는 매수인은 해제 또는 대금감액에 갈음하여 불이행으로 인한 손해배상을 청구할 수도 있었다(§463 BGB a. F.). 만약 일정한 물건의 종류(Gattung)만으로 매매물건이 정하여진 경우에는 매수인은 해제 또는 대금감액에 갈음하여 하자없는 물건의 인도(Nachlieferung)를 청구할 수 있었다(§480 Abs. 1 BGB a. F.). 이러한 매수인의 담보로 인한 청구권은 매도인이 하자를 알면서 침묵한 것이 아닌 한, 동산의 경우에는 인도 시부터 6월, 부동산의 경우에는 양도 시부터 1년이 경과함으로써 시효로 소멸한다(§477 Abs. 1 BGB a. F.).

그리고 건축계약, 건설계약, 수선계약, 운송계약, 시설설치계약, 감정계약 등과 같은 도급계약에서 완성된 일의 가치 또는 통상적인 사용이나 계약상 전제된 사용에의 적합성(Tauglichkeit)을 소멸시키거나 감소시키는 하자를 가진 경우에는 도급인은 하자제거를 청구할 수 있었다(§633 BGB a. F.). 이 때 하자의 제거가 과도한 비용을 요하는 때에는

---

384) 일반적으로 위험은 매매된 물건이 매수인에게 인도된 시점에 매수인에게 이전된다(§446 BGB a. F.).

385) 가치나 적합성의 경미한 감소는 고려되지 않는다(§459 Abs. 1 S. 2 BGB a. F.).

수급인은 그 제거를 거절할 수 있다. 하자제거를 위하여 상당한 기간이 설정되고 이 기간이 헛되이 경과되면, 즉 도급인의 하자제거청구권과 자구청구권(§633 Abs. 3 BGB a. F.)이 배제되고 나면, 도급인은 계약의 해제 또는 보수의 감액을 청구할 수 있다(§634 BGB a. F.). 물론 일의 하자에 수급인의 과책이 있으면, 도급인은 해제 또는 보수감액에 갈음하여 손해배상을 청구할 수 있었다(§635 BGB a. F.). 이 때 수급인의 이러한 권리들은 선택적 관계에 있어서, 수급인의 하자제거청구권이 배제되고 나서 수급인은 계약해제청구권이나 보수감액청구권을 행사할 수 있었고,[386] 또한 구민법 제635조[387]에 의한 손해배상청구권도 계약해제청구권이나 보수감액청구권에 갈음하여 인정되었다. 이러한 도급인의 청구권은, 수급인이 하자를 알면서 침묵한 것이 아닌 한 완성된 일의 수취 시부터 6개월, 토지의 작업의 경우에는 1년, 건축물의 경우에는 5년의 소멸시효에 걸렸다(§638 BGB a. F.).

2. 개정 후의 내용

1) 매매계약상의 담보책임

2002년 1월 1일 시행된 "채권법의 현대화 법"을 통하여 하자담보책임과 관련한 매매계약과 도급계약의 법적 상태는 현저히 변경되었다. 매매된 물건에 하자가 있는 경우에, 매수인은 독일민법 제437조에 따라서 다음과 같은 권리를 선택적으로 행사할 수 있으며, 매매의 대상이 특정

386) 수급인의 계약해제권과 보수감액청구권, 즉 이들 두 청구권도 역시 선택적 관계에 있었다. 그러므로 도급인이 행사할 수 있는 이행청구권으로서 하자제거청구권과 자구조치청구권, 계약해제청구권이나 보수감액청구권 및 손해배상청구권, 즉 이 5개의 청구권을 도급인이 중첩적으로 행사하는 것은 인정되지 않았다.

387) 이하에서 특별한 법명의 표시없이 언급된 법조문은 독일민법상의 조문을 의미한다.

물이냐 종류물(§480 BGB a. F.)이냐에 따른 구분은 없다.[388] 먼저 매수인은 제439조 따라서 추완이행(Nacherfüllung)을 청구할 수 있는 권리(§437 Nr. 1 BGB), 즉 하자의 제거나 하자 없는 물건의 인도를 청구할 수 있다(§439 Abs. 1 BGB). 이러한 매수인의 추완이행청구권(Nacherfüllungsanspruch)은 과거의 하자담보책임에서는 인정되지 않았고, 일반거래약관에 의한 매매계약에서 실무적으로 종종 이용되었다. 독일민법 제437조에 의하면 하자와 관련한 매수인의 권리로서 매수인은 추완이행청구, 계약해제나 대금감액, 손해배상청구 중에서 자유로이 선택해서 행사할 수 있는 것처럼 보이지만, 계약해제나 대금감액 및 손해배상은 매수인이 매도인에게 추완이행을 위하여 적절한 기간을 설정하였으나 그 기간이 헛되이 경과한 경우에만 원칙적으로 인정되므로, 추완이행은 다른 권리에 비해서 우선하게 된다.[389] 추완이행청구권을 우선적으로 인정하는 것은 계약당사자의 이익에도 현실적으로 부합하는데, 왜냐하면 하자의 발생 시에 계약당사자는 계약의 해제나 매매대금의 감액보다는 먼저 수리나 교환에 관심을 가지는 것이 일반적이기 때문이다. 그리고 매수인이 추완이행청구권을 행사할 때에는 하자의 제거로서 하자보수(Nachbesserung)나 하자없는 물건의 인도로서 완전물급부(Nachlieferung)를 요구할 수 있는데,[390] 이들 두 권리 사이에서도 매수인은 선택권(Wahlrecht)을 갖는다.[391]

---

388) 독일 '채권법의 현대화 법률'에 의한 매매계약에 대해서는, Harm Peter Westermann, Das neue Kaufrecht einschließlich des verbrauchsgüterkaufs, JZ 2001, SS. 530-543; Lothar Haas, Entwurf eines Schuldrechtsmodernisierungsgesetzs: Kauf- und Werkvertragsrecht, BB 2001, SS. 1313-1321. 참조.

389) Hans Brox/Wolf-Dietrich Walker, Besonderes Schuldrecht, Aufl. 31, Rdnr. 40.

390) 매수인이 선택한 추완방식이 과도한 비용으로만 가능한 경우에는, 제275조 제2항 및 제3항과는 별도로 매도인은 그 추완방식을 거절할 수 있다(§439. Abs. 3 BGB).

391) A. a. O., Rdnr. 41.

매매 물건의 하자에 대하여 위에서 본 추완이행에 갈음하여, 매수인은 제440조, 제323조 및 제326조 제5항에 따라서 매매계약을 해제하거나 제441조에 의해서 매매대금의 감액할 수 있다(§437 Nr. 2 BGB).[392] 계약을 해제할 수 있는 매수인의 권리는 제440조, 제323조 및 제326조 제5항에 따라서 정해지는데, 이들 규정에 대한 법적인 지시(gesetzliche Verweisung)는 일반 급부장애법(Leistungsstörungsrecht)의 해제규정이 적용되도록 하기 위한 것이다. 해제에는 유효한 매매계약, 하자 및 제439조 제1항에 의한 추완이행의 좌절이 요구된다. 그리고 매수인은 해제에 갈음하여 매매대금의 감액을 할 수 있다(§441 Abs. 1 BGB).[393] 매수인의 해제권은 경미한 의무위반(Pflichtverletzung)인 경우에는 배제되지만(§325 Abs. 5 S. 2 BGB), 대금감액의 경우에는 적용되지 않아서(§441 Abs. 1. S. 2) 경미한 의무위반(하자)에 대해서도 대금감액을 할 수 있다. 이 때 해제에서와 마찬가지로 의무위반에 대하여 매도인의 과책은 요구하지 않으며, 물건 및 권리의 하자를 구분하지 않는다. 대금감액의 경우에 매매대금은 계약체결 시에 하자 없는 상태의 물건의 가치와 실제 가치 사이에 성립하는 비율에 의해서 감축된다(§441 Abs. 3 BGB).[394]

매수인은 하자에 대하여 해제나 대금감액과 더불어 제440조, 제280조, 제281조, 제283조 및 제331a조에 의하여 손해배상청구를 할 수 있다(§437 Nr. 3 BGB). 매수인의 해제권처럼 손해배상청구권도 채권법개정에 의하여 특별히 매매법에 규정된 것이 아니라 원칙적으로 일반 급부장애법에 규정되어 있고 제437조 제3호에서 이들 규정에 지시하고 있다. 물론 제440조를 통하여 약간의 보충은 행해진다. 하자의 경우에 매수인의 손해배상청구권은 우선적으로 제280조 3항, 제281조 제1항에 따라서 추

392) 해제권과 대금감액권은 형성권(Gestaltungsrecht)이다.

393) 해제에 갈음한 매수인의 대금감액권은 일반 급부장애법에서는 규정이 없고 하자와 관련하여 인정되는 매수인의 특별한 하자로 인한 권리(Mängelrecht)이다.

394) 계산법의 자세한 것은 Hans Brox/Wolf-Dietrich Walker, a. a. O., Rdnr. 71 참조.

완이행을 위한 적절한 기간을 설정하여야 하며, 또한 하자가 경미한 경우에는 매수인은 급부전부에 갈음하는 손해배상을 청구할 수는 없다(§281. Abs. 1 S. 3 BGB). 그리고 매수인은 해제나 감액청구와 더불어 손해배상청구에 갈음하여 제284조에 따라서 무익하게 지출된 비용의 상환을 청구하는 비용배상을 청구할 수 있다(§437 Nr. 3 BGB). 즉 매수인이 급부의 획득을 신뢰하여 비용을 지출하고 또 그 지출이 상당한 것인 경우에는 손해배상에 갈음하여 그 비용의 배상을 청구할 수 있다. 다만 비용을 들여 매수인이 추구한 목적이 매도인의 의무위반(하자) 없이도 달성될 수 없었던 경우에는 비용배상청구가 인정되지 않는다(§284 S. 2 BGB). 매수인의 비용배상청구는 손해배상청구에 갈음하여 인정되는 것이므로, 매수인이 매도인에 대하여 제437조 제3호에 따라서 손해배상청구권을 가져야 한다. 그러므로 매수인의 손해배상청구권의 전체 요건이 갖추어져야 하고, 특히 과실책임주의(Verschuldensprinzip)는 그대로 적용된다.[395][396]

매수인의 담보책임상의 권리 중, 제437조 제1호에 의한 추완이행청구권 및 제437조 제3호에 의한 손해배상청구권과 비용배상청구권은 통상 2년의 소멸시효에 걸리고(§438 Abs. 1 Nr. 3 BGB), 건축물의 경우에는 5년의 소멸시효에 걸린다(§438 Abs. 1 Nr. 2 BGB). 또한 제3자가 물건의 반환을 청구할 수 있는 물권을 가지고 있는 경우인 추탈담보책임의 경우와 등기부에 등기된 기타 권리의 하자가 있는 경우에는 30년의 소멸시효에 걸린다(§438 Abs. 1 Nr. 1 BGB). 한편 매도인이 하자를 알면서 밝히지 않은 경우에는 위의 청구권은 일반소멸시효기간에 관한 규정인 제195조가 적용되어서 3년의 소멸시효에 걸린다(§438. Abs. 3 BGB). 소멸시효는 부동산의 경우에는 인도(Übergabe)시부터 기타 물건의 경우에는 교부(Ablieferung)시부터 진행한다(§438 Abs. 2 BGB). 이를 보면 원칙적으

395) BT-Drs. 14/6040, S. 144.

396) 이 점은 채권법 개정전의 법적 상황과 비교하여 본질적인 차이를 가져오는데, 구민법 제467조에 의하면 해제(Wandelung)의 결과로서 매수인은 매도인의 과실여부와 관계없이 계약비용의 상환을 청구할 수 있었다.

로 담보책임의 소멸시효기간은 2년으로 규정한 것이고 이러한 입법의 이유는, 유럽공동체의 소비재매매입법지침(Verbrauchsgüterkaufrichtlinie)[397] 제5조 제1항에서 소비재를 판매한 사업자의 담보책임의 소멸시효기간을 최소 2년 이상으로 입법할 의무를 부과하였는데, 독일에서는 이를 소비재에 한정시키지 않고 계약법상의 담보책임전반에 확대하는 방향으로 채권법을 개정한 것이다. 또한 매도인의 담보책임에서 객관적 소멸시효제도를 취하고 있는데, 담보책임의 기능이 하자위험의 분배에 있다는 점을 감안하면 객관적으로 명확한 기준에 의하여 그러한 위험부담의 경계를 확정하는 것이 타당할 것이다. 하지만 매도인이 악의로 하자를 숨긴 경우에는 담보책임상의 객관적 소멸시효를 그대로 적용하는 것은 형평에 반하는 것이므로 담보책임의 객관적 소멸시효를 그대로 적용해야 할 하등의 이유가 없기 때문에, 매도인이 악의로 하자를 숨긴 경우에는 일반소멸시효기간이 적용된다고 하고 있다. 청구권만이 소멸시효에 걸리므로(§194 Abs. 1 BGB), 형성권으로 구성하고 있는 매수인의 해제권과 대금감액권은 청구권이 아니므로 소멸시효의 적용대상에서 제외된다.[398] 이들 권리에는 제218조가 적용되어서 추완이행청구권의 소멸시효가 완성되고 매도인이 이를 원용하는 경우에는, 더 이상 효력이 없어서 매수인은 이들 권리를 행사할 수 없다(§438. Abs. 4, 5 BGB).

2) 도급계약상의 담보책임

도급계약상의 담보책임에서도 일의 하자에 대한 하자담보책임규정을 일반 급부장애법과 가능한 한 일치시키기 위하여, 수급인의 담보책임에서도 가능한 한 일반 급부장애법을 준용하도록 하고 있다. 또한 도급계약상의 담보책임도 매매계약상의 담보책임과 그 내용에서 거의 일치시

397) Richtlinie 1999/44/EG des Europäischen Parlaments und Rates von 25. Mai 1999 zu bestimmten Aspekten des Verbrauchersgüterkaufs und der Garantien für Verbrauchsgüter, ABl. EG Nr. L171 S. 12.

398) Stephen Lorenz/Thomas Riehm, Lehrbuch zum neuen Schuldrecht, 2002, Rdnr. 556.

키고 있다.[399)]

먼저 도급계약에서 수급인은 약정한 일을 하자없이 완성할 의무를 부담하므로(§§631 Abs. 1, 633 Abs. 1 BGB), 일의 하자가 있는 경우에 도급인은 수급인에게 제635조에 따라서 추완이행청구권을 가진다(§634 Nr. 1 BGB). 도급인이 추완을 청구한 경우에 매매계약상의 담보책임과는 달리, 수급인은 그의 선택에 따라 하자를 제거(보수)하거나 일을 새로이 완성(再제작)할 수 있다(§635 Abs. 1 BGB). 일을 완성해야 하는 수급인은 매도인과는 달리 일의 완성과정에 밀접하게 관여하므로 하자제거를 위한 최선의 방법 역시 도급인보다는 전문적으로 판단할 수 있기 때문에, 명시적으로 하자제거와 재제작 중 하나를 선택할 권한을 수급인에게 부여하고 있다.[400)] 이러한 도급인의 추완이행청구권은 다른 수급인의 담보책임(자구조치와 사전비용배상청구권, 계약해제권, 보수감액권, 손해배상청구권 등)보다는 우선적으로 인정된다.[401)] 하자제거가 객관적으로 불가능하면 추완이행청구권은 배제되고,[402)] 추완이 과도한 비용으로만 가능한 경우에도 수급인은 추완을 거절할 수 있다(§635 Abs. 3 BGB).

둘째로 도급인은 추완이행청구권에 갈음하여 제637조에 따라 일의 하자를 스스로 제거하고 그에 필요한 비용의 상환을 청구할 수 있다(§634 Nr. 2 BGB). 즉 도급인의 자구조치(Selbstvornahme)와 사전비용배상청구권이 인정되는데, 이를 위하여서는 도급인이 수급인에게 추완이행을 위한 상당한 기간을 설정해야 하고, 이 기간이 아무런 효과 없이 경과한 경우에, 도급인이 하자를 스스로 제거하고 그에 필요한 비용의 상환을 청구할 수 있다(§637 Abs. 1 BGB). 하자의 제거를 위하여 필요한 비용은 도급인이 수급인에게 미리 지급할 것을 청구할 수 있다(§637 Abs. 3 BGB)고 하여서 사전비용배상청구권이 인정된다.

---

399) 독일 개정민법상의 도급계약에 대해서는, Herbert Roth, Die Reform des Werkvertragsrechts, JZ 2001, SS. 543-551 참조.
400) BT-Drs. 14/6040, S. 265.
401) Hans Brox/Wolf-Dietrich Walker, a. a. O., §24 Rdnr. 17.
402) BT-Drs. 14/6040, S. 265.

셋째로 도급인은 추완이행청구권에 갈음하여 제636조, 제323조 및 제326조 제5항에 따라 계약을 해제하거나 제638조에 따라서 보수를 감액할 권리를 가진다(§634 Nr. 3 BGB). 도급인의 일의 하자로 인한 해제권에서 제634조 제3호에서 일반 급부장애법의 중심적 해제규정인 제323조를 지시한 것은 일반 급부장애법의 규정이 적용되도록 하기 위한 것이다. 이에 따라 도급인은 제323조 제1항에 따라 수급인에게 추완을 위하여 상당한 기간을 설정하였으나[403] 그 기간이 헛되이 경과한 경우에 계약을 해제할 수 있다. 이러한 해제권은 형성권으로 되어 있으며, 경미한(unerheblich) 의무위반인 경우에는 해제권이 인정되지 않는다(§323 Abs. 5 S. 2 BGB). 그리고 도급인은 해제권 행사에 갈음하여 제638조에 따라서 보수감액권을 가지는데, 보수감액권은 일반 급부장애법에는 규정이 없고 담보책임에만 특별히 인정되는 권리이다. 이에 따라 도급인은 해제에 갈음하여 수급인에 대한 의사표시로써 보수를 감액할 수 있으며, 감액의 경우에 보수는 계약체결 시에 하자 없는 상태의 일의 가치와 실제의 가치 사이에 성립하는 비율에 따라 감축된다(§638 Abs. 3 BGB). 보수감액권도 형성권이며, 경미한 의무위반인 경우에도 보수감액권은 인정된다(§638 Abs. 1 S. 2 BGB).

마지막으로 일의 하자의 경우에 도급인은 추완이행, 해제나 보수감액과 더불어 제636조, 제280조, 제281조, 제283조 및 제311a조에 따라 수급인에게 손해배상을 청구할 수 있다(§634 Nr. 4 BGB). 도급인의 손해배상청구권은 제634조 제4호와 여기서 관계를 설정한 일반 급부장애법의 규정 제280조, 제281조 및 제311a조에 의하여 인정되므로, 제636조를 통하여 약간의 보충이 있지만, 결국 손해배상청구권의 법적 기초는 제280조 제1항이 된다.[404] 도급인의 손해배상청구권은 우선적으로 제280조 제3

403) 물론 수급인이 추완을 거절한 때 또는 추완이 달성되지 아니하거나 도급인에게 이를 기대할 수 없는 때에는 기간설정이 요구되지 않는다(§636 BGB).

404) Hans Brox/Wolf-Dietrich Walker, a. a. O., §24 Rdnr. 35.

항, 제281조 제1항에 따라서 추완이행을 위하여 상당한 기간을 설정하여야 하며, 또한 하자가 경미한 경우에는 매수인은 급부전부에 갈음한 손해배상의 청구는 인정되지 않는다(§281. Abs. 1 S. 3 BGB). 급부에 갈음한 손해배상청구로서 추완이행청구권(§281. Abs 4 BGB)과 수급인의 비용으로 하는 자구조치권은 소멸된다. 그 외에 손해배상청구에 갈음하나 계약해제와 보수감액과 더불어 도급인은 제284조에 따라서 무익한 비용지출의 상환을 청구할 권리를 가진다(§634 Nr. 4 BGB). 이 규정은 매수인의 비용배상청구권에 대한 제437조 제3호에 상응하는 규정으로서, 도급인이 하자없는 일의 획득을 신뢰하여 비용을 지출하고 또 그 지출이 상당한 것인 경우에는 손해배상에 갈음하여 그 비용의 배상을 청구할 수 있다(§284 BGB).

개정된 독일민법상 일의 하자로 인한 도급인의 추완이행청구권·손해배상청구권·비용배상청구권의 소멸시효를 보면, 물건의 제조, 수선, 변경이나 이와 관련된 계획 및 감독급부를 실행하는 경우에는 2년의 소멸시효기간이 적용되고(§634a Abs 1 Nr. 1 BGB), 건축물 또는 그와 관련된 계획 및 감독급부(예를 들어, 건물의 설계나 시공감리)를 실행하는 경우에는 5년의 소멸시효기간이 적용된다(§634a Abs 1 Nr. 2 BGB). 급부가 물건 및 건축물과 관련되는 경우의 소멸시효는 물건 및 건축물의 인수(Abnahme)시로부터 진행된다(§634a Abs. 2 BGB). 그러나 수급인이 하자를 알면서 밝히지 않은 경우에는 제634a조 제1항 제1호와 제2호의 경우에도 제195조상의 일반소멸시효기간이 적용되어서 3년의 소멸시효에 걸린다. 물론 건축물의 경우에는 5년의 소멸시효에 걸리므로, 5년이 경과하기 전에는 소멸시효가 완성되지 않는다(§634a Abs. 3 S. 2 BGB). 그리고 기타 모든 도급계약의 경우에는 도급계약상의 특별소멸시효가 적용되지 않고 제195조상의 일반소멸시효기간이 적용되어서 3년의 소멸시효에 걸린다(§634a Abs 1 Nr. 3 BGB). 이 경우의 소멸시효의 진행은 도급인이 일을 인수한 시점이 아니라, 도급인이 하자를 인지하거나 중대한 과실로 이를 인지하지 못한 년도가 종료한 때로부터 진행된다(§199 Abs.

1 BGB).[405] 이러한 독일민법의 규정은 소위 유체적 작업(körperliche Werke)과 무체적 내지 정신적 작업(unkörperliche oder geistige Werke)을 구분하여, 물건이나 건축물 같은 유체적 작업의 경우에만 특별소멸시효를 인정하는 것이다.[406] 이는 물건이나 건축물 및 이들과 관련된 유체적 작업의 경우에는 그 하자가 비교적 빠른 시일 내에 인식될 수 있으므로 객관적 소멸시효를 적용하는 것이 타당하고, 무체적 내지 정신적 작업의 경우에는 통상 소멸시효를 적용하여 주관적 소멸시효를 인정하는 이유는 무형적인 일의 경우(예를 들어, 기업에 대한 자문이나 기타 전문의견서 또는 감정서의 작성)에는 도급인이 하자를 인지하기가 쉽지 않다는 사정이 고려되었기 때문이다.[407] 그 외에 도급인의 계약해제권과 보수감액권은 형성권이므로 소멸시효에 걸리지 않는다. 그러나 이들 권리에서도 제218조가 적용되어서 추완이행청구권의 소멸시효가 완성되어 수급인이 이를 원용하는 경우에는 해제권과 보수감액권도 배제된다(§634a Abs. 4 BGB). 즉 추완이행청구권의 소멸시효가 완성되면 도급인은 더 이상 해제권과 보수감액권을 행사할 수 없다.

Ⅲ. 물건하자의 개념과 소비재매매

1. 물건하자의 개념

매매계약에서는 제434조에서 하자개념을 정의하고, 도급계약에서는 제633조 제2항에서 하자개념을 정의하고 있는데, 물건하자(Sachmangel)의 개념에 대해서는 매매계약(§434 BGB)과 도급계약(§633 Abs. 2 BGB)에서 거의 유사하게 하자개념을 규정하고 있다.[408] 개정 채권법에서의

405) Hans Brox/Wolf-Dietrich Walker, a. a. O., §24 Rdnr. 46.
406) Stephen Lorenz/Thomas Riehm, a. a. O., Rdnr. 656.
407) BT-Drs. 14/6040, S. 264.
408) 개별적인 경우에서 물건하자와 권리하자 사이에서 어려운 구별은 이제 특별한 의미가 없어졌는데, 물건하자와 권리하자에는 동일한 법적 효과가

물건하자 개념은 기본적으로 유럽공동체의 소비재매매입법지침을 약간 변형해서 독일민법에 수용한 것이라고 할 수 있다.[409] 채권법 개정 전에는 객관적 하자 개념과 주관적 하자 개념에 대해서 논의가 분분하였지만, 통상 물건의 성상(Beschaffenheit)에 대해서 당사자의 합의가 없으면 객관적 기준에 의하여 하자가 정해진다고 보았다.[410] 채권법개정을 통하여 제434조에서 물건하자개념을 자세히 기술하고 있는데, 첫째로 '위험이전시에 물건이 합의된 성상(vereinbarte Beschaffenheit)을 갖추고 있으면 물건하자가 없다'(§434 Abs. 1 S. 1 BGB)라고 하여서 주관적 하자 개념을 우선시하고 있다. 도급계약에서도 '일이 합의된 성상을 갖추면 그에는 물건하자가 없다(§633 Abs. 2 S. 1 BGB)'라고 규정하고 있다. 이는 인도받은 물건의 현재의 성상(Ist-Beschaffenheit)과 계약적으로 합의된 성상(Soll-Beschaffenheit)과의 사이에서 매수인에게 불리한 상이(ungünstige Abweichung)가 하자라는 기존의 통설적 견해를 받아들인 것이다.[411] 계약당사자의 물건의 성상에 대한 합의는 추론될 수도 있는데, 매도인이 계약체결전이나 계약체결 시에 설명서나 카탈로그 또는 매매를 위한 대화에서 물건에 대해서 설명하고 이러한 배경 하에서 매수인이 매매를 결정했다면, 매도인의 설명이 곧 계약의 내용이 되고 이로써 성상합의의 내용이 된다.[412] 또한 계약체결 전이나 계약체결 시에 견본(Muster)이나 시용품(Probe)이 광고목적 뿐만 아니라 매매물건의 성질의 설명과 결정을 위하여 주어졌다면, 견본이나 시용품의 성상은 판매된 물건의 합의된 성상으로 볼 수 있다. 그러므로 물건의 성상에서 견본과 시용품과의 상이는 제434조 제1항 제1호에 의한 물건하자라고 할 것이

주어지기 때문이다(Hans Brox/Wolf-Dietrich Walker, a. a. O., §4 Rdnr. 6).

409) Vgl. Art. 2 Abs. 2 VerbrGK-RiL.

410) Dirk Looschelders, Schuldrecht Besonderer Teil, 2007, Rdnr. 34.

411) Lothar Haas, Entwurf eines Schuldrechtsmodernisierungsgesetzes: Kauf- und Werkvertragsrecht, BB 2001, S. 1314.

412) BT-Drs. 14/6040, S. 212.

다.[413] 이러한 내용은 원칙적으로 소비재매매입법지침에서 '소비재가 판매자의 설명에 부합하고 판매자가 소비자에게 시용 또는 견본으로 제시한 물품의 성상을 갖춘 경우에는 계약에 적합한 것으로 추정된다(Art. 2 Abs. 2 a) VerbrGK-RiL)'는 규정을 독일법으로 입법한 것이라고 볼 수 있다.

둘째의 하자판단의 기준으로서, 계약당사자가 물건의 성상에 대해서 특별히 합의하지 않았다면, 물건이 계약에서 전제가 된 용도(nach dem Vertrag vorausgesetzte Verwendung)에 적합하다면 하자는 없다(§434 Abs. 1 Nr. 1 BGB)고 하고 있다. 도급계약에서도 '일이 계약에서 전제가 된 용도에 적합한 경우' 하자가 없다(§633 Abs. 2 Nr. 1 BGB)고 규정하고 있다. 이러한 규정은 유럽공동체의 소비재매매입법지침 제2조 제2항 b)에서는 '소비자가 계약체결 시에 고지하고 판매자가 동의한바, 소비자가 추구한 일정한 목적에 적합한 경우에 그 소비재는 계약에 적합한 것으로 추정한다(Art. 2 Abs. 2 b) VerbrGK-RiL)'라고 규정하고 있으므로, 실제 독일민법 제434조 제1항 제2호의 규정은 여기서 유래한다고 할 수 있다. 이러한 하자판단의 기준은 주관적하자개념에 기초한 것으로서, 주관적 하자개념을 보조하는 규정이라고 할 것이다.[414] 물건의 성상이 구체적으로 합의되지는 않았지만 계약의 전단계에서 당연히 기초된 경우의 예로서는, 장기간에 걸친 계약관계에서 매수인이 그 물건을 계속 필요로 하면서 그 용도에 대해서 당사자가 재차 특별히 언급한지 않은 경우라고 할 것이다.

셋째의 하자판단의 기준으로서 매매물건의 성상에 관하여 당사자의 합의도 없고 또한 그 전제된 용도도 없는 경우에는, '물건이 통상의 용도(gewöhnliche Verwendung)에 적당하고 동종의 물건에 통상적(üblich)이고 매수인이 물건 종류에 따라 기대할 수 있는 성상(Beschaffenheit)을 갖춘 경우에는 하자가 없다(§434 Abs. 1 Nr. 2 BGB)'라고 규정하여서, 객

---

413) BT-Drs. 14/6040, S. 212.

414) Hans Brox/Wolf-Dietrich Walker, a. a. O., §4 Rdnr. 12.

관적 하자개념을 규정하고 있다.415) 도급계약에서도 '일이 통상의 용도에 적합하고 동종의 일에 통상적이고 도급인이 일의 종류에 따라 기대할 수 있는 성상을 갖춘 경우에는 하자가 없다(§633 Abs. 2 Nr. 2 BGB)' 라고 하여서 매매계약과 동일하게 규정하고 있다. 이러한 객관적 하자에 대한 규정은 소비재매매입법지침 제2조 제2항 c)와 d)를 거의 그대로 독일법으로 전환한 것인데, 이는 독일법에서 물건하자개념을 입법지침보다 불충분하게 전환했다는 오해를 배제하기 위하여 입법지침의 내용과 자구를 거의 그대로 전환하였다고 한다.416) 이에 따라 객관적 하자개념에 의한 물건하자는, 물건이 '통상적 용도'에 적당하지 않거나 동종의 물건에서 통상적이고 매수인이 물건의 종류에 따라 기대할 수 있는 성상을 갖추지 못하면' 하자있는 물건이다. 이 때 무엇이 통상의 용도와 통상의 성상으로 기대될 수 있는지는 거래관념에 의하여 정해질 것이며, 평균적인 매수인의 기대가 고려될 수 있다.417) 비교의 척도는 동종의 물건의 용도와 성상이 된다. 통상적 사용과 관련하여서는 신품과 중고품, 일상 생활용품과 사치품의 구별이 중요한 의미를 가질 것이다.418) 또한 제434조 제1항 제2문의 '물건의 성상' 관련하여서는, '매도인이나 제조자(§4 Abs. 1, 2 ProdHaftG) 또는 그의 보조자419)가 한 물건

415) 제434조 제1항 제2문이 객관적 하자개념을 규정한 것이라는 통설적 견해에 대해서, 위 조문이 객관적 하자를 규정한 것이 아니라 물건이 통상적 용도에 적당해야 하고 통상적인 성상을 갖추어야 한다는 당사자의 가정적 의사를 확정하기 위한 보조수단에 불과하다는 견해도 있다(Schlechtrim, Schuldrecht, Besonderer Teil, 6. Aufl., 2003, Rdnr. 41; Dirk Looschelders, a. a. O., Rdnr. 48).

416) Lothar Haas, a. a. O., S. 1314.

417) BT-Drs. 14/6040, S. 214.

418) BT-Drs. 14/6040, S. 214.

419) 법문상 그의 보조자(seines Gehilfen)라는 표현이 매도인의 보조자인지 제조자의 보조자인지 불명분하다. 하지만 매도인의 보조자도 되고 제조자의 보조자도 된다고 보아야 할 것이다. 그리고 유럽공동체의 소비재매매입법지침(VerbrKauf-RL)에서는 제조자의 대리인이라고 하고 있으나, 독일민법에서는 보조인이라고 규정하였다(Dirk Looschelders, a. a. O., Rdnr.

의 성상에 관한 공개적인 표명(öffentliche Äußerungen)에 기하여, 특히 광고(Werbung) 또는 표시(Kennzeichung)에서 한 표명에 기하여 매수인이 기대할 수 있는 성질도 성상에 포함된다'(§434 Abs. 1 Nr. 2 BGB). 이에 따라 광고 또는 제품설명이 일반적인 우수성뿐만 아니라 물건의 구체적인 성상을 기술하고 있으면 하자판단에서 고려되게 된다. 특히 위의 조문은 제조자와 그의 보조자의 공적 표명과 관련하여 특히 의의를 가질 수 있는데, 왜냐하면 종종 이들의 표명은 매매당사자 사이의 물건의 성상에 관한 합의에 직접적인 영향을 미치지 않기 때문이다. 그러나 제조자 등의 공적 표명을 토대로 매매결정을 한 자는, 그 표명의 내용적 정확성에 대해서 신뢰를 하게 된다.[420] 그러므로 민법 제정자는 위와 같은 규정의 입법을 통하여 채권법 개정 전에 이미 판례[421]를 통하여 이미 확립된 태도를 그대로 유지하고자 했다고 할 수 있다.[422] 하지만 제434조 제1항 제2문의 '물건의 성상' 관련한 이러한 보충적 규정은 일정한 경우에 제한이 되는데, '매도인이 그 표명을 알지 못하였고 또 알았어야 하지도 않았던 경우, 그 표명이 계약체결 당시에 동일한 방식으로 정정되었던 경우, 또는 그 표명이 매수결정에 영향을 미칠 수 없었던 경우에는 그러하지 아니하다'(§434 Abs. 1 Nr. 2 BGB)고 하고 있다.[423] 이러한 유리한 사정의 주장 및 입증책임은 매도인이 부담하게

---

20).

420) BT-Drs. 14/6040, S. 214.

421) BGHZ 132, 55(자동차제조자 H는 새로운 자동차 Rapso는 단지 2리터의 바이오디젤(Biodiesel)로 100 km를 달릴 수 있다고 광고하였다. 그 때문에 K는 H의 계약유통업자 V에게서 새로운 Rapso를 구입하였다. 그러나 Rapso는 실제 100km에 4리터의 바이오디젤을 소비하였다. 즉 광고표명을 고려해 볼 때 그 자동차는 매수인에게 불리한 성상을 보여준 것이다. 그러므로 V는 K에 대해서 담보책임을 져야 한다).

422) 한편 지금까지 독일에서는 공정거래법 제1조(§1 UWG)를 제외하고는 하자담보책임에서 광고가 중시되지 않았지만, 위와 같은 규정을 통하여 이제는 그 보호의 흠결이 보완되었다고 할 수도 있다(안법영, 독일매매계약법, 고려대학교 출판부, 2003, 36면).

423) 이 조항의 내용은 유럽공동체의 소비재매매지침 제2조 제4항(Art. 2 Abs.

된다.[424] 그런데 매매계약에서의 제434조 제1항 제2호 제2문의 광고행위 등에 의한 물건의 성상에 대한 보충은 도급계약에서는 규정하지 않았다. 이는 스스로 제작의무를 부담하고 있는 수급인은 제조자와 구별되지 않으며, 제조자인 수급인이 광고를 한다면 이는 통상적으로 도급인과의 성상에 대한 합의가 있는 것으로 되어 제633조 제2항 제1호가 적용될 수 있다고 보기 때문이다.[425]

그 외에 제434조 제2항은 조립하자(Montagefehler)에 대해서 규정함과 아울러 제3항에서는 다른 물건의 인도와 과소인도(Falsch- und Zuweniglieferung)도 물건하자로 규정하고 있다. 먼저 조립하자로서, '물건하자는 약정된 조립을 매도인 또는 그의 이행보조자가 부적절하게 행한 경우에도 인정된다'(§434 Abs. 2 BGB)고 하여서, 조립하자를 분명히 물건하자로 규정하고 있다. 조립하자란 하자없는 물건이 인도되었지만 매도인이 물건을 부적절하게 조립하거나 설치함으로써 하자가 발생한 경우이다.[426] 예를 들어, 세탁기를 매도인이 설치하면서 수도에 잘못 연결하여 세탁기의 기계부분에 물이 스며들어간 경우이다. 나아가 조립을 해야하는 물건에서 조립설명서(Montageanleitung)에 하자가 있는 경우에도 조립용 물건에 하자가 있는 것이다(§434 Abs. 2 S. 2 BGB). 이 조항을 소위 IKEA-Klausel이라고 하는데, 운송비용과 조립비용을 절약하기 위하여 개별부분으로 분리되어서 인도된 가구에 대해서 매수인이 조립을 해야만 하는 경우에, 하자있는 조립설명서는 물건하자로 인정된다는 것이다.[427] 이 때 매수인이 하자있는 설명서에도 불구하고 물건을 하자없이 조립한 경우에는 하자있는 조립설명서는 물건하자로 인정되지 않는다(§434 Abs. 2 S. 2 BGB). 이렇게 조립하자를 물건하자로 규정한 것은 유럽공동체 소비재매매입법지침 제2조 제5항을 독일법으로 전환한 것이다.

---

4 VerbrKauf-RL)의 내용을 독일법으로 전환한 것이다.

424) Lothar Haas, a. a. O., S. 1314.

425) BT-Drs. 14/6040, S. 261.

426) BT-Drs. 14/6040, S. 215.

427) Lothar Haas, a. a. O., S. 1314.

그 다음으로 제434조 제3항은 '매도인이 다른 물건을 인도하거나 과소한 양을 인도한 경우에는 물건하자와 동일하다(§434 Abs. 3 BGB)'라고 하고 있고, 도급계약에서도 '수급인이 도급받은 일과 다른 일을 완성하거나 일을 과소하게 완성한 경우에는 물건하자와 동일하다(§633 Abs 2 Nr. 2 S. 2 BGB)'라고 하여서, 다른 물건의 인도와 양적으로 과소인도(Aliud- und Zuweniglieferung)도 물건하자로 규정하고 있다.[428] 다른 물건의 인도와 과소인도는 지금까지의 독일민법에서는 일반 급부장애법이 적용되었으나,[429] 앞으로는 담보책임법이 적용되어 이에 상응하는 소멸시효가 적용되게 되었다.[430] 그러므로 불완전인도(Schlechtlieferung)와 다른 물건의 인도나 과소인도 사이에서의 인위적인 구별은 필요하지 않게 되었다.[431]

기타 경미한 결함(unerhebliche Fehler)과 관련하여, 채권법 개정전에는 제459조 제1항 제2문에서 '가치나 적합성(tauglichkeit)의 경미한 감소는 고려되지 않는다'고 하여서 경미한 하자에 대한 담보책임을 배제하였다. 하지만 개정채권법에서는 제434조에서 경미한 하자를 담보책임에서 배

---

428) 이 규정은 유럽공동체의 소비재매매입법지침에 의한 것이 아니라, 채권법 개정위원회에 의하여 제안되어서 입법된 것이다.

429) BGH NJW 1997, 1914.

430) Lothar Haas, a. a. O., S. 1315.

431) 그 외 개정 채권법에서는 제435조에서 매매계약상의 권리하자(Rechtsmangel)를 규정하는데, 동조 제1문에서는 '제3자가 물건에 관하여 매수인에게 권리를 행사할 수 없거나, 매수인이 매매계약에서 인수된 권리만을 행사할 수 있을 때에는 물건에 권리하자가 없다'라고 규정하고, 동조 제2문에서는 '없는 권리가 등기부에 등기된 경우에는 권리하자와 동일시된다'라고 하고 있다. 도급계약과 관련하여서 개정 전의 민법은 권리하자를 규정하지 않았지만 개정법에서는 권리하자를 명문으로 규정하고 그 법률효과를 물건하자와 동일하게 규율하고 있다. 제633조 제3항은 '제3자가 일에 관하여 도급인에게 권리를 행사할 수 없거나 계약에서 인수된 권리만을 행사할 수 있을 때에는 일에 권리하자는 없다'라고 하고 있다. 이렇게 도급계약에서도 권리하자를 규정한 것은, 제3자의 저작권이나 영업권보호와 관련하여 도급계약에서도 권리하자가 문제될 수 있다고 판단하였기 때문이다(BT-Drs. 14/6040, S. 261).

제하기 위한 규정을 두지 않았고, 다만 하자로 인한 계약해제권과 손해배상청구권에서만 경미한(unerheblich) 의무위반의 경우에는 계약해제권(§323 Abs. 5 S. 2 BGB)과 손해배상청구권(§281 Abs. 1 S. 3 BGB)이 배제된다는 규정을 두었다. 이에 따라 추완이행청구권에서는 경미한 하자에 대해서도 추완이행청구권을 행사할 수 있는데, 그 이유는 경미한 물건하자에 대하여 이를 인정하지 않으면, 일반적으로 급부의무에 대한 책임보다 그 보호가 제한되므로, 매수인의 이행청구권은 아무런 근거없이 그 가치를 상실할 수 있기 때문이다. 또한 담보책임의 입증책임에 관하여서도 개정 채권법에서는 일반규정을 규정하지 않고 있다. 이에 따라 변제로서 수령한 경우의 입증책임에 관한 규정인 제363조가 적용되어서, 이행으로 수령한 때로부터 매수인이 하자에 대한 입증책임을 부담한다.[432] 하지만 소비재매매와 관련하여서는 담보책임의 입증책임의 전환(Beweislastumkehr)을 규정하여서, '위험이전시부터 6개월 내에 물건하자가 나타난 경우에는 위험이전 당시에 이미 물건에 하자가 있었던 것으로 추정된다'(§476 BGB)고 하고 있다. 다만 이러한 추정이 물건이나 하자의 태양과 일치하지 않는 때에는 추정이 되지 않는다(§476 BGB).

2. 소비재매매

2001년 채권법개정을 통하여 완전히 새롭게 규정된 것이 소위 소비재매매(Verbrauchsgüterkauf)에 관한 제474조에서 제479조까지의 규정이다. 이는 1995년 5월 25일의 유럽공동체의 소비재매매 및 소비재담보의 일정측면에 관한 입법지침(Richtlinie 1999/44/EG des Europäischen Parlaments und Rates von 25. Mai 1999 zu bestimmten Aspekten des Verbrauchersgüterkaufs und der Garantien für Verbrauchsgüter)을 독일의 민법전으로 전환하면서 나타난 현상이다.[433] 이를 통하여 사업자와 소비자 사이에 체결된 동산의

432) BT-Drs. 14/6040, S. 217; Harm Peter Westermann, Das neue Kaufrecht, NJW 2002, S. 250.

433) 자세한 것은, Heinrich Honsell, Die EU-Richtlinie über den

매매계약에 관한 규율에 많은 변화를 일으키고 있다. 즉 제433조 이항의 규정들은 원래 모든 매매계약에 일반적으로 적용되지만, 제474조 이하의 규정은 소비재매매에 특별히 보충적으로 적용된다(§474 Abs. 1 S. 1 BGB). 소비재매매계약에 대한 규정내용을 개관해보면, 제474조에서 소비재매매의 개념을 정의하고(§474 Abs. 1 BGB), 소비재매매에는 담보권 실행의 공경매에서의 하자담보책임의 제한 및 송부매도의 위험이전의 규율을 배제하고 있으며(§474 Abs. 2 BGB), 제475조에서는 계약을 통하여 매도인의 하자담보책임을 배제하거나 제한할 수 있는 가능성을 엄격히 한정하고 있으며(§475 Abs. 1 BGB), 소멸시효기간을 단축할 수 없도록 하고 있다(§475 Abs 2 BGB). 제474조에서는 하자담보책임의 입증과 관련한 입증책임의 전환을, 제477조에서는 임의보증(Garantie)에 관한 특칙을 규정하고 있다. 그리고 제478조에서는 매도인에게 물건을 공급한 자에 대한 소구청구권(Regreßanspruch)과 비용배상청구권(Aufwendungsersatzanspruch)에 대해서 규정하고 있다.

소비재매매에 관한 규정을 좀 더 자세히 살펴보면, 제474조 제1항은 소비재매매의 개념을 정의하는데, 소비자(Verbraucher)[434]가 사업자(Unternehmer)[435]로부터 동산(bewegliche Sache)[436]을 매수한 경우가 소비

Verbrauchsgüterkauf und ihre Umsetzung ins BGB, JZ 2001, SS. 278-287.

434) 2001년에 개정된 독일민법 제13조는 유럽공동체의 소비재매매입법지침 제1조 제2항 a)의 영향하에 소비자 개념을 제13조에서 정의하고 있다. 제13조에 의하면 "소비자라 함은 자신의 영업활동이나 독립적 직업활동에 속하지 아니하는 목적으로 법률행위를 하는 모든 자연인이다"라고 정의하고 있는데, 이는 소비재매매입법지침 제1조 제2항 a)의 소비자에 대한 개념정의를 그대로 독일법으로 전환한 것이다.

435) 독일민법 제14조는 2001년 개정을 통하여 유럽공동체의 소비재매매입법지침 제1조 제2항 c)의 영향 하에 사업자개념을 정의하고 있는데, 제14조 제1항에 의하면 "사업자라 함은 법률행위를 함에 있어서 자신의 영업활동 또는 독립적 직업활동의 일환으로 행위하는 자연인 법인 또는 권리능력 있는 인적회사를 말한다"라고 정의하고 있다. 소비재매매입법지침 제1조 제2항 c)에서는 판매자(Verkäufer)를 정의하는데, "판매자는 계약을

재매매(Verbrauchsgüterkauf)이다라고 정의하고 있다. 이를 보면 소비재매매계약은 직업적·영업적 활동에 속하지 않는 목적을 위해 소비재를 매수하는 소비자와 직업적·영업적 활동의 범주에서 소비재를 매도하는 사업자와의 동산에 대한 매매계약이라고 할 수 있다.[437] 동산인 한 신품과 중고품을 구별하지 않지만, 소비자가 직접 참가할 수 있는 공경매에서 매각된 중고물의 경우에는 소비재매매에 대한 규정이 적용되지 않는다(§474 Abs. 2 BGB). 또한 제445조의 공경매에서의 책임제한에 관한 규정도 소비재매매에는 적용되지 않으며, 제447조의 송부매매목적물에서의 위험이전에 관한 규정도 소비재매매에는 적용되지 않는다(§474 Abs. 2 BGB). 매도인이 매수인의 청구에 의하여 매매목적물을 이행지 이외의 장소에 송부하는 송부매매(Versendungskauf)에서 위험이전은 매도인이 운송주선인이나 운송인, 기타 운송의 실행을 맡은 사람 또는 시설에 물건을 인도한 때에 위험이 매수인에게 이전되지만(§447 BGB), 소비재매매에서는 이 규정이 적용되지 않으므로, 인도나 수령지체에 의한 위험이전만이 인정되게 된다(§446 BGB). 이에 따라 사업자가 소비자에게 송부매매를 한 경우, 소비자가 그 물건을 인도받아 점유하게 되는 때에 위험이 소비자에게 이전된다.[438]

제3관의 소비재매매에 관한 규정 중, 하자담보책임(Mängelhaftung)을 제한할 수 있는 약정의 효력을 제한한 제475조와 하자담보책임의 입증책임의 전환을 인정한 제476조는 소비자보호를 위하여 특히 그 의의가 크다고 할 수 있다. 제475조는 소비자에게 불리하게 하자담보책임에 관한 법적 규정과 다른 사전약정을 한 경우에 사업자가 이를 원용하지 못

통하여 그의 직업적 또는 영업적인 활동의 범위에서 소비재를 판매하는 모든 자연인 또는 법인을 말한다"라고 정의하고 있다.

436) 소비재매매입법지침 제1조 제2항 b)에서는 소비재(Verbrauchsgüter)에 대해서, "소비재란 강제집행 또는 기타 법원의 조치에 의하여 판매되는 물건, 한정된 용적 또는 일정한 양으로 용기에 충전되지 않은 물과 가스, 전기를 제외한 유체적 동산이다"라고 개념정의하고 있다.

437) 안법영, 전게서, 59면.

438) BT-Drs. 14/6040, S. 244.

하도록 하고 있다.439) 즉 제475조 제1항에 의하면, 특약을 통하여 매도인의 담보책임을 배제하거나 제한 할 수 있는 가능성을 엄격히 한정하는데, '소비자가 사업자에게 하자를 통지하기 전에 제433조 내지 제435조, 제437조, 제439조 내지 제443조 및 제474조 이하의 소비재매매규정과 상이하게 이루어진 합의로 소비자에게 불리한 약정은 사업자가 이를 원용할 수 없다(§475 Abs. 1 S. 1 BGB)'고 하고 있으면서, 위의 규정을 다른 방법으로 이를 회피한 경우에도 적용된다(§475 Abs. 1. S. 2 BGB)고 하고 있다. 그러나 하자담보책임으로 인한 손해배상청구권의 배제 또는 제한에 대해서는 적용되지 않으므로(§475 Abs. 3 BGB), 소비자와 사업자의 제437조 제3호, 제440조, 제280조와 다른 손해배상에 관한 합의가 인정된다. 이를 보면, 제475조 제1항에 의한 소비자보호는 추완이행청구권, 해제권, 대금감액권과 관련하여서만 인정된다고 할 것이다. 또한 사업자에게 하자를 통지하기 전에, 소멸시효기간을 단축하는 당사자의 약정이, 신품의 경우에는 소멸시효기간을 법률상의 시효기산시점으로부터 2년 미만으로, 중고품의 경우에는 그로부터 1년 미만으로 하는 결과가 되는 약정도 인정되지 않는다(§475 Abs. 2 BGB).

제476조는 소비재매매의 매수인을 보호하기 위하여 위험이전 후 6개월의 기간 내에 하자가 나타난 경우에는 물건의 하자성이 추정된다고 하고 있다. 즉 소비재매매와 관련하여서는 하자담보책임의 입증책임의 전환(Beweislastumkehr)을 규정하여서, '위험이전시부터 6개월 내에 물건하자가 나타난 경우에는 위험이전 당시에 이미 물건에 하자가 있었던 것으로 추정된다'(§476 BGB). 이러한 제476조는 위험이전시에 물건에 하자가 없었다는 것을 소비자가 입증하는 것보다는 사업자가 입증하는 것이 통상 간단한 관계로 입증책임의 전환을 인정하고 있다.440) 물론 이러한 하자에 대한 추정이 물건이나 하자의 태양과 일치하지 않는 때에

439) Dirk Olzen/Rolf Wank, Die Schuldrechtsreform, 2002, Rdnr. 431.

440) A. a. O., Rdnr. 436; Dirk Staudenmayer, Die EG-Richtlinie über den Verbrauchersgüterkauf, NJW 1999, S. 2396.

는 추정이 되지 않는다(§476 BGB). 예를 들어, 인도된 과일이 상한 것이었다고 매수인이 인도받은 날로부터 4개월 후에 사업자에게 추궁하는 경우에는 입증책임의 전환이 인정되지 않을 것이다.

또한 제477조에서는 개정 채권법에서 새로 규정된 제443조의 임의보증(Garantie)[441]에 대한 특칙을 규정하고 있다. 소비재매매입법지침 제1조 제2항 e)에서는 임의보증을 정의하기를 '임의보증이란 소비재가 임의보증의 의사표시나 해당광고에서 언급된 성상에 부합하지 않는 경우에 판매자 또는 제조자가 매매대금을 반환하거나 물건을 교환하거나 또는 이를 보수하거나, 기타의 방식으로 구제하여야 할 의무를 가격의 추가없이 소비자에게 부담하는 것을 말한다'라고 하고 있다. 독일민법 제433조에서는 '매도인 또는 제3자가 물건의 성상에 대한 보증을 인수하거나(성상의 임의보증(Beschaffenheitsgarantie)), 일정한 성상을 일정기간 동안 보유할 것에 대한 보증을 인수한 경우(내구성의 임의보증(Haltbarkeitgaratie))에, 그 보증사유가 발생하면, 매수인은 법률상 청구권과는 별도로, 보증을 수락한 사람에 대하여 보증의 의사표시 및 관련 광고에서 제시된 내용에 좇아 그 보증에 기한 권리를 갖는다(§443 Abs. 1 BGB)라고 하고 있다. 즉 매도인 또는 제3자(도매상, 수입자, 제조자 등)가 매매목적물의 성상이나 내구성에 대하여 임의보증을 한 경우에, 그 해당사안이 발생하면 그로부터 인정되는 보증의 권리들이 매수인에게 발생되게 된다. 이에 따라 보증인에 의한 매수인의 권리는 물건하자로 인한 제437조의 권리들에 대체하여 인정되는 것이 아니라, 추가적으로 인정되는 것이다.

---

441) 독일 개정채권법에서의 임의보증(Garantie)은 소비재매매입법지침의 형성과정에서 영국의 제안으로 동지침 제6조에 규정되었고(Dirk Staudenmayer, a. a. O., S. 2396), 이를 독일민법은 매매계약 일반에서 규정하고 있다. 그리고 Garantie의 번역에 대해서는 보증, 보장, 손해담보계약(우리나라의 판례와 학설에서 사용하고 있음), 담보 등으로 번역할 수 있으나, 보장은 법적 용어로서 적당하지 않고, 담보라고 번역하는 것도 기존의 담보책임 및 담보제도와 혼동을 일으킬 수 있으며, 보증이라고 하는 것도 인적 담보인 보증채무와 혼동을 일으킬 수 있으나, 그 Garantie의 본질을 생각해보면 임의보증으로 일컫는 것이 타당하다고 생각된다.

매도인의 보증인수는 계약관계에 근거하지만 개정 채권법에서 계약에 의한 매도인의 보증책임을 명백히 한 것이고, 제3자의 보증인수는 제3자와 매수인 사이에 계약관계가 존재해야만 하는 것은 아니므로, 준계약적 법정책임(gesetzliche Haftung von quasi-vertraglicher Natur)이라고 할 수 있다.[442] 그리고 내구성의 임의보증이 인수된 경우에, 보증의 유효기간 내에 나타난 물건하자는 그 보증에 기한 권리를 발생시키는 것으로 추정된다(§443 Abs. 2 BGB). 이를 통하여 매수인의 입증책임의 부담을 경감하여 주고 있다.[443]

위와 같은 제443조의 임의보증에 관한 규정은 소비재매매에도 적용되지만, 소비재매매에서는 다시 제477조에서 제443조의 임의보증을 보충하는 특칙을 규정하고 있다. 즉 소비재매매와 관련하여서는, 제443조의 보증의 의사표시는 간결하고 명료하게 쉽게 이해될 수 있도록 표현되어야 한다(§477 Abs. 1 BGB)고 규정하면서, 이 때 보증의 의사표시는 소비자가 법률상 가지는 권리 및 그 권리가 보증에 의하여 제한받지 아니한다는 점에 대해서 언급하여야 하고(§477 Abs. 1 Nr. 1 BGB), 보증의 내용 및 보증을 주장하는데 필요한 모든 중요한 사항, 특히 보증에 의한 보호기간과 공간적 유효범위, 보증자의 이름과 주소도 포함하여야 한다(§477 Abs. 1 Nr. 2 BGB)고 하고 있다.[444] 그리고 소비재매매입법지

---

442) 안법영, 전게서, 52면.

443) Dirk Olzen/Rolf Wank, a. a. O., Rdnr. 414.

444) 이러한 제477조의 보증에 대한 특칙은, 원칙적으로 소비재매매입법지침 제6조를 독일법으로 입법한 것으로서, 제477조 제1항은 소비재매매입법지침 제6조 제2항을 전환한 것이다. 소비재매매입법지침 제6조 제2항은 다음과 같이 규정하고 있다.

"임의보증은

-소비자가 소비재매매에 관한 현행 자국법에 따른 법적 권리를 가짐을 적시하고 또한 그 권리가 보증으로 영향받지 않음을 명시하여야 하고

-간단명료한 표현으로 보증의 내용 및 보증을 원용함에 필요한 본질적 요건, 특히 보증에 의한 보호의 존속기간과 공간적 적용범위 및 보증제공자의 성명과 주소를 포함하여야 한다."

침 제6조 제3항445)을 독일법으로 전환한 제477조 제2항에 의하면, 소비자는 보증의 의사표시가 텍스트형식(Textform)으로 그에게 통지될 것을 요구할 수 있으며, 동조 제3항에서는, '위에서 정한 요건의 어느 하나가 결여되었다는 사정에 의하여 보증에 기한 의무의 유효성에 영향을 받지 않는다'라고 하고 있다. 그러므로 제477조에서 정한 요건이 결여되더라도, 소비자는 보증의 효력을 주장할 수 있으며, 그 준수를 요구할 수 있다.446)

마지막으로 소비재매매입법지침 제4조를 독일법으로 전환한 제478조에서는, 위와 같은 소비자보호의 강화에 상응하여 공급의 연쇄(예를 들어, 제조자-대유통업자-개별유통업자)에서 엄격한 하자담보책임을 부담하는 매도인의 법적 지위를 보완하여, 매도인에게 물건을 공급한 자에 대한 구상청구권(Rückgriffsanspruch) 및 비용배상청구권(Aufwendungsersatz- anspruch)을 용이하게 행사할 수 있도록, 매도인을 보호하는 규정을 두고 있다.

Ⅳ. 기술적 표준의 하자담보책임에서의 의미

1. 무하자 성상의 척도로서 기술적 표준

기술적 표준(technische Normen)은 매매계약과 도급계약에서 제434조와 제633조상의 물건하자와 관련하여 '계약적으로 합의된 성상'(§434 Abs. 1 S. 1 BGB)에서 뿐만 아니라 '계약에서 전제된 용도'(§434 Abs. Nr. 1 BGB) 및 '물건의 통상의 성상'(§434 Abs. 1 Nr. 2 BGB)에서도 가치척도로서 고려될 수 있다. 하자란 통상적으로 물건의 '있는 성상'(Ist-Beschaffenheit)과 '있어야 할 성상'(Soll-Beschaffenteit)의 상이 중 매수인에게 불이익한

445) 소비재매매입법지침 제6조 제3항은 "소비자가 원하는 경우 보증은 서면으로 교부되거나 소비자가 사용할 수 있고 접근할 수 있는 내구적인 정보처리장치에 입력되어야 한다"고 규정하고 있다.

446) Hans Brox/Wolf-Dietrich Walker, a. a. O., §7 Rdnr. 12.

상이를 하자라고 할 수 있다.[447] 계약에서 물건의 기술적 표준에 대한 일치가 당사자의 합의나 계약에서 전제된 용도 또는 물건의 통상의 성상을 통하여 인정되면, 물건이 일정한 기술적 표준의 요구에 상응하지 않는다면 그 물건에는 하자가 있는 것이 된다.[448]

먼저 물건의 기술적 표준에의 일치성이 당사자의 합의로 인정될 수 있다. 즉 매매계약과 도급계약에서 내용적인 명료성과 합리성을 이유로 급부대상의 계약에 따른 성상을 확정하기 위하여 종종 분명히 기술적 표준을 인용하는 경우가 있다. 사적인 최종소비자가 체결하는 계약에서 이것이 종종 발생하는데, 계약의 체결 시에 기술적 표준의 적용을 합의한 경우에는 이를 통하여 계약당사자를 법적으로 구속하게 된다. 이러한 것은 독일에서 건설공사규정(Verdingungsordnung für Bauleistungen: VOB)을 토대로 한 건설계약(Bauvertrag)의 체결의 경우에 발생한다.[449][450] VOB Teil B 제1항 제1문에 의하면, '건설급부를 위한 일반 기술적 계약조건'으로서 VOB Teil C에서 작성된 DIN-표준은 계약의 구성요소가 된다.[451] 또한 편지지의 매매에서는 통상 DIN 476에 의한 종이치수가

---

447) Lothar Haas, a. a. O., S. 1314.

448) Helmut Köhler, Die haftungsrechtliche Bedeutung technischer Regeln, BB Beilage 4/1985, S. 12.

449) Münchener Komm./Busche, 4. Aufl., 2004, §631 Rdnr. 111-122.

450) VOB Teil B(Allgemeine Vertragsbedingungen für die Ausführungen von Bauleistungen) 제1항 제1문에 의하면 "이행되어야 하는 건설공사의 급부의 종류와 범위는 계약을 통하여 정해진다. 또한 건설급부(Baulesitung)를 위한 일반 기술적 계약조건(Allgemeine Technische Vertragsbedingen für Bauleistungen)도 계약의 구성요소에 해당된다. 그리고 VOB Teil C는 "일반 기술적 계약조건"으로서 각종의 건설공사의 종류에 따른 독일 표준화연구소 표준을 규정하고 있다.

451) VOB란 독일의 건설공사시행규정(Verdingungsordnung für Bauleistungen: VOB)을 말하는데, VOB는 다음과 같이 세부분으로 구성되어 있으며, A부는 건설공사의 발주, 즉 계약체결까지의 과정을 대상으로 하며, C부는 기술적 지침, 즉 승인된 기술의 규정들을 구체화하고 있다(VOB Teil A: Hinweise zu den Allgemeinen Bestimmungen für die Vorgabe von Bauleistungen DIN 1960, Ausgabe 1992. VOB Teil B: Allgemeine

제시가 되며, 종이에 대한 매매 등에는 DIN의 종이치수에 대한 DIN-표준이 통상 계약에서 합의된 성상이 된다. 이러한 경우 합의된 기술적 표준의 요구내용은 계약적으로 의무지워진 있어야 할 성상(Soll-Beschaffenheit)을 규정하고 있다. 이때의 기술적 표준은 기업내부의 표준이냐 초기업적 기술적 표준이냐의 구별은 중요하지 않으며, 또한 기술적 표준이 일반적으로 승인되고 준수되느냐 아니면 그렇지 않느냐의 구별도 중요하지 않다. 물론 기술적 표준을 합의된 계약의 내용으로 하는 경우에 있어서는, 어떤 기술적 표준을 말하는지가 분명한 경우에는 약어나 기호의 사용(예를 들어, VDE-표시를 가진 전기기기의 매매, DVGW-표시를 가진 플라스틱 수도관의 매매[452] 등)을 할 수도 있다.[453]

둘째로 급부해야 할 목적물이 일정한 기술적 표준에 상응해야 하는지의 여부에 대해서 당사자의 분명한 합의가 없으면, 물건의 사용목적(Verwendungszweck)으로부터 판단해야 한다.[454] 개정 채권법에 의해서는 '물건이 계약에서 전제된 용도'에 적합한가의 여부로부터 판단해야 한다. 물건의 성상이 기술적 표준에 상응해야 하다는 것의 추론적인(konkludent) 합의의 인정은 계약해석을 통하여 인정될 수 있다. 예를 들어, 매수인이나 도급인이 물건이 일정한 기술적 표준의 요구에 충족할 경우에만 사용할 수 있는 경우이거나 또는 물건의 기술적 표준에의 일치성을 통하여 안전기술적 규범에 적당하다는 입증에 대한 장점을 가지는 경우[455] 등에서는, 추론적인 합의를 인정할 수 있다.

Vertragsbedingungen für die Ausführung von Bauleistungen DIN 1961, Ausgabe 1992. VOB Teil C: Allgemeine Technische Vertragsbedingungen für Bauleistungen DIN 18333, Ausgabe 1992).

452) BGH NJW 1974, 1503.

453) Helmut Köhler, a. a. O., S. 12.

454) Helmut Köhler, a. a. O., S. 12.

455) 독일 에너지경제법(Gesetz zur Föderung der Energiewirtschaft: EnWG) 제16조 제2항에서는, "에너지의 생산과 전송 및 배부를 위한 시설이, 1. 독일 전기기술자협회(VDE)의 전기에 대한 기술적 규정, 2. 독일 가스·물전문협회(DVGW)의 가스에 대한 기술적 규정을 준수한 때에는 일반

셋째로 매매된 물건이나 생산된 일이 일정한 기술적 표준에 상응해야 한다는 것이, 당사자의 명시적인 합의를 통해서도 추론적인 합의를 통해서도 인정되지 않는 경우에는, 물건의 기술적 표준에의 일치성의 요구는 '물건의 통상의 성상'으로부터 인정될 수 있다. 물건이나 일의 통상의 성상을 확정하는 것은 모든 초기업적 기술적 표준의 원래적인 목적이라고 할 수 있고, 기술적 표준은 실무에서 물건의 통상의 성상을 충족하기 위하여 이용되고 있으며 또한 압도적으로 기술적 표준의 충족에 주의하고 있다.[456] 또한 독일의 판례에서도 기술적 표준에 대한 당사자의 합의가 없을지라도 물건의 무하자성의 판단을 위해서 초기업적 기술적 표준(überbetriebliche technische Normen)이 원용되고 있다.[457] 즉 DIN-표준이나 VDI-표준 등은 자동적으로 일반적으로 승인된 기술의 규정으로 볼 수 있는 것은 아니지만, 통상적으로 기술의 규정으로 추정될 수 있으며,[458] 일반적으로 승인된 기술의 규정의 준수하지 않으면 그것은 물건하자일 수 있다. 한편 2001년 채권법 개정에서도 하자개념과 관련하여 원칙적으로 '일반적으로 승인된 기술의 규정'(allgemein anerkannte Regeln der Technik)의 준수에 대해서 명시적으로 입법할 것이 제안되었지만, 이를 규정하지는 않았다. 그 이유는 당사자 간에 다른 합의가 없는 한 일반적으로 승인된 기술의 규정을 준수하는 것은 의심의 여지가 없기 때문에, 명시적인 언급은 필요하지 않다고 보았기 때문이다.[459] 또한 기술의 규정의 명시적인 규정을 통하여, 도급계약에서 일이

적으로 승인된 기술의 규정을 준수한 것으로 추정된다"고 하고 있다.

456) Münchener Komm./Soergel, 3. Aufl., 1997, §633 Rdnr. 38.

457) Helmut Pieper, Die Regeln der Technik im Zivilprozeß, BB 1987, S. 276; BGH NJW 1968, 2238; BGH NJW 1980, 1219; BGH NJW 1980, 1950; BGH NJW 1985. 1769; BGH VersR 1977, 572; BGH DB 1981, 1564; OLG Hamm BauR 2001, 1120; OLG Hamm BauR 2001, 828.

458) Helmut Pieper, a. a. O., S. 276; OLG Hamm NJW-RR 1994, 282; OLG München NJW-RR 1992, 1523; 이준형, 수급인의 하자담보책임에 있어서 하자의 개념, 민사법학 제25호(한국민사법학회), 2004. 3, 105-106면.

459) BT-Drs. 14/6040, S. 261.

합의된 성상에 도달하지 못하더라도 단지 기술의 규정을 준수함으로써, 수급인이 그의 급부의무를 다한 것으로 오해를 불러일으킬 여지가 있다고 보았기 때문이다.460) 그러나 주의할 것은, 일반적으로 승인된 기술의 규정을 준수하였다고 해서 하자가 항상 부정되는 것은 아니다.461) 이와 관련한 독일의 판례를 보면, 독일 고속도로 Sauerland선에서 1969년부터 1971년 사이에 Blastbachtal 다리가 철근콘크리트건설방식으로 설치되었는데, 이 다리는 그 당시에 알려진 건설기술 지식, 특히 해당되는 기술적 표준(technische Normen)을 준수하였다. 다리의 균열을 방지하기 위하여, 건설회사는 철근을 그 당시에 유효한 표준의 요구 이상으로 보강하였다. 그럼에도 불구하고 1972년부터 균열이 발생하였다. 이에 대하여 1심에서는 다리의 균열은 하자가 아니라는 것에서 원고가 패소하였다. 왜냐하면 다리는 관련된 계약적인 합의에 상응하고, 그 당시의 일반적으로 승인된 기술의 규정에 달한다는 것이었다. 이에 원고가 항소하여 다리를 건설한 건설회사는 회사의 비용으로 균열을 제거하라는 판결을 받았다.462) 따라서 일반적으로 승인된 기술의 규정을 준수하지 않으면 그것은 하자일 수 있지만, 이를 준수하였다고 해서 물건이나 일의 하자가 항상 없는 것이 되어서 하자담보책임을 면하는 것은 아니다.463)

---

460) BT-Drs. 14/6040, S. 261.

461) Münchener Komm./Soergel, 3. Aufl., 1997, §633 Rdnr. 32-33; Teichmann, Empfiehlt sich eine Neukonzeption des Werkvertragsrechts?, Gutachten A zum 55. Deutschen Juristentag, 1984, SS. 55-56; BGH BauR 1985. 507; BGH ZfBR 1985, 276.

462) OLG Frankfurt NJW 1983, S. 456(이 판결은 1982년 10월의 연방대법원의 최종판결을 통하여 상고는 기각되고 확정되었다).

463) 계약관계에서 기준적인(maßgeblich) 기술적 표준이 준수되고, 표준에서 정한 성상·내용에 충족하는 한, 인도된 물건이나 완성된 일에 하자가 없다고 할 수 있다. 물론 기술적 표준을 준수하더라도 다른 방법으로 하자가 있을 수는 있는데, 예를 들어, 전기제품이 VDE의 모든 전기안전규정을 충족하더라도 전기제품이 제대로 작동하지 않거나 충분한 기능을 가지고 있는 않은 경우가 있을 수 있기 때문이다(Vorwerk, Mängelhaftung des Werkunternehmers und Rechte des Bestellers nach neuem Recht, BauR 2003, S. 4). 또한 기술적 표준에서 규정한 품질에 물건의 품질이

2. 기술적 표준의 비준수와 하자

기술적 표준이 물건이나 일의 무하자성(Fehlerfreiheit)의 계약상 또는 거래통상적인 척도가 되는 한, 기술적 표준과의 상이(Abweichung)는 일반적으로 법적인 하자담보책임을 발생시키는 하자가 될 것이다. 독일의 판례는 산업용 시멘트바닥 평면공사의 일에서 계약적으로 합의된 DIN-표준(DIN-Norm)의 요구를 99%만 실현함으로써, 계약에 의하여 전제된 용도에 유용성이 떨어지는 한 일에는 하자가 있다고 보았다.[464] 물론 기술적 표준에의 불일치(상이)가 물건이나 일의 하자가 될 수 있는지 여부는 관련되는 기술적 표준의 내용에 따라서 차이가 있을 것이다.

기술적 표준은 여러 가지로 분류할 수 있지만, 기술적 표준은 표준의 내용에 따라서 표준을 분류해볼 수도 있다. 직접적인 표준의 내용에 따라 독일표준연구소(DIN)의 구분을 보면, 용역표준, 사용적합성표준, 측정표준, 시험표준, 품질표준, 안전표준, 물질표준, 공정표준 등 11가지 종류로 구분하고 있다.[465] 용역표준(Dienstleistungsnormen)은 용역의 실용성을 보장하기 위하여 용역을 통하여 달성되어야 하는 요구의 확정을 위한 표준을 말한다(예를 들어, 자동차정비 서비스표준, 거래·은행 그리고 보험의 서비스표준 등). 측정표준(Maßnormen)은 물질적인 대상의 길이와 부피의 단위와 오차의 허용범위를 규정한 표준을 말한다. 생산(제품)표준(Produktnormen)은 대상물건의 실용성을 보장하기 위하여 생산 시에 충족되어야만 하는 요구가 확정되어 있는 표준을 말한다. 시험표준(Prüfnormen)은 시험절차의 표준화 및 검사, 통계적 방법의 적용, 개개 시험의 순서 등과 같은 시험 관련 확정을 위하여 보충적으로 적용되는

상응하더라도 항상 하자가 없다고 말 할 수는 없다. 왜냐하면 기술적 표준이 객관적으로 요구되는 품질 내지 안전기준을 담보하기에는 충분하지 않을 수 있기 때문이다.

464) BGH NJW-RR 1999, 381; OLG Köln NJW-RR 2001, 1458.

465) Grundlagen der Normungsarbeit des DIN, DIN-Normenheft 10, 2001, SS. 250-251.

표준을 말한다. 품질표준(Qualitätsnormen)은 물질적인 대상의 사용을 위한 본질적인 속성을 기술하고 객관적인 평가기준을 포함하고 있는 표준을 말한다. 안전표준(Sicherheitsnorm)은 기술적 생산물의 생산, 거래, 사용, 폐기물 처리 등의 시에 인간과 동물 및 물건에 대한 위험의 방지를 위한 표준을 말한다. 물질표준(Stoffnormen)은 물질의 물리적, 화학적, 기술적 성질의 확정을 위한 표준을 말한다. 표준의 내용에 의한 분류에는 위에서 언급한 것 이 외에도 사용적합성표준, 운송표준, 설계표준, 공정표준, 용어표준 등이 있다.[466]

이러한 기술적 표준의 내용에 따라서 기술적 표준의 하자에서의 의미를 살펴보면, 먼저, 품질과 안전표준(Qualitäts- und Sicherheitsnormen)에 있어서는 표준과의 상이가 즉시 하자가 되는 것이 아니라, 기술적 표준에 의한 합의된 또는 통상의 성상과의 상이가 매수인이나 도급인에게 불리한 상이만이 하자가 될 것이므로, 표준을 통하여 확정된 품질이나 안전기준에 미달할 경우에만 하자로 된다.[467] 만약 기술적 표준과의 상이한 해결을 통하여 유사하거나 보다 높은 안전이나 품질수준을 보장한다면, 기술적 표준과의 이러한 상이가 하자를 발생시키지 않는다는 입증책임은 매도인이나 수급인이 부담해야 할 것이다.[468] 그러나 기술적 표준의 준수가 시설운영에서 법적으로 규정되어 있거나 안전기술적 적합성에 대한 입증책임의 면책을 가져오는 경우 등, 계약적 상황에 따라서 계약적으로 합의된 기술적 표준의 준수가 매수인이나 도급인에게 특별한 이익을 가져오는 경우에는,[469] 유사하거나 높은 안전수준이나 품

466) Thomas Zubke-von Thünen, a. a. O., SS. 129-131.

467) Gerhard Wagner, Das neue Produktsicherheitsgesetz: Öffentlich-rechtliche Produktverantwortung und Zivilrechtliche Folgen(Teil Ⅱ), BB 1997, S. 2543.

468) A. a. O., S. 2543; OLG Hamm NJW-RR 1995, 18; OLG Nürnberg NJW-RR 2002, 1538.

469) 예를 들어, 독일 에너지경제법(Gesetz zur Föderung der Energiewirtschaft: EnWG) 제16조 제2항에서는, '에너지의 생산과 전송 및 배부를 위한 시

질수준을 가져오는 상이한 해결도 하자가 될 수 있을 것이다.

이에 반해서 측정표준(Maßnormen)과의 상이는 일반적으로 계약위반적인 하자가 될 것이다. 왜냐하면 초기업적 기술적 표준을 통하여 보증되는 개별부품, 반제품 또는 완제품의 교환성은 분업적인 경제에서는 매우 중요한 의미를 가지고 있기 때문이다. 그러므로 DIN 476 표준에 따라 종이가공을 할 수 없는 사무용기계는, 통상 사용하는 전구소켓에 맞지 않는 전구처럼 사용할 수 없는 것이고 하자가 있는 것이다. 그러므로 인도된 물건의 치수가 합의된 표준의 치수나 거래통상적인 표준의 치수에 상응하지 않을 때에는 하자가 있는 것이다. 그리고 종류물매매에서 다른 물건의 인도(Falschlieferung, Aliudlieferung)가 하자이냐가 문제될 수 있는데, 예를 들어, DIN A4 종이를 주문했는데 DIN A5 종이가 배달된 경우에, 이것이 다른 물건의 인도(Falschlieferung)로서 하자이냐 아니면 불완전인도(Schlechtlieferung)이냐가 문제될 수 있다. 이러한 경우에 측정표준이 종류물의 법적인 구별에서 의미를 가질 수 있는데, 상이한 치수의 물건이 인도된 경우에 다른 물건의 인도로서 다루어질 수 있기 때문이다.[470] 2001년 채권법 개정 전에는 다른 물건의 인도는 일반급부장애법이 적용되었으나,[471] 앞으로는 하자담보책임이 적용되어 이에 상응하는 소멸시효가 적용되게 되었다.[472] 즉 2001년 채권법개정으로 '매도인이 다른 물건을 인도하거나 과소한 양을 인도한 경우에는 물건하자와 동일하다(§434 Abs. 3 BGB)'라고 하고 있으므로, 다른 물건의 인도도 물건하자로 규정하고 있기 때문이다.[473] 그러므로 불완전인도

설이, 1. 독일 전기기술자협회(VDE)의 전기에 대한 기술적 규정, 2. 독일 가스·물전문협회(DVGW)의 가스에 대한 기술적 규정을 준수한 때에는 일반적으로 승인된 기술의 규정을 준수한 것으로 추정된다'고 하고 있다.

470) BGH NJW 1975, 2011; Peter Marburger, Technische Normen, Gattungsbegrif und Rügelast, Jus 1976, S. 638.

471) BGH NJW 1997, 1914.

472) Lothar Haas, a. a. O., S. 1315.

473) 이 규정은 유럽공동체의 소비재매매입법지침에 의한 것이 아니라, 채권법 개정위원회의 제안으로 입법된 것이다.

(Schlechtlieferung)와 다른 물건의 인도 사이에서의 인위적인 구별은 더 이상 필요하지 않게 되었다.

V. 소 결

개정 독일 채권법상의 물건하자 개념은 기본적으로 유럽공동체의 소비재매매입법지침을 약간 변형해서 독일민법에 수용한 것이라고 할 수 있는데, 매매계약에서는 제434조에서 하자개념을 정의하고, 도급계약에서는 제633조 제2항에서 하자개념을 정의하고 있는데, 하자의 개념에 대해서는 매매계약(§434 BGB)과 도급계약(§633 Abs. 2 BGB)에서 거의 유사하게 규정하고 있다. 하자의 개념에 대해서는 먼저 '위험이전 시에 물건이 합의된 성상을 갖추고 있으면 물건하자가 없다'(§434 Abs. 1 S. 1 BGB)라고 하여서 주관적 하자개념을 우선시하고 있으며, 둘째로 계약당사자가 물건의 성상에 대해서 특별히 합의하지 않았다면, 물건이 계약에서 전제가 된 용도에 적합하다면 하자는 없다(§434 Abs. 1 Nr. 1 BGB)고 하면서, 셋째로 매매물건의 성상에 관하여 당사자의 합의도 없고 또한 그 전제된 용도도 없는 경우에는, '물건이 통상의 용도에 적당하고 동종의 물건에 통상적(üblich)이고 매수인이 물건 종류에 따라 기대할 수 있는 성상을 갖춘 경우에는 하자가 없다(§434 Abs. 1 Nr. 2 BGB)'라고 규정하여서, 객관적 하자개념을 규정하고 있다.

즉 하자란 통상적으로 물건의 '있는 성상'(Ist-Beschaffenheit)과 '있어야 할 성상'(Soll-Beschaffenteit)의 상이 중 매수인에게 불이익한 상이를 하자라고 할 수 있으며, 기술적 표준은 매매계약과 도급계약에서 하자와 관련하여 '계약적으로 합의된 성상'(§434 Abs. 1 S. 1 BGB)에서 뿐만 아니라 '계약에서 전제된 용도'(§434 Abs. Nr. 1 BGB) 및 '물건의 통상의 성상'(§434 Abs. 1 Nr. 2 BGB)에서도 가치척도로서 고려될 수 있다. 계약에서 물건의 기술적 표준에 대한 일치가 당사자의 합의나 계약에서 전제된 용도 또는 물건의 통상의 성상을 통하여 인정되면, 물건이 일정한 기술적 표준의 요구에 상응하지 않는다면 그 물건에는 하자가 있는 것이 된다. 즉 계약관계에서 기준적인(maßgeblich) 기술적 표준이 준수되고, 표준에서 정한 성상·내용에 충족하는 한, 인도된 물건이나 완성된 일에 하자가 없다고 할 수 있다. 물론 기술적 표준을 준수하더라도 다른 방법으로 하자가 있을 수는 있는데, 예를 들어, 전기제품이 VDE의 모든 전기안전규정을 충족하더라도 전기제품이 제대로 작동하지 않거나 충분한 기능을 가지고 있는 않은 경우가 있을 수 있기 때문이다. 그리고 기술적 표준은 자동적으로 일반적으로 승인된 기술의 규정으로 볼 수 있는 것은 아니지만, 통상적으로 기술의 규정으로 추정될 수 있으며, 일반적으로 승인된 기술의 규정의 준수하지 않으면 그것은 물건하자일 수 있다. 즉 기술적 표준이 계약상 또는 거래통상적인 척도가 되는 한, 기술적 표준과의 상이는 일반적으로 법적인 하자담보책임을 발생시키는 하자가 될 것이다.

그 외 기술적 표준에의 불일치가 물건이나 일의 하자가 될 수 있는지 여부는 관련되는 기술적 표준의 내용에 따라서 차이가 있는데, 품질과 안전표준에서는 기술적 표준에 의하여 합의된 또는 통상의 성상과의 상이가 매수인 등에게 불리한 경우에만 하자가 될 것이고, 측정표준에서는 기술적 표준과의 상이는 바로 하자가 있는 것이 되어서 하자담보책임을 발생시킬 것이다.

제 6 장 제조물안전법과 기술적 표준

제 6 장 제조물안전법과 기술적 표준

제 1 절 서 설

독일은 유럽공동체의 1992년 6월 29일의 '일반적 제조물안전에 관한 각료이사회의 입법지침'(제조물안전입법지침(Produktsicherheitsrichtlinie: ProdSRL))[1]을 독일법으로 전환하는 제조물안전법(Produktsicherheitsgesetz: ProdSG)을 1997년 제정하여 독일법상 최초로 제조물안전에 관한 일반법을 제정하였다. 그런데 1992년 6월 29일의 '일반적 제조물안전에 관한 각료이사회의 입법지침'은 유럽연합의 '일반적인 제조물안전에 대한 2001년 12월 3일의 유럽의회와 각료이사회의 입법지침'(Richtlinie 2001/95/EG des Europäischen Parlaments und Rates vom 3. 12. 2001 über die allgemeine Produktsicherheit(ABlEG Nr. L11, S. 4))을 통하여 1992년의 입법지침이 폐기됨에 따라, 독일은 2004년에 '기구 및 제조물안전법'(Geräte- und Produktsicherheitsgesetz: GPSG)을 제정하여 2001년의 위 입법지침을 독일법으로 전환하였을 뿐만 아니라, 1968년 제정되었던 '기구안전법'(Gerätesicherheitsgesetz: GSG)과 1997년에 제정되었던 '제조물안전법'(ProdSG)을 하나의 법으로 통합하게 되었다.

그러므로 이하에서는 1997년에 제정되었던 독일 '제조물안전법'(ProdSG)의 주요내용과 제조물의 안전기준 설정 등에 대해서 검토하고, 2004년에 제정된 '기구 및 제조물안전법'(GPSG)의 주요내용과 제조물의 안전기준의 설정 등에 대해서 자세히 검토하고자 한다. 특히 제조물안전기준의 설정 시 기술적 표준과 어떠한 관계를 설정하고 있는지 등에 대해서 살펴보고, 제조물안전기준의 준수로 제조물책임법상의 책임이 면책

---

1) Richtlinie 92/59/EWG des Rates v. 29. 6. 1992 über die allgemeine Produktsicherheit(ABl. EG Nr. 228 v. 11. 8. 1992, S. 24ff.).

될 수 있는지 여부 등에 대해서 검토하고자 한다. 그리고 우리나라 소비자기본법 등의 제조물안전기준의 설정 등과 관련한 내용을 검토하고 그 문제점을 살펴보고자 한다.

제 2 절 1997년 독일 제조물안전법과 기술적 표준

Ⅰ. 서

1997년 4월에 제정된 독일 "제조물에 대한 안전요구와 CE-인식표시의 보호를 위한 규율의 법"(Gesetz zur Regelung der Sicherheitsanforderungen an Produkte und zum Schutz der CE-Kennzeichnung)[2]은, 약칭하여 제조물안전법(Produktsicherheitsgesetz: ProdSG)은 독일법상으로는 최초로 제조물안전에 관한 일반법으로 제정되었다. 이러한 제조물안전법을 제정하기 전에도 독일에는 기구안전법(Gerätesicherheitsgesetz), 의약품법(Arzneimittelgesetz),

---

2) 독일 제조물안전법은 유럽공동체의 제조물안전입법지침의 독일법으로의 전환을 위하여 제정된 법인데, 제조물안전입법지침 제17조에 의하면 회원국은 1994. 6. 29일까지 자국법으로의 전환을 위한 입법적 조치를 마쳐야 했는데, 독일은 약 3년간 지체가 되어서 입법이 되었다(Thomas Klindt, Produktsicherheitsgesetz(ProdSG), 2001, §1 Rn. 2; Christoph Hammerl, Das Produktsicherheitsgesetz im Bereich des Lebensmittelrechts, ZLR 1997, S. 611). 그 이유를 보면, 제조물안전을 위한 긴급상황에서는 집행위원회(Kommission)가 일정한 요건 하에 해당 회원국에 보호조치를 취하도록 할 수 있다는 제조물안전입법지침에 제9조에 대해서 독일정부는 유럽재판소(EuGH)에 무효소송을 제기하였다. 즉 유럽공동체조약(EGV) 제96조에 의하여, 유럽공동체 시장의 경쟁저해에 대해서 집행위원회가 필요한 법률동화(Rechtsangleichung)조치는 취할 수 있지만, 집행위원회의 집행권한의 창조는 인정되지 않는다면서 소송을 제기하였으나, 1994년 8월 9일에 기각되었다. 이에 따라 약 3년간의 제조물안전입법지침의 독일법으로의 전환이 지체되었다(Gerhard Wagner, Das neue Produktsicherheitsgesetz: Öffentlich-rechtliche Produktverantwortung und zivilrechtliche Folgen(Teil Ⅰ), BB 1997, S. 2490). 그리고 입법지침에서 정한 기한까지 회원국의 자국법으로 전환되지 않는 경우에 일정한 요건 하에서 입법지침이 '직접적 효과'(unmittelbare Wirkung)를 가질 수 있는데(BVerfGE 75, 223, 240ff; BVerwG, RIW 1984, 744, 746), 제조물안전입법지침은 국민의 사법상의 권리에 관계되는 것이 아니라, 제조물에 대한 제조자와 유통업자의 의무만을 규정하는 것이므로 독일법으로의 전환이전에 직접적 효과는 가질 수는 없다고 할 것이다.

유전공학법(Gentechnikgesetz), 건축물법(Bauproduktengesetz), 의료기구법(Medizinproduktegesetz) 등에서 관련 제조물의 안전에 대한 규정을 두고 있어서, 제조물안전을 규정한 많은 특별법이 이미 존재하고 있었다. 하지만 1997년 4월에 제조물안전법을 제정함으로써 독일도 제조물안전에 관한 일반법을 가지게 되었다.

그리고 독일 제조물안전법은 법명에서 보여주듯이, 제조물안전과 CE-인식표시의 보호라는 상이한 규정을 하나의 법안에 입법을 하였는데, 이는 동법을 통하여 유럽공동체의 1992년 6월 29일의 '일반적 제조물안전에 관한 각료이사회의 입법지침'(제조물안전입법지침(Produktsicherheitsrichtlinie: ProdSRL))[3]과 1993년 7월 22일의 '상응도평가절차의 상이한 국면을 위하여 기술적 조화지침에 사용되는 모듈과 CE-인식표시의 도입과 사용에 대한 규정을 위한 각료이사회의 결정'(소위 모듈(단위)결정(Modul-Beschusses))[4]을 독일법으로 수용함에 따른 것이다.[5] 실제 CE-인식표시[6]는 뒤에서 보듯이 제조

---

3) Richtlinie 92/59/EWG des Rates v. 29. 6. 1992 über die allgemeine Produktsicherheit(ABl. EG Nr. 228 v. 11. 8. 1992, S. 24ff.).

4) Beschluß 93/465/EWG des Rates v. 22. 7. 1993 über die in den technischen Harmonisierungsrichtlinien zu verwendenden Module für die verschiedenen Phasen der Konformitätsbewertungsverfahren und die Regeln für die Anbringung und Verwendung der CE-Konformitätskennzeichnung(ABl. EG Nr. L 220, S. 23ff.).

5) 1997년 4월 22일에 제정되고, 그 해 8월 1일에 시행되었던 독일 제조물안전법은, 그 이전부터 존재하던 기구안전법(GSG)과 동법을 하나의 법으로 통합시키는 '기구 및 제조물안전법'(Geräte- und Produktsicherheitsgesetz: GPSG)이 2004년 1월 6일 제정되고 2004년 5월 1일부터 시행됨으로써, 현재는 법적 효력을 상실하였다. 독일 '기구 및 제조물안전법'은 기구안전법과 제조물안전법에 서로 혼재하여 복잡하게 규정되었던 제조물과 그의 공법적 감시를 위한 안전법적 규정들을 하나의 법으로 통합한 것이다.

6) CE-인식표시는 제조물에 CE기호를 붙인 것을 말하는데, 통상 우리가 접하는 많은 제조물이나 설명서에 CE라는 영문의 두 글자가 새겨져 있는데, 이는 쉽게 말해서 우리나라의 KS 규격표시와 같은 의미로 행해진다. 즉 제조물에 CE라는 기호를 붙인 의미는, 해당제조물이 유럽의 표준화기구인 유럽표준화위원회(CEN)와 유럽전기기술표준화위원회(CENELEC)가 제정한 기

물안전과 밀접하게 관련되므로 동법에서 함께 규정하게 되었다.

소비자보호법, 기술법(Technikrecht),[7] 생산물안전법, 경제행정법 등으로서의 의미[8]를 가지는 독일 제조물안전법은 제조자와 유통업자의 공법상의 행태의무(Verhatenspflichten)를 규정하고 제조물안전을 확보하기 위한 해당 관청의 다양한 행위권능과 개입권한을 규정하는 이외에도 CE-인식표시의 보호에 관한 내용을 규정하고 있다. 그러므로 이하에서는 동법의 자세한 내용과 특히 제조물의 일반적인 안전기준을 어떻게 설정하고 있는지를 자세히 살펴보고자 한다.

Ⅱ. 제조물안전법의 목적과 적용범위

1. 동법의 목적

독일 제조물안전법(ProdSG)의 목적은 동법 제1조에서 밝히고 있듯이, 제조자와 유통업자(Händler)는 소비자에게 私的 使用(private Nutzung)을 위하여 안전한 제조물만을 넘겨주도록 함과 아울러 법적으로 허용된 경우에만 CE-인식표시를 사용할 수 있도록 하는 것이다. 즉, 첫째로 동법 제1조 1호에서는 동법은 제조자와 유통업자가 사적 사용을 위하여 안전한 제조물만을 소비자에게 넘겨질 수 있도록 하는 것을 목적한다고 규정하면서, 이러한 목적의 달성을 위하여 동법은 '안전한 생산물'을 정의

술적 표준을 준수했다는 의미로 CE기호를 제조물에 붙이게 된다.

7) 기술법(Technikrecht)이란 기술의 사용으로서 발생하는 위험에 대한 보호를 1차적 목적으로 하는 법률, 명령과 일반적인 행정규칙을 포함하는 技術的 安全에 관한 法(Das Recht der technischen Sicherheit)으로 정의할 수 있다(Michael Kloepfer/Thilo Brandner, Umweltrecht, 2. Aufl., 1998, S. 61; 기술법의 개념 정의에 대해서 보다 자세한 것은, 전경운, 기술법의 발전에 있어서 기술적 표준의 법적 의미, 환경법 연구 제27권 3호, 2005. 12, 228-236면 참조).

8) Thomas Wilrich, a. a. O., S. 15f.

하고(§6 ProdSG), 안전한 생산물을 위한 제조자와 유통업자의 의무(§§4-5 ProdSG) 및 해당관청의 각종의 권한(§§7-9 ProdSG)에 대해서 규정하고 있다. 둘째로 동법 제1조 제2호에서는 CE-인식표시의 부당한 사용을 규제하는 것을 목적으로 하여서, 부당한 사용에 대해서는 벌금을 부과할 수 있도록 하고 있다. 그러므로 동법의 목적은 유럽경제공동체에서 동일한 경쟁조건의 형성, 소비자보호(Verbraucherschutz), 제조물안전 및 남용적인 사용으로부터의 CE-인식표시(CE-Kennzeichnung)의 보호 등을 그 목적으로 삼고 있다고 할 수 있다.[9]

이렇게 제조물안전법이 제조물안전과 CE인식표시의 보호라는 상이한 규정을 하나의 법안에 입법한 이유는, 동법을 통하여 유럽공동체의 1992년 6월 29일의 '일반적 제조물안전에 관한 각료이사회의 입법지침'과 1993년 7월 22일의 '상응도평가절차의 상이한 국면을 위하여 기술적 조화지침에 사용되는 모듈과 CE-인식표시의 도입과 사용에 대한 규정을 위한 각료이사회의 결정'을 독일법으로 수용함에 따른 것이다. 유럽공동체조약(EGV) 제96조[10]에 근거하여 유럽공동체의 단일시장(Binnenmarkt)의 형성을 목적으로 하는 입법지침인 제조물안전입법지침은 제조물안전과 소비자보호를 그 목적으로 하고 있으며, 모듈(단위)결정(Modul-Beschusses)

---

9) Peter Marburger, Produktsicherheit und Produkthaftung, Festschrift für Erwin Deutsch, 1999, S. 272; Thomas Klindt, a. a. O., §1 Rn. 4-9.

10) 1957년 4월 25일 날 체결되고 1958년 1월 1일부터 시행된 유럽공동체조약(Vertrag zur Gründung der Europäischen Gemeinschaft: EGV)은 2001년 2월 26일의 Nizza조약을 통하여 수정되면서, 기존 조약의 조문위치 등이 바뀌었는데, 과거의 제100조는 2003년 1월 1일부터 시행된 수정된 조약의 제96조에 해당된다. 제96조는 "경쟁저해 규정의 취급"에 대해서 규정하는데, 그 내용을 보면 다음과 같다. "만약 집행위원회가 회원국의 상이한 법률과 행정규정으로 인하여 공동시장의 경쟁조건을 변조하고 이를 통하여 왜곡을 야기한다는 것을 확인한 경우에는 관련된 회원국과 협의를 해야만 한다. 이러한 협의를 통하여 왜곡을 제거하지 못하면, 각료이사회는 집행위원회의 제안으로 제적회원국 과반수의 찬성을 얻어서 필요한 입법지침을 발한다. 집행위원회와 각료이사회는 모든 기타 이 조약에서 예상되어지는 목적에 타당한 조치를 취할 수 있다."

은 CE-인식표시의 거래가치가 점차로 높게 인정되면서 법적으로 도저히 사용할 수 없는 분야에서 CE-인식표시를 사용함에 따라 CE-인식표시의 사용요건에 대해서 규정함과 아울러 남용적인 CE-인식표시의 사용에 대해서는 일정한 벌금을 부과하는 것을 목적으로 하고 있다.

그리고 제조물안전의 영역에서 유럽공동체의 법적 동화(Rechtsangleichung) 작업은 실제 제조물안전입법지침(ProdSRL)이 처음이라고 할 수는 없다. 이미 1985년 5월 7일 유럽공동체 각료이사회에서는 "기술적 조화와 표준화 분야에의 새로운 구상(Eine neue Konzeption auf dem Gebiet der technischen Harmonisierung und der Normung)"을 결정하였는데,[11] 이 '새로운 구상'에 의하면 유럽공동체의 기술적 규정과 표준화와 관련하여, 소위 기본적 안전요구 또는 특별한 안전조건은 공공복리를 위하여 그때그때마다의 유럽공동체의 입법지침에서 확정하고, 기술적 표준의 상세한 것은 유럽의 표준화기구에 유보한다는 것이었다. 바로 이러한 '새로운 구상'(Neue Konzeption(New Approach))에 의하여 이미 일정한 제조물의 구체적 안전요구를 포함하는 많은 입법지침이 의결이 되었고, 이러한 입법지침은 독일 기구안전법(GSG) 제4조에 근거한 명령(Rechtsverordnungen)으로서 독일법에 수용되었다. 즉 새로운 구상에 의하여 다양한 생산물에 대하여 입법지침이 이미 만들어졌는데, 예를 들어, 장난감, 건축물, 전자기기(Elektromagnetischegeräte), 기계, 통신기구, 의료기구, 포장(Verpackungen), 위성기능시설(Satellitenfunkanlagen) 등에 대한 입법지침이 만들어져서, 독일법으로 수용이 되었으므로, 제조물안전에 대한 유럽공동체의 입법

---

11) Entschließ des Rates v. 7. 5. 1985 über eine neue Konzeption auf dem Gebiet der technischen Harmonisierung und der Normung(85/C136/01), ABl, EG Nr. C136, S. 1ff. v. 4. 6. 1985. 각료이사회의 기술적 조화와 표준화에 관한 새로운 구상에 대해서 보다 자세한 설명은 다음의 문헌을 참조. Rüdiger Rönck, Technische Normen als Gestaltungsmittel des Europäischen Gemeinschaftsrechts, 1995, S. 99; Stefan Griller, Europäische Normung und Rechtsangleichung, 1990, S. 19ff.; Günter Breulmann, Normung und Rechtsangleichung in der Europäischen Wirtschaftsgemeinschaft, 1993, S. 175ff.

적 조치는 제조물안전입법지침(ProdSRL)이 최초의 것이라고는 할 수 없다.[12] 하지만 이로부터 제조물안전입법지침과 제조물안전법의 존재이유가 설명될 수 있는데, 새로운 구상에 의하여 부분적인 제조물안전만이 확보됨에 따라 일반적으로 존재하는 제조물안전의 틈을 메울 필요성이 있게 되는 것이다. 즉 위에서 거명한 제조물 이외의 제조물에 대해서는 특별한 규정이 없으므로, 특별한 규정이 없는 제조물 분야에서의 회원국의 상이한 법적인 규정의 철폐와 전체 유럽공동체 단일시장의 확보를 위한 경쟁왜곡의 방지를 위하여, 제조물안전의 최소기준을 확보할 필요성이 있다는 것이다.[13]

2. 적용범위

제조물안전법의 적용범위를 보면, 먼저 동법은 모든 제조물에 대해서 적용되는 것이 아니라, 영업적 또는 직업적으로 거래에 가져온 제조물 중에서 소비자의 사적 사용(private Nutzung)으로 정해져 있거나 소비자가 일반적인 거래관념에 의하여 사적 사용으로 이용하는 제조물에 대해서만 제조물안전법이 적용된다(§2 Abs. 1 ProdSG).[14] 이 때 골동품 등은 제외되지만 원칙적으로 중고품(Gebrachter Produkt), 재가공품을 소비자의 사적 사용을 위하여 거래에 가져온 경우에도 동법이 적용된다(§2

---

12) 1998년 현재 유럽공동체내에서 거래되는 물건의 17%정도가 새로운 구상에 의하여 만들어진 입법지침의 안전요구를 충족한 제조물에 해당한다(Effizienz und Verantwortlichkeit in der europäischen Normung im Rahmen des neuen Konzepts, DIN-Mitt. 11, 1998, S. 646). 그리고 새로운 구상에 따른 입법지침에 적당한 제조물은 거래에 유통되기 전에 CE-기호(CE-Zeichen)를 붙여야만 한다.

13) Peter Marburger, a. a. O.(註 8), S. 273.

14) 그 외 독일 제조물안전법의 보호목적은 '사람의 건강과 안전'(Gesundheit und Sicherheit von Personen)이므로, 단지 인적손해에 대해서만 규율할 뿐, 물적 손해에 대해서는 그 적용이 없는 한계를 갖는다(§6 Abs. 1 ProdSG).

Abs. 1 ProdSG). 여기서 제조물(Produkt)의 개념정의에 대해서 제조물안전법에는 명문의 규정이 없고, 제조물안전입법지침(ProdSRL)에서는 명문의 규정을 두고 있는데, 입법지침 제2조 a)에서는 '제조물이란 소비자를 위하여 정해져 있거나 소비자에 의하여 이용될 수 있는 모든 물건으로서 신제품이거나 중고품이거나 재가공된 물건이거나를 가리지 않고 영업활동의 범위 내에서 유·무상으로 소비자에게 인도되어지는 물건을 말한다'고 규정하고 있다.[15] 그러므로 영업적 또는 직업적으로 거래에 가져온 제조물 중에서, 소비자의 사적 사용으로 정해져 있거나 소비자가 일반적인 거래관념에 의하여 사적 사용으로 이용하는 제조물에 대해서만 제조물안전법이 적용되므로, 동법의 적용범위가 일정하게 제한된다.

또한 제조물안전법은 제조물안전과 관련한 특별법이 존재하는 경우에 그 적용이 제한되는데, 먼저 동법 제2조 제3항 제1호에서는 의약품법(Arzneimittelgesetz)·유전공학법(Gentechnikgesetz)·건축물법(Bauproduktengesetz)·의료기구법(Medizinproduktegesetz)·에너지경제법(Energiewirtschaftsgesetz)·항공교통법(Luftverkehrsgesetz) 및 이들 법률에 근거하여 시행된 명령에 해당하는 제조물에 대해서는 동법 제2조에서 제13조까지의 규정이 적용되지 않는다고 규정하고 있다. 이들 법에 해당하는 제조물에 대해서는 특별법이 우선적으로 적용되므로, 이들 법에 해당하는 제조물의 안전요구와 경고 및 리콜(Rückruf) 등은 관련되는 특별법에 의해서만 허용될 수 있고,[16] 다만 제조물안전법상의 CE-인식표시의 보호에 관한 규정만이 적용된다.

또한 동법 제2조 제3항 제2호에서는 식료품 및 일용품법(Lebensmittel- und Bedarfsgegenständegesetz)·포도주법(Weingesetz)·육류위생법(Fleischhygienegesetz)·조육류위생법(Geflügelfleischhygienegesetz)·화학물질법(Chemikaliengesetz)·기구안전법(Gerätesicherheitsgesetz) 등에 해당하는 제조물은 제조물안전법상의 제조물에 대한 경고(Warnungen)

15) Thomas Klindt, a. a. O., §2 Rn. 3.
16) A. a. O., §2 Rn. 25.

와 리콜(Rückruf)에 대한 규정만이 적용된다고 규정하고 있다. 물론 CE-인식표시보호에 관한 규정은 적용된다.

이렇게 적용범위가 제한되는 이유는, 첫째로 제조물안전입법지침(ProdSRL) 이전에 일부 제조물과 관련해서는 유럽공동체의 입법지침이 이미 마련되어 있었고, 둘째로는 독일법상의 이미 일부 법령에서 제조물안전과 관련한 규정을 두었기 때문이다.[17] 전자와 관련하여서는 제조물안전입법지침 제1조 제2항에서, 관련되는 제조물의 안전요구 등을 확정한 특별한 유럽공동체적인 법률규정이 있으면 이러한 분야의 제조물에 대해서는 제조물입법지침의 일부가 적용되지 않는다고 명문의 규정을 두었기 때문이다. 이에 해당하는 것의 예를 보면, 독일의 의료기구법(Gesetz über Medizinprodukte(Medizinproduktegesetz: MPG))은 의료기구의 안전성 확보 등과 관련해서 의료기구의 기술적, 의학적, 정보적 안전요구 및 사용자 등에 대한 규정을 두고 있는데, 동법은 바로 1993년 6월 14일의 의료기구에 대한 각료이사회의 입법지침 등을 독일 국내법으로 전환한 것이다.[18] 그러므로 제조물안전법 제2조 제3항 제1호에서는 의

17) A. a. O., §2 Rn. 1.

18) 의료기구법(MPG)은 Richtlinie 90/385/EWG des Rates vom 20. Juni 1990 zur Angleichung der Rechtsvorschriften der Mitgliedstaaten über aktive implantierbare Medizinische Geräte(ABl, EG Nr. L189 S.17); Richtlinie 93/42/EWG des Rates vom 14. Juni 1993 über Medizinprodukte((ABl, EG Nr. L169 S.1); Richtlinie 98/79/EWG des Europäischen Parlaments und des Rates vom 27. Oktober 1998 über In-vitro-Diagnosta(ABl, EG Nr. L331 S.1)을 독일법으로 전환한 것으로서, 1995년 1월 1일에 시행이 되었다. 의료기구법은 의료기구와 그것의 운영자에 대한 안전요구를 규정하고(§§4-14 MPG), 일정한 의료기구 안전의 검사장소의 지정 등에 대해서 규정함(§§15-18 MPG)과 아울러, 의료기구의 위험성으로부터 안전확보를 위한 각종의 규정을 두면서(§§25-31 MPG), 특히 다른 유럽공동체 국가와 공동작업을 통한 의료기구의 안전을 위하여 필요한 유럽공동체의 관찰 및 신고체계(Beobachtungs- und Meldesystem)의 구축에 대해서 규정하고 있다(§29 MPG). 그리고 동법은 의료기구가 조화된 표준(harmonisierte Normen)이나 기술적 상술에 일치하는 경우에는 동법상의 필요한 안전요구에 일치하는 것으로 추정된다고

료기구법(MPG)이 적용되는 제조물에 대해서는 제조물안전법의 제2조에서 제13조까지의 규정이 적용되지 않는다고 규정하고 있다. 둘째와 관련해서는 유럽공동체의 제조물안전입법지침(ProdSRL)이 제정되기 전에, 독일에서는 기구안전법(GSG), 식료품법 및 일용품법(LMBG) 등과 같이 이미 상당한 정도의 제조물안전에 관한 공법적 규정을 가지고 있었기 때문이다. 이러한 규정과 관련해서는 제조물에 대한 경고와 리콜에 대한 규정을 제외하고는 실제적으로 제조물안전법이 큰 의미를 가질 수 없다.[19] 이를 종합하여 보면, 제조물안전법의 적용범위는 상대적으로 좁다고 할 수 있다.[20]

규정하고(§8 MPG), 의료기구에 대한 CE-인식표시에 대해서 규정(§9 MPG)하고 있다. 그 외에 국가의 과제를 민영화(Privatisierung)함으로써 의료기구의 안전을 위한 국가의 기능에 대한 부담을 들어주고 있다. 즉 의료기구 안전과 관련한 인허가절차(Zulassungsverfahren)의 실행을 국가로부터 민영화된 검사기관(privatrechtliche Prüfstelle)에 위임함으로써, 해당 국가기관의 과제가 의료기구의 거래 및 검사기관에 대한 감독과 위험의 제거에 한정되게 된다.

19) Gerhard Wagner, a. a. O., S. 2490.

20) 그리고 제조물안전법의 보호법익도 크게 넓지는 않은데, 왜냐하면 동법 제6조 제1항에서는 사람의 건강과 안전을 보호한다고 하기 때문이다. 이에 따라 물건과 재산적 손해(Sach- und (reine) Vermögensschaden)는 보호법익에 포함되지 않는다(Gerhard Wagner, a. a. O., S. 2491). 또한 동법에 의하여 보호되는 인적범위(geschützten Personenkreises)에서도 일정한 제한이 있는데, 즉 영업적 또는 직업적으로 거래에 가져온 제조물 중에서 소비자의 사적 사용에 의하여 발생하는 위험으로부터의 보호를 목적으로 함으로, 제조물의 사적 사용을 하는 소비자에 제한된다. 하지만 사적으로 이용되는 제조물에 의하여 위험해 질 수 있는 제3자도 보호되는 인적 범위에 포함되는 것이 타당할 것이다(Peter Marburger, a. a. O.(註 8), S. 274).

Ⅲ. 제조물의 안전기준과 제조자 등의 의무

1. 제조물의 안전기준

독일 제조물안전법 제4조 제1항과 제5조에서는 제조자와 유통업자는 제조물이 안전할 때(wenn es sicher ist)만 제조물을 유통시킬 수 있다고 규정하고 있다. 이는 제조자나 유통업자에 의하여 제조물안전을 위하여 이행되어야 하는 기준만을 언급한 것이고 제조물의 안전을 보장할 수 있는 직접적인 기준을 표시한 것은 아니다. 즉 '제조물이 안전할 때'라는 기준은 매우 추상적인 개념이므로, 어떠한 제조물이 안전한 것으로 볼 수 있는지에 대한 일정한 기준이 필요한데, 이와 관련하여 제조물안전법 제6조 제1항 제1문에서는 안전한 제조물에 대한 중요한 기준을 설정하고 제조자의 실제적인 의무를 정의하고 있다.

제조물안전법 제6조 제1항 제1문에 의하면, '제조물의 규정이 맞는 사용에 의하여 또는 통상적인 고려 하에서 기대되는 사용에 의하여 또는 기대되는 사용기간 동안에 제조물에 의한 위험이 사람의 건강과 안전을 위하여, 사소하거나, 위험이 사용방법과 일치하지 않고, 해당하는 일반적으로 승인된 기술의 규정(allgemein anerkannten Regeln der Technik)의 준수 시에 감내할 수 없는 위험이 없을 때, 그 제조물은 안전하다'라고 규정하고 있다. 이를 보면 제조물안전법 제6조 제1항은 제조물의 현저한 위험의 회피에 대한 명령(Gebot)을 넘어서 안전기준에 대한 상세한 구체화는 실제로 존재하지 않는다.[21)]

이러한 제조물안전법 제6조 제1항의 의미는 여러 가지 점에서 주의하여 살펴볼 필요성이 있다. 첫째로 '기대될 수 있는 사용에 의하여(zu erwartenden Verwendung)'라는 규정과 관련하여, 처음부터 제조자는 소비자에 의한 예상할 수 있는 제조물의 오용(Fehlgebrauch)의 경우(예를 들

---

21) Gerhard Wagner, a. a. O., S. 2492.

어, 공기매트리스(Luftmatratze)를 물놀이 기구로 이용하는 것)를 고려해야 한다는 것을 분명히 한 것이다.[22] 예상할 수 있는 오용은 용도에 맞지 않는 전혀 다른 목적으로의 오용(예를 들어, 휘발유통을 촛대로 사용하는 것)과는 구별이 되어야 하고, 이때에는 평균적인 소비자의 고려 하에 상황의 실제적인 평가가 행해져야 한다. 그러나 사용자의 자기책임적 인과연쇄로서 제조물 위험영역에서 전혀 동떨어진 경우인, 예를 들어 요리용칼을 무기(Waffe)로 사용하는 것과 같이, 제조물의 용도의 인식아래 남용적 사용(Mißbrauch)의 경우에는 문제시되지 않을 것이다.

둘째로 제조물안전법상 의미있는 위험(maßgebiche Gefahr)은 다음의 세 가지 기준에 의하여 누적적으로 결정되어야 한다(§6 Abs. 1 Satz 1 Nr. 1-3).[23] 즉 제조물에 의한 위험이 사람의 건강과 안전을 위하여 현저하지 않고, 사용방법과 일치하는 위험이 아닐 것을 요하고, 해당하는 일반적으로 승인된 기술의 규정(allgemein anerkannte Regeln der Technik)의 준수 시에 감내할 수 없는 위험이 없을 때 그 제조물은 안전하다는 것이다. 이를 좀 더 구체적으로 보면, ⅰ) 제조물에 의한 위험이 중대한 위험(erhebliche Gefahr)이 아닐 것을 요한다. 모든 보호법익의 위태화에 대해서 제조물안전법에 의한 개입이 행하여지지는 않는다. 즉 사소한 위험(Bagatellgefahren)은 사회상당성이 있고, 감내할 수 있고 배제할 수 없는 위험으로서 받아들어야 한다(Leben ist Gefährlich). 예를 들어, 종이를 다룸이 있어서도 사람의 손이 베일 수 있고, 샴푸가 눈에 들어가면 눈이 따가울 수 있으며, 반창고를 뗄 때에는 가벼운 피부 붉어짐 현상이 발생할 수 있다. 이러한 모든 위험은 제조물에 의한 현저한 위험은 아닌 것이다. ⅱ) 제조물에 의한 위험이 사용방법과 합치하지 않는 위험(mit der Art der Verwendung nicht zu vereinbarende Gefahr)이 아닐 것을 요한다.[24] 어떤 물건의 이용과 사용방법은 그 자체로서 위험 없이 사용방

22) Thomas Klindt, a. a. O., §6 Rn. 8.
23) A. a. O., §6 Rn. 9.
24) A. a. O., §6 Rn. 11.

법에 맞는 사용을 할 수 없는 경우가 있다. 즉 그 물건의 위험요소가 동시에 그 물건의 효과요소인 경우가 있다(Das Risikoelement ist zugleich das Wirkungselement). 예를 들어, 사람은 칼이나 가위에 베여 상처를 입을 수 있고, 욕조에 익사할 수 있으며, 성냥에 손가락을 데일 수 있다. 또한 에어백(Airbag)이나 안전벨트는 사고 시에 이를 통하여 상해를 입을 수도 있지만 장·단점의 분석을 통하여 제조물안전법상의 위험한 제조물로는 보지 않는다. 바로 이들 제조물은 유용성있는 제조물로 평가되었고 그 위험이 유용성을 통하여 발생하는 것이 아니므로 제조물안전법의 의미에서 위험한 물건이 아닌 것이다. iii) 끝으로 일반적으로 승인된 기술의 규정의 준수 시에 감내할 수 없는 위험이 없어야 한다.[25] 제조물안전법 제6조 제1항 2문에서는 '일반적으로 승인된 기술의 규정'에 대한 보충적인 해설규정을 두고 있는데, 이에 의하면 제조물이 다른 유럽공동체 회원국의 等價의(gleichwertig) 표준이나 기술적 규정 또는 요구의 준수 시에는 '일반적으로 승인된 기술의 규정'을 준수한 것으로 추정된다고 규정하고 있다.[26] 즉 제조물이 다른 회원국의 등가의 표준의

25) 일반적으로 승인된 기술의 규정에 대해서는 바로 다음에서 자세히 살펴보기로 한다.

26) 제조물안전법 제6조 제1항의 이러한 규정은 제조물안전입법지침 제4조 제2항에 일치시킨 규정으로서, 유럽공동체 국가의 상이한 기술적 규정에 대하여 독일의 안전기준의 개방(Öffnung der deutschen Sicherheitsstandards)을 의미하는 것이다. 이에 따라 제조물이 다른 회원국의 등가의 표준에 상응한 때에는 독일의 기술적 규정의 준수가 된다는 것이다. 그리고 이것은 물론 제조자가 독일 국내나 외국의 기술적 규정을 엄격하게 지켜야 한다는 것은 아니다. 즉 제조물안전입법지침 제4조 제3항에서 분명히 보여주듯이, 기술적 표준에 제조물을 일치시키는 것은 제조물의 안전을 위하여 충분하다는 것은 아니다. 이에 따라 제조물을 독일의 국내나 외국의 기술적 표준과 일치시켰음에도 불구하고, 안전하지 않은 것으로 나타나면 해당관청은 제조물의 시장에의 출시를 금지하거나 제조자에 대하여 기타 필요한 조치를 취하는 것이 방해되지 않는다(Art. 4 Abs. 3, ProdSRL). 이를 반대로 이야기 하면, 제조자는 제조물을 생산할 시에 회원국의 해당하는 기술적 표준의 준수가 강제되지는 않는다는 것이다. 물론 일반적으로 승인된 기술의 규정에 의하여, 제조자는 제조물안전법에 의하여 요구되는 안전기

준수 시에는 일반적으로 승인된 기술의 규정의 준수가 추정된다는 것이다.[27] 이에 따라 앞에서 거명한 3가지 위험 중 어느 하나의 위험이라도 발생하는 경우에는 그 제조물은 안전한 제조물이 아닌 것이고 다음에서 보게 되는 제조물안전법상의 일정한 조치를 취해야 하고 취할 수 있게 된다.

셋째로 '일반적으로 승인된 기술의 규정'이 사람의 건강과 안전을 위하여 높은 보호수준(Hohe Schutznieveau)의 준수를 요구하는 제조물입법지침(ProdSRL)에 일치되는지의 여부가 문제로 된다.[28] 많은 독일법에서는 일반적으로 기술적 안전의무를 불확정한 개념(일반조항식 규정), 즉 대개는 '일반적으로 승인된 기술의 규정'(allgemein anerkannte Regeln der Technik),[29] '기술의 수준'(Stand der Technik)[30] 또는 '학문과 기술의 수준'(Stand der Wissenschaft und Technik)[31]으로 규정하고 있는데,[32] 이러한 법적 기준들 사이에서 '일반적으로 승인된 기술의 규정'과 '기술의 수준' 및 '학문과 기술의 수준'의 안전기준의 단계적 효과에서 차이가 있기 때문이다.[33] 독일정부의 입법이유서에서는 독일법에서 확정된 개

준을 준수하였다는 것을 행정관청에 대하여 입증하는데 있어서, 입증책임을 부담하는 것으로부터 해방될 수 있다(Gerhard Wagner, a. a. O., S. 2492).

27) Peter Marburger, a. a. O.(註 10), S. 274.

28) Rupert Vogel, Das neue Produktsicherheitsgesetz, PHi 1997, S. 160-161.

29) §3 Abs. 1 GSG; §12 Abs. 1 ArbStoffV; §2 Abs. 1. S. 3 HPflG 등.

30) §§5 Nr. 2, 14, 17 Abs. 2 Nr. 2, 22 Abs. 1 Nr. 2, 41, 48, BImSchG; §3 Abs. 4 StörfallVO; §2 Abs. 1 Nr. 4 LuftVG; §49 Abs. 1 StVZO 등.

31) §§1 Nr. 2, 7 Abs. 2 Nr. 3 AtomG; §6 Abs. 2 GenTG 등.

32) Peter Marburger, Die Regeln der Technik im Recht, 1979, S. 110ff.; Andreas Rittstieg, Die Konkretisierung technischer Standards im Anlagenrecht, 1982, S. 14ff.

33) 독일의 기술법과 환경법에서는 안전기준을 '일반적으로 승인된 기술의 규정'(allgemein anerkannte Regeln der Technik), '기술의 수준'(Stand der Technik) 또는 '학문과 기술의 수준'(Stand der Wissenschaft und Technik)으로 규정하는데, 안전기준에 대한 이러한 입법방법은 입법부담의 경감(Entlastung)과 입법의 유연성(Flexibilität)이라는 2가지의 장점을

념인 '일반적으로 승인된 기술의 규정'은 제조물안전입법지침상의 '높은 보호수준'을 전환한 것이라고 하고 있다.[34] 하지만 제조물의 제조와 이를 거래에 가져오는 데 있어서, 안전에 대한 인식수준의 현실성은 위험의 조사와 평가에 있어서 언제나 중요한 의미를 가질 수 있다. 새로 개발된 제조물뿐만 아니라 일반적인 제조물에 있어서도 이용자와 제3자의 피할 수 있는 위험을 배제하기 위해서는 제조자에 의한 최신의 위험인식(neuester Gefahrenkenntnisse)의 고려가 요구된다.[35] 이에 따라 유럽공동체의 제조물입법지침(ProdSRL)에서는 안전판단을 위하여 개별적인 경우에 구체적인 규정이 결여되어 있는 경우에는 '지식과 기술에 수준'(Stand der Kenntnisse und der Technik)에 근거해야 한다고 규정하고 있다(Art. 4 Abs. 2 RL 92/59/EWG).[36] 그러므로 제조물안전입법지침의 위의 내용을 '일반적으로 승인된 기술의 규정'(§6 Abs. 1 ProdSG)으로 전환한 것은 적절하다고 볼 수 없는데, 왜냐하면 '일반적으로 승인된 기술의 규정'은 최신의 연구결과(aktuelle Forschungsstand)를 반영하지 않기 때문이다. 즉 제조물안전입법지침상의 수준은 독일법상의 '기술의 수준'

가진다. 그리고 이러한 안전기준은 안전기준을 직접적으로 규정한 것이 아니고 오히려 실제적인 인식수준과 발전수준(Erkenntnis- und Entwicklungsstand)에 연관되어 있다. '일반적으로 승인된 기술의 규정'은 기술적 전문가들의 다수에 의하여 적용되어지고, 실제적으로 검증되고 입증된 기술적 해결을 의미하는 것이다. 이에 따라 학문적으로 설명되고 적당한 것으로 인식되었다거나 전문서적에 기술되거나 대학에서 가르쳐진 것으로는 충분하지 않고, 문제되는 분야에서 활동하는 전문가들에 의하여 지켜진다는 것이 중요하다. 이에 반하여 '기술의 수준' 및 '학문과 기술의 수준'은 최신의 연구결과와 인식도 고려할 것을 요구한다는 점에서, 안전기준의 요구에서 차이가 있다. 기술적 최신의 발전은 전래적인 방법보다는 더 안전한 방법이 될 수 있기 때문이다(Peter Marburger, Atomrechtliche Schadensvorsorge, 2. Aufl., 1985, SS. 12-32).

34) BT-Drs. 13/3130, S. 14.

35) Peter Marburger, a. a. O.(註 8), S. 275.

36) 제조물입법지침 제4조 제2항에 의하면, 기술적 상술이 결여된 경우에는 국내의 비구속적인 표준의 고려 하에 일반적인 안전기준을 평가하거나 지식과 기술의 수준에 의거하여 평가하여야 한다고 한다.

또는 '학문과 기술의 수준'으로 파악하는 것이 타당하다고 할 것이다.[37)]

2. 제조자개념과 그의 의무

1) 제조자

제조물안전에 대한 요구는 먼저 제조자(Hersteller)에게 향하고 있다. 제조자의 개념은 넓게 파악되어서, 제조자는 물론이고 준제조자, 수입업자도 제조자에 포함된다. 제조물안전법상의 제조자의 개념은 독일 제조물책임법(ProdHaftG) 제4조상의 제조자 개념과 유사하다고 할 수 있다.[38)] 제조물안전법의 의미에서 제조자는 영업적 또는 직업적으로 제조물을 제조하는 자(§3 Abs. 1 S. 1 ProdSG) 또는 그의 영업적이거나 직업적인 활동을 통하여 제조물의 안전성질에 영향을 미칠 수 있는 한 제조물을 거래에 가져오는 자는 제조자이다(§3 Abs. 1 S. 2 ProdSG). 이에 따라 제조물을 생산하는 자는 당연히 제조자에 해당되고, 자기의 이름이나 상표 기타 식별할 수 있는 표식을 통해 스스로 제조자로 표시한 자인 유사제조자(Quasi-Hersteller) 및 유럽공동체지역 내로 제조물을 수입한 수입업자(Importeur)도 제조자이다.[39)]

그런데 제조물의 다른 일부를 제조하기 위하여 또는 최종제조물을 제조하기 위하여 사용되는 부품의 제조자인 부품제조자(Zulieferer)도 제조물안전법상의 제조자에 해당되는지 여부에 대해서는 약간의 논란이 있다. 이는 제조물안전법에서 제조물책임법과는 달리 부품제조자가 제

---

37) Peter Marburger, a. a. O.(註 8), S. 275; Thomas Klindt, a. a. O., §6 Rn. 14; 이에 비해서 일반적으로 승인된 기술의 규정이 충분하다는 입장도 있는데, 그 이유는 제조물안전법의 이러한 입법을 통하여 자유로운 물품거래를 제한하지 않게 되고, 또한 유럽공동체의 집행위원회의 생각도 절대적인 안전을 요구하려고 하지 않았다고 한다(Rupert Vogel, a. a. O., S. 161).

38) Gerhard Wagner, a. a. O., S. 2492.

39) Rupert Vogel, a. a. O., S. 161; Thomas Klindt, a. a. O., §3 Rn. 7-8.

조자에 해당하는지에 대해서 명문의 규정을 두고 있지 않기 때문이다. 제조물안전법의 제정논의에서는 부품제조자도 제조자에 해당되는지 여부에 관해서 분명한 입장을 밝힐 것이 요구되었으나, 입법과정에서 분명한 규정을 두지 않음으로써 논란의 여지를 제공하게 되었다.[40] 이에 따라 부품제조자가 생산하는 부품(Teilprodukt)은 직접적으로 사적 사용을 위하여 공급된 것이 아닐 뿐만 아니라, 제조물안전법은 제조물책임법(ProdHaftG)과 동일한 것이 아니고 층계를 달리하는 것이므로, 예외적으로만 부품제조자가 제조물안전법상의 제조자일 수가 있다는 견해가 있다.[41] 다른 한편에서는 소비자는 완제품과 마찬가지로 부품에 접촉할 수 있으며, 부품의 안전에 대한 원초적인 영향을 가진 부품제조자의 특권은 인정될 수 없으므로, 부품제조자도 제조자에 해당한다는 견해가 있다. 왜냐하면 제조자의 개념에서도 제조물의 안전성질에 영향을 미치는 모든 사람이 포함되어야 한다고 하고 있으므로 부품제조자도 의심없이 이에 해당할 수 있다는 것이다.[42] 게다가 연방정부의 입법초안에서도 "그 외에 그의 활동을 통하여 제조물의 안전성질에 영향을 미칠 수 있는 모든 자가 제조자로서 여겨져야 한다"고 하기 때문이다.[43] 그러나 부품제조자는 제조자의 개념에 포함되지 않는 것으로 보는 것이 타당할 것이다. 그 이유는, 첫째로 제조물안전법의 목적은 소비자에게 사적 사용(private Nutzung)을 위하여 건네진 불안전한 제조물로부터 소비자를 보호하기 위한 것이고, 동법의 그 적용범위에서도, 모든 제조물에 대해서 동법이 적용되는 것이 아니라, 영업적 또는 직업적으로 거래에 가져온 제조물 중에서 소비자의 사적 사용으로 정해져 있거나 소비자가 일반적인 거래관념에 의하여 사적 사용으로 이용하는 제조물에 대해서만 동법이 적용된다(§2 Abs. 1 ProdSG)고 하기 때문이다. 둘째로 동법은 소

---

40) Gerhard Wagner, a. a. O., S. 2492.

41) Hausberichs, Produzentenhaftung in der Praxis des Unternehmens, PHi 1995, S. 58; Thomas Klindt, a. a. O., §3 Rn. 5.

42) Rupert Vogel, a. a. O., S. 161.

43) BT-Drs. 13/3130, S. 11.

비자보호를 목적으로 하는데, 이러한 목적은 소비자를 위한 일정한 완제품(Endprodukte)의 제조자와 유통업자가 그들의 제조물안전을 위한 의무를 다할 때 충분히 달성될 수 있기 때문이다.[44] 그러므로 부품제조자는 제조물안전법상 제조자의 개념에 포함되지 않는다고 볼 것이다.

2) 제조자의 의무

제조물안전법상 제조자의 의무로서는, 먼저 제조자는 제조물이 안전할 때만 거래에 가져올 수 있고(§4 Abs. 1 ProdSG), 둘째로 제조자는 제조물을 최초로 유통시킬 때에 제조물을 통한 가능한 위험에 대한 진술을 통하여 소비자에게 정보를 주어야 하며(§4 Abs. 2 Nr. 1 ProdSG), 셋째로 제조자는 제조물에 의하여 발생하는 위험을 인식하고 이를 막기 위하여 제조물의 성질에 적당한 조치를 취해야 한다(§4 Abs. 2 Nr. 1 ProdSG).

그런데 제조물책임법(Produkthaftungsrecht)상 제조자(Hersteller)는 제조물의 결함을 방지하기 위하여 설계상의 의무(Konstruktionspflichten), 제조상의 의무(Fabrikationspflichten), 표시상의 의무(Instruktionspflichten), 제조물관찰의무(Produktbeobachtungspflichten) 등을 부담하게 된다. 제조물책임법에서 인정된 이러한 제조자의 여러 의무 중에서 제조물안전법이 분명히 언급한 것은 표시상의 의무와 제조물관찰의무이고(§4 Abs. 2 ProdSG), 설계상의 의무와 제조상의 의무는 동법 제4조 제1항에서 '제조자는 제조물이 안전할 때만 거래에 가져올 수 있다'고 규정하고 있으므로, 이 규정에 의하여 포함될 것이다.[45] 먼저 표시상의 의무는 동법 제4조 제2항 제1문에서 제조자는 제조물을 최초로 유통시킬 때에 제조물로 인한 가능한 위험에 대해서 언급을 하여 소비자에게 정보를 주어야 한다고 규정하고 있으므로, 이 규정에서 명문으로 지시상의 의무가 언

44) Gerhard Wagner, a. a. O., 2492.
45) Thomas Klindt, a. a. O., §4 Rn. 2.

급된 것이다. 그리고 특별히 관심을 끄는 것은 동법 제4조 제2항 2문의 규정이다. 동법 제4조 제2항 제2문에 의하면, 제조자는 '제조물에 의하여 발생하는 위험을 인식하고 이를 막기 위하여 제조물의 성질에 적당한 조치를 취해야 한다'고 규정하면서, '사전에 이미 거래에 유통되고 있는 제조물의 경우에도 마찬가지이다'라고 하고 있다. 하지만 제조물안전법도 정부의 입법이유서에서도 적당한 조치(angemessene Maßnahmen)가 무엇을 의미하는지에 대한 정의를 하고 있지 않다.[46] 바로 '사전에 이미 거래에 유통되고 있는 제조물의 경우에도 마찬가지이다(§4 Abs. 2 Nr. 2 letzter Halbs. ProdSG)'[47]라는 규정, 즉 공법적 제조물안전법을 위한 이 규정이 공법적 제조물관찰의무(Produktbeobachtungspflichten) 뿐만 아니라 새로운 법적인 경고 및 리콜의무(Warn- und Rückrufpflichten)의 근거를 제공하게 된다.[48]

제조물안전법 제4조 제2항 제2문 마지막 문구로부터 제조자의 '적당한 조치'의 내용으로 제조자의 공법적 제조물관찰의무[49] 및 제조물에

46) Rupert Vogel, a. a. O., S. 161.

47) 독일의 제조물안전법이 1997년 8월 1일부터 시행이 되었으므로, 동법 시행 이후에 유통된 제조물에 대해서는 당연히 이 규정이 적용되고, 그 이전에 유통된 제조물에 대해서도 '사전에 이미 거래에 유통되고 있는 제조물의 경우'라는 문구를 보아서 동규정이 적용되어야 한다고 한다(Gerhard Wagner, a. a. O., S. 2491). 이러한 주장에 대해서는 소급입법금지라는 헌법적 관점에서 의심스럽다고 한다(Peter Marburger, a. a. O., S. 276).

48) Peter Marburger, a. a. O., S. 276; Rupert Vogel, a. a. O., S. 161; Thomas Klindt, a. a. O., §4 Rn. 9-14.; 물론 이러한 주장에 대해서, 동 규정을 제조물관찰의무만의 근거규정으로 파악하는 견해도 있다(Klaus Vieweg/Christoph Schrenk, Produktrückruf als Instrument präventiven Verbraucherschutzes, Jura 1997, S. 569).

49) 민법상의 제조물관찰의 관찰의무는 이미 발생한 손해를 독일민법 제823조에 의하여 사후적으로 전보하는데 반하여, 제조물안전법은 예방적 차원의 공법적 제조물관찰의무를 부과하고 있다. 이 때 뒤에서 보게 되듯이, 제조자나 유통업자가 예방적 제조물관찰의무를 실행하도록 할 수 있는 것은 해당관청이고, 소비자가 직접 제조자나 유통업자에 대하여 이를 청구할 수는 없다.

대한 경고 및 리콜의무가 나오는데, 그 이유를 좀 더 자세히 살펴보면 다음과 같다. 첫째로 제조자는 이미 시장에 유통시킨 제조물에 대해서도 위험인식 뿐만 아니라 위험방지(Gefahrenabwehr)를 위하여 '적당한 조치'를 취해야하는데, 이러한 제조자의 의무는 단순한 제조물관찰의무에 한정되지 않기 때문이다. 둘째로 제조물안전법 제8조 및 제9조에 의하여 해당 관청은 일정한 요건 아래에서 제조자를 통한 제조물에 대한 경고나 물건의 리콜을 명령할 수 있는데, 이것은 제조자의 상응하는 공법적 행태의무(Verhaltenspflichten)의 존재를 전제로 하는 것이다. 이에 따라 제조물안전법 제8조와 제9조에 의한 행정행위(Verwaltungsakte)는 의무설정적 효과를 가지는 것이 아니라 단지 의무구체화적 효과만을 가진 것이다.[50] 즉 제조물안전법 제4조 제2항 제2문으로부터 발생하는 제조자의 광범위한 위험방지의무는 구체적으로 제조자의 경고의무와 리콜의무로 정해지는 것이다. 셋째로 제조물안전입법지침(ProdSRL)과의 일치적인 해석으로부터도 제조물안전법 제4조 제2항 제2문으로부터 제조자의 리콜의무를 인정할 수 있다. 제조물안전입법지침(ProdSRL) 제3조 제2항에 의하면 위험방지를 위한 제조자의 의무에는 필요한 경우 관련된 생산물의 시장으로부터의 리콜도 포함하고 있는데, 바로 독일의 제조물안전법 제4조 제2항 제2문은 이러한 입법지침을 독일법으로 전환한 것이고, 이에 따라 명령된 '적당한 조치'로부터 당연히 위험한 제조물의 리콜의무도 포함된다고 보아야 할 것이다.[51]

그리고 민사법적인 제조물책임(Produkthaftung)에서와 유사하게, 제조자의 경고나 리콜의무는 행하여진다. 독일 제조물책임법(Produkthaftungsrecht)상 제조자 등의 주의의무는 제조물을 시장에 유통시킨 시점에 완료되는 것이 아니라, 제조자 등은 제품유통시점 이후에도 지속적으로 주의의무를 지는데, 이를 일반적으로 제조물관찰의무(Produktbeobachtungspflicht)라고 한다. 즉 제조자 등은 제조물을 시장에 유통시킨 이후에도 학문과

50) Peter Marburger, a. a. O.(註 8), S. 276.

51) Rupert Vogel, a. a. O., S. 161.

기술수준의 발전에 쫓아 지속적으로 제조물을 관찰하여 소비자에게 예상하지 못한 위험이 발생하지 않도록 조치할 의무가 주어지는데, 이는 주로 경고나 리콜을 통하여 행해지고, 제조물관찰의무의 과실있는 위반 시에는 제조자 등의 손해배상책임이 인정된다. 마찬가지로 제조물안전법에서도 개별적인 경우에, 이용자의 생명·신체·건강이 위협받거나 제조물의 이용자 이외의 제3자도 위험에 처할 수 있는 경우에, 공적인 위험경고가 충분하지 않을 때, 제조자의 리콜의무(Rückrufpflicht)가 고려되게 된다. 이러한 제조자의 리콜의무는 제조자가 제조물결함에 과실의 유무를 떠나서 인정된다. 즉 제조물을 유통시킬 시점에 학문과 기술의 수준에 의하여 인식할 수 없었던 개발위험에 의한 하자 시에서도, 제조자의 과책(Verschulden)이 없으므로 독일민법 제823조 제1항에 따른 리콜의무가 부정되는 '피할 수 없는 제조상의 하자'(unvermeidbaren Fabrikationsmangel)[52)]시에도 제조물안전법 제4조 제2항 제2문에 의한 제조자의 공법적인 리콜의무는 인정될 수 있다.[53)]

이에 따라 제조물안전법 제4조 제2항 제2문상의 '적당한 조치'에는 제품분배과정에 상응하여 제조자가 취할 수 있는 조치는 다양하게 고려될 수 있다. 예를 들어, 생산중단, 공급중단, 대유통업자에 대한 반송요

52) 제조자가 최신의 과학 기술수준에 좇아 최적의 품질관리 및 숙련된 피용자에 의해 제품을 생산하였음에도 불구하고 아주 드물게 발생하는 제조과정상의 결함제품에 대해서는 제조자의 리콜의무가 제조물책임법(Produkthaftungsrecht)상 존재하지 않는다고 보는데, 이와 같은 결함제품에 대해서는 제조자의 유책성이 없을 뿐만 아니라, 만일 리콜의무를 인정하면 제조자에게 예측불가능한 과도한 경제적 부담을 주게 되기 때문이다(김진우, 독일의 제조물관찰의무에 관한 연구, 사법행정 2001. 10, 38면). 즉 피할 수 없는 제조상의 하자, 소위 조악품(Ausreißer)은 자동화기계설비를 갖춘 공장에서 기계가 고장을 일으켜 결함이 발생하는 경우 등으로서 이러한 경우에는 인간의 예견가능성을 기대하기 어렵다. 예를 들어, 충분히 선택·조절·정비된 기계나 시설에 의한 불량품 생산 및 전문적 기능을 갖춘 신뢰할 수 있는 원료·부품의 공급업자로 인한 불량품 생산 등이 이에 해당한다. 물론 여기에서도 충분한 검사가 행해졌는가의 문제가 있을 수 있다.

53) Peter Marburger, a. a. O.(註 8), S. 277.

구, 대유통업자나 개별판매업자에 대한 서면상의 정보제공, 개별 이용자에 대한 인터넷이나 이메일을 통한 정보제공, 이미 공급된 물건의 환불·수리 또는 교환, 이미 공급된 물건의 보완, 고객에 대한 개별적인 편지와 리콜통지, 언론매체를 통한 공적인 경고나 리콜조치 등이 고려될 수 있다.[54]

3. 유통업자의 의무

제조물안전법상 유통업자(Händler)란 그의 활동을 통하여 제조물의 안전성질에 영향을 미침이 없이, 영업적으로나 직업적으로 제조물을 거래에 가져오는 자를 말한다(§3 Abs. 3 ProdSG).

제조물안전법은 유통업자(Händler)에게도 제조물안전을 위한 일정한 행태요구를 규정하고 있다. 하지만 유통업자는 제조물의 제조와 이로부터 파생하는 위험에 실제 영향을 미칠 수 없고, 단순히 제조물의 분배기능만을 가지고 있기 때문에 유통업자의 의무는 제조자의 의무보다 경미하다.[55]

제조물안전법 제5조에서는 "유통업자는 안전한 제조물만을 거래에 유통시키는데 기여해야 한다(§5 Satz 1 ProdSG)"고 하면서, "유통업자는 그가 알고 있거나, 그에게 존재하는 정보나 유통업자로서 그의 경험상 알고있어야만 하는 정보에 의존하여 안전하지 않은 제조물은 거래에 유통시켜서는 안 된다(§5 Satz 2 ProdSG)"고 규정하고 있다. 즉 유통업자는 그에게 가능하고 기대할 수 있는 주의의 범위 내에서 안전한 제조물만이 거래에 유통되도록 기여해야 한다.[56] 유통업자에게 존재하는 정보의 예로서는, 제품소비자의 상당한 조언(Beratung) 등이 그 예가 될 수 있으며, 또한 동법 제5조 제2문의 '유통업자로서 그의 경험상 알고 있어야만 하는 정보'의 규정을 통하여, 유통업자도 그에 의해서 판매되는 제

54) Thomas Klindt, a. a. O., §4 Rn. 12.
55) Rupert Vogel, a. a. O., S. 162; BT-Drs. 13/3130, S. 12.
56) BT-Drs. 13/3130, S. 12.

품에 대한 정보를 조달해야 한다는 주의의무가 설정된다.[57]

Ⅳ. 해당 관청을 통한 제조물위험의 방지

1. 예방적 조치

제조자가 결함있는 제조물을 유통시키고 손해를 발생시킨 경우에, 제조자는 사법상의 책임법, 즉 독일민법 제823조나 제조물책임법 제1조에 따라서 손해배상을 해야 한다. 이러한 민사법상의 제재는 손해발생 후에 행해지고, 손해의 발생을 사전에 막기 위한 예방적 작용(Präventivwirkung)은 제조자의 이성적인 자기이해에 맡겨지게 된다. 이에 따라 사법적 방법(privatrechtliches Weg)으로도 결함있는 제조물의 양수인이 손해발생 전에 제조자에게 제조물위험에 대해서 경고하거나, 결함있는 제조물을 리콜하거나, 경우에 따라서는 자신의 비용으로 수리하거나 교환할 것을 청구할 수 있느냐가 논의된다.[58] 즉 소비자에게 제조물에 대한 경고나 리

57) 동법 제5조 제1문에서는 안전한 제조물만이 유통되도록 유통업자는 기여해야한다고 해서 유통업자의 일반적 의무를 규정하면서, 동법 제5조 제2문에서 유통업자의 '인식이나 과실에 의한 인식의 결여'(Kenntnis oder fahrlässige Unkenntniss)로 유통업자의 안전의무를 고려하고 있는데, 이는 공법에서는 매우 특이한 규정이다(Peter Marburger, a. a. O.(註 10), S. 277). 해당관청의 개입은 공적인 안전과 질서를 위하여 원칙적으로 위험의 존재에 의해서만 좌우되기 때문에, 안전의무는 일반적으로 객관적 기준에 의하여 결정된다. 이에 따라 제조물안전법 제7조 제3항 제2문은 유통업자에 대해서 지속적인 또는 일시적인 판매금지의 필요한 조치를 취하는 해당관청의 권한은 명백하게 유통업자의 인식 또는 과실있는 인식의 결여에 의존시키지 않고 있다. 이로써 유통업자의 공법적 안전의무는 필요한 주의의무의 고려에 제한되지 않게 된다. 즉 동법 제5조 제2문에서 안전하지 않은 제조물을 유통시키는 것이 금지는 경우로서 유통업자의 '인식이나 과실에 의한 인식의 결여'의 두 가지를 거명하고 있는데, 이러한 규정이 유통업자의 동법 제5조 제1문에 의한 일반적인 의무를 제한하지는 않을 것이다.

58) Gerhard Wagner, a. a. O., S. 2493.

콜청구권(Anspruch auf Rückruf des Produkts)이 인정되는가 하는 것이 문제로 된다. 하지만 불법행위를 규율하는 독일민법 제823조는 이미 발생한 손해만에 대해서 규율하므로, 손해가 아직 발생하지 않고 단순히 위험만이 존재한다는 것으로서 소비자나 제3자의 리콜청구권이 인정될 수 없다는 것이 일반적이다.[59] 이러한 사법적인 방법으로서의 소비자의 제조자에 대한 경고나 리콜청구권은, 실제 민법이 제조자의 책임을 불법행위법에 따라서 물을 때에는 신중하게 판단되어야 하고 이러한 소비자의 권리는 인정되기 어려울 것이다.[60]

하지만 제조물안전법의 가장 중요한 새로운 제도로서, 동법 제7조 이하에서는 해당관청(zuständige Behörden)이 위험한 제조물에 대해서 예방적인 조치를 취할 수 있는 권한을 설정하는, 물론 이러한 해당관청의 권한은 몇몇의 산발적인 전문특별법(의약품법, 의료기구법, 유전공학법 등)에서 이미 규정하고 있었지만, 일반조항적 규정을 신설하였다.[61] 즉 민사책임법에 의해서는 위험한 제조물로부터 소비자를 예방적으로 보호하기 위한 체계흠결이 발생하는데, 제조물책임법의 규정을 통하여 손해발생이 사전에 방지되도록 하는 해당관청의 구체적인 권한이 규정되게 되었다. 제조물안전법 제7조 이하에 규정하는 해당관청의 행위권능과 개입권한이 가장 중요한 새로운 제도에 속한다.

먼저 제조물안전법 제7조에 의하면 해당관청은 사람의 건강과 안전에 대한 위험을 방지하기 위하여 필요한 예방적 조치를 취할 수 있다. 제조물안전법 제6조의 의미에서 제조물이 안전하지 않다는 것을 해당관청이 이를 안 경우에는, 해당관청은 사람의 건강과 안전에 대한 가능한 위험의 크기에 상응하여 필요한 조치를 취할 수 있다(§7 Abs. 1 S. 1 ProdSG). 비록 제조물이 안전요구에 대한 기준적인 법규명령(maßgebliche

---

59) Klaus Vieweg/Christoph Schrenk, Produktrückruf als Instrument präventiven Verbraucherschutzes, Jura 1997, S. 563; Zur Rückrufpflicht nach §823 BGB und §9 ProdSG, DB 1999, S. 2200.

60) Gerhard Wagner, a. a. O., S. 2493.

61) Rupert Vogel, a. a. O., S. 163.

Rechtsvorschriften), 기술의 수준이나 제조물에 표준적인 기술적 규칙서(maßgebliche technische Regelwerk)에 상응하더라도, 제조물로부터 위험이 발생할 경우에는 해당관청은 그 제조물에 대해서도 필요한 조치를 취할 수 있다(§7 Abs. 1 S. 2 ProdSG). 즉 해당관청은 제조물안전법 제6조의 안전요구에 위반한 제조물에 대해서나, 기술의 수준에 상응하지만 그럼에도 불구하고 구체적으로 위험한 제조물에 대해서, 제조물이 거래에 유통되기 전에 '필요한 조치'를 취할 수 있다.

제조물안전법 제7조에 의하여 해당관청이 취할 수 있는 구체적인 조치에는, 제조물이 검사될 동안에 잠정적인 유통중지명령부터, 그 외의 특별한 조치(예를 들어, 경고언급의 의무부과)를 넘어서 제조물의 종국적인 유통금지까지 할 수 있다(§7 Abs. 2 ProdSG). 즉 해당관청은 예방적 조치로서, 제조물의 유통을 지속적으로 또는 일시적으로 금하면서 검사를 명한다거나, 제조물의 안전이 담보되거나 적절한 경고표시가 부착되어 있을 때에 제조물의 판매를 허용할 것을 지시할 수 있다. 해당관청은 이러한 명령을 제조자나 유통업자에게 할 수 있으며, 현재의 현저한 위험을 다른 방법으로는 방지할 수 없을 때에는 제3자에게도 할 수 있다(§7 Abs. 3 ProdSG). 물론 이를 통하여 제3에게 손해가 발생한 경우에, 제3에게 해당관청은 손해를 보상해야만 한다(§7 Abs. 3 S. 3 ProdSG).

2. 경고 및 리콜명령

제조물안전법 제8조와 제9조에 의하면, 이미 거래에 유통된 안전하지 못한 제조물에 대해서 해당관청은 제조자 등에게 경고나 리콜을 명할 수 있다. 제조물안전법 제8조와 제9조에서 규정한, 공공에 대한 경고(Warnung) 그리고 안전하지 않은 제조물에 대한 리콜(Rückruf), 안전조치(Sicherstellung) 및 폐기(Vernichtung)를 명할 수 있는 행정관청의 권한은 실무적으로 매우 중요한 의미를 가진다.[62] 왜냐하면 동법 제2조 제3

62) Peter Marburger, a. a. O.(註 8), S. 278.

항 제2호에 의하면 동법의 적용범위에서 원칙적으로 제외된 제조물, 특히 식료품, 화학물질, 기술적 노동기구(technische Arbeitsmittel) 및 자동차류(Kraftfahrzeuge) 등에 대해서도 해당관청의 경고 및 리콜명령에 대한 규정이 적용되기 때문이다. 그러나 동법 제2조 제3항 제1호에서 거명한 의약품법 · 유전공학법 · 건축물법 · 의료기구법 · 에너지경제법 · 항공교통법이 적용되는 제조물에 대해서는 여전히 해당관청의 경고 및 리콜명령에 대한 규정이 적용되지 않는다. 이는 이들 법률에서 해당관청이 리콜조치와 안전조치를 할 수 있다는 규정을 이미 두고 있기 때문이다.[63]

먼저 해당관청의 경고명령에 대해서 보면, 제조물안전법 제8조에서는 거래에 이미 유통된 제조물의 위험으로부터 잠재적으로 위험에 처한 모든 사람들에게 경고되도록 해당관청은 명령할 수 있다고 규정하고 있다. 경고는 제조물 이용자에게는 물론이고, 경우에 따라서 사용 시에 제3자도 침해될 수 있는 경우에는 제3자에게도, 그리고 대량판매된 생산물의 경우에는 공공에 대해서 이루어질 수 있다. 해당관청의 경고명령의 일차적인 수명자는 위험한 제조물의 제조자이고, 2차적인 수명자는 유통업자이나 일정한 요건 아래서 비방해자(Nichtstörer)인 제3자일 수도 있다.[64] 즉 해당관청은 경고명령을 제조자나 유통업자에게 할 수 있으며, 현재의 현저한 위험을 다른 방법으로는 방지할 수 없을 때에는 제3자에게도 경고명령을 할 수 있다(§8 S. 3, §7 Abs. 3 ProdSG). 그리고 다른 유효한 조치의 지체로, 특히 제조자를 통한 경고가 이루어질 수 없는 경우에는, 해당관청이 보충적으로 스스로 공공에 대해서 경고할 수 있다(§8 S. 2 ProdSG).[65]

제조물안전법 제9조에서는 리콜(Rückruf)에 대해서 규정하는데, 해당관청은 이미 거래에 유통된 안전하지 않은 제조물의 리콜을 명하거나,

63) 예를 들어, 의약품법 제69조 제1항과 제4항, 건축물법 제13조 제2항, 의료기구법 제26조 제4항, 제28조 2항 등의 규정 참조.
64) Peter Marburger, a. a. O.(註 8), S. 279.
65) Rupert Vogel, a. a. O., 163.

그러한 제조물에 대하여 안전조치를 명하거나, 소비자에 대한 위험이 다른 방법으로 제거될 수 없는 경우에는 제조물의 폐기를 명할 수 있다 (§9 S. 1 ProdSG). 이에 따라 제조자나 유통업자의 리콜활동, 즉 제품의 교환·수리 및 환불 등을 통하여서도 위험의 방지가 보장되지 않을 때에는 해당관청은 안전하지 않은 제조물의 폐기(Vernichtung)를 명할 수도 있다.[66][67] 해당관청의 상응하는 처분의 수명자는 여기서도 일차적으로는 제조자이고, 2차적으로 유통업자이거나 예외적으로 제3자인 비방해자일 수도 있다(§9 S. 3, §7 Abs. 3 ProdSG). 그리고 제조물안전법 제9조 제2문에 의하면, 제조자나 유통업자의 자율적인 활동으로 제조물을 통하여 발생된 위험이 방지되는 때에는 해당관청은 이들에 대한 처분을 중단한다고 규정하고 있다.

제조물안전법은 해당관청이 명한 경고, 리콜, 안전조치나 폐기활동과 관련된 실행비용을 누가 부담해야 하는 것에 대하여 명문의 규정을 두지 않고 있다. 하지만 비용부담과 관련해서는 경찰법상의 일반적인 원칙에 의해서, 제조자가 비용을 부담하고 경우에 따라서는 유통업자가 비용을 부담해야 한다.[68] 즉 안전하지 않은 제조물을 유통시킨 제조자와 유통업자는 행위방해자로서 그로부터 유래하는 위험을 자신의 비용으로 제거할 의무를 지는 것은 당연하다고 할 것이다.

---

66) A. a. O., S. 163.

67) 제조물안전법 제9조에서 해당관청이 제조물의 폐기를 명할 수 있도록 규정한 것은, 리콜명령과 안전조치명령의 권한만을 규정한 기구안전법(GSG) 제6조 제1항, 건축물법(BauPG) 제13조 제2항, 의료기구법(MPG) 제26조 제4항, 의약품법(AMG) 제69조 제1항의 규정을 능가하는 것이다. 하지만 기구안전법에 의해 규율되는 제조물에 대해서는 제조물의 폐기를 명하는 권한을 규정한 동법 제9조가 적용되지만(§2 Abs. 3 Nr. 2 ProdSG), 이에 반해서 의약품, 의료기구, 건축재료와 같은 제조물에 대해서는 제조물의 폐기를 명할 수 있는 행정관청의 권한에 관한 규정이 적용되지 않는다(§2 Abs. 3 Nr. 1 ProdSG).

68) Peter Marburger, a. a. O.(註 8), S. 279-280; Rupert Vogel, a. a. O., S. 163.

3. 해당관청의 정보청구권

행정관청은 예방적인 조치 및 경고나 리콜처분의 실행을 위하여 필요한 정보를 제조자나 유통업자 그리고 제3자에게 요구할 수 있고, 공장을 검사하거나, 표본검사를 하거나, 견본을 게시시킬 수 있다(§11 ProdSG). 이에 따라 제조자, 유통업자 그리고 제3자는 해당관청에 협력할 의무가 있다. 하지만 해당관청의 정보요구에 대해서 제조자 등의 의무자는, 그 자신 또는 독일 민사소송법 제383조 제1항 제1문과 제3문 사이에 언급된 자(배우자, 약혼자, 파트너(Lebenspartner))의 하나가 형사상 처벌의 위험이나 질서위반에 관한 법률(Gesetz über Ordnungswidrigkeiten)에 의하여 소추될 위험에 노출될 수 있으면 정보요구를 거절할 수 있다(§11 Abs. 1 S. 3 ProdSG).

그러나 제조물안전법에서 제조자나 유통업자의 보고의무(Berichtspflicht)는 규정하지 않았다. 제조자가 비록, 고객의 불평을 기초로 자신이 생산한 제조물의 위험이나 안전결핍에 대한 구체적인 지식을 획득했다할지라도, 해당관청에 이에 대한 정보를 줄 법적 의무는 없다. 이러한 보고의무의 결여는 제조물안전법의 커다란 약점이다.[69] 제조물안전입법지침(ProdSRL)에서는 해당관청은 '모든 참가자에게 필요한 모든 정보를 요구할 수 있다'고 규정하고 있다(Art. 6 Abs. 1 ProdSRL). 이를 보면 해당관청의 필요한 정보에는 초기의혹을 환기하는 사실에 대한 지식도 포함된다고 볼 수 있다. 그러므로 입법자가 제조자의 보고의무를 독일 제조물안전법에 분명히 도입하였더라면 좀 더 의미가 있었을 것이다.[70] 벨기에와 오스트리아의 제조물안전법에서는 제조자 등의 보고의무에 대한 규정을 입법하였다.[71] 하여튼 독일 제조물안전법에서 제조자나 유통업자의 보고의무를 입법하지 않은 것은, 심각한 제조물사고가 있었다할지

69) Rupert Vogel, a. a. O., S. 164.
70) A. a. O., S. 164.
71) Art. 7 belg. ProSG; §6 Abs. 5 österr. ProdSG.

라도 해당관청은 아무런 대책없이 남을 수 있다는 것을 의미하게 된다.

4. 유럽공동체 차원의 조치

제조물안전입법지침(ProdSRL)은 유럽공동체의 집행위원회(Kommission)가 유럽공동체의 다수 국가와 관련되어서 제조물안전이 문제시 될 때에는 일정한 조치를 취할 수 있다고 규정하고 있다(Art. 8-11 ProdSRL). 제조물안전입법지침 제8조에 의하면, 제조물위험으로 인하여 회원국의 영토를 넘어서 소비자의 건강과 안전에 대한 위험이 문제시될 때에는, 회원국은 그들이 취한 응급조치를 집행위원회에 통지해야 한다고 통지체계를 규정하고 있다. 이 때 집행위원회는 관련 회원국으로부터 받은 상세한 정보를 다른 회원국에 전달해야만 한다.

그리고 만약 안전하지 않은 제조물로 인하여 하나의 회원국 이상의 국가에서 소비자의 건강과 안전이 진지하고 직접적으로 위협받을 때에는, 집행위원회가 회원국들에게 경고와 리콜활동(Warn- und Rüchrufaktion)에 대한 의무를 지울 수 있다(Art. 9-10 ProdSRL). 집행위원회에 의한 유럽공동체차원의 조치를 취하기 위한 요건을 보면 다음과 같다. 첫째로 제조물안전을 위하여 이미 하나 또는 여러 개의 회원국이 조치를 취했어야 하며, 둘째로 취해지는 조치에 대해서 회원국들 사이에 의견차이가 있고, 셋째로 상응하는 제조물안전 관련 유럽공동체법(Gemeinschaftsrecht)으로 제조물위험을 극복할 수 없어야 하며, 끝으로 위험방지를 위하여 유럽공동체차원에서 적용되는 조치가 불가피해야만 한다.[72)][73)]

---

72) Rupert Vogel, a. a. O., S. 164.

73) 이렇게 유럽공동체의 집행위원회가 관련 회원국에게 직접 일정한 조치를 취할 수 있다는 것에 대하여, 독일정부는 유럽공동체조약(EGV) 제96조에 의하여 제조물안전영역에서 유럽공동체차원의 조치를 취할 수 있는 집행위원회의 권한이 설정되어 있지 않다면서, 1992년 유럽재판소(EuGH)에 소송을 제기하였다. 하지만 이러한 독일정부의 소송은 1994년 8월 9일에 기각되었다.

이에 따라 제조자는 최소한 이론적으로는, 유럽공동체차원의 제조물 위험이 문제시될 경우에 해당 국가의 행정관청의 조치 이외에 집행위원회에 의해서도 조치가 취해질 수 있음을 고려해야만 한다. 그리고 독일 제조물안전법은 유럽공동체차원의 정보교환과 집행위원회의 법적 조치의 실행을 위한 명령을, 연방정부는 연방참사원(Bundesrat)의 동의를 얻어서 제정할 수 있다고만 규정하고 있다(§§12, 13 ProdSG).

V. CE-인식표시의 법적 보호

1. CE-인식표시의 의의

CE-기호(CE-Zeichen)를 가진 제조물의 법적 토대는 1985년의 유럽공동체 각료이사회의 "기술적 조화와 표준화 분야에의 새로운 구상(Eine neue Konzeption auf dem Gebiet der technischen Harmonisierung und der Normung)"과 이 '새로운 구상'에 근거하여 만들어진 유럽공동체의 입법지침 및 이러한 입법지침의 독일법으로의 전환에 있다.

이를 좀 더 자세히 보면, 유럽공동체의 개별 회원국 간의 상이한 기술적 표준은 유럽공동체에 있어서 자유로운 상품거래에 적지 않은 장애가 될 수 있다. 상품의 상이한 표준과 상이한 기술적 해결은 한 회원국의 상품에 다른 회원국의 제품이나 부품을 접속시키는 것을 어렵게 한다. 또한 회원국 간의 상이한 안전기준은 수입물품 등에 대한 행정관청의 허가업무 등에 지장을 초래한다. 그러므로 유럽공동체는 처음 구상으로는 유럽공동체조약 제100조에 따라서 법령통일작업을 통하여 회원국의 상이한 표준을 통일하고자 하였다. 그러나 광범위하고 세부적인 작업의 수행을 요하는 표준화과제를 유럽공동체의 입법지침 등을 통하여 통일한다는 것은 애당초부터 무리였다. 이에 따라 1985년 각료이사회는 표준화와 관련한 "새로운 구상(Neue Konzeption(New Approach))"을 결정하였다[74] 이 새로운 구상에 의하면 유럽공동체의 기술적 규정과 표준화의 통일과 관련하여, 소위 기본적 안전요구(grundlegenden Sicherheitsanforderungen) 또는 특별한 요구(sonstigen Anforderungen)는 공공복리를 위하여 그때 그때마다 유럽공동체의 입법지침에서 확정하고, 기술적 표준의 상세한 것은 유럽의 표준화기구에 유보한다는 것이다.[75] 즉 보충적인 표준제정작업은 유럽의 표준화기구인 유럽표준화위원회(Europäisches Komitee für Normung: CEN)[76]와 유럽전기기술표준화위원회(Europäisches Komitee für elektrotechnische Normung: CENELEC)[77]가 수행한다는 것이다. 이에 따

---

74) Entschließ des Rates v. 7. 5. 1985 über eine neue Konzeption auf dem Gebiet der technischen Harmonisierung und der Normung(85/C136/01), ABl, EG Nr. C136, S. 1ff. v. 4. 6. 1985.

75) 전경운, 독일법상 기술적 표준의 제정과 제정자의 책임, 민사법학 제26호, 2004. 9, 79-84면 참조.

76) CEN은 1961년 유럽 18개국의 표준화기구가 참가하여 파리에서 1961년에 창설되었다. 1971년부터는 벨기에 법에 의한 학문적 목적을 가진 비영리목적의 사법상의 단체(privatrechtliche Vereinigung)로서 브뤼셀에 그 본부를 두고 있다(Alfred Warner, Normung und Zertifizierung nach 1992, DIN-MIT. 70, 1991, S. 199). 유럽연합과 유럽자유무역연합에 소속된 각 국가의 상응하는 표준화 기구가 참가하고 있으며, 독일은 독일 표준화 연구소(DIN)에 의해서 대표되어 진다. CEN의 정관에 따라면 CEN의 목적은 기술적으로 제한된 무역장벽의 제거를 통하여 무역과 용역거래의 증진을 목적으로 한다. 정관에 의하면 이러한 목적의 달성 수단으로서는 정치적·경제적·학문적 기구의 협동을 통한 유럽 표준의 준비, 국제적 표준의 통일적인 적용, 각 국가 표준의 조화이다. 1992년까지 CEN은 약 240개의 기술위원회를 가지고 있으며, 4000개 이상의 표준을 만들었다. 그리고 1992년도의 CEN의 1년 예산은 약 1천6백만 마르크 정도였다. CEN에서는 유럽표준(EN) 이외에도 조화문서(Harmonisierungsdokument: HD), 유럽 예비표준(Europäische Vornorm: ENV)을 공표한다.

77) 1959년 전기기술분야에서의 표준화를 위한 위원회로서 "유럽경제공동체국가에서의 전기기술표준화를 위한 유럽위원회(Europäische Komitee für elektrotechnische Normung in den Ländern der EWG: CENELCOM)"가 설립되었다. 이 위원회는 유럽경제공동체국가에서 존재하는 상이한 전기기술적 표준을 조화시키기 위한 과제를 안고 출범하였다. 그리고 유럽전기기술표준화위원회(CENELEC)는 1972년에 유럽자유무역연합 국가(EFTA-Staaten)

라 CEN과 CENELEC는 유럽공동체 집행위원회의 위임을 받아서, 기술수준을 고려하여 기술적 명세서인 표준을 제정하는데, 이러한 표준은 관련 업체가 입법지침에 규정된 기본적 안전조건을 충족하는 제품을 생산하는데 이용되고 있다. 물론 CEN과 CENELEC에 의해서 제정된 표준은 강제력이 있는 것도 아니고, 법적 규범도 아니다.

그리고 '새로운 구상'에 의하여 다양한 제조물에 대하여 입법지침이 제정되었는데, 그 예를 보면, 장난감의 안전에 관한 입법지침(Sicherheit von Spielzeugen), 기계(Maschinen)에 관한 지침, 개인보호장비(persönliche Schutzausrüstungen)에 관한 지침, 電磁氣器機지침(Elektromagnetische-Geräte-Richtlinie), 단순압축용기(einfache Druckerbehälter)에 관한 지침, 액체나 가스형태 연료 사용 온수보일러(mit flüssigen oder gasförmigen Brennstoffen beschickte Warmwasserheizkessel)에 관한 지침, 가스사용설비(Gasverbrauchs- einrichtungen)에 관한 지침, 의료기구(Medizinprodukte)에 관한 입법지침, 건축재(Bauprodukte)에 관한 입법지침, 경주용보트(Sportboote)에 관한 입법지침, 에어로졸포장(Aerosolpackungen)에 관한 입법지침, 엘리베이터(Aufzüge)에 관한 입법지침, 개방된 공간에서 사용하는

의 "전기기술 표준화를 위한 유럽위원회(Europäische Komitee für elektrotechnische Normung: CENEL)"와 "유럽경제공동체국가에서의 전기기술표준화를 위한 유럽위원회(CENELCOM)의 결합으로서 성립되었으며, 1976년에 브뤼셀에 본부를 둔 벨기에의 사법상의 단체로서 존재한다(Rudolf Winckler, Europäische Normung in CENELEC, DIN-Mitt 62, 1983, S. 79). 유럽전기기술표준화위원회에는 50개 이상의 기술적 위원회가 있으며, 1989년 말에 벌써 2만 9천면 이상의 조화된 표준을 제정하였다. 유럽전기기술표준화위원회의 정관에 의하면, 이 위원회의 목적도 해당 국가의 기구에 의하여 공포된 국가적인 전기기술적 표준의 조화와 무역장벽의 제거에 있다. 원칙적으로 CENELEC에서는 적당한 시기에 해당하는 적당한 국제적 표준이 없을 경우에만 표준을 만든다. 그러므로 일반적으로 국제전기기술위원회(IEC)의 작업결과를 가능하면 수정없이 CENELEC 회원국의 국가적 표준으로 옮기는 데 최선을 다한다(Rudolf Winckler, Verfahren und Organisation der Harmonisierung technischer Normen, in: Technische Regeln im Binnenmarkt, 1991, S. 79).

도구나 기계의 소음(umweltbelastende Geräuschemissionen von zur Verwendung im Freien vorgesehenen Geräte und Maschinen)에 관한 지침 등이 있다.[78) 즉 유럽공동체조약(EGV) 제95조에 의한 입법지침은 위와 같은 많은 제조물에 대해서 최소한의 요구로서 안전과 건강에 대한 기본적 요구를 확정하였다. 그러므로 위와 같은 제조물은 적용되는 입법지침의 규정에 상응하고, 적용되는 입법지침에 따른 상응평가절차를 통과해야만 유럽공동체내의 시장에 유통시킬 수 있다. 바로 CE-인식표시(CE-Kennzichung)[79)]는, 제조물이 해당되는 유럽공동체의 입법지침에 일치하고, 입법지침에서 확정된 기본적 안전요구를 준수했다는 것을 확인시켜주는 표시이다.

즉 CE-표시는 유럽공동체내의 물품의 자유로운 거래에서 안전한 제조물을 소비자에게 보증하기 위하여 만들어졌다고 할 수 있다. 제조물상의 CE-표시는 해당 제조물이 관련되는 입법지침의 안전요구를 충족하였고, 입법지침에 규정된 상응평가절차를 따랐다는 것을 나타내주게 된다. 입법지침을 따르고 있는 제조물은 그들의 유럽공동체시장내에 유통 시에 CE-인식표시가 갖추어져야만 한다. 이 CE-인식표시를 근거로 해당 제조물이 모든 유럽공동체 시장 내에서 유통될 수 있는 자격이 주어지므로, 유럽공동체 시장을 위한 물품여행패스(Reisepass)로 불리어진다.[80)] 그리고 유럽공동체내의 회원국들은 CE-표시된 제조물의 판매와 사용을 원칙적으로 금지하거나 다른 방법으로 방해하거나 제한할 수 없다.[81)] 이에 따라 CE-표시는 유럽공동체 시장에서 자유로운 물품거래를

78) 새로운 구상(Neue Konzeption)에 의하여 일정한 제조물의 구체적 안전요구를 포함하는 많은 입법지침이 이와 같이 의결이 되었고, 이러한 입법지침은 독일 기구안전법(GSG) 제4조에 의한 명령(Rechtsverordnungen)으로서 독일법에 수용되었다.

79) CE는 불어인 “Communauté Européenne”의 약자로서 유럽공동체(Europäische Gemeinschaft)를 뜻한다.

80) 이러한 규범에 따르길 원치 않는 제조자는 그의 제조물이 유럽공동체의 입법지침의 기본적 원칙에 일치하고 있음을 증명해야만, 그 제조물을 유럽공동체내의 국가에 유통시킬 수 있다.

81) Peter Marburger, a. a. O.(註 8), S. 280.

위하여 매우 중요한 수단이 된다.[82]

2. CE-인식표시의 보호

CE-인식표시는 유럽공동체의 입법지침에 대한 상응표시이고, 이에 따라 제조물의 소비자에게 이 표시가 중요한 정보를 제공해 준다.[83] 왜냐하면 입법지침에 상응한다는 것은, 제조물의 기술적 안전과 생명·신체·건강의 보호 및 환경친화성에 대한 기본적 요구에 연관된다는 것이기 때문이다. 이로 인하여 CE-표시는 상당히 적지 않게, 때로는 제조자에 의하여 의도적으로 이용되는 광고효과가 있게 된다. 즉 CE-표시가 해당관청의 거래통제로부터 보호하는 효과와 소비자들을 미혹시키는 효과가 있으므로, 많은 제조자나 수입업자는 법적으로 도저히 예상할 수 없는 제품[84]에 대해서도 CE-인식표시의 남용적 사용을 하게 된다. 그래서 1993년 7월 22일의 '상응도평가절차의 상이한 국면을 위하여 기술적 조화지침에 사용되는 모듈과 CE-상응표시의 도입과 사용에 대한 규정을 위한 각료이사회의 결정'(소위 모듈(단위)결정(Modul-Beschusses))을 통하여, 회원국에게 CE-인식표시의 남용을 저지하기 위한 법령을 제정할 의무를 부과하였다.[85] 바로 모듈결정의 독일법으로의 전환이 제조물안전법 제14조의 규정이 된다.

이에 따라 제조물안전법 제14조 제1항은 CE-인식표시의 남용적 사용

---

82) CE-표시 뒤에 등록번호(Kennnummer)가 있을 수 있는데, 만약 제조물의 해당되는 입법지침에 의하여 거명된 장소가 제조물감독의 과정에서 개입했다면, 거명된 장소의 등록번호가 CE-인식표시의 뒤에 붙게 된다.

83) 물론 유럽공동체의 입법자들은 CE-인식표시가 소비자들에게 일정한 정보를 제공해 주는 효과는 의도하지 않았다.

84) 새로운 구상(Neue Konzeption)에 의하여 일정한 제조물의 기본적 안전요구를 포함하는 입법지침이 유럽공동체에 의하여 제정되고, 이러한 입법지침이 독일 기구안전법(GSG) 제4조에 의한 명령(Rechtsverordnungen)으로서 독일법에 전환이 되어야만, 비로소 해당 제조물에 대하여 CE-인식표시를 사용할 수 있다.

85) Gerhard Wagner, a. a. O., S. 2497.

의 금지로서, 해당되는 제조물의 CE-인식표시의 사용이 법적으로 허용되지 않은 제조물에 대하여, 제조물의 포장이나 첨부된 서류에서 CE-인식표시를 사용하여 제조물을 유통시키는 것을 금지하고 있다. 이러한 금지를 고의 또는 과실로 위반한 경우에, 그 위반자에게는 5천 마르크 이하의 벌금을 부과하고 있다(§15 Abs. 2 Nr. 5 ProdSG). 그런데 제조물안전법 제14조는 CE-인식표시의 사용을 위한 법적 규정이 결여되었음에도 이를 사용하는 것만을 금지하고 있고, 관련되는 조화지침(Harmonisierungsrichtlinien)이 규정한 요구를 충족하지 못하였음에도 불구하고 어떤 제조물에 CE기호를 부착하는 경우에 대해서는 규정하고 있지 않다.[86] 그러므로 제조물안전법 제14조를 통한 CE-인식표시의 보호는 법적으로 도저히 CE-인식표시를 사용하도록 예상할 수 없는 제품에 대해서 CE-인식표시를 사용한 경우에만 제한이 되게 된다.

제조물안전법 제14조의 금지에 대한 위반에 대해서는, 해당관청이 유지처분(Unterlassungsverfügungen)과 같은 행정행위를 통하여 이를 저지할 수 있고, 이 때 수명자는 제조자와 유통업자만이고, 관여하지 않은 제3자는 수명자가 아니다(§14 Abs. 2 ProdSG).[87] 그리고 CE-인식표시의 비조화된 영역(nicht-harmonisierte Bereich)에서의 남용적 사용에 대해서는 독일 부정경쟁방지법상 유지청구권과 손해배상청구권을 발생시킬 수 있다.[88]

---

86) Gerhard Wagner, a. a. O., S. 2497; Peter Marburger, a. a. O.(註 8), S. 281.

87) Rupert Vogel, a. a. O., S. 165.

88) 제조물안전법의 연방정부 입법초안에는 CE-인식표시의 남용적 사용에 민사법적 제재가 행해질 수 있도록, 부정경쟁방지법(UWG)상의 유지청구권과 손해배상청구권(Unterlassungs- und Schadensersatzanspruch)에 대한 규정을 포함하고 있었으나 입법되지 못하였다. 연방정부의 초안에 의하면, 부정경쟁방지법 제13조 제2항의 단체가 유지청구권의 행사를 할 수 있도록 하였으며, 또한 CE-인식표시의 고의 또는 과실에 의한 권한없는 사용시에는 손해배상청구권을 행사할 수 있도록 하였었다(Gehard Wagner, a. a. O., S. 2497).

제 3 절 2004년 독일 기구 및 제조물안전법과 기술적 표준

I. 서

광범위한 적용범위를 가진 독일 '기술적 노동기구와 소비자제품에 대한 법'(Gesetz über technische Arbeitsmittel und Verbraucherprodukte), 약칭하여 '기구 및 제조물안전법'(Geräte- und Produktsicherheitsgesetz: GPSG)은 2004년 1월 6일 제정되고 2004년 5월 1일부터 시행되었다. 동법을 통하여 유럽연합의 '일반적인 제조물안전에 대한 2001년 12월 3일의 유럽의회와 각료이사회의 입법지침'(Richtlinie 2001/95/EG des Europäischen Parlaments und des Rates vom 3. 12. 2001 über die allgemeine Produktsicherheit: ProdSRL)[89]을 독일법으로 전환할 뿐만 아니라, 1968년 제정되었던 '기구안

89) 일반적인 제조물안전에 대한 유럽공동체의 입법지침으로 '일반적 제조물안전에 관한 1992년 6월 29일의 각료이사회의 입법지침'(Richtlinie 92/59/EWG des Rates v. 29. 6. 1992 über die allgemeine Produktsicherheit(ABl. EG Nr. 228 v. 11. 8. 1992, S. 24ff.)이 있었는데, 유럽연합의 '일반적인 제조물안전에 대한 2001년 12월 3일의 유럽의회와 각료이사회의 입법지침'(Richtlinie 2001/95/EG des Europäischen Parlaments und Rates vom 3. 12. 2001 über die allgemeine Produktsicherheit(ABlEG Nr. L11, S. 4)을 통하여 1992년의 입법지침은 폐기되었다(Ulrich Ellinghaus, Die Umsetzung der Allgemeinen Produktsicherheitsrichtlinie in den Mitgliedstaaten der Europäischen Union, StoffR 2007, S. 31). 2000년 유럽연합의 집행위원회(Kommission)의 보고서에 의하면 1992년의 제조물안전입법지침은 몇 가지 문제가 있는 것으로 보고되어서 새로운 입법지침이 마련되게 되었다. 과거의 입법지침은 적용범위와 관련하여 명확한 규정이 없었으며, 제조물이 언제 불안전한(unsicher) 것으로 여겨지는지에 대한 명확한 규정도 없었고, 또한 안전하지 않은 제조물에 대한 행정관청의 명확한 간섭권능을 규정하지 않은 것 등이 흠으로 지적되었다. 그리고 행정관청은 안전하지 않은 제조물에 대한 지식을 종종 얻은 수 없었고, 아울러 안전하지 않은 제조물에 대한 정보를 소비자에게 알리는 것을 태만히 하였다. 이에 따라 다수의 나라에서는 행정관청도 제조업자도 제조물안전입법지침 내지는 지침의 수용법에 대한

전법'(Gesetz über technische Arbeitsmittel(Gerätesicherheitsgesetz: GSG))과 1997년에 제정되었던 '제조물안전법'(Gesetz zur Regelung der Sicherheitsanforderungen an Produkte und zum Schutz der CE-Kennzeichung(Produktsicherheitsgesetz: ProdSG))을 하나의 법으로 통합하게 되었다.[90]

기술적 제조물의 안전에 대해서 독일 기구 및 제조물안전법은 과거 기구안전법(GSG)과 제조물안전법(ProdSG)상의 적용혼란의 문제와 이중규정의 문제[91]를 제거하고 기술적 제조물의 안전에 관하여 통합적으로 규정하게 됨으로써,[92] 관련 규정의 적용과 실행이 간편해지고 법적 안정성에 기여를 하게 되었다.[93] 또한 의료기구법(MPG) 등과 같은 특별법에 해당하지 않는 일반적 제조물의 최소한의 안전기준을 확립함으로써(§4 GPSG), 지금까지 존재하였던 입법상의 흠결을 메우게 되었고, 이

인식이 결여되어 있었다(Ulrich Ellinghaus, a. a. O., S. 31). 이는 결함있는 제조물로 인한 피해에 대해서 제조자의 배상책임을 인정한 1985년의 제조물책임입법지침(Richtlinie des Rates vom 25. 7. 1985 zur Angleichung der Rechts- und Verwaltungsvorschriften der Mitgliedstaaten über die Haftung für fehlerhafte Produkte)을 제조업자들이 진지하게 받아들인 것과는 대조되는 모습을 보여주는 것이라고 할 수 있다.

이렇게 제정된 2001년의 제조물안전입법지침은 2004년 1월 15일까지 각 국가의 자국법으로 전환되도록 규정하였으며, 소비자를 위하여 결정되거나 또는 소비자를 위해 결정되지 않더라도 이성적으로 예견된 조건하에서 소비자에 의해서 사용될 수 있는 모든 제조물이 그 적용대상이 되도록 하였고, 위험한 소비자제품에 대한 행정관청의 집행과 정보의 공개 등이 새로운 규정으로 도입되었다. 그 외 동 입법지침은 높은 소비자보호수준의 달성을 목적으로 할 뿐만 아니라, 유럽연합의 단일시장(Binnenmarkt)의 완성을 그 목적으로도 한다(Sigurd Littbarski, Das neue Geräte- und Produktsicherheitsgesetz: Grundzüge und Auswirkungen auf die Haftungslandschft, VersR 2005, S. 448).

90) 이에 따라 자연히 기구안전법(GSG)과 제조물안전법(ProdSG)은 그 법적 효력이 상실되었다(Vgl. Art. 28 GPSG BGBl 1 2, 20 vom 9. 1. 2004).

91) 예를 들어, 기구안전법과 제조물안전법에 공히 제조물의 리콜에 관한 규정이 있었다(§6 GSG a. F. und §9 ProdSG a. F.).

92) Harald W. Potineke, Das Geräte- und Produktsicherheitsgesetz, DB 2004, S. 55.

93) BR-Drs. 631/03, S. 31.

를 통하여 소비자보호를 위한 일반적인 법적 토대를 갖추게 되었다.[94] 그리고 소비자제품(소비재)(Verbraucherprodukten)의 생산과 판매에서의 제조업자와 유통업자에 대한 새로운 의무들[95]은, 한편에서는 일반적인 소비자보호수준을 높이게 되고, 다른 한편에서는 제조업자와 유통업자에게 커다란 부담으로 작용하게 될 것이다. 게다가 해당 관청은 위험한 제조물의 거래금지, 경고, 리콜 등의 다양한 행위권능과 개입권한을 가지게 되었다. 그 외에도 독일은 기구 및 제조물안전법을 통하여 제조물의 안전요구와 관련한 유럽공동체 1985년 각료이사회의 '새로운 구상'(Neue Konzeption(New Approach))을 독일법으로 확고히 안착시키게 되어서, 한편에서는 일반조항주의적 안전기준을 규정할 수 있게 되었고, 다른 한편에서는 조화된 기술적 표준(harmonisierte technische Norm)의 준수시에 제조업자 등은 입증책임상의 특권도 가질 수 있게 되었다.

소비자보호법, 기술법(Technikrecht),[96] 생산물안전법, 경제행정법 등으로서의 의미[97]를 가지는 독일 기구 및 제조물안전법은 제조자와 유통업자의 공법상의 행태의무(Verhatenspflichten)를 규정하고 제조물안전을 확보하기 위한 해당 관청의 다양한 행위권능과 개입권한을 규정하는 이외에도 CE-인식표시와 GS-기호의 보호에 관한 내용을 규정하고 있다.

---

94) Sigurd Littbarski, a. a. O., S. 449.

95) 예를 들어, 안전과 건강의 보장을 위하여 기술적 노동수단 또는 완전품의 사용, 수선 시에 준수되어야 하는 특별한 내용이 있으면, 유통 시에 독일어로 된 사용설명서를 교부해야만 한다(§4 Abs. 3 Nr. 2 GPSG). 이는 원래 '기술적 소비재의 사용설명서에 대한 1998년 12월 17일의 각료이사회의 결정'(Entschließung des Rates v. 17. 12. 1998 über Gebrauchsanleitung für technische Konsumgüter; ABlEG 1998 Nr. C411 S. 1)에 기인하는 것이다.

96) 기술법(Technikrecht)이란 기술의 사용으로서 발생하는 위험에 대한 보호를 1차적 목적으로 하는 법률, 명령과 일반적인 행정규칙을 포함하는 技術的 安全에 관한 法(Das Recht der technischen Sicherheit)으로 정의할 수 있다(Michael Kloepfer/Thilo Brandner, Umweltrecht, 2. Aufl., 1998, S. 61).

97) Thomas Wilrich, Geräte- und Produktsicherheitsgesetz(GPSG), Kommentar, 2004, S. 15f.

Ⅱ. 기구 및 제조물안전법의 적용범위

1. 제조물

독일 기구 및 제조물안전법의 적용범위는 동법 제1조의 적용범위에 관한 규정과 동법 제2조의 개념규정을 종합적으로 고찰함으로써 그 적용범위를 살펴볼 수 있다. 동법 제1조 제1항 1문에 의하면 "이 법은 경제적 기업(사업)의 범위 내에서 자발적으로 행해지는 제조물(Produkt)의 유통[98]과 전시[99]에 적용된다"고 하면서, 제조물의 개념정의에 대해서 명문으로 규정하지 않고 단지, '제조물은 기술적 노동수단(technische Arbeitsmittel)과 소비자제품(Verbraucherprodukte)이다'(§2 Abs. 1 GPSG)라고 규정하고 있다.

그러면서 기술적 노동수단과 소비자제품에 대해서 동법 제2조 제2항 및 제3항에서 정의하고 있다. 동법 제2조 제2항에 의하면 '기술적 노동수단(Technische Arbeitsmittel)이란 규정상 배타적으로 노동 시에만 사용되는 완제품적[100]인 노동설비들, 그것들의 부속품 및 노동설비의 부분이 아닌 보호장비들, 그리고 동법 제3조 제1항이나 제2항에 의한 명령에 포함된 기술적 노동수단들의 부분들이다'라 하고 있다. 여기서 노동설비(Arbeitseinrichtung)에 대해서는 동법에서 개념정의를 하고 있지 않은데, 노동설비라는 개념은 구 기구안전법(GSG) 제2조 제1항 1문의 내

---

98) 동법은 유통을 다음과 같이 정의한다. 유통(Inverkehrbringen)이란 그 제조물이 신상품, 중고품인지 또는 재가공된 것인지 아니면 근본적으로 변형된 것인지의 여부에 관계없이 다른 사람에게 하는 모든 양도를 말한다(§2 Abs 8 S. 1 GPSG). 유럽경제구역으로의 수입은 신제품을 유통시키는 것과 동일하다(§2 Abs 8 S. 1 GPSG).

99) 전시(Ausstellen)란 광고를 목적으로 상품을 진열하거나 시범을 보여주는 것을 말한다((§2 Abs 9 GPSG).

100) 완제품적(verwendungsfertig)이다라는 것에 대해서는 동법 제2조 4항에서 "다른 부분들이 부가될 필요없이 규정에 따라 사용될 수 있는 노동설비와 사용물품을 말한다"라고 정의하고 있다.

용을 변경하지 않고 그대로 사용하고 있는 것으로서, 규정상 오로지(bestimmungsgemäß ausschließlich) 노동을 수행하기 위하여 이용되는 모든 대상물이 된다.[101] 그러므로 공구, 발전기, 각종의 건설기계, 운반기구, 수확용농기계, 화학적 세탁시설(Reinigungsanlagen),[102] 노동을 위하여 특별한 요구에 의하여 설비된 가구들 등이 노동설비에 해당한다. 그러나 가정에서 사용하는 공구, 끌, 해머, 전자저울, 사적 사용을 위한 서가 등은 구 기구안전법에 의해서는 노동기구였지만, 하지만 현행의 기구 및 제조물안전법에 의하면 소비자제품에 해당한다.[103]

소비자제품(Verbraucherprodukte)에 대해서는 동법 제2조 제3항에서 정의하고 있는데, '소비자제품이란 소비자 사용물품과 소비자를 위하여 결정되거나 소비자를 위하여 결정되지 않더라도 이성적으로 예상할 수 있는 조건하에서 소비자에 의하여 사용될 수 있는 기타의 제조물이다'(§2 Abs. 3 S. 1 GPSG). '서비스제공이라는 범위 내에서 소비자에게 제공될 수 있는 사용물품과 기타의 제조물도 소비자제품에 해당된다'[104](§2

101) Thomas Klindt, GPSG(Geräte- und Produktsicherheitsgesetz), Kommentar, 2007, §2 Rn. 16; Thomas Wilrich, a. a. O., §2 Rn. 18(물론 노동의 대상이 되는 물질이나 대상은 노동기구가 아니다).

102) BGH NJW 1985, 1769; DB 1985, 1385.

103) Thomas Wilrich, a. a. O., §2 Rn. 21.

104) 서비스제공의 범위 내에서 소비자가 이용할 수 있는 제조물의 예를 보면, 헬스클럽의 운동기구 등이다. 그러나 서비스제공에 의해서 소비자가 이동하거나 여행하는데 이용되는 제조물은 동법의 의미에서 소비자제품이 아니다(Erwägungsgrund 9 der ProdSRL; BR-Drs. 631/03, S. 38). 그러므로 여객용 버스, 여객기, 여객선 등은 소비자제품이 아니고 기술적 노동기구이다. 그러나 자가용 비행기, 자가용 요트, 자가용 승용차는 의심할 여지없이 기술적 노동기구는 아니며 소비자제품이다(Joachim Geiß/Wolfgang Doll, a. a. O., §2 Rn. 29). 물론 여객용 버스(Passagier Bus) 등이 소비자제품이 아닌 것에 대하여 의문을 품는 견해도 있다(Thomas Klindt, a. a. O., §2 Rn. 40), 그리고 이 때 주의할 것은, 여객용 버스나 자가용 승용차 등의 차량(Kraftfahrzuge)은 동법 제1조 제3항 1문상의 특별법 우선적용 규정에 의하여, 도로교통법(StVG)과 도로교통허가령(StVZO) 등의 교통관련법(verkehrsrechtliche Bestimmungen)이 우선 적용되고, 동법이 적용

Abs. 3 S. 2 GPSG)라고 하고 있다. 즉 소비자[105]제품은 완제품유무에 상관없이 전체 사용물품(Gebrauchsgegenstände)[106]과 소비자에 의해서 이용될 수 있는 기타의 제조물을 말한다.[107] 이러한 소비자제품의 정의는 제조물안전입법지침(ProdSRL) 제2조 a)에 상응하는 것이며[108], 기술적 노동기구에 해당하지 않은 이외의 제조물이 소비자제품에 해당한다.[109] 이에 따라 소비자제품은 사적 영역(privates Bereich)에서만 사용되거나, 사용자에 의하여 사적 영역에서도 사용되거나 사용될 수 있는 제조물을 의미한다.[110] 제조물이 영업적·직업적 소비자가 아니라 사적 소비자

되지 않는다는 것이다. 즉 차량의 유통, 제작 및 그 부품에 대해서는 교통관련법이 적용되고, 단지 차량의 제작과 운영규정에 의하여 포섭될 수 없는 차량의 다른 기능(예, 캠핑카에서의 가스시설) 등과 관련하여서만 동법이 적용될 수 있다(Joachim Geiß/Wolfgang Doll, a. a. O., §1 Rn. 35).

105) 이때 소비자란 개념은 독일 민법 제13조상의 개념정의에 의한다(BR-Drs. 631/03, S. 38). 독일민법 제13조에 의하면 '소비자란 자신의 영업활동이나 독립적 직업활동에 속하지 아니하는 목적으로 법률행위를 하는 모든 자연인이다'.

106) 소비자 사용물품에서 단지 동산만이 그 대상이 되고 원재료는 그 대상이 아니라고 할 것이다. 또한 동법은 위험방지를 목적으로 하고, 인쇄물이나 소프트웨어에 의해서도 위험이 발생할 수 있으므로, 인쇄물이나 소프트웨어도 소비자 사용물품으로 보아야 할 것이다(Joachim Geiß/Wolfgang Doll, Geräte- und Produktsicherheitsgesetz(GPSG), Kommentar, 2005, §2 Rn. 20-21.

107) BR-Drs. 631/03, S. 38.

108) 제조물안전입법지침(ProdSRL) 제2조 a)에서는 '제조물이란 -용역(Dienstleistung)의 제공의 범위 내를 포함하여- 소비자를 위하여 정해져 있거나 소비자를 위하여 결정되지 않았더라도 이성적으로 예상할 수 있는 조건하에서 소비자에 의하여 사용될 수 있는 것으로서, 신제품이거나 중고품이거나 재가공된 물건이거나를 가리지 않고 영업활동의 범위 내에서 유·무상으로 소비자에게 인도되거나 사용될 수 있는 모든 물건을 말한다'라고 하고 있다.

109) BR-Drs. 631/03, S. 37-38.

110) Joachim Geiß/Wolfgang a, a, O., §2 Rn. 8a(이에 비해서 노동기구는 규정상 오로지 노동 시에만(영업적으로만) 사용되도록 한 완제품적인 노동설비이다. 물론 부속품과 보호장비들도 노동기구이며, 과거에는 기구안전

(privater Verbraucher)에 정해진 제조물인지의 여부는 제조업자가 결정한다. 하지만 이러한 제조업자의 결정은 큰 의미를 가질 수 없다. 왜냐하면 사적 소비자에 의하여 이용될 수 있는 제조물도 소비자제품이기 때문에 영업적인 제조물(gewerbliche Produkte)이 소비자제품이 되는 것을 제조업자가 막지 못하기 때문이다.[111] 이러한 제조물이동(Produktmigration)은 레이저펜, 가내공업종사자를 위한 장비, 에소프레소 커피머신 등에서 일어날 수 있으며, 이성적으로 예상할 수 있는 조건하에서 소비자에 의하여 사용될 수 있으면 소비자제품이다.[112][113]

위와 같이 노동기구와 소비자제품이 제조물로서 동법의 적용대상이지만, i) 개인 간의 사적인 제조물의 양도, ii) 골동품, iii) 일정한 요건 하에서의 중고품, iv) 군사적 목적으로 사용되는 제조물에는 동법의 적용이 배제된다.[114]

첫째로 동법 제1조 1항 1문에 의하면 '경제적 기업(사업)의 범위 내에서 자발적으로 행해진 제조물의 유통과 전시'에 동법이 적용되는데, '경제적 기업(사업)의 범위 내에서 자발적인 거래'의 의미는 제조물안전입법지침상의 '영업활동으로'를 독일법으로 전환한 것에 해당하며,[115] 영업적 거래(gewerbsmäßiges Handeln)와 사업상의 거래(geschäftsmäßiges Handeln)

법에 의하여 규율되었다).

111) Thomas Wilrich, a. a. O., §2 Rn. 32.

112) Joachim Geiß/Wolfgang Doll, a. a. O., §2 Rn. 24-25; Thomas Wilrich, a. a. O., §2 Rn. 33.

113) 소비자제품인지의 여부는 세 가지 분류로 결정할 수 있다(Joachim Geiß/Wolfgang Doll, a. a. O., §2 Rn. 30), 첫째로 오로지 사적 영역에서만 사용되는 제조물, 예를 들어 장난감은 소비자제품이다. 둘째로 원래는 사적 영역에서만 사용될 수 있는 제조물이지만 영업적 영역에도 사용될 수 있는 제조물(노동영역으로의 이동), 예를 들어 커피머신은 소비자제품이다. 셋째로 원래는 영업적 영역에 사용하도록 되어 있으나 소비자에 의해서도 사용될 수 있는 제조물(소비자로의 이동), 예를 들어 에소프레소 커피머신, 충격식 해머(Bohrhammer)는 소비자제품이다.

114) Thomas Klindt, a. a. O., §1 Rn. 6-18; Harald W. Potineke, a. a. O., S. 56-57.

115) BR-Drs. 631/03, S. 35.

의 상위개념이라고 할 수 있다.116) 이 때 경제적 기업(사업)의 범위 내에서의 거래는 유상이든 무상이든 관계가 없다. 이에 따라 비경제적 기업의 거래, 즉 독일민법 제13조상의 소비자 사이의 영업적·직업적인 아닌 순수한 사적 거래에는 동법이 적용되지 않는다. 그리고 영업적 행위에 의한 것이 아닌 벼룩시장이나 바자회와 같은 비전문적, 취미적 특성을 가진 개인 간의 양도와 판매에도 동법의 적용범위에서 제외된다.117)

둘째로 골동품(Antiquitäten)의 유통과 전시에는 동법의 적용이 배제된다(§1 Abs. 1 S. 1 GPSG). 이에 따라 골동품은 단지 민법상의 담보책임과 책임법의 적용을 받을 뿐이다. 골동품의 개념정의는 동법에서 규정하지 않았지만, 동법상 골동품은 통상적인 의미에서 골동품이 아니라 오래된 물건(altersbezogene Produkte)으로 이해를 해야 할 것이다.118)

셋째로 동법은 중고품(gebrauchte Produkte)의 유통과 전시에도 적용되나, 일정한 요건 하에서 중고품의 유통과 전시에는 동법의 적용이 배제된다. 즉 사용되기 전에 수리되어야 하거나 재처리되어야만 하는 것으로 유통자가 중고품의 양도를 받는 자에게 위 사실을 충분히 알려 준 경우에는, 동법은 중고품의 유통과 전시에는 적용되지 않는다(§1 Abs. 1 S. 2 GPSG).

넷째로 제작형태상 배타적으로 군사적 목적(militärische Zwecke)을 위해 사용하도록 되어 있는 기술적 노동기구의 유통과 전시에는 적용되지 않는다(§1 Abs. 1 S. 3 GPSG). 군사적 목적의 제조물인지의 여부는 전쟁무기통제법(Kriegswaffenkontrollgesetz: KWKG) 제1조에 의하여 공표된 전

116) Thomas Wilrich, a. a. O., §1 Rn. 26-29.

117) Sigurd Littbarski, a. a. O., S. 450; Thomas Klindt, a. a. O., §1 Rn. 10; Thomas Wilrich, a. a. O., §1 Rn. 30(물론 벼룩시장이나 고물시장에서 영업적으로 거래를 하는 경우에는 동법의 적용대상이 되며, 이 경우에는 골동품과 중고품의 예외가 인정될 수 있다).

118) Joachim Geiß/Wolfgang Doll, a. a. O., §1 Rn. 11(통상 골동품이라고 하면 100년 이상된 물건을 의미한다고 한다).

쟁무기목록이 일차적으로 그 판단에 적용될 수 있다.[119] 그러나 오로지 경찰적 목적을 위한 물건이나 군사적으로 더 이상 사용하지 않는 대상물의 염가판매 등에는 동법이 적용된다.[120]

2. 감시를 필요로 하는 시설

독일 기구 및 제조물안전법은 제조물의 유통과 전시 이외에도, 위험방지를 위하여 감시를 요하는 시설(überwachungsbedürftige Anlagen)의 설치와 운영에도 적용된다(§1 Abs. 2 GPSG). 즉 동법 제1조 제2항은, '동법은 영업적이고 사업적인 목적에 소용되거나 종사자에게 위험이 될 수 있는 감시를 요하는 시설의 설치와 운영에도 적용된다'고 하고 있다. 이러한 규정은 구 기구안전법 제1a조를 그대로 받아들인 것이다.[121] 감시를 요하는 시설의 종류는 동법 제2조 제7항에서 한정적으로 열거하고 있다.[122] 그리고 감시를 요하는 시설은 동조 제1항의 제조물에 포함되지 않았다 하더라도 제1항의 제조물과 동일하다(§2 Abs. 7 S. 4 GPSG). 즉 감시를 요하는 시설은 동산인 제조물이거나 동산이 아닐지라도 동법 제2조 제7항 제4문에 의하여 제1항의 의미에서의 동산인 제조물(Produkt)

119) Thomas Wilrich, a. a. O., §1 Rn. 58.

120) Thomas Klindt, a. a. O., §1 Rn. 11.

121) BR-Drs. 631/03, S. 36.

122) 동법 제2조 제7항의 감시를 요하는 시설은 구 기구안전법 제2조 제2a조를 그대로 규정한 것인데, 이를 구체적으로 보면, i) 해양선박의 증기기관을 제외한 증기기관시설, ii) 증기기관을 제외한 압축탱크시설, iii) 응축되었거나 액화된 또는 압력 하에서 분리된 가스를 옮겨 담는 시설, iv) 발화적이거나 부식적인 또는 유독한 가스, 증기 또는 액체를 위한 내부가중압력의 관(파이프), v) 승강기(엘리베이터)시설, vi) 폭발위험이 있는 영역속의 시설들, vii) 음료판매시설과 탄산음료제조시설, viii) 아세틸렌시설과 탄화칼슘저장소, ix) 발화성액체를 저장하거나 옮겨 담거나 운송하는 시설이 감독을 요하는 시설이다(§2 Abs. 7 S. 1 GPSG). 또한 시설의 안전한 운영에 필요한 측정, 조정, 제어장치시설들도 감시를 요하는 시설에 속한다(§2 Abs. 7 S. 2 GPSG).

과 동일하게 다루어진다.

동법은 영업적이거나 사업상의 목적에 이용되는 감시를 요하는 시설에 적용된다. 이에 따라 동법은 감시를 요하는 시설이 영업적인 목적에 이용될 때나 경제적 목적에 이용될 경우나, 아니면 자치단체의 설비처럼 경제적 목적을 위해서는 이용되지 않지만 종사자에게 위험이 될 수 있는 시설에 적용된다.[123)]

하지만 다음의 3가지 경우에는 특별법의 적용을 받고, 감시를 요하는 시설에 해당하지 않아서 동법의 적용범위에서 제외된다(§1 Abs. 2 GPSG).[124)] 이를 보면, 첫째로 건설과 사업활동에 관하여 연방규정의 지배를 받는 자기부상열차의 차량이다. 자기부상열차는 자기부상철도법(Magnetschwebebahngesetz)의 적용을 받는다. 둘째로 제작과 운영에서 연방과 주의 규정이 적용되는 화물용기(Ladegutbehälter)를 제외한 철도사업상의 운송기구들이다. 철도회사의 기관차, 동력차, 여객용열차, 화물용열차 및 기타 철도차량의 인가·제작·운영에서는 연방이나 주의 제작 및 운영규정(일반적인 철도법(Eisenbahngesetz)과 연방철도법(Bundesbahngesetz))이 적용된다. 그러나 운송기구 중 유조차와 같은 화물용기와 고정된 시설들은 동법의 적용을 받는 시설이다.[125)] 셋째로 일상적인 시설을 제외한 광업시설이다((§1 Abs. 2 S. 3 GPSG). 연방광업법(Bundesberggesetz)) 제2조의 의미에서 광산기업의 시설은 광업법의 적용을 받게 된다. 그러나 관리사무동의 승강기시설처럼 전형적인 광업시설의 특징을 가지지 않는 일상적인 시설(Tagesanlagen)은 동법의 적용을 받게 된다.[126)][127)]

---

123) Thomas Wilrich, a. a. O., §1 Rn. 65-66(예를 들어, 임대건물의 승강기는 경제적 목적을 위한 것이고, 이에 반해서 사적 사용의 개인건물의 승강기는 경제적 목적으로 이용되는 것이 아니다).

124) Joachim Geiß/Wolfgang Doll, a. a. O., §1 Rn. 19.

125) A. a. O., §1 Rn. 19.

126) Thomas Wilrich, a. a. O., §1 Rn. 69.

127) 감시를 필요로 하는 시설에 대해서는 동법 제14조부터 18조까지 해당관청의 권한과 검사 및 감시의 수행 등에 대해서 자세히 규정하고 있다.

3. 다른 특별법상의 안전규정 등의 우선적용

독일 기구 및 제조물안전법은 넓은 제조물개념과 제조물의 유통과 전시 및 운영이라는 넓은 행위관련적 개념을 통하여 그 적용범위가 상당히 넓다고 할 수 있다. 하지만 동법 제1조 제3항의 일반적인 충돌규정(Kollisonsregel)을 통하여 그 적용범위가 상당히 제한된다. 즉 동법 제1조 제3항 제1문에서는 '제조물의 유통과 전시 시에 안전과 건강을 보장하기 위한 이 법의 규정들은 다른 법규정에서 안전과 건강을 보장하기 위하여 해당하는 또는 진전된 요구들(entsprechende oder weitergehende Anforderungen)이 규정되어 있는 한 동법은 적용되지 않는다'(§1 Abs. 3 S. 1 GPSG)라고 하여서 특별법이 우선됨을 규정하고 있다. 또한 '동법 제5조(소비자제품의 유통을 위한 특별한 의무들), 제6조(CE-인식표시), 제8조(해당 관청의 간섭권한), 제9조(신고절차), 제10조(정보의 공개)는 다른 법규정에 해당하는 또는 진전된 규정이 있는 한 적용되지 않는다'(§1 Abs. 3 S. 3 GPSG)고 하여서 동법의 적용범위를 제한하고 있다.

먼저 동법 제1조 제3항 1문의 특별법 우선적용 규정은 제조물안전입법지침(ProdSRL) 제1조 제2항 a)를 독일법으로 수용한 것인데,[128] 제조물의 유통과 전시시에 안전과 건강을 보장하기 위하여 해당하는 또는 진전된 안전요구들이 규정된 특별법으로, 입법이유서에서는 의료기구법(Medizinproduktgesetz: MPG),[129] 의약품법(Arzneimittelgesetz: AMG), 화학

128) 제조물입법지침(ProdSRL) 제1조 제2항 a)에서는 위험이 문제되는 곳에서 '특별한' 규정(spezifische Rechtsvorschriften)이 있는 한 제2조 b)와 c) 그리고 제3조와 제4조는 적용되지 않는다고 하고 있다. 그러므로 독일법에서 '해당하는 또는 진전된'(entsprechende oder weitergehende)' 요구들이 다른 법에서 규정되어 있는 경우에는 동법이 적용되지 않는다고 한 것은, 제조물입법지침을 정확하게 수용한 것이 아니라는 비판이 제기된다(Thomas Klindt, a. a. O., §1 Rn. 28).

129) 독일 의료기구법(MPG)은 Richtlinie 90/385/EWG des Rates vom 20. Juni 1990 zur Angleichung der Rechtsvorschriften der Mitgliedstaaten über aktive implantierbare Medizinische Geräte(ABl. EG Nr. L189

물질법(Chemikaliengesetz),[130] 방송시설과 통신시설에 관한 법(Gesetz über Funkanlagen- und Telekommunikationsendeinrichtungen: FTEG)을 그 예로 들고 있다.[131] 하지만 이 외에도 건축물법(Bauproduktgesetz: BauPG), 도로교통법(Straßenverkehrsgesetz: StVG)에 의한 도로교통허가령(Straßenverkehrs-Zulassungsordnung: StVZO) 등이 이에 해당할 수 있다.[132] 이 때 주의할 것은, 특별법에서 안전과 건강의 보장을 위하여 해당하는 안전요구들이

S.17); Richtlinie 93/42/EWG des Rates vom 14. Juni 1993 über Medizinprodukte(ABl, EG Nr. L169 S.1); Richtlinie 98/79/EWG des Europäischen Parlaments und des Rates vom 27. Oktober 1998 über In-vitro-Diagnosta(ABl, EG Nr. L331 S.1)을 독일법으로 전환한 것으로서, 1995년 1월 1일에 시행되었다. 의료기구법은 의료기구와 그것의 운영자에 대한 안전요구를 규정하고(§§4-14 MPG), 일정한 의료기구 안전의 검사장소의 지정 등에 대해서 규정함(§§15-18 MPG)과 아울러, 의료기구의 위험성으로부터 안전확보를 위한 각종의 규정을 두면서(§§25-31 MPG), 특히 다른 유럽공동체 국가와 공동작업을 통한 의료기구의 안전을 위하여 필요한 유럽공동체의 관찰 및 신고체계(Beobachtungs- und Meldesystem)의 구축에 대해서 규정하고 있다(§29 MPG). 그리고 동법은 의료기구가 조화된 표준(harmonisierte Normen)이나 기술적 상술에 일치하는 경우에는 동법상의 필요한 안전요구에 일치하는 것으로 추정된다고 규정하고(§8 MPG), 의료기구에 대한 CE-인식표시에 대해서 규정(§9 MPG)하고 있다. 그 외에 국가의 과제를 민영화(Privatisierung)함으로써 의료기구의 안전을 위한 국가의 기능에 대한 부담을 들어주고 있다. 즉 의료기구 안전과 관련한 인허가절차(Zulassungsverfahren)의 실행을 국가로부터 민영화된 검사기관(privatrechtliche Prüfstelle)에 위임함으로써, 해당 국가기관의 과제가 의료기구의 거래 및 검사기관에 대한 감독과 위험의 제거에 한정되게 된다.

130) 화학물질법(ChemG)은 위험한 화학물질과 그 제조 시에 발생하는 유해한 침해로부터 인간과 환경의 보호를 그 목적으로 하며(§1 ChemG), 동법과 동법상의 시행령(Chemikalien- Verbotsverordnung)은 화학물질과 그 제조시의 제조업자, 유통 그리고 사용에 대해서 규율하고 있다. 화학물질의 유통과 그 제조시의 안전과 건강의 보장을 위하여 동법과 동법상의 시행령은 기구 및 제조물안전법에 비하여 진전된 규정을 규정하고 있다.

131) BR-Drs. 631/03, S. 36.

132) Tomas Klindt, Das neue Geräte- und Produktsicherheitsgesetz, NJW 2004, S. 467.

없는 경우에는 독일 기구 및 제조물안전법이 보충적으로 적용된다는 것이다. 즉 다른 특별법에서 동법이 규정하지 않은 특별한 요구만을 규정한 경우에는 그 밖의 안전요구와 관련하여서는 동법이 적용된다는 것이다. 이를 통하여 동법은 소비자에 의하여 이용되는 모든 제조물의 안전과 건강의 보장을 위한 최소한의 기준(Mindeststandard)을 창설한 것이 된다.[133)]

둘째로 '동법 제5조, 제6조와 제8조 내지 제10조는 다른 법규정에 해당하는 또는 진전된 규정이 있는 한 적용되지 않는다'(§1 Abs. 3 S. 3 GPSG)고 하고 있는데, 이 규정은 제조물안전입법지침(ProdSRL) 제1조 제2항 b)를 독일법으로 수용한 것이다. 이 때 다른 법규정에 해당하는 법들을 보면, 의료기구법(MPG), 의약품법(AMG), 화학물질법(ChemG), 방송시설과 통신시설에 대한 법(FTEG), 건축물법(BauPG) 등이 있으며, 이들 법에는 해당 제조물과 관련하여 제조업자 등의 의무, CE-인식표시, 해당 관청의 권한 등에 대해서 자세히 규정하고 있어서 기구 및 제조물안전법에 앞서서 위의 법들이 우선적으로 적용된다.[134)] 예를 들어, 건축재료 등과 관련한 CE-인식표시에 대해서는 독일 건축물법(BauPG) 제12조에서 자세히 규정하고 있으므로 CE-인식표시에 관한 동법 제6조는 적용되지 않는다.

이렇게 적용범위가 제한되는 이유는, 첫째로 제조물안전입법지침(ProdSRL) 이전에 일부 제조물과 관련해서는 유럽공동체의 입법지침이 이미 마련되어 있었고, 둘째로는 독일법상의 이미 일부 법령에서 제조물안전과 관련한 규정을 두었기 때문이다.

그 외에 동법의 적용범위와 관련하여 주의할 것은, 동법은 제조물의 이용(Verwendung)시의 안전과 건강에 관한 요구들은 규정하지 않았

133) Tobias Lenz, Das neue Geräte- und Produktsicherheitsgesetz, StoffR 2004, S. 122; Harald W. Potineke, a. a. O., S. 57.

134) 이에 대해서 자세한 것은, Joachim Geiß/Wolfgang Doll, a. a. O., §1 Rn. 38-47.

다.[135] 그러므로 제조물의 사용 시의 안전과 건강의 보장에 관련된 규정들은 동법을 통하여 영향을 받지 않는다(§1 Abs. 4 GPSG). 특히 사용 시의 안전과 건강의 보장에 관련된 규정들로는 고용주의 의무에 관한 규정들에 이에 해당된다.[136]

Ⅲ. 제조물의 유통과 전시시의 안전기준

1. 서

독일 기구 및 제조물안전법(GPSG) 제4조는 제조물의 유통과 전시시에 요구되는 안전기준을 명시하고 있어서, 동법의 핵심규정(Kernvorschrift)이라고 할 수 있다. 동법 제4조의 규정에 상응하는 제조물만이 시장에 유통될 수 있고, 제4조 규정에 일치하지 않은 제조물은 유통이 허용되지 않는다.[137] 동법 제4조는 제조물에 대한 안전기술적 요구를 두 가지로 나누어서, 제1항에서는 조화된 영역(Harmonisierter Bereich)에 해당하는 제조물의 안전기준을 규정하고 제2항에서는 그 밖의 제조물의 안전기준을 규정하고 있다.[138] 한편 동법 제4조 제1항과 제2항에서는 안전요구를 충족하는 제조물만 유통하도록 하면서도, 동조항의 수명자(Adressanten)에 대해서는 규정하고 있지 않은데, 제조물을 유통시키는

---

135) Thomas Wilrich, a. a. O., §1 Rn. 80-81.

136) 이에 해당하는 규정들로는, 근로자의 안전과 건강보호를 위한 노동보호법(Arbeitschutzgesetz), 감독을 필요로 하는 시설 등의 운영안전령(Betriebssicherheitsverordnung), 기구 및 기계소음방지령(Geräte- und MaschinenlärmschutzVO) 등이 있다.

137) Thomas Wilrich, a. a. O., §4 Rn. 2(규정에 일치하지 않은 제조물의 거래금지는 직접적으로 유효하며, 이것은 생산금지를 뜻하는 것은 아니다. 즉 동법에 의하여 시장에 유통될 수 없는 제조물도 수출을 위하여는 제조될 수 있다).

138) Harald W. Potineke, a. a. O., S. 57; Thomas Klindt, a. a. O.(주 14), §4 Rn. 1.

모든 자, 그러므로 제조자, 그의 대리인, 수입업자 그리고 유통업자가 수명자들이라고 할 것이다.[139] 그 외 동법 제4조 제3항은 제조물에 대한 안전기준이 적용되는 기준시점에 대해서, 제4항은 제조물의 유통시의 정보의무에 대해서, 제5항은 제조물의 전시 시에 지켜야할 안전내용이 규정되어 있다.[140]

2. 조화된 영역(Harmonisierter Bereich)에서의 제조물안전 기준

유럽공동체는 물건, 자본, 노동 및 용역의 자유로운 거래에 방해가 되는, 각 회원국의 상이한 법적 규율상태의 해결을 위하여 유럽공동체 조약(EGV) 제95조[141](과거의 제100조)에 근거하여, 기술적 노동기구 및 제조물에 관하여 많은 입법지침을 제정하였다. 이러한 목적으로 제정된 많은 입법지침[142]이 독일법으로 전환되었고, 이에 해당하는 법률들이

---

139) Thomas Wilrich, a. a. O., §4 Rn. 5(제조자, 그의 대리인, 수입업자, 유통업자의 동법상의 의미에 대해서는 동법 제2조 제10항 내지 제13항에서 잘 설명하고 있다).

140) 이에 따라 동법 제4조 제1항 내지 4항은 제조물의 유통에 적용되고, 제5항은 제조물의 전시에 적용되는 규정이다.

141) 유럽공동체조약 제95조는 "경쟁저해의 규정의 취급"에 대해서 규정하는데, 그 내용을 보면 다음과 같다. "만약 위원회가 회원국의 상이한 법률과 행정규정으로 인하여 공동시장의 경쟁조건을 변조하고 이를 통하여 왜곡을 야기한다는 것을 확인한 경우에는 관련된 회원국과 협의를 해야만 한다. 이러한 협의를 통하여 왜곡을 제거하지 못하면, 이사회는 위원회의 제안으로 제적회원국 과반수의 찬성을 얻어서 필요한 입법지침을 발한다. 위원회와 이사회는 모든 기타 이 조약에서 예상되어지는 목적에 타당한 조치를 취할 수 있다."

142) 의료기구의 안전과 관련한 입법지침으로는, Richtlinie 90/385/EWG des Rates vom 20. Juni 1990 zur Angleichung der Rechtsvorschriften der Mitgliedstaaten über aktive implantierbare Medizinische Geräte(ABl, EG Nr. L189 S.17); Richtlinie 93/42/EWG des Rates vom 14. Juni 1993 über Medizinprodukte((ABl, EG Nr. L169 S.1); Richtlinie 98/79/EWG

동법 제1조 제3항의 우선적용 특별법이 된다.[143]

그리고 한편 안전과 건강을 담보하기 위한 제조물에 대한 많은 유럽공동체의 입법지침은 명령(Rechtsverordnung)으로 독일법으로 수용되었다. 즉 1985년 5월 7일 각료이사회의 "기술적 조화와 표준화분야에의 새로운 구상"(Eine neue Konzeption auf dem Gebiet der technischen Harmonisierung und der Normung: Neue Konzeption)[144][145]에 입각한 많은

---

des Europäischen Parlaments und des Rates vom 27. Oktober 1998 über In-vitro-Diagnosta(ABl. EG Nr. L331 S.1) 등이 있었고, 이를 반영하여 독일 의료기구법(MPG)이 제정되어 있다. 또한 의약품과 관련하여는, Richtlinie 2001/83/EG des Europäischen Parlaments und des Rates vom 6. November 2001 zur Schaffung eines Gemeinschaftskodexes für Humanarzneimittel(ABl. EG Nr. L331 S.67) 등 총 7개의 입법지침이 있었으며, 이를 반영하여 제정된 것이 독일 의약품법(AMG)이다.

143) Thomas Klindt, a. a. O.(주 14), §4 Rn. 3.

144) 비관세장벽이 될 수 있는 기술적 표준과 관련하여, 유럽공동체는 처음 구상으로는 법령(입법지침)을 통한 기술적 표준의 상세한 조화를 구상했으나 이의 실현이 좌절되고, 기술적 조화와 표준화의 영역에 대한 새로운 구상을 받아들였다. 즉 유럽공동체의 개별적인 회원국 간의 상이한 기술적 표준은 유럽공동체에서의 자유로운 상품거래에 장애가 될 수 있으므로, 일찍이 유럽공동체는 유럽공동체조약(Vertrag zur Gründung der Europäischen Gemeinschaft: EGV) 제95조(과거의 제100조)에 따라서 법률동화 작업을 통하여 상이한 표준을 통일하고자 하였다. 그러나 국내입법에서와 마찬가지로 유럽의 입법자들에게서도 이러한 표준화과제를 완전히 수행한다는 것은 무리였다. 이에 따라 1985년 5월 7일 각료이사회에서는 "기술적 조화와 표준화분야에의 새로운 구상"(Eine neue Konzeption auf dem Gebiet der technischen Harmonisierung und der Normung)을 결정하였다(Rüdiger Rönck, Technische Normen als Gestaltungsmittel des Europäischen Gemeinschaftsrechts, 1995, S. 99; Stefan Griller, Europäische Normung und Rechtsangleichung, 1990, S. 19ff.). 이 '새로운 구상'(Neue Konzeption(New Approach))에 의하면 안전과 건강의 보장을 위한 소위 기본적 안전요구 또는 기타의 안전조건은 공공복리를 위하여 그때 그때마다의 유럽공동체의 입법지침에서 확정하고, 기술적 표준의 상세한 것은 유럽의 표준화기구에 유보한다는 것이다. 즉 제조물에 대한 추상적이고 기본적인 안전요구는 입법지침에서 규정하고, 입법지침상의 기본적 안전요구는 표준에서 구체적으로 그 내용을 정

입법지침들이 과거에는 구 기구안전법(GSG) 제4조에 의한 명령(Rechtsverordnungen)으로서 독일법에 수용되었고, 현재에는 독일 기구 및 제조물안전법 동법 제3조 제1항에 근거한 명령으로 독일법에 수용된다.146)

'새로운 구상'(Neue Konzeption(New Approach))에 의하여 다양한 제조물에 대하여 입법지침이 제정되었는데, 그 예를 보면, 장난감의 안전(Sicherheit von Spielzeugen)에 관한 입법지침, 기계(Maschinen)에 관한 입법지침, 개인보호장비(persönliche Schutzausrüstungen)에 관한 입법지침, 電磁氣器機 입법지침(Elektromagnetische-Geräte- Richtlinie), 단순압축용기(einfache Druckerbehälter)에 관한 입법지침, 액체나 가스형태 연료사용 온수보일러(mit flüssigen oder gasförmigen Brennstoffen beschickte Warmewasserheizkessel)에 관한 입법지침, 가스사용설비(Gasverbrauchseinrichtungen)에 관한 입법지침, 의료기구(Medizinprodukte)에 관한 입법지침, 경주용보트(Sportboote)에 관한 입법

한다는 것이다(Joachim Geiß/Wolfgang Doll, a. a. O., §4 Rn. 32). 이에 의하여 바로 보충적인 표준화과제는 유럽차원에서 활동하는 유럽표준화위원회(Europäisches Komitee für Normung: CEN)와 유럽전기기술표준화위원회(Europäisches Komitee für elektrotechnische Normung: CENELEC)에 의해서 수행되고 있다. 이러한 기구들은 기술수준을 고려하여 기술적 명세서인 표준을 작성하는데, 이러한 기술적 명세서는 관련업계가 입법지침(Richtlinie)에 규정된 기본적 안전조건과 그 밖에 필요한 안전조건을 충족하는 제조물을 생산하는데 이용되고 있다.

145) 각료이사회의 "기술적 조화와 표준화분야에의 새로운 구상"의 4가지 기본원칙을 보면 다음과 같다(Rüdiger Rönck, a. a. O., S. 99). 첫째로 생산품의 자유로운 유통을 고려할 때에 기본적 안전요구의 확정에 대한 법적 통일의 한계, 둘째로 입법지침에서의 기본적 안전요구의 구체화로써 CEN과 CENELEC은 필요한 기술적 명세서를 유럽표준으로 제정한다. 셋째로 기술적 표준은 그들의 임의적인 특성(freiwilliger Charakter)을 유지해야만 한다. 넷째로 행정청은 생산 시에, 조화된 표준에 따라서 생산되도록 하고, 또한 입법지침에서 정한 기본적 안전요구를 일치하도록 생산이 이루어지도록 해야 할 의무가 있다.

146) Thomas Klindt, a. a. O.(주 13), §4 Rn. 3.

지침, 건축재(Bauprodukt)에 관한 입법지침, 에어로졸포장(Aerosolpackungen)에 관한 입법지침, 엘리베이터(Aufzüge)에 관한 입법지침, 개방된 공간에서 사용하는 도구나 기계의 소음(umweltbelastende Geräuschemissionen von zur Verwendung im Freien vorgesehenen Geräte und Maschinen)에 관한 입법지침 등이 있다.[147] 즉 새로운 구상(Neue Konzeption)에 의하여 일정한 제조물의 구체적 안전요구를 포함하는 많은 입법지침이 위와 같이 제정되었고, 이러한 입법지침은 독일법으로는 기구 및 제조물안전법 제3조 제1항[148]에 근거한 명령(GPSPV)으로 독일법에 수용이 된다.[149][150][151]

이에 따라 조화된 영역(Harmonisierter Bereich)에 해당하는 제조물의

---

147) Joachim Geiß/Wolfgang Doll, a. a. O., §4 Rn. 2(새로운 구상에 의한 입법지침은 현재까지 21개가 있었다).

148) 동법 제3조 1항을 보면, 제1문에서는 "연방 경제와 노동부(Bundesministerium für Wirtschaft und Arbeit)는 제조물에 대해서 노동기구와 소비자제품위원회의 공청회 이후에 연방 소비자보호·농촌경제부, 연방 환경부, 연방 국방부, 연방 교통·건설부의 양해하에 국가간의 합의에 의해서 발생한 의무이행 또는 유럽공동체에 의하여 공포된 규정(Rechtsvorschriften)의 수용을 위하여 연방참사원(Bundesrat)의 동의를 얻어서 제2문의 기준하에 명령(Rechtsverordnungen)을 공포할 수 있다". 그리고 제2문에서는 "제1문에 의한 명령에는 1. 안전과 건강의 보장을 위한 요구사항, 그 밖의 법익의 보호에 대한 요구사항 그리고 그 밖의 전시, 유통 또는 작동, 특히 검사, 생산감시 또는 증명서의 전제조건, 2. 표시화, 보관과 보고의무 및 그와 관련된 행정관청적 조치에 대한 요구사항들이 규정될 수 있다".

149) Thomas Klindt, a. a. O.(주 13), §4 Rn. 3.

150) 이와 같이 '새로운 구상'에 의하여 만들어진 입법지침을 조화지침(Harmonisierungsrichtlinien)이라고 하며, 또한 위 입법지침과 관련하여 유럽표준화위원회(CEN)와 유럽전기기술표준화위원회(CENELEC)가 제정한 표준을 조화된 표준(Harmonisierte Norm)이라고 한다(Thomas Wilrich, a. a. O., §4 Rn. 9; Thomas Klindt, a. a. O.(주 13), §4 Rn. 3).

151) CE-인식표시(CE-Kennzichung)는, 제조물이 해당되는 유럽공동체의 입법지침에 일치하고, 입법지침에서 확정된 기본적 안전요구 및 조화된 표준에 상응한 제품이라는 의미에서 CE-인식표시를 사용할 수 있다. 그리고 CE는 불어인 "Communauté Européenne"의 약자로서 유럽공동체(Europäische Gemeinschaft)를 뜻한다.

안전기준(안전요구)을 동법 제4조 1항 제1문에서는 다음과 같이 설정하고 있다. "제조물이 제3조 1항에 해당하는 한, 그 제조물은 거기에서 정해진 안전과 건강에 대한 요구사항과 유통을 위한 기타의 전제조건들이 충족되고 규정에 맞거나 예상할 수 있는 오용 시에 사용자와 제3자 또는 제3조 제1항에 따른 명령에 나타나는 기타의 법익을 해하지 않을 경우에만 유통될 수 있다"(§4 Abs. 1 S. GPSP)고 하고 있다. 이를 좀 더 자세히 보면, 제조물[152]은 i) 동법 제3조 1항에 의한 명령(GPSGV)에서 정해진 안전과 건강에 대한 요구에 상응하고, ii) 제3조 1항에 의한 명령에서 확정된 유통을 위한 기타의 요구에 상응하고, iii) 규정에 맞는 사용 시나 예상할 수 있는 오용(vorhersehbare Fehlanwendung)[153]시에 사용자[154]와 제3자[155] 또는 제3조 제1항에 따른 명령에 나타나는 기타의 법익(sonstige Rechtsgüter)을 해하지 않을 경우에 한하여, 그 제조물을 거래에 유통시킬 수 있다.[156] 즉 제조물은 동법 제3조 1항에 의한 명령에서 규정한 안전과 건강에 대한 요구에 상응하고, 규정에 맞는 사용 시나 예상할 수 있는 오용 시에 소비자나 제3자의 안전과 건강을 해하지 않는 경우에만 유통시킬 수 있다는 것이다.[157]

---

152) 동법 제4조 제1항은 신제품(nene Produkte)의 경우에만 적용이 되지만, 제3국에서 중고품을 유럽경제구역으로 수입하는 것은 신제품을 유통시키는 것과 동일하므로(§2 Abs. 8 S. 2 GPSG) 동법 제4조 제1항이 적용된다(Thomas Wilrich, a. a. O., §4 Rn. 8).

153) 예상할 수 있는 오용이라는 제한을 통하여 비전형적인 사용은 배제된다(BR-Drs. 631/03, S. 43).

154) 사용자(Verwender)란 물건을 이용하는 자를 말하는데, 예를 들어 노동현장에서 기계를 사용하는 종사자, 가정용 기구를 이용하는 주부, 장난감을 가지고 노는 어린이가 사용자이다.

155) 동법은 소비자뿐만 아니라 제3자도 보호하는데, 이 때 제3자는 동법 제3조 1항에 따른 개개의 명령에서 나타난다. 예를 들어, 장난감소비자 주위에서 함께 노는 어린이나(2. GPSGV), 기계를 가지고 일하지는 않지만 기계의 직접적인 위험영역안에 있는 다른 근로자나 방문자는 제3자에 해당한다(9. GPSGV)(Joachim Geiß/Wolfgang Doll, a. a. O., §4 Rn. 24).

156) Thomas Klindt, a. a. O.(주 13), §4 Rn. 5.

157) 조화된 영역에서는 기술적 노동수단의 경우에 처음으로 유럽경제구역으

그런데 동법 제4조 1항 제1문 안전(Sicherheit)의 의미에 대해서는 동법 제2조에서 개념정의를 하지 않았다. 이 때 안전은 기술적인 이유에서 위험이 완전히 없는(Nullrisiko) 상태를 의미하지는 않는다.158) 현대과학기술에 의한 제조물의 기술적 위험은 어느 정도 불가피하고 이러한 위험을 모든 시민은 사회상당성이 있는 부담으로서 이를 감수해야만 한다.159) 그리고 일부 제조물은 피할 수 없는 부작용을 가지고 있지만 그 제조물은 다른 방법으로 생산할 수 없거나 이용할 수 없다는 것을 알고 있기 때문에 일반적으로 그 부작용을 감수하게 된다.160) 즉 제조물의 안전은 절대적 안전을 의미하는 것은 아니다. 이로 인해서 구 제조물안전법(ProdSG) 제6조 1항161)은 안전의 의미에 대해서 규정했지만, 사소

로 유통시키는 시점의 법률상태가 그 유통화를 위한 기준이 된다(§4 Abs. 3 S. 1 GPSG). 조화된 영역에서의 소비자제품의 경우에도 마찬가지이다(§4 Abs. 3 S. 2 GPSG).

158) Thomas Wilrich, a. a. O., §4 Rn. 16.

159) BVerfGE 49, 89, 143.

160) 실제 기술법의 규정은 이러한 인식을 바탕으로 하고 있다. 독일 기본법(Art. 2 Abs. 2 S. 1, 14 GG)상으로도 국가는 국민의 생명과 신체를 보호할 의무를 부담하고 있지만, 이것은 기술적 위험으로부터의 완전한 자유로운 삶을 의미하지는 않는다. 그러므로 법질서는 기술의 이용으로부터 발생하는 위험성에 대한 절대적 안전을 보장하지는 않는다. 오히려 기술법의 과제는 회피할 수 있는 위험은 배제하고, 회피할 수 없으나 대체할 수 있는 위험은 사회적으로 감내할 수 있는 범위 내에서 감축하는 것이라고 할 것이다(Peter Marburger, Rechtliche Bedeutung sicherheitstechnischer Normen, in: VDE(hrsg), Risiko-Schnittstelle zwischen Recht und Technik, 1982, S. 17). 이에 따라 기술법의 목적은 위험금지(Risikoverbot)가 아니라 위험조절(Risikosteuerung)이라고 할 것이다. 물론 이것은 잠재적으로 위험한 기술적 활동에 기술의 수준에 따라 가능한 보호대책을 취할 수 있는 경우에 항상 허용되어야 된다는 의미는 아니다. 오히려 어떤 기술적 위험이 기술적으로 실현할 수 있는 수단으로서 예상할 수 있고 그로 인해서 대체할 수 있는 위험으로 평가될 수 없다면, 즉 법적 평가로서 필요한 안전이 보증되어 있지 않다면, 기술의 사용은 허용되어서는 안될 것이다.

161) 구 제조물안전법(ProdSG) 제4조 제1항과 제5조에서는 제조자와 유통업자는 제조물이 안전할 때(wenn es sicher ist)만 제조물을 유통시킬 수

한 위험은 감수해야 한다고 하면서 기본적으로 제조물의 현저한 위험회피에 대한 명령만을 규정했다고 할 수 있다. 물론 동법 제4조 제1항 1문은 그 문맥상의 의미로는 모든 위험을 배제하려는 것으로 보인다. 하지만 제조물안전입법지침(ProdSRL) 제2조 b)에서는 안전을 다음과 같이 정의하고 있다. "사용기간, 경우에 따라서는 작동·설치 및 기대요구를 감안하여 통상적이거나 이성적으로 예상할 수 있는 사용 시에 위험이 없거나 단지 사소하거나 그리고 사람의 안전과 건강을 위한 높은 보호수준의 유지아래 감내할 수 있는 위험이 있는 각각의 제조물은 안전한 제조물이다"라고 하고 있다. 그러므로 독일 기구 및 제조물안전법에서는 안전의 의미에서 규정하지 않았지만, 안전의 의미는 제조물안전입법지침(ProdSRL) 제2조 b)에 의하여 해석하여야 할 것이다.[162)]

그리고 규정에 맞는 사용(Bestimmungsgemäße Verwendung)이란 "1. 제조물이 유통시킨 자에 의하여 적절하다고 진술된 방식으로 사용되거나, 2. 제조물의 제작구조나 제조에 의거한 통상적인 사용을 의미한다"(§2 Abs. 5 GPSG). 또한 예상할 수 있는 오용(Vorhersehbare Fehlanwendung)이란 '그 제조물을 유통시킨 자에 의하여 미리 정해지지 않은 방식으로, 그럼에도 기대하는 사용자 각자의 이성적으로 예상가능한 행위에 의거한 방식으로 제조물을 사용하는 것을 말한다'(§2 Abs. 6 GPSG). 이에 따라 제조자는 처음부터 소비자에 의한 예상할 수 있는 제조물의 오용의 경우(예를 들어, 공기매트리스(Luftmatratze)를 물놀이 기구로 이용하는 것)를 고려해야만 한다.[163)] 예상할 수 있는 오용은 용도에 맞지 않는 전혀 다

있다고 규정하면서, 동법 제6조 제1항 제1문에 의하면, '제조물의 규정이 맞는 사용에 의하여 또는 통상적인 고려 하에서 기대되는 사용에 의하여 또는 기대되는 사용기간 동안에, 제조물에 의한 위험이 사람의 안전과 건강을 위하여, 사소하거나, 제조물에 의한 위험이 사용방법과 일치하지 않거나, 해당하는 일반적으로 승인된 기술의 규정(allgemein anerkannten Regeln der Technik)의 준수 시에 감내할 수 없는 위험이 없을 때, 그 제조물은 안전하다'라고 규정하고 있다.

162) Thomas Wilrich, a. a. O., §4 Rn. 17.
163) Joachim Geiß/Wolfgang Doll, a. a. O., §2 Rn. 43.

른 목적으로의 오용(예를 들어, 휘발유통을 촛대로 사용하는 것)과는 구별이 되어야 하고, 예상할 수 있는 오용의 판단에서는 평균적인 소비자의 고려하에 상황의 실제적인 평가가 행해져야 한다. 하지만 예를 들어, 요리용칼을 무기(Waffe)로 사용하는 것과 같이, 제조물의 용도의 인식아래 남용적 사용(Mißbrauch)을 하는 경우에는 오용적 사용이 문제되지 않을 것이다. 그 외에도 조화된 영역에서의 제조물은 입법지침과 그것을 수용하는 명령에서 거명한 기타의 법익(sonstige Rechtsgüter)도 보호되어야 하는 것으로 규정하고 있다.[164)]

그리고 동법 제4조 1항 2문은 "조화된 표준(harmonisierte Norm)[165)]을 수용하는 표준이 하나의 또는 다수의 안전과 건강에 대한 요구사항에 상응한다면, 이 표준에 의하여 생산된 제조물은 안전과 건강에 대한 해당 요구사항을 충족한 것으로 추정한다"라고 하여서, 조화된 표준을 독일표준으로 전환한 기술적 표준의 준수 시에는 동법 제4조 1항 1문상의 유통시의 제조물에 대한 안전요구를 충족한 것으로 추정한다는 추정효과(Vermutungswirkung)를 규정하고 있다.[166)] 이것은 조화된 영역에서 표준의 역할을 분명히 하기 위하여 도입된 것으로서,[167)] 입증상의 특권을

---

164) 동법은 소비자와 제3자의 안전과 건강의 보호를 원칙으로 한다. 그러나 동법은 입법지침과 그것을 독일법으로 전환한 명령에서 거명하는 법익도 보호하는데, 그 예를 보면 다음과 같다. 기계(Maschinen)에 관한 입법지침, 단순압축용기(einfache Druckerbehälter)에 관한 입법지침 등에서는 가축과 재화(Güter)도 보호법익으로 하고, 엘리베이터(Aufzüge)에 관한 입법지침에서는 일반적인 재화를 보호법익으로 하고 있다. 또한 경주용보트(Sportboote)에 관한 입법지침에서는 물건과 환경을 그 보호법익으로 거명하고 있다.

165) 동법 제2조 제16항에서는 조화된 표준을 정의하고 있는데, "조화된 표준이란 불구속적인 기술적 명세서로서, 표준과 기술적 규정의 영역에서의 정보취급에 관한 1998년 6월 22일의 유럽의회와 각료이사회의 입법지침(98/34/EG)에서 정한 절차에 따라 유럽표준기구에 의해서 받아들여지고 유럽공동체의 관보에 그 출처가 공표된 것을 말한다."

166) Thomas Wilrich, a. a. O., §4 Rn. 23f.; Joachim Geiß/Wolfgang Doll, a. a. O., §2 Rn. 29f..

167) BR-Drs. 631/03, S. 43.

부여한 것인데, 그 배경을 보면, '새로운 구상'에 의하여 유럽공동체 시장 내에서 조화된 표준에 상응한 제조물은 시장에서 자유롭게 유통될 수 있는 자격이 주어지고, 회원국은 조화된 표준에 상응하여 CE-인식 표시를 가진 제조물의 판매와 사용을 원칙적으로 금지하거나 다른 방법으로 방해하거나 제한할 수 없기 때문이다.[168] 그래서 동법 제8조 제2항 3호에서는, 해당 관청은 제3조 1항에 따른 명령에 해당하고 CE표시가 갖추어진 제조물에서는 그곳에서 각각 확정된 요구조건들을 충족시키는 것으로 전제한다고 하고 있다.

적용된 표준을 통하여 제조자가 동법 제4조 1항상의 추정효과를 원용하려면, i) 유럽공동체 차원에서 조화된 표준이 제정되고, ii) 유럽공동체의 관보에 공표되고, iii) 이 표준이 독일표준기구에 의해서 독일표준으로 수용되고 또한 공표되어야 한다.[169] 즉 제조자는 추정효과를 원용하려면 해당 제조물이 조화된 표준에 따랐다는 것이 아니라 유럽표준을 독일 표준으로 수용한 표준을 준수했어야만 한다. 해당 표준은 일반적으로 해당 제조물이 생산될 당시의 '기술의 수준'(Stand der Technik) 또는 '일반적으로 승인된 기술의 규정'(allgemein anerkannte Regeln der Technik)에 해당한다.[170] 물론 이 때의 추정은 반박할 수 있는 추정(widerlegbar Vermutung)을 의미한다. 그리고 추정효과의 수명자는 시장을 감독하는 해당관청 뿐만 아니라 행정소송에나 민사소송에서의 각급 법원도 수명자에 해당한다고 할 것이다.[171]

그 외 조화된 표준 내지 그것을 독일법으로 전환한 표준은 비구속적이므로, 제조자는 표준에 따라서 제조물을 제조할 의무는 없다. 그러므로 제조자는 입법지침과 그것을 독일법으로 수용한 명령상의 기본적 안

168) Peter Marburger, Produktsicherheit und Produkthaftung, Festschrift für Erwin Deutsch, 1999, S. 280; Thomas Wilrich, a. a. O., §3 Rn. 16.

169) Thomas Klindt, a. a. O.(주 13), §4 Rn. 19(조화된 표준을 수용한 독일표준은 '노동보호와 노동의료를 위한 연방기구'(BAuA)의 관보를 통하여 공표된다).

170) Joachim Geiß/Wolfgang Doll, a. a. O., §4 Rn. 42.

171) Thomas Klindt, a. a. O.(주 13), §4 Rn. 21.

전요구를 다른 방법으로 충족할 수 있다. 다른 방법으로 안전요구를 충족한 경우에는 최소한 해당하는 표준에서 규정한 안전기준과 동일한 수준에는 도달하여야 한다. 왜냐하면 표준상의 안전수준의 높이는 통상 일반적으로 승인된 기술의 규정에 상응하기 때문에, 표준에서 규정된 안전기준은 제품의 생산 시에 도달할 수가 있고, 준수되어져야만 하기 때문이다.[172]

3. 비조화된 영역(Nichtharmonisierter Bereich)에서의 제조물안전기준

동법 제4조 제2항은 비조화된 영역에 해당하는 제조물의 유통을 위한 요건을 규정하고 있다. 비조화된 영역에 해당하는 제조물은 규정에 맞는 사용이나 예견된 오용 시에 사용자와 제3자의 안전과 건강을 해하지 않도록 만들어져 있을 때에만 거래에 유통될 수 있다(§4 Abs. 2 S. 1 GPSG).[173] 조화된 영역에서의 제조물에 대한 안전요구는 신제품의 경우에만 적용되지만, 동법 제4조 제2항에서 "제1항에 해당하지 않는 한"이라고 함으로써, 비조화된 영역에서의 제조물에 대한 안전기준(안전요구)은 신제품뿐만 아니라 중고품(Gebrauchtprodukte)에도 적용된다.[174] 동법 제4조 제2항에 의한 보호법익은 사용자와 제3자이며, 이 때의 안

172) 조화된 영역에서 해당 표준을 준수하지 않은 제조물은, 제조자가 그의 제조물이 입법지침상의 기본적 안전요구에 상응한다는 것을 입증해야만 그 제조물을 유럽공동체 국가 내에 유통시킬 수 있다(이와 다른 견해에 대해서는 Thomas Wilrich, a. a. O., §4 Rn. 29).

173) 비조화된 영역의 경우에서는 기술적 노동수단의 경우에 동법의 효력범위 안에서 처음으로 유통되는 시점의 법률상태가 기준이 된다(§4 Abs. 3 S. 3 GPSG). 그러므로 비조화된 영역에 해당하는 기술적 노동수단의 경우에는 독일에 처음으로 유통시키는 시점의 법률상태가 그 유통화를 위한 기준이 된다. 그리고 비조화된 영역에서의 소비자제품의 경우에는 사실상 독일에 유통되는 시점의 법률상태가 기준이 된다(Thomas Wilrich, a. a. O., §4 Rn. 49-50).

174) Joachim Geiß/Wolfgang Doll, a. a. O., §4 Rn. 46.

전은 앞에서 살펴본 바와 같이 기술적 이유와 경제적 이유로 절대적 안전을 의미하지는 않는다. 이와 같이 비조화된 영역에 해당하는 제조물은 사용자와 제3자의 안전과 건강을 해하지 않는 경우에 유통될 수 있는데, 이 때 제조물이 이러한 안전요구사항을 충족시키는 가에 대한 판단에서 표준(Normen)과 다른 기술적 명세서(technische Spezifikation)가 그 토대가 될 수 있다(§4 Abs. 2 S. 3 GPSG). 이것이 제조물의 안전성평가에서 표준에 대한 공식적인 구속적 효과를 인정한 것은 아니며, 안전성평가에서 면밀히 조사되어야만 하는 기술적 전체사항의 인식원의 한 부분으로서 기술적 표준이 역할을 한다는 의미일 뿐이다.[175] 또한 제조물이 위와 같은 안전요구사항을 충족하는가의 여부의 판단을 위해서 제조물안전입법지침(ProdSRL) 제3조 제3항에서는 수많은 요소들을 거명하고 있는데, 이를 수용하여 동법 제4조 제2항 2문도 조립, 포장 등 여러 가지 사항을 안전요구사항의 충족여부를 판단하는 기준으로 제시하고 있다.[176]

하지만 동법 제4조 제2항 4문에서는 조화된 영역에서 조화된 표준에 상응하여 생산된 제조물은 안전한 것으로 추정된다는 동법 제4조 제1항 2문과 같은 추정효과(Vermutungswirkung)를 규정하여 표준의 역할을 강화하고 있다.[177] 즉 "기술적 노동수단과 소비자제품을 위한 위원회에서 조사되고 수임부서에 의해 연방관보에 공표된 표준과 기타의 기술적 명세서들이, 안전과 건강에 대한 하나 또는 다수의 안전 요구사항들에 상

---

175) Thomas Klindt, a. a. O.(주 13), §4 Rn. 48.

176) 동법 제4조 제2항 2문은 "제조물이 제1문에 따른 요구사항을 충족시키는지에 대한 판단을 할 때에는 특히 다음의 요소가 고려되어야 한다. 1. 조립, 포장 그리고 설치, 수리, 사용기간에 대한 사용설명서를 포함하는 제조물의 속성, 2. 그 제품이 다른 제조물과 함께 사용될 것이 기대되는 한 다른 제조물에 대한 그 제품의 영향, 3. 제품에 대한 묘사, 표시, 경고, 사용설명서 그리고 폐기처분에 대한 지시 및 기타 모든 제품과 관련된 설명과 정보들, 4. 제조물의 사용 시에 다른 사람들보다 더 위험에 노출될 수 있는 사용자 집단".

177) Thomas Wilrich, a. a. O., §4 Rn. 43.

응한다면, 이 표준이나 기타 기술적 명세서에 의해 생산된 제조물의 경우에는 안전과 건강에 대한 요구사항들을 충족시키는 것으로 추정된다"(§4 Abs. 2 S. 4 GPSG)고 하고 있다.[178] 이에 따라 비조화된 영역에서 제조물의 유통시에 요구되는 안전요구들의 준수는, 첫째로 '기술적 노동수단과 소비자제품을 위한 위원회'(AtAV)[179](§13 GPSG)에 의하여 조사되고, 둘째로 수임부서인 '노동보호와 노동의료를 위한 연방기구'(BAuA)[180]의 관보를 통하여 공표된, 그러한 표준을 준수한 경우에 추

178) 조화된 영역에서의 추정효과에 대한 연결점은 '새로운 구상'(New Approach)에 근거하고 있지만, 비조화된 영역에서의 추정효과는 "국가적 새로운 구상'(nationalen New Approach)에 근거한다고 할 수 있다(Tomas Klindt, Das neue Geräte- und Produktsicherheitsgesetz, NJW 2004, S. 468).

179) '기술적 노동수단과 소비자제품을 위한 위원회'(Ausschuss für technische Arbeitsmittel und Verbraucherprodukte: AtAV)는 동법에 의하여 연방경제부내에 설치되고(§13 Abs. 1GPSG), 위원회의 주요업무는 기술적 노동수단과 소비자제품의 안전에 관련된 문제에 대해서 연방정부에 조언하고, 동법 제4조 제2항 2문에서 언급한 표준과 기술적 명세서를 조사하는 것이다(§13 Abs. 2 GPSG). 동 위원회는 전문가위원회로서, 연방과 연방주의 안전과 건강을 위한 해당 관청, 인허부서, 독일 표준화 연구소, 노동보호와 표준화 위원회, 고용자협회, 노동조합과 그에 참여하는 단체들, 특히 제조업자와 소비자 단체 출신의 전문가들이 속해 있어야 한다(§13 Abs. 3 GPSG). 동 위원회는 표준이나 기술적 명세서를 만드는 기관은 아니다. 하지만 아직 독일 표준이 아닌 표준을 조사하고 공표할 수 있다. 즉 경우에 따라서는 외국의 표준을 조사하고 공표할 수 있으며, 이 경우에 외국의 표준은 추정효과를 누릴 수 있다(Thomas Klindt, a. a. O.(주 14), §4 Rn. 52).

180) '노동보호와 노동의료를 위한 연방기관'(Bundesanstalt für Arbeitsschutz und Arbeitsmedizin: BAuA)의 과제에 대해서 동법 제12조에 규정하고 있다. 위 기구는, 첫째로 일반적인 연구위임의 범위 내에서 예방차원에서 제조물이 야기할 수 있는 안전위험과 건강위험을 조사하고 평가하며 위험의 감소를 위한 제안을 한다(§12 Abs. 1 GPSG). 둘째로 개별적인 경우에 해당관청의 동의하에 안전과 건강을 위하여 직접적인 위험이나 현저한 위험이 존재한다고 하는 충분한 여지가 있는 제조물의 위험성평가를 한다. 이 경우에는 평가의 결과에 대해서 지체 없이 해당관청에 알리고 해당관청의 동의하에 관련된 유통업자에게 알린다(§12 Abs. 1

정된다는 것이다.[181] 추정의 내용은 해당 제조물이 안전과 건강에 대한 요구를 충족한다는 것이다. 그러므로 위와 같은 표준이나 기술적 명세서를 준수한 제조업자는 직접적으로 추정효과를 원용할 수 있으며, 이를 통하여 제1문에 의한 제조물의 안전요구에 해당 제조물이 일치한다는 입증을 쉽게 할 수 있어서 산업계에 입증상의 특권을 주게 된다.[182] 그러나 이러한 기술적 표준은 제조업자 등을 구속하는 효과는 없으므로, 제조업자는 표준과 상이한 선택을 할 수 있으며, 국내적으로 조사된 표준의 비준수가 바로 안전하지 않은 제조물로 평가되는 것은 아니다.[183]

4. 안전을 위한 정보제공의무와 전시시의 안전요구

1) 정보제공의무

동법 제4조 제4항은 정보제공의무(Informationspflichten)로서 제조물의 설치에 대한 고지의무(Hinweispflichten)와 독일어로 된 사용설명서(Gebrauchsanleitung)의 동봉제공에 대해서 규정하고 있다.

먼저 기술적 노동수단이나 완제품적인 사용대상의 유통 시에, 제조물의 설치를 통하여 비로소 안전과 건강이 보장된다면 이에 대하여 충분히 고지하여야 한다(§4 Abs. 4 Nr. 1 GPSG)고 하여서 고지의무(Hinweispflichten)를 규정하고 있다.[184] 물론 동법 제3조 제1항에 의한

GPSG). 셋째로 개별적으로 유럽공동체의 기관에 대하여 어떤 의무적인 행위가 요구될 때, 동 기구가 자신의 관할 속에서 제조물에 대한 위험평가를 실시한다(§12 Abs. 3 GPSG).

181) BR-Drs. 631/03, S. 44.

182) BR-Drs. 631/03, S. 44.

183) Thomas Klindt, a. a. O.(주 13), §4 Rn. 53.

184) 이러한 고지의무는 원래 유럽공동체의 제조물안전입법지침(ProdSRL)으로부터 유래하는 것이 아니라, 구 기구안전법(GSG) 제3조 제3항에서 유래하는 것이다. 독일의 기구 및 제조물안전법은 기술적 노동수단과 완제품적인 사용대상을 동법의 적용범위로 통합하였기 때문이다(Joachim

명령에 다른 규정이 있으면 그에 의한다.[185] 고지의무가 필요한 경우를 보면, 운영 전에 일정한 지반에 고정시켜야 하는 기계의 경우나 사용 전에 조립하고 전기에 연결시켜야 하지만 설치 시에 일정한 요구사항이 있는 프린트기와 같은 경우이다.[186] 이러한 경우에 제조업자는 위험방지를 위하여 기술적 노동수단이나 완제품적인 사용대상에 특별한 설치가 요구된다는 것을 고지해야만 한다.[187]

그리고 안전과 건강의 보장을 위한 특별한 규정들이 기술적 노동수단이나 완제품적인 사용대상의 사용, 부착(일부분의 부가 또는 교체) 또는 수선 시에 준수되어야 한다면, 유통 시에 독일어로 된 사용설명서(Gebrauchsanleitung)를 함께 제공해야만 한다(§4 Abs. 4 Nr. 2 GPSG)고 하여서 사용설명서 제공의무를 규정하고 있다. 이는 원래 '기술적 소비재의 사용설명서에 대한 1998년 12월 17일의 각료이사회의 결정'(Entschließung des Rates v. 17. 12. 1998 über Gebrauchsanleitung für technische Konsumgüter; ABlEG 1998 Nr. C411 S. 1)에 기인하는 것이다.[188] 사용설명서는 서면화된 것을 전제로 유통 시에 제조물과 함께 제공(Mitlieferung)되어야 하므로, 추후의 제공(Nachlieferung)은 충분한 것이 되지 않는다.[189] 또한 사용설명서는 독일어로 되어 있어야 한다.[190]

Geiß/Wolfgang Doll, a. a. O., §4 Rn. 71).

185) BR-Drs. 631/03, S. 45.

186) Joachim Geiß/Wolfgang Doll, a. a. O., §4 Rn. 73.; Thomas Wilrich, a. a. O., §4 Rn. 60.

187) 위험방지를 위한 고지장소는 제조물 자체에다 할 수도 있고, 제조물의 크기나 고지내용의 양에 따라서 제조물 자체에다 고지할 수 없는 경우에는 제조물과 별도로 분리된 사용설명서에다 고지할 수도 있다. 또한 고지는 반드시 서면으로 행할 것은 요구되지 않으며, 구두상의 고지는 첫 번째 사용자에 한해서는 유효할 수 있다(Thomas Wilrich, a. a. O., §4 Rn. 62).

188) BR-Drs. 631/03, S. 45.

189) Thomas Wilrich, a. a. O., §4 Rn. 66.

190) 사용설명서의 내용에 대해서는 동법에 규정되어 있지 않지만, 제품의 사용, 부착 또는 수선 시에 사용자의 안전과 건강을 보장하기 위한 목적에 도달할 수 있도록, 충분한 내용을 가지고 있어야 한다.

2) 전시시의 안전요구

제조물이 동법 제4조 제1항과 제2항의 유통시의 안전기준을 충족한다면, 당연히 전시될 수 있다. 하지만 제조물이 제4조 제1항과 제2항에 따른 안전요구를 충족하지 못한 경우에도 일정한 요건 아래에서 전시될 수 있다고 동법은 규정하고 있다.[191] 즉 제4조 제1항과 제2항에 의한 안전요건에 상응하지 않은 제조물은 보이는 표지판에 의해 이 안전요건들이 충족되지 않는다는 사실과 상응하는 일치가 창출되었을 때에서야 비로소 이 제조물을 구입할 수 있다는 것을 알린다면 전시될 수 있다(§4 Abs. 5 Nr. S. 1 GPSG)고 하고 있다. 그러므로 동법상의 안전요구에 일치하지 않은 제조물이 전시되기 위해서는, 첫째로 안전요구에 상응하지 않는다는 사실이 고지되고, 둘째로 상응하는 일치가 창출되었을 때에 그 제조물은 구입될 수 있다는 것이 고지되고, 셋째로 이러한 고지는 잘 읽고 이해할 수 있도록 분명하게 표지판을 통하여 행하여 질 때에만 전시될 수 있다.[192] 그리고 시범(Vorführung)을 보일 때에는 사람의 보호를 위하여 필요한 안전조치가 마련되어져야 한다(§4 Abs. 5 Nr. S. 2 GPSG).[193] 필요한 안전조치는 시범을 보일 때 뿐만 아니라 전시 시에도 행해져야 하는데, 이것은 민법상의 거래안전의무(Verkehrssicherungspflichten)로부터 도출된다.[194]

이 때 주의할 것은 유럽공동체 밖으로 수출하기 위한 제조물에는 동법이 적용되지 않으므로, 수출용제조물의 전시에는 동법 제4조 제5항의 규정이 적용되지 않는다는 것이다.[195] 수출의도는 전시 시에 분명히 표

---

191) Thomas Klindt, a. a. O.(주 13), §4 Rn. 71.

192) 이러한 의무를 부담하는 자는 제조물을 전시하는 모든 사람에게 해당된다. 그러므로 제조업자와 그의 대리인 이외에도 수업업자와 유통업자도 해당될 수 있다(Joachim Geiß/Wolfgang Doll, a. a. O., §4 Rn. 77).

193) 필요한 안전조치는 종사자와 방문객을 위해서 행해져야 하며, 안전조치를 취해야 하는 자는 전시자 뿐만 아니라 전시회(Messe od. Ausstellung)를 조직하는 자도 해당된다.

194) Thomas Wilrich, a. a. O., §4 Rn. 74.

195) A. a. O., §4 Rn. 76.

현되어야 하고, 이 경우의 필요한 안전조치는 민법상의 거래안전의무에 상응한 안전조치를 취해야 한다.

Ⅳ. 소비자제품의 유통을 위한 특별한 의무들

1. 서

동법 제4조는 제조물의 유통과 전시시에 요구되는 안전기준(안전요구)을 규정하여 제조자 등의 제조물 유통시의 핵심적인 의무를 규정하고 있으며, 동법 제5조에서는 소비자제품의 유통을 위한 제조자 및 유통업자 등의 부가적인 특별한 의무를 규정하고 있다. 동법 제5조는 유럽공동체의 제조물안전입법지침(ProdSRL) 제5조 제1항 내지 제3항을 독일법으로 전환한 것으로서, 제5조상의 의무는 모든 제조물에 해당되는 것이 아니고 단지 소비자제품(Verbraucherprodukte)에만 해당되는 것이다.[196)]

동법 제5조 제1항에서는 제조자, 그의 대리인 및 유통업자가 소비자제품을 유통시킬 때와 유통시킨 후의 특별한 의무들을 규정하고 있으며, 제2항에서는 위험한 제조물의 해당관청에 대한 보고의무를 규정하고, 제3항에서는 유통업자의 특별한 의무를 규정하고 있다. 즉 동법 제5조 제1항 제1호에서는 소비자제품의 유통 시에 제조자, 그의 대리인 및 수입업자에게는 제조물의 위험성에 대한 정보제공의무, 제조자 등을 분명히 표시하도록 하는 제조자 등의 표시의무, 제조물의 위험방지를 위하여 일정한 예방조치를 취할 의무가 있다고 하면서,[197)] 동조 제2호에서는 제조물관찰의무를 규정하고 있다.[198)]

---

196) BR-Drs. 631/03, S. 45.; Harald W. Potineke, a. a. O., S. 58; Joachim Geiß/Wolfgang Doll, a. a. O., §5 Rn. 1.

197) Sigurd Littbarski, a. a. O., S. 453; Harald W. Potineke, a. a. O., S. 58.

198) 제조물책임법(Produkthaftungsrecht)상 제조자는 제조물의 결함을 방지하기 위하여 설계상의 의무(Konstruktionspflichten), 제조상의 의무(Fabrikationspflichten), 표시상의 의무(Instruktionspflichten), 제조물관찰

2. 제조자, 그의 대리인 및 수입업자의 의무

1) 제조자, 그의 대리인 및 수입업자

제조물안전에 대한 요구는 먼저 제조자(Hersteller)에 향하고 있는데, 제조자 개념에 대해서는 동법 제2조 제10항에서 자세히 규정하고 있다. 동법에 의하면 제조자란 "제조물을 제조하거나, 제조물을 재처리하거나 근본적으로 변화시켜서 다시 유통시키는 각각의 자연인[199] 또는 법인을 말한다"(§2 Abs. 10 Nr. 1-2 GPSG)고 하면서, 독일 제조물책임법(ProdHaftG) 제4조 1항과 유사하게, 유사제조자(Quasi-Hersteller)도 제조자개념에 포함시켜서, "사업상 자기의 이름이나 상표 기타 식별할 수 있는 표식을 제조물에 부착하고, 그것을 통해 자신을 제조자로 표시하거나, 또는 기타의 유통자(Inverkehrbringer)로서 소비자제품의 안전성에 영향을 미치는 사람[200]도 또한 제조자이다"(§2 Abs. 10 Nr. 3 GPSG)라고 하고 있다. 그리고 대리인(Bevollmächtiger)이란 제조자의 이름으로 행위를 하도록 제조자로부터 서면으로 수권된 유럽경제구역 내에 거주하는 자연인 또는 법인을 말하며(§2 Abs. 11 GPSG), 수입업자(Einführer)란 제조물을 제3국으로부터 유럽경제구역으로 수입하거나 이를 유발시키는 유럽경제구역 내에 거주하는 자연인이나 법인을 의미한다(§2 Abs. 12

의무(Produktbeobachtungspflichten) 등을 부담하게 된다. 제조물책임법에서 인정된 이러한 제조자의 여러 의무 중에서 기구 및 제조물안전법(GPSG)이 분명히 언급한 것은 표시상의 의무(§5 Abs. 1 Nr. 1 GPSG)와 제조물관찰의무이고(§5 Abs. 1 Nr. 2 GPSG), 설계상의 의무와 제조상의 의무는 동법 제4조 제1항과 제2항의 규정에 의하여 포함될 것이다.

199) 제조물은 기업에 의하여 제조될 뿐만 아니라, 수공업자에 의해서도 제조될 수 있으며, 농부는 자연생산물의 제조자이다.

200) 법문에서는 '영향을 미치는'(beeinflusst)이라고 하고 있지만, 제조물안전입법지침에서는 '영향을 미칠 수 있는'(beeeinflussen kann)이라고 하고 있으므로, '영향을 미칠 수 있는'이라고 이해해야 할 것이다. 그리고 소비자제품의 안전성에 영향을 미칠 수 있는 것으로는, 소비자제품의 수송이나 장기보관 등을 그 예로 들 수 있다(Thomas Wilrich, a. a. O., §2 Rn. 86).

GPSG).

그러나 독일 제조물책임법(ProdHaftG) 제4조 제1항에 의하면 완성품의 제조자 이외에 원재료 또는 부품의 제조자도 제조자로 규정되어 있다. 그런데 제조물의 다른 일부를 제조하기 위하여 또는 최종제조물을 제조하기 위하여 사용되는 부품의 제조자인 부품제조자(Zulieferer)도 동법상의 제조자에 해당하는지 여부에 대해서는 명문으로 규정하고 있지 않다. 소비자제품의 안전성에 영향을 미칠 수 있는 유통업자도 제조자에 해당한다(§2 Abs. 10 Nr. 3 GPSG)고 함으로써, 부품제조자도 제조자에 속하는 것으로 볼 여지도 있지만, 부품제조자는 제조자개념에 포함되지 않는다고 할 것이다. 왜냐하면 그 이유는, 첫째로 소비자제품의 경우에, 동법의 목적은 소비자의 사적 사용에 이용될 수 있는 불안전한 제조물로부터 소비자를 보호하기 위한 것이고, 그 적용범위에서도 모든 제조물에 대해서 동법이 적용되는 것이 아니라, 영업활동으로 거래에 가져온 제조물 중에서 소비자의 사적 영역에서만 사용되거나 사용자에 의하여 사적영역에서도 사용되거나 사용될 수 있는 제조물에 대해서만 동법이 적용되기 때문이다. 둘째로 동법은 소비자보호를 목적으로 하는데, 이러한 목적은 소비자를 위한 일정한 완제품(Endprodukte)의 제조자와 유통업자가 그들의 제조물안전을 위한 의무를 다할 때 충분히 달성될 수 있기 때문이다.[201] 그러므로 부품제조자는 동법상의 제조자의 개념에 포함되지 않는다고 해야 할 것이다.

2) 제조자, 그의 대리인 및 수입업자의 의무

가. 유통시의 제조자, 그의 대리인 및 수입업자의 의무

소비자제품의 유통 시에 제조자, 그의 대리인 및 수입업자에게는 정보제공의무, 제조자 등의 표시의무, 위험방지를 위한 일정한 예방수단마

201) Gerhard Wagner, a. a. O., S. 2492.

련의무가 있다.[202] 이에 대해서 자세히 보면 다음과 같다.

i) 정보제공의무

소비자제품을 유통시킬 때 제조자, 그의 대리인 및 수입업자는 사용자에게 소비자제품의 위험성에 대하여 정보를 제공해야만 한다. 즉 제조자 등은 사업활동의 범위 내에서 소비자제품을 유통시킬 때, 사용자가 통상적인 또는 이성적으로 예상할 수 있는 사용기간 동안에 소비자제품이 야기하는 위험, 그러나 그에 대한 정보없이는 직접적으로 알 수 없는 위험들을 판단하고 그로부터 자신을 보호할 수 있도록 하기 위하여 필요한 정보를 제공해야만 한다(§5 Abs. 1 Nr. 1 a) GPSG)고 하여서 정보제공의무(Informationspflichten)를 규정하고 있다.[203] 이러한 정보제공의무는 동법 제4조 제4항에 의한 사용설명서에 의한 정보제공의무를 보충하게 된다. 동법 제4조 제4항은 제조물의 설치 등에서의 정보제공의무와 규정에 맞는 사용방법 등에 대한 사용설명서의 제공의무를 규정하고 있고, 이에 반해서 제5조 제1항 제1호에 의한 정보제공의무는 소비자제품이 야기할 수 있는 위험성에 대한 정보제공의무를 규정하는 것이 된다.[204] 이것은 제조물책임법(Produkthaftungsrecht)상 제조자의 의무로 인정되는 표시상의 의무(Instruktionspflichten)를 동법에서 분명히 언급한 것이 된다.

동법 제5조 제1항 제1호에 의한 사용자에 대한 정보제공의 목적은 사용자가 위험을 판단하고 그로부터 자신을 보호할 수 있도록 하기 위한 것이다. 그리고 정보제공의무는 사용자가 통상적인 또는 이성적으로 예상할 수 있는 사용기간 동안에 소비자제품이 야기할 수 있는 위험에 대한 것이므로, 남용적인 장기간의 사용기간에 대해서는 고려할 필요가 없다. 또한 위험에 대한 정보제공의 범위는 사용자가 직접적으로 알 수

202) Sigurd Littbarski, a. a. O., S. 453; Harald W. Potineke, a. a. O., S. 58.
203) Henning Moelle/Dirk Mecklenbrauck, Verschärfung und Neuordnung des Produktsicherheitsrechts, PHi 2003, S. 214.
204) Thomas Wilrich, a. a. O., §5 Rn. 4-5.

없는 그러한 위험들에 대해서만 정보제공을 하면 된다.

이러한 정보제공의무에 대한 규정은 지시의무를 규정한 것이다.

ii) 제조자 등의 표시의무

동법 제5조 제1항 제1호 b)에 의하여 소비자제품을 유통시킬 때 제조자, 그의 대리인 및 수입업자는 자신들의 이름과 주소를 표시해야하는 표시의무(Kennzeichnungspflichten)를 부담한다. 즉 제조자의 이름, 제조자가 유럽경제구역내에 거주하지 않는다면 대리인 또는 수입업자의 이름 그리고 그의 주소를 소비자제품 또는 포장[205]에 표시해야만 한다(§5 Abs. 1 Nr. 1 b) GPSG). 그리고 사용자에게 이미 위 정보가 이미 잘 알려져 있거나 또는 이러한 정보의 제공이 상당한 비용과 연결되어 있다는 등의 이유로 정보의 생략이 받아들여질 수 있는 것이 아니라면, 제품의 신원을 분명히 알 수 있도록 소비자제품 또는 포장에 표시를 해야한다(§5 Abs. 1 Nr. 1 b) GPSG).

이를 보면 제조자가 유럽경제구역(EWR)내에 거주하면 제조자의 이름과 주소를 표시해야 하고, 제조자가 유럽경제구역이 아닌 제3국에 거주하면 그의 대리인의 이름과 주소나 또는 수입업자의 이름과 주소를 표시하면 된다.[206] 이러한 제조자 등의 표시의무를 부과하는 이유는, 제조물의 역추적을 용이하게 할 뿐만 아니라, 특히 제조물의 제조상 하자(Fabrikationsfehler)로 인하여 어떠한 조치가 필요한 경우에 관련된 제조물의 신원을 쉽게 확인할 수 있도록 함에 있다.[207]

iii) 제조물위험방지를 위한 조직의무

---

205) 제조자 등의 표시는 제품 자체에 하든지 아니면 포장에 하든지 상관이 없으며, 제조물의 크기로 인하여 제품 자체에 할 수 없으면 제조물의 포장에 할 수 있다고 할 것이다.

206) Harald W. Potineke, a. a. O., S. 58.; Thomas Wilrich, a. a. O., §5 Rn. 9-10.

207) Joachim Geiß/Wolfgang Doll, a. a. O., §5 Rn. 24.

동법 제5조 제1항 제1호 c)에 의하여 제조자, 그의 대리인 및 수입업자는 소비자제품을 유통시킬 때 소비자제품의 위험방지를 위하여 적절한 조치에 필요한 적절한 예방수단(Vorkehrungen)을 마련할 조직상의 의무(Organisationspflicht)가 있다.[208] 즉 위험방지를 위하여 적절한 조치(Maßnahmen), 즉 소비자제품의 회수, 적절하고 유효한 경고와 리콜(Rückruf) 등에 이르는 조치들을 할 수 있도록 하기 위해 그들에 의해 유통되어진 소비자제품의 속성에 적당한 예방수단(Vorkehrungen)을 마련해야 한다(§5 Abs. 1 Nr. 1 c) GPSG).

이 예방수단은 위험의 발생을 미리 예방하기 위한 것이 아니라, 발생한 위험의 방지에 필요한 적절한 조치(예를 들어, 소비자제품의 회수, 경고나 리콜 등)를 하는데 필요한 수단을 말한다. 이러한 예방수단에 대해서 동법은 자세히 규정하고 있지 않지만, 의심없이 제조물의 신원(동일성)을 확인할 수 있는 표시라든가(§5 Abs. 1 Nr. 1 b) GPSG), 제조물의 유형이나 시리즈번호(Typen- od. Seriennummer), 또는 고객카드의 작성, 태스크 포스팀의 운영, 비상계획 등이 이에 해당할 수 있다.[209] 즉 불안전한 소비자제품에 대하여 신속하고 목적에 맞는 반응을 할 수 있도록 하는 수단들이 적절한 예방수단들이 될 것이다.[210]

---

208) Wolfgang Doll/Joachim Geiß, Die neuen Pflichten für Verbraucherprodukte nach §5 des Gräte- und Produktsicherheitsgesetz, PHi 2005, S. 149; Thomas Klindt, a. a. O.(주 13), §5 Rn. 37.

209) BR-Drs. 631/03, S. 45.; Harald W. Potineke, a. a. O., S. 58; Thomas Klindt, a. a. O.(주 13), §5 Rn. 40.

210) 그리고 동법 제5조 제1항 제1호 c)에서 제조자 등은 위험방지를 위하여 소비자제품의 회수, 적절하고 유효한 경고와 리콜(Rückruf) 등에 이르는 '적절한 조치'에 필요한 적당한 예방수단을 마련하도록 하고 있으므로, '적절한 조치'에서 제조자 등의 소비자제품에 대한 경고 및 리콜의무 등이 도출된다고 할 것이다. 동법 제8조에 의하여 해당관청은 일정한 요건 아래서 제조자에게 제조물에 대한 경고나 리콜 등을 명령할 수 있는데, 이것은 제조자에게 이에 상응하는 공법적 행태의무(Verhaltenspflichten)의 존재를 전제로 하는 것이다. 이에 따라 동법 제8조에 의한 행정행위(Verwaltungsakte)는 의무설정적 효과를 가지는 것이 아니라 단지 의무

나. 유통후의 제조자, 그의 대리인 및 수입업자의 의무

소비자제품을 유통시킨 후에는 제조자, 그의 대리인 및 수입업자에게는 제조물관찰의무(§5 Abs. 1 Nr. 2 GPSG)와 위험한 제조물의 해당관청에 대한 보고의무(§5 Abs. 2 GPSG)가 있다.

i) 제조물관찰의무

소비자제품을 유통시킨 후 제조자, 그의 대리인 및 수입업자는 민법상 인정되는 제조물관찰의무[211]와 같은 공법적 제조물관찰의무(Produktbeobachtungspflichten)를 부담한다. 동법 제5조 제1항 2호에서는 "유통되어진 소비자제품의 경우에는 제품으로부터 발생하는 위험과 이것을 방지하기 위한 가능성의 정도에 상관하여(abhängig) 표본검사를 실시해야하고, 소비자불만신고를 평가하고 필요한 경우에 불만신고목록을 운영해야 한다"(§5 Abs. 1 Nr. 2 GPSG)고 하여서, 제조자 등의 제조물관찰의무와 불만평가의무를 규정하고 있다.[212] 이에 따라 제조자, 그의 대리인 및 수입업자는 소비자를 통하여 그들에게 제기된 위험을 받아들이고, 또한 스스로 제품에 대한 표본검사를 실시해야 한다. 제조업자 등의

구체화적 효과만을 가진다고 할 수 있다.

211) 민법상 제조물관찰의무(Produktbeobachtungspflichten)란 제조물의 거래유통과 더불어 제조자의 거래안전의무는 종료되는 것이 아니라, 그 이후에도 학문과 기술의 수준의 발전에 좇아 지속적으로 제조물을 관찰하여 소비자에게 피해가 발생하지 않도록 일정한 조치를 해야한다는 의무이다. 민법상 제조물관찰의무의 법적 근거에 대해서는, 명문의 규정이 없으므로, 독일의 판례와 통설은 제조물관찰의무의 근거를 독일민법 제823조 제1항의 해석론으로 발전된, 거래안전의무에서 그 근거를 찾는다(Klaus Vieweg/Christop Schrenk, Produktrückruf als Instrument präventiven Verbraucherschutzes, Jura 1997, S. 562f.).

212) 동법 제5조 제1항 2호상의 법문의 의미로 보아서 분명하지는 않지만 통상 제조물관찰의무를 규정하고 있는 것으로 해석한다(Wolfgang Doll/Joachim Geiß, a. a. O., S. 150-160; Thomas Wilrich, a. a. O., §5 Rn. 20-21; Harald W. Potineke, a. a. O., S. 58).

이러한 의무는 위험의 현저성과 위험방지의 가능성과 상관되어서, 위험한 제조물의 경우에는 상대적으로 위험하지 않은 제조물보다 더 강하게 제조물표본검사를 실시해야 한다.[213]

이와 같이 동법 제5조 제1항 제2호는 제조자 등의 공법적 제조물관찰의무를 부과하고, 동법 제5조 제1항 제1호 c)는 적절한 조치에 필요한 적절한 예방수단을 마련하도록 하고 있다. 독일 제조물책임법(Produkthaftungsrecht)상 제조자 등의 주의의무는 제조물을 시장에 유통시킨 시점에 완료되는 것이 아니라, 제조자 등은 제품유통시점 이후에도 지속적으로 주의의무를 지는데, 이를 일반적으로 제조물관찰의무(Produktbeobachtungspflicht)라고 한다.[214] 즉 제조자 등은 제조물을 시장에 유통시킨 이후에도 학문과 기술수준의 발전에 쫓아 지속적으로 제조물을 관찰하여 소비자에게 예상하지 못한 위험이 발생하지 않도록 조치할 의무가 주어지는데, 이는 주로 경고나 리콜을 통하여 행해지고, 제조물관찰의무의 과실있는 위반 시에는 제조자 등의 손해배상책임이 인정된다.[215]

마찬가지로 동법 제5조 제1항 제2호상의 공법적 제조물관찰의무와 동법 제5조 제1항 제1호 c)상의 '적절한 조치'에 필요한 적절한 예방수단을 마련규정을 통하여, 이용자의 생명 · 신체 · 건강이 위협받거나 소비자제품의 이용자 이외의 제3자도 위험에 처할 수 있는 경우에, 공적인 위험경고가 충분하지 않을 때, 제조자 등의 리콜의무(Rückrufpflicht)가 고려되게 된다. 이러한 제조자 등의 리콜의무는 제조자가 소비자제품결함에 과실의 유무를 떠나서 인정된다. 즉 소비자제품을 유통시킬 시점에 학문과 기술의 수준에 의하여 인식할 수 없었던 개발위험에 의한 하자 시에, 제조자의 과책(Verschulden)이 없으므로 독일민법 제823조 제1항에 따른 리콜의무가 부정되는 '피할 수 없는 제조상의 하

213) A. a. O., S. 150.
214) Dirk Looschelders, Schuldrecht Besonderer Teil, 4. Aufl., 2010. Rn. 1270.
215) A. a. O., Rn. 1270.

자'(unvermeidbaren Fabrikationsmangel)[216]시에도 동법 제5조 제1항 제2호와 동법 제5조 제1항 제1호 c)에 의한 제조자의 공법적인 리콜의무는 인정될 수 있다.[217]

그리고 동법 제5조 제1항 제2호 끝문에 의하면, 제조자 등은 "유통업자에게 이 소비자제품과 관련된 조치들을 알려주어야 한다". 즉 제조자 등은 소비자제품과 관련한 소비자들의 불만과 위험방지를 위한 표본검사와 관련되어서 행해진 조치들(Maßnahmen)에 대해서 유통업자에게 통지해 주어야 한다. 통지의 방법에 대해서는 규정하지 않았으므로, 서면이나 구두로 행해질 수 있다.[218]

ii) 해당관청에 대한 보고의무

제조자, 그의 대리인 및 수입업자는 소비자제품을 유통시킨 후 소비자제품이 사람의 건강과 안전에 위험을 발생시킬 수 있다는 것을 안 경우에는 해당 관청에 지체없이 보고할 보고의무(Unterrichtungspflicht)가

---

216) 제조자가 최신의 과학 기술수준에 좇아 최적의 품질관리 및 숙련된 피용자에 의해 제품을 생산하였음에도 불구하고 아주 드물게 발생하는 제조과정상의 결함제품에 대해서는 제조자의 리콜의무가 제조물책임법(Produkthaftungsrecht)상 존재하지 않는다고 보는데, 이와 같은 결함제품에 대해서는 제조자의 유책성이 없을 뿐만 아니라, 만일 리콜의무를 인정하면 제조자에게 예측불가능한 과도한 경제적 부담을 주게 되기 때문이다(김진우, 독일의 제조물관찰의무에 관한 연구, 사법행정 2001. 10, 38면). 즉 피할 수 없는 제조상의 하자, 소위 조악품(Ausreißer)은 자동화기계설비를 갖춘 공장에서 기계가 고장을 일으켜 결함이 발생하는 경우 등으로서 이러한 경우에는 인간의 예견가능성을 기대하기 어렵다. 예를 들어, 충분히 선택·조절·정비된 기계나 시설에 의한 불량품 생산 및 전문적 기능을 갖춘 신뢰할 수 있는 원료·부품의 공급업자로 인한 불량품 생산 등이 이에 해당한다. 물론 여기에서도 충분한 검사가 행해졌는가의 문제가 있을 수 있다.

217) Peter Marburger, Produktsicherheit und Produkthaftung, Festschrift für Erwin Deutsch, 1999, S. 277.

218) Joachim Geiß/Wolfgang Doll, a. a. O., §5 Rn. 45(실제 가장 빠르고 확실한 방법은 인터넷을 통한 통지일 것이다).

있다(§5 Abs. 2 GPSG). 즉 제조자, 그의 대리인 및 수입업자는 만일 그들이 알고 있거나 그들에게 주어진 정보나 그들의 경험을 통해 유통시킨 소비자제품이 사람의 건강과 안전에 위험이 될 수 있다는 것에 대한 분명한 근거(Anhaltspunkte)를 가지고 있다면, 이를 지체없이 해당관청에 보고해야만 한다. 소비자제품으로부터 발생하는 위험에 대하여 해당관청에 보고할 의무는, 제조물안전입법지침(ProdSRL)이 나오기 전까지는 유럽공동체경제구역 내에서 존재하지 않았다.[219] 보고의무가 발생하는 경우는 유통시킨 소비자제품에 의하여 사람의 건강과 안전에 위험이 있는 경우로서, 이 때의 사람은 소비자와 제3자이며, 기타의 법익에 대한 위험, 예를 들어 동물에 대한 위험은 보고의무를 발생시키지 않는다.[220]

3. 유통업자의 의무

독일 기구 및 제조물안전법상 유통업자(Händler)란 제조자, 그의 대리인 및 수입업자가 아닌 자로서 영업적으로 제조물을 유통시키는 자이다(§2 Abs. 13 GPSG). 동법은 유통업자에게도 제조물안전을 위한 일정한 행태요구를 규정하고 있다. 하지만 유통업자는 제조물의 제조와 이로부터 파생하는 위험에 실제 영향을 미칠 수 없고, 단순히 제조물의 분배기능만을 가지고 있기 때문에 유통업자의 의무는 제조자의 의무보다 경미하다.[221] 이에 따라 동법 제5조 제3항에서는, 유통업자는 첫째로 안전한 소비자제품만이 거래에 유통되도록 기여해야 하며, 둘째로 위험한 소비자제품에 대해서 해당 관청에 보고의무가 있다고 규정하고 있다.[222]

---

219) Thomas Wilrich, a. a. O., §5 Rn. 23-24; Joachim Geiß/Wolfgang Doll, a. a. O., §5 Rn. 47(이에 반해서 미국은 오래 전부터 이와 유사한 보고의무가 있어 왔다고 한다(US TREAD-ACT für Kfz- und die Zuliefererbranche)).

220) Joachim Geiß/Wolfgang Doll, a. a. O., §5 Rn. 51.

221) BR-Drs. 631/03, S. 45; Wolfgang Doll/Joachim Geiß, a. a. O., S. 151.

222) Harald W. Potineke, a. a. O., S. 58.

먼저 동법 제5조 제3에서는 '유통업자는 안전한 제조물만을 거래에 유통시키는데 기여해야 한다'(§5 Abs. 3 S. 1 GPSG)고 하면서, '유통업자는 특히 소비자제품이 동법 제4조상의 안전요구에 상응하지 않다는 사실을 알고 있거나, 그에게 제시된 정보나 유통업자로서 그의 경험상 알고 있어야만(wissen müssen) 하는 정보에 근거하여, 동법 제4조상의 안전요구에 상응하지 않은 소비자제품을 거래에 유통시켜서는 안 된다'(§5 Abs. 3 S. 2 GPSG)고 규정하고 있다. 즉 유통업자는 그에게 가능하고 기대할 수 있는 주의의 범위 내에서 안전한 소비자제품만이 거래에 유통되도록 기여해야 한다.

둘째로 동법 제5조 제3항 3문에서는 '제2항은 유통업자에게도 적용된다'고 하여서, 유통업자에게도 소비자제품의 위험성에 대하여 해당관청에 보고할 보고의무(Unterrichtungspflicht)를 인정하고 있다. 즉 소비자제품을 유통시킨 후 소비자제품이 사람의 건강과 안전에 위험을 발생시킬 수 있다는 것을 안 경우에, 유통업자도 해당 관청에 지체없이 보고해야 한다.

V. 제조물위험방지를 위한 해당 관청의 과제와 권한

1. 서

독일 기구 및 제조물안전법 제3절(제8조 내제 제9조)에서는 제조물의 유통[223]과 이미 거래에 유통된 제조물에 대한 해당 관청(zuständige Behörden)의 시장감시(Marktüberwachung)를 규정하여, 해당 관청이 위험

223) 유통(Inverkehrbringen)이란 그 제조물이 신제품, 중고품인지 또는 재가공된 것인지, 아니면 근본적으로 변형된 것인가의 여부에 상관없이, 다름 사람에게 하는 제조물의 모든 양도를 말한다((§2 Abs. 8 S. 1 GPSG). 그리고 유럽경제구역으로의 수입은 신제품을 유통시키는 것과 동일하다(§2 Abs. 8 S. 2 GPSG).

한 제조물에 대해서 예방적인 조치를 취할 수 있는 다양한 권한을 설정하고 있다.[224] 즉 독일 민사책임법에 의해서는 위험한 제조물로부터 소비자를 예방적으로 보호하기 위한 체계흠결이 발생하는데,[225] 동법의 규정을 통하여 손해발생이 사전에 방지되도록 하는 해당관청의 구체적인 권한이 규정되게 되었다. 동법 제8조는 시장감시 해당관청의 관할·과제와 권한을 규정하여, 제조물의 유통과 이미 유통된 제조물에 대한 해당관청의 시장감시에 대한 핵심적인 사항을 규정하고 있고, 동법 제9조는 해당 관청과 수임 부서와의 관계 및 정보교환에 대해서, 제10조는 정보공개에 대해서 규정하고 있다. 이러한 해당관청의 시장감시는 위험하거나 불안전한 제조물로부터 사람의 안전과 건강의 보호를 목적으로 한다. 이러한 목적은 해당관청을 통하여 존재하는 위험상태의 제거(위험

224) 물론 이러한 해당관청의 예방적 권한은 독일 의약품법(AMG), 의료기구법(MPG), 유전공학법(GenTG) 등의 전문특별법에서는 이미 규정하고 있었다.

225) 제조자가 결함있는 제조물을 유통시키고 손해를 발생시킨 경우에, 제조자는 사법상의 책임법, 즉 독일민법 제823조나 제조물책임법 제1조에 따라서 손해배상을 해야 한다. 이러한 민사법상의 제재는 손해발생 후에 행해지고, 손해의 발생을 사전에 막기 위한 예방적 작용(Präventivwirkung)은 제조자의 이성적인 자기이해에 맡겨지게 된다. 이에 따라 사법적 방법(privatrechtliches Weg)으로도 결함있는 제조물의 양수인이 손해발생 전에 제조자에게 제조물위험에 대해서 경고하거나, 결함있는 제조물을 리콜하거나, 경우에 따라서는 자신의 비용으로 수리하거나 교환할 것을 청구할 수 있느냐의 문제가 있다. 즉 소비자에게 제조물에 대한 경고나 리콜청구권(Anspruch auf Rückruf des Produkts)이 인정되는가 하는 것이 문제로 된다. 하지만 불법행위를 규율하는 독일민법 제823조는 이미 발생한 손해만에 대해서 규율하므로, 손해가 아직 발생하지 않고 단순히 위험만이 존재한다는 것으로서 소비자나 제3자의 리콜청구권이 인정될 수 없다는 것이 일반적이다(Klaus Vieweg/Christoph Schrenk, Produktrückruf als Instrument präventiven Verbraucherschutzes, Jura 1997, S. 563; Zur Rückrufpflicht nach §823 BGB und §9 ProdSG, DB 1999, S. 2200). 이러한 사법적인 방법으로서의 소비자의 제조자에 대한 경고나 리콜청구권은, 실제 민법이 제조자의 책임을 불법행위법에 따라서 물을 때에는 신중하게 판단되어야 하고 이러한 소비자의 권리는 인정되기 어려울 것이다.

방지)나 예상되는 위험이 구체화되는 것을 예방(위험예방)함으로써 달성된다.

그리고 동법 제8조 제1항은 시장감시의 규정을 수행할 해당관청은 어느 관청인가에 대해서 규정하고 있는데, 동법에 의하면 해당관청은 원칙적으로 연방주법(Landesrecht)에서 정한 해당관청이 시장감시의 과제를 수행할 해당관청이 된다(§8 Abs. 1 S. 1 GPSG).[226] 물론 의료기구법(MPG), 의약품법(AMG), 화학물질법(ChemG), 방송시설과 통신시설에 관한 법(FTEG) 등의 다른 법에서 해당 관청을 정하고 있거나(§8 Abs. 1 S. 2 GPSG), 동법의 실행을 위한 다른 법규에서 관할을 지정한 경우(§8 Abs. 1 S. 3 GPSG)에는 그에 의한다.

2. 해당관청의 감시구상과 추정효과

동법 제8조 제2항에 의하면, 시장감시관청은 제조물의 유통과 이미 유통된 제조물의 감시에 필요한 체계적인 행동양식(systematische Vorgehensweise)을 개발할 의무가 있다.[227] 즉 효율적이고 실효적인 시장감시를 보장하기 위하여, 해당관청은 제조물의 유통과 이미 유통된 제조물에 대한 감시를 '감시구상'(Überwachungskonzept)에 따라 보장(담보)해야 한다(§8 Abs. 2 S. 1 GPSG). '감시구상'을 하도록 하는 이유는, 시장감시의 효율성을 달성하고 시장참여자와 공공을 위하여 투명성을 확보하기 위한 것이다.[228] 이러한 감시구상에는 '특히 하자주안점(Mängelschwerpunkten)과 제품동향의 조사를 위해 다루어지는 정보에 대한 파악과 평가, 제조물에 대한 표본검사의 유형과 필요한 검사범위를

---

226) 예를 들어, 바이에른 주와 바덴-뷔르텐베르크 주에서는 영업감독청(Gewerbeaufsichtsämter)이 해당관청이 되고, 노르트라인-베스트팔렌 주와 튀링엔 주에서는 노동보호를 위한 지방청(Landesämter für Arbeitschutz)이 해당관청이 된다.

227) Joachim Geiß/Wolfgang Doll, a. a. O., §8 Rn. 6; Harald W. Potineke, a. a. O., S. 58.

228) BR-Drs. 631/03, S. 48.

정하는 감시프로그램(Überwachungsprogrammen)의 수립·감시프로그램의 정기적인 조정과 실행 및 이 프로그램에 대한 이해와 평가, 그리고 이 구상의 실효성에 대한 정기적인 검사와 평가 등을 포함해야 한다'(§8 Abs. 2 S. 2 GPSG). 동법 제8조 제2항 2문의 특히(insbesondere)라는 문구를 보면, 감시구상의 내용은 동법에서 확정적이 아니라 예시적으로 규정하고 있으며, 위 감시구상의 내용은 최소한 포함되어야 하는 내용으로 이해할 수 있다.[229] 그리고 해당관청의 시장감시는 완전한 감시를 요구하는 것은 아니며, 실제 해당관청이 완전한 시장감시를 할 수도 없다. 이에 따라 동법 제8조 제2항에서도 표본검사의 형식과 필요한 검사의 범위를 정하도록 하고 있다. 하지만 '감시구상'은 종사자(기술적 노동기구와 관련하여)와 소비자(소비자제품과 관련하여)의 안전과 건강을 위하여 높은 보호수준을 보여주어야 하고, 한편으로는 효율적인 시장감시를 달성할 수 있도록 해야 한다.[230][231]

---

229) Ulrich Ellinghaus, Die Umsetzung der Allgemeinen Produktsicherheitsrichtlinie in den Mitglidstaaten der Europäichen Union, StoffR 2007, S. 34; Thomas Wilrich, a. a. O., §8 Rn. 13.

230) Joachim Geiß/Wolfgang Doll, a. a. O., §8 Rn. 12.

231) 시장감시는 해당관청의 체계적인 행동뿐만 아니라 조화롭고 협력적인 행동을 통하여 효율적으로 달성될 수 있다. 이에 따라 2000년에 '노동보호와 기술적 안전을 위한 연방주위원회'(LASI)는 '독일 시장감시관청의 연방주의 범위를 넘는 공동작업을 위한 구상'을 결의하였고, 시장감시의 협력·조정을 위한 중앙위원회로서 '시장감시를 위한 작업위원회'(Arbeitsausschuss Marktüberwachung)가 설립되었다. 이러한 연방주들의 상호협력적인 시장감시에 대한 법적 근거를 마련하기 위하여 동법 제8조 제3항은 '최고의 연방주 해당관청(zuständige Oberste Landesbehörde)은 제조물의 유통 및 이미 유통된 제조물에 대한 감시의 조정, 감시계획의 발전과 진전, 그리고 현저한 위험의 방지를 위하여 연방주의 경계를 넘어서는 대책들의 준비를 해야 한다'(§8 Abs. 3 S. 1 GPSG)고 규정하였다(BR-Drs. 631/03, S. 48). 그러나 '시장감시를 위한 작업위원회'의 과제는 동법 제1조 제3항에 의하여 특별법에 의하여 규율되는 제조물에 대해서는 미치지 않는다(§8 Abs. 3 S. 1 GPSG)(이에 대해서 자세한 것은, Joachim Geiß/Wolfgang Doll, a. a. O.(주 22), §8 Rn. 20-28 참조). '시장감시를 위한 작업위원회'의 주된 과제는 연방주의 시장감시관청 사이, 그리고 독

그리고 해당관청의 시장감시의 범위와 방향은 동법 제8조 제2항 제3문과 제4문의 추정규정에 의하여 조절된다. 동법 제8조 제2항 제3문에 의하면 '해당관청은 제3조 제1항에 의한 명령에 해당하고 CE표시를 가진 제조물의 경우는 그곳에서 확정된 안전요구들을 충족시키는 것으로 전제한다'라고 하여서, CE표시를 가진 신제품의 경우에는 해당관청에 대하여 추정효과(Vermutungswirkung)를 가진다.[232] 그러므로 이러한 제조물에 대한 해당관청의 감시는 일반 제조물에 대한 감시와 같이 동일선상에서 전면적 감시(flächendeckende Überwachung)가 행해지는 것은 아니다. 하지만 해당관청은 당해 제조물이 법적인 전제요건을 충족하는지에 여부에 대하여 표본검사를 할 수는 있고, 이들 제조물이 법률위반의 여지가 있다면 전면적인 점검을 할 수 있다. 그러나 추정효과로 인하여 이들 제조물에 대한 전면적인 감시와 체계적인 시장통제(systematische Marktkontrollen)는 배제된다.[233] 또한 동법 제8조 제2항 제4문에 의하면 '제7조 제1항에 따라 GS표가 부여된 기술적 노동기구와 완제품적인 사용대상의 경우에, 이 제조물들은 제4조 제1항과 제2항 및 다른 명령에 의한 안전과 건강에 대한 안전요구사항들에 상응하는 것으로 전제한다'고 하여서, GS표를 가진 제조물에 대하여 추정효과를 규정하고 있다. 이에 반해서 동법 제4조 제2항 제4문에서는 국가표준이나 기타의 기술적 명세서에 의해 생산된 제조물의 경우에는 안전과 건강에 대한 요구사항들을 충족시키는 것으로 추정한다고 규정하고 있다.

3. 해당 관청의 조치

동법 제8조 제4항은 해당관청은 제조물들이 동법 제4조에 따른 안전요구사항들에 상응하지 않는다는 의심을 하게 되는 경우에는 이에 필요

일과 유럽공동체 회원국 간 사이의 시장감시에 대한 조정과 공동작업을 수행하는 것이다.

232) Thomas Klindt, a. a. O.(주 13), §8 Rn. 20.

233) Thomas Wilrich, a. a. O., §8 Rn. 18.

한 조치를 취할 수 있다(§8 Abs. 4 S. 1 GPSG)고 하여서, 해당관청의 다양한 행위권능과 개입권한을 규정하고 있다(§8 Abs. 4 S. 2 GPSG). 구 제조물안전법(ProdSG)에서는 제조물이 안전하지 않다는 것을 해당관청이 안 경우에만, 필요한 조치를 취할 수 있다(§7 Abs. 1 S. 1 ProdSG a. F.)고 하였으나, 동법에서는 동법 제4조에 따른 안전요구사항들에 상응하지 않는다는 의심을 하게 되는 경우에는(wenn sie den begründeten Verdacht hat) 이에 필요한 조치를 취할 수 있다(§8 Abs. 4 S. 1 GPSG)고 하여서, 해당 제조물이 동법 제4조상의 안전요구사항에 일치하지 않는다는 사실에 대하여 최종적인 확신이나 인식 없이도 필요한 조치를 취할 수 있도록 하고 있다.[234)][235)] 또한 위험한 제조물에 대한 해당관청의

---

234) Joachim Geiß/Wolfgang Doll, a. a. O., §8 Rn. 43; Thomas Wilrich, a. a. O., §8 Rn. 25.

235) 구 제조물안전법(ProdSG)에서는 제조물이 안전요구에 대한 기준적인 법규명령(maßgebliche Rechtsvorschriften), 기술의 수준이나 제조물에 표준적인 기술적 규칙서(maßgebliche technische Regelwerk)에 상응하더라도, 제조물로부터 위험이 발생할 경우에는 해당관청은 그 제조물에 대해서도 필요한 조치를 취할 수 있다(§7 Abs. 1 S. 2 ProdSG a. F.)고 하여서, 해당관청은 구 제조물안전법상의 안전요구에 위반한 제조물에 대해서는 물론이고, 기술의 수준에 상응하지만 그럼에도 불구하고 구체적으로 위험한 제조물에 대해서도, '필요한 조치'를 취할 수 있다고 하였다. 그러나 동법은 이와 같은 명문규정이 없고, 단지 동법 제4조에 따른 안전요구사항들에 상응하지 않는다는 의심을 하게 되는 경우에는 이에 필요한 조치를 취할 수 있다(§8 Abs. 4 S. 1 GPSG)고만 하고 있다. 실제로는 매우 일어나기 힘든 경우이겠지만, 제조물이 동법 제4조에 따른 안전요구사항들에 일치하지만, 사람의 건강과 안전에 위험이 있는 제조물에 대해서 해당관청이 필요한 조치를 취할 수 있느냐가 문제로 된다. 이에 대해서 검토해 보면, 첫째로 동법 제4조상의 안전요구를 충족한 제조물은 안전한 것으로 추정될 뿐이고(§4 Abs. 1, 2 GPSG), 둘째로 동법 제9조 제2항 1문에서는 해당관청이 필요한 조치를 취하는 경우에는 근거를 제시해야 하고, 위임된 부서에도 이를 통지해야 한다고 하면서, 이에는 제조물이 제조되는데 기초가 된 기술적 표준의 결함에 대한 통지도 포함된다(§9 Abs. 2 S. 2 GPSG)고 하고 있으므로, 제조물이 동법 제4조에 따른 안전요구사항들에 일치하더라도 사람의 건강과 안전에 위험이 있으면 해당 제조물에 대하여 해당관청은 필요한 조치를 취할 수 있다고 할 것이다.

조치보다는 유통에 책임있는 자의 조치를 우선시하여, '해당관청은 제조물이 야기하는 위험의 방지가 제조물의 유통에 책임있는 자 스스로의 조치에 의하여 확실하게 되는 한 해당관청의 필요한 조치들은 배제된다'(§8 Abs. 4 S. 4 GPSG)고 하고 있다. 이는 제조물안전에 대한 유럽법상의 체계는 제조자나 유통업자의 '자기통제의 원칙'(Prinzip der Selbstkontrolle)에 기반하고 있기 때문이다.[236] 이에 따라 위험한 제조물에 대한 제조자의 조치를 통하여 위험방지가 이루어지는 한 해당관청은 필요한 조치를 할 필요성은 없다.[237]

해당관청은 제조물이 동법 제4조에 따른 안전요구사항들에 상응하지 않는다는 의심을 가지게 된 경우나 제조물에 구체적인 위험이 있는 경우에는 다양한 조치를 할 수 있는데, 해당관청이 취할 수 있는 구체적인 조치에는, 제조물이 검사될 동안에 잠정적인 유통중지명령부터, 그 외의 특별한 조치(예를 들어, 경고부착의 의무부과)를 넘어서 제조물의 종국적인 유통금지까지 할 수 있다. 이러한 해당관청의 다양한 조치의 종류에 대해서는 동법 제8조 제4항 2문에서 자세히 규정하고 있지만, 제8조 제4항 2문에 규정된 세분화된 조치의 종류는 단지 예시적인 의미만이 있으므로, 제조물에 의해 발생하는 위험방지를 위하여 해당관청은 규정되지 않은 필요한 조치를 취할 수도 있다.[238] 즉 구 제조물안전법(ProdSG)은 '해당관청은 사람의 건강과 안전에 대한 가능한 위험의 크기에 상응하여 필요한 조치를 취할 수 있다'(§7 Abs. 1 S. 1 ProdSG a. F.)고 하여 일반조항주의를 취하고 있으나, 현행의 기구 및 제조물안전법(GPSG)은 일반조항주의를 지양하여 해당관청이 취할 수 있는 조치를 다양하게 구체적으로 예시하고 있다(§8 Abs. 4 S. 2 GPSG). 그리고 해당

236) Harald W. Potineke, a. a. O., S. 59.

237) Thomas Klindt, a. a. O.(주 13), §8 Rn. 156; Harald W. Potineke, a. a. O., S. 58.

238) Harald W. Potineke, a. a. O., S. 58(동법 제8조 제4항 제2문에서 해당관청은 특히(insbesondere) 제1호에서 제8호까지의 권한을 가진다고 하고 있기 때문이다).

관청의 필요한 조치에 대한 권한은 유통되기 전의 제조물에 대하여 행사할 수도 있고(예를 들어, 동법 제8조 제4항 제2문 제1호부터 제5조에 해당하는 조치), 이미 거래에 유통된 제조물에 대하여 행사할 수도 있다(예를 들어, 동법 제8조 제4항 제2문 제6호와 제7조에 해당하는 조치). 또한 해당관청은 제조물이 단지 위험하다고 의심스러운 경우에 일정한 조치를 취할 수 있는 경우가 있는가 하면(예를 들어, 동법 제8조 제4항 제2문 제1호에서부터 제4조에 해당하는 조치), 일정한 경우에는 구체적인 위험(konkrete Gefahr)이 있는 경우에만 일정한 조치를 취할 수 있다(예를 들어, 동법 제8조 제4항 제2문 제5호에서부터 제7조에 해당하는 조치).[239] 해당관청이 취할 수 있는 구체적인 권한을 보면, 첫째로 동법 제4조 제5항의 전제조건들이 충족되지 않은 제품들의 전시금지를 명할 수 있고(§8 Abs. 4 S. 2 Nr. 1 GPSG), 둘째로 제조물이 동법 제4조 제1항과 제2항에 따른 안전요구사항에 상응할 때에만 유통되도록 담보하는 조치를 명할 수 있으며(§8 Abs. 4 S. 2 Nr. 2 GPSG),[240] 셋째로 제조물이 허가된 부서나 동일한 방식의 범위 내에서 적절한 부서에 의해 검사받도록 명령할 수 있으며(§8 Abs. 4 S. 2 Nr. 3 GPSG), 넷째로 제조물에서 발생하는 위험에 대한 적절하고 분명하게, 쉽게 이해할 수 있는 경고[241]를 부착하도록 명령할 수 있다(§8 Abs. 4 S. 2 Nr. 4 GPSG). 다섯째로 해당관청은 제조물을 검사하는데 부득불 필요한 기간 동안 잠정적으로 제조물의 유통을 금지할 수 있다(§8 Abs. 4 S. 2 Nr. 5 GPSG). 이러한 제조물의 잠정적인 유통금지는 해당관청이 스스로 검사하거나 또는 제3호에 의하여 허가된 부서 등이 검사를 하는 경우에 적용될 수 있다.[242] 여섯째로 동법 제4조 제1

---

239) Ulrich Ellinghaus, a. a. O., S. 34; Thomas Wilrich, a. a. O., §8 Rn. 32.

240) 이와 관련하여 해당관청의 권한으로, 일정한 부관아래 제조물의 유통을 허락하는 것처럼, 동법 제4조 제1항과 2항에 일치하지 않는 제조물의 유통을 방해하는 명령만이 허용되고, 직접적으로 제조물의 성능개선을 명하거나 변형을 명하는 것은 허용되지 않는다(Thomas Wilrich, a. a. O., §8 Rn. 34).

241) 이 경고는 독일어로 행해져야만 한다(§8 Abs. 4 S. 2 Nr. 4 GPSG).

242) Joachim Geiß/Wolfgang Doll, a. a. O., §8 Rn. 54.

항과 제2항의 의한 안전요구사항을 충족시키지 않은 제조물에 대하여 해당관청은 유통금지를 명할 수 있다(§8 Abs. 4 S. 2 Nr. 6 GPSG). 제2호에 의한 유통금지는 안전요구사항의 일치성의 창출을 위한 잠정적인 금지인데 반하여, 제6호에 의한 유통금지는 종국적인 유통금지를 의미한다. 일곱째로 해당관청은 최후의 수단으로 동법 제4조에 따른 안전요구사항을 충족시키지 않은 유통된 제조물에 대하여 회수(Rücknahme)[243]와 리콜(Rückruf)[244]을 명령하고, 그러한 제조물에 대하여 안전조치를 명하거나,[245] 사용자나 제3자에 대한 위험이 다른 방법으로 제거될 수 없는 경우에는 제조물을 무해한 방식으로 제거(폐기)할 것을 명할 수 있다(§8 Abs. 4 S. 2 Nr. 7 GPSG). 위험한 제조물의 회수나 리콜은 제조자 등의 수명자에 대한 명령으로 행하고, 제조자 등의 수명자(Adressant)가 행하지 않을 때에는 해당관청이 대체집행을 할 수 있다.[246] 여덟째로 해당관청은 유통된 제조물에 의해서 위험에 노출될 수 있는 모든 사람들이 적시에 적절한 형태로, 특히 제조자에 의해서 이 위험에 대한

243) 회수(Rücknahme)란 제조물이 판매되거나, 전시되거나 또는 사용자에게 제공되는 것을 막기 위한 모든 조치를 말한다(§2 Abs. 18 GPSG). 즉 회수(Rücknahme)란 제조물이 거래에 유통되는 것을 막기 위한 모든 조치를 의미한다.

244) 리콜(Rückruf)이란 이미 거래에 유통된 제조물이 사용자에 의해 반환될 수 있도록 하기 위한 모든 조치를 말한다(§2 Abs. 17 GPSG). 이에 따라 리콜(Rückruf)은 이미 거래에 유통된 제조물을 사용자를 통하여 반환받는 것이고, 회수(Rücknahme)는 상품진열장으로부터 제거, 즉 아직 거래에 유통되지 않은 제조물을 제조자나 수입업자를 통하여 수거하는 것을 말한다. 리콜은 해당관청을 통하여 실현되는 것이 아니고 제조자 등을 통하여 실현되는 것이며, 만약 제조자 등의 의무자가 리콜명령을 이행하지 않는 경우에 해당관청은 대체집행을 할 수 있다(Joachim Geiß/Wolfgang Doll, a. a. O., §2 Rn. 100).

245) 해당관청은 회수되거나 리콜된 제조물에 대하여 안전조치를 취할 수 있다. 이러한 안전조치는 회수되거나 리콜된 제조물에 대한 사실상의 지배력의 박탈이나 경찰력을 통한 그들 물건에 대한 새로운 사실상의 지배의 설정 등이 포함될 수 있다.

246) Thomas Wilrich, a. a. O., §8 Rn. 45.

경고를 받을 수 있도록 하는 권한을 갖는다(§8 Abs. 4 S. 2 Nr. 8 GPSG).[247] 동법 제8조 제4항 제2문 4호에 의해서는 해당관청이 제조자 등에게 제조물에 경고부착을 하도록 명령하는 것이고, 제8호는 해당관청이 이미 유통된 제조물에 대하여 제조자 등이 사용자 등의 공공에 대하여 위험경고를 하도록 명령할 수 있는 권한을 규정한 것이다. 명령의 수명자(Adressat)는 특히 제조자라고 하고 있지만, 동법 제8조 제5항에서 규정한 모든 다른 의무자일 수도 있다. 또한 다른 유효한 조치들, 특히 제조자에 의한 경고가 이루어지지 않거나 제때에 이루어지지 않을 경우에는 해당관청은 보충적으로 스스로 공공(Öffentlichkeit)에 대하여 경고할 수 있다(§8 Abs. 4 S. 3 GPSG).

위와 같은 해당관청의 다양한 조치에 대한 의무자(Pflichtige Personen)는 일차적으로 제조자, 그의 대리인 또는 수입업자이다(§8 Abs. 5 S. 1 GPSG). 이들을 일차적인 의무자로 하는 것은, 제조자 등이 위험원의 원인자로서 그들에 의하여 위험이 제거될 수 있으며, 시장감시의 효율성을 달성하기 위한 것이다.[248] 그리고 해당관청은 필요한 경우에 유통업자에게도 일정한 조치를 취할 수 있다(§8 Abs. 5 S. 2 GPSG). 유통업자는 행위방해자로서 제조물 유통의 연결고리에서 있어서 제조물의 유통을 담당하고, 일정한 제조물의 위험은 유통업자에 의해서도 제거될 수 있기 때문이다. 한편 해당관청의 조치는 일정한 요건 하에서 타인(제3자)에 대하여도 행해질 수 있다(§8 Abs. 5 S. 3 GPSG). 제3문에 의하면, 해당관청의 제3자에 대한 조치는 현존하는 현저한 위험(gegenwärtige erhebliche Gefahr)이 다른 방법으로는 방지될 수 없을 때에만 허용된다.

---

247) 위험한 제조물에 대한 공공을 위한 경고를 위하여, 동법 제8조 제4항 제2문 4호(제조자 등에게 경고부착의 명령)와 제8호(유통된 제조물에 대하여 위험경고를 제조자 등이 하도록 명령)는 해당관청에게 제조자 등의 제3자를 통하여 위험경고를 하도록 명령할 수 있는 권한을 주는 것이고, 동법 제8조 제4항 제3문의 규정은 해당관청이 직접적으로 공공에 대한 위험경고를 할 수 있는 권한을 준다.

248) BR-Drs. 631/03, S. 49.

그러므로 제3자에 대하여 해당관청이 일정한 조치를 하기 위해서는, 첫째로 제조물에 의한 위험이 이미 발생하였거나 임박하였어야 하고, 둘째로 대체할 수 있는 다른 방법이 없어야 하며, 셋째로 물건이 아닌 사용자나 다른 사람의 안전과 건강에 대한 현저한 위험이 있어야 한다.[249] 해당관청의 제3자에 대한 조치를 통하여 제3자에게 손해가 발생하면, 그가 다른 방법으로 보상을 받거나 그 조치를 통해 그의 재산이 보호될 수 없는 한, 제3자에게 발생한 손해는 보상되어야 한다(§8 Abs. 5 S. 4 GPSG).[250]

---

249) Thomas Klindt, a. a. O.(주 13), §8 Rn. 163-164.

250) 동법 제8조 제4항에서 규정한 해당관청의 여러 권한 중, 경고(Warnung) 그리고 안전하지 않은 제조물에 대한 리콜(Rückruf), 안전조치(Sicherstellung) 및 폐기(Vernichtung)를 명할 수 있는 해당관청의 권한은 실무적으로 매우 중요한 의미를 가진다. 먼저 해당관청의 경고명령에 대해서 종합적으로 살펴보면, 동법 제8조 제4항에서는 제조물에서 발생하는 위험에 대하여 적절하고 분명하며, 쉽게 이해할 수 있는 경고를 부착하도록 명령할 수 있다(§8 Abs. 4 S. 2 Nr. 4 GPSG)고 하면서, 또한 해당관청은 유통된 제조물에 의해서 위험에 노출될 수 있는 모든 사람들이 적시에 적절한 형태로, 특히 제조자에 의해서 이 위험에 대한 경고를 받을 수 있도록 하는 권한을 갖는다(§8 Abs. 4 S. 2 Nr. 8 GPSG)고 하여서 경고명령을 제조자 등에게 할 수 있는 권한을 부여하고 있다. 동법 제8조 제4항 제2문 4호는 해당관청이 제조자 등에게 제조물에 경고부착을 하도록 명령하는 것이고, 제8호는 해당관청이 이미 유통된 제조물에 대하여 제조자 등이 사용자 등의 공공에 대하여 위험경고를 하도록 명령할 수 있는 권한을 규정한 것이다. 한편 제조자 등에 의한 경고가 이루어지지 않거나 제때에 이루어지지 않을 경우에는 해당관청은 보충적으로 스스로 공공(Öffentlichkeit)에 대하여 경고할 수 있다(§8 Abs. 4 S. 3 GPSG)고 하고 있다. 이에 따라 거래에 이미 유통된 제조물의 위험으로부터 잠재적으로 위험에 처한 모든 사람들에게 경고되도록 해당관청은 명령할 수 있고, 다른 유효한 조치의 지체로, 특히 제조자를 통한 경고가 이루어질 수 없는 경우에는, 해당관청이 보충적으로 스스로 공공에 대해서 경고할 수 있다. 경고는 제조물 이용자에게는 물론이고, 경우에 따라 사용 시에 제3자도 침해될 수 있는 경우에는 제3자에게도, 그리고 대량판매된 생산물의 경우에는 공공에 대해서 이루어질 수 있다. 해당관청의 경고명령의 일차적인 수명자는 위험한 제조물의 제조자·그의 대리인 · 수입

그 외 동법은 시장감시를 위한 해당관청의 기타의 다양한 권한 · 의무에 대해서 규정하고 있다(§8 Abs. 7-9 GPSG). 첫째로 해당관청과 그들의 수임인에게는 시장감시를 위하여 제조물에 대한 접근 · 검사권 등이 있고, 제조자 등의 인용의무(Duldungspflicht)와 지원의무(Unterstützungspflicht)가 인정된다.[251] 해당관청과 그들의 수임인(Beauftragte)은 i) 제조물의 제조 · 저장 · 전시공간에 출입할 수 있으며(§8 Abs. 7 S. 1 GPSG), ii) 제조물을 볼 수 있고(§8 Abs. 7 S. 1 GPSG), iii) 제조물을 검사하거나

업자이고, 2차적인 수명자는 유통업자이나 일정한 요건 아래서 비방해자(Nichtstörer)인 제3자일 수도 있다. 즉 해당관청은 경고명령을 제조자 등이나 유통업자에게 할 수 있으며, 현재의 현저한 위험을 다른 방법으로는 방지할 수 없을 때에는 제3자에게도 경고명령을 할 수 있다(§8 Abs. 5 S. 3, GPSG).

동법 제8조 제4항에서는 리콜(Rückruf)에 대해서 규정하는데, 해당관청은 이미 거래에 유통된 안전하지 않은 제조물의 리콜을 명하거나, 그러한 제조물에 대하여 안전조치를 명하거나, 소비자에 대한 위험이 다른 방법으로 제거될 수 없는 경우에는 제조물의 폐기를 명할 수 있다(§8 Abs. 4 S. 2 Nr. 7 GPSG). 이에 따라 제조자나 유통업자의 리콜활동, 즉 제품의 교환 · 수리 및 환불 등을 통하여서도 위험의 방지가 보장되지 않을 때에는 해당관청은 안전하지 않은 제조물의 폐기(Vernichtung)를 명할 수도 있다. 해당관청의 상응하는 처분의 수명자는 여기서도 일차적으로는 제조자· 그의 대리인 · 수입업자이고, 2차적으로 유통업자이거나 예외적으로 제3자인 비방해자일 수도 있다. 그리고 동법 제조물안전법 제8조 제4항 제4문에 의하면, 제조자나 유통업자의 자율적인 활동으로 제조물을 통하여 발생된 위험이 방지되는 때에는 해당관정은 이들에 대한 처분을 중단한다고 규정하고 있다.

그 외 동법은 해당관청이 명한 경고, 리콜, 안전조치나 폐기활동과 관련된 실행비용을 누가 부담해야 하는 것에 대하여 명문의 규정을 두지 않고 있다. 하지만 비용부담과 관련해서는 경찰법상의 일반적인 원칙에 의해서, 제조자 등이 비용을 부담하고 경우에 따라서는 유통업자가 비용을 부담해야 한다(Peter Marburger, a. a. O.(註 10), S. 279-280; Rupert Vogel, a. a. O., S. 163). 즉 안전하지 않은 제조물을 유통시킨 제조자 등과 유통업자는 행위방해자로서 그로부터 유래하는 위험을 자신의 비용으로 제거할 의무를 지는 것은 당연하다고 할 것이다.

251) Ulrich Ellinghaus, a. a. O., S. 33; Thomas Wilrich, a. a. O., §8 Rn. 75-79.

제조물의 제조자 등에게 자체 검사를 지시할 수 있으며(§8 Abs. 7 S. 1 GPSG), iv) 무상으로 검사표본을 취하거나 견본을 요구할 수 있다(§8 Abs. 7 S. 1 GPSG). 해당관청은 제조물이 구체적으로 위험하다는 의심이 없이도 이러한 권한을 행사할 수 있으며, 출입을 미리 고지해야만 하는 것도 아니다.[252] 해당관청의 이러한 권한행사에 대하여 제조자, 그의 대리인, 수입업자 및 유통업자에게는 인용의무가 설정되어서, 이들은 해당관청의 각각의 조치를 인용해야 하고, 해당관청과 그들의 수임인을 지원해야만 한다(§8 Abs. 9 S. 1 GPSG).[253] 그리고 제조물의 검사의 결과 동법 제4항에 의한 안전요구사항이 충족되지 않는다는 것이 드러나면, 검사를 위한 비용은 제조물을 제조하거나 유통시킬 목적으로 저장하거나 전시한 자에게 부담시킬 수 있다(§8 Abs. 7 S. 2 GPSG).[254] 그러면 그 반대의 경우는 어떻게 되느냐에 대해서 동법은 규정하고 있지는 않다. 하지만 검사된 제조물이 동법 제4조의 안전요구사항에 상응한다면, 해당관청이 검사비용을 스스로 부담해야 할 것이다.[255]

둘째로 해당관청에게는 시장감시에 필요한 정보제공청구권(Infomationsverschaffungs- anspruch)이 있다(§8 Abs. 9 S. 2 GPSG). 즉 제조자, 그의 대리인, 수입업자 및 유통업자는 해당관청의 요구에 따라 그들의 업무수행을 위한 필요한 정보를 제공해야 할 의무가 있다. 필요한 정보(erforderliche Auskunft)에 대해서는 명문으로 규정하지 않고 있으나, 일반적으로 제조원료, 제조과정, 안전관련자료, 저장·판매·유통방법, 유통업자의 명부, 고객장부 등에 대한 진술이 될 수 있다.[256] 이에 반하

252) Thomas Klindt, a. a. O.(주 13), §8 Rn. 170.

253) 동법 제8조 제9항 1문에 반하여 조치를 인용하지 않거나, 관청이나 수임자를 지원하지 않는 경우에는 3000유로까지 벌금으로 처벌될 수 있다(§19 Abs. 1 Nr. 7 GPSG).

254) 즉 비용부담자는 제조자, 그의 대리인, 수입업자 및 유통업자 모두가 되는 것은 아니고, 제조자나 유통의 목적으로 저장하거나 전시한 자에게 부담시킬 수 있다.

255) Thomas Klindt, a. a. O.(주 13), §8 Rn. 176.

256) A. a. O., §8 Rn. 185.

여 정보제공의무자가 정보를 제공하지 않거나, 올바르게 전하지 않거나, 완전하게 전하지 않거나 또는 제때에 제공하지 않는 경우에는 3000유로까지 벌금으로 처벌될 수 있다(§19 Abs. 1 Nr. 8 GPSG). 이와 같이 제조자 등의 정보제공의무가 있지만, 한편으로는 제조자 등의 정보제공거절권(Auskunftsverweigerungsrecht)도 인정된다(§8 Abs. 9 S. 3 GPSG). 정보제공의무자는 대답을 통해 그 자신 또는 민사소송법(ZPO) 제383조 제1항 제1호 내지 제3호에 해당하는 근친(Angehörigen)[257]중의 어떤 사람이 형사처벌이나 규정위반에 관한 법에 의하여 소추될 위험에 노출된다면, 그러한 질문에 대한 대답을 거절할 수 있다. 그리고 해당관청과 수임부서(Beauftragte Stelle)[258]는 상호간에 동법에 따른 조치에 대해 정보를 주어야 하고, 서로 지원해야 한다(§8 Abs. 10 S. 1 GPSG).[259] 이것은 시장감시의 효율성을 달성하기 위한 것이다.[260] 관청들이 제조자 등의 사업비밀에 해당하는 정보를 얻게 된다면 그 신뢰성을 지켜주어야 한다(§8 Abs. 10 S. 2 GPSG). 이러한 사업비밀의 보호에 관한 규정이 관청들 사이의 정보교환에는 영향을 미치지 않는다.[261]

---

257) 독일 민사소송법(ZPO) 제383조 제1항 제1호 내지 제3호에 해당하는 근친(Angehörigen)을 보면, 제1호에서는 약혼자, 제2호에서는 배우자(이혼한 배우자 포함), 제2a호에서는 파트너관계의 파트너(Lebenspartner)(헤어진 파트너 포함), 제3호에서는 3촌까지의 친족과 2촌까지의 인척을 거명하고 있다.

258) 수임부서(Beauftragte Stelle)는 동법 제3조 제4항에 의한 명령에서 별도로 달리 정하지 않는 한, '노동보호와 노동의료를 위한 연방기관'(Bundesanstalt für Arbeitsschutz und Arbeitsmedizin: BAuA)이다((§2 Abs. 14 GPSG).

259) 해당관청의 지원은 특히 동법 제12조 제4항에 규정하고 있는데, '노동보호와 노동의료를 위한 연방기관'(BAuA)은 제8조 제2항에 따른 감시구상의 수립과 수행 시에, 특히 제8조 제4항에 따른 조치들에 의해 확인된 결함들을 제조물의 특성 속에서 과학적으로 평가하고, 해당 관청 및 '기술적 노동수단과 소비자제품을 위한 위원회'(AtAV)에 인지한 정도를 정기적으로 알려주는 것을 통해 지원한다(Ulrich Ellinghaus, a. a. O., S. 33).

260) BR-Drs. 631/03, S. 49.

261) Joachim Geiß/Wolfgang Doll, a. a. O., §8 Rn. 91.

4. 해당관청의 보고의무와 정보공개의무

1) 보고의무

해당관청이 동법 제8조 제4항에 의하여 제조자 등에게 일정한 조치를 취한 경우에, 해당관청은 신속히 수임부서인 '노동보호와 노동의료를 위한 연방기관'(BAuA)에 보고할 보고의무(Berichtspflicht)가 있다.[262] 즉 해당관청이 제조물의 유통을 금지시키거나 제한시킨 경우(§8 Abs. 4 S. 2 Nr. 2, 5 und 6 GPSG), 제조물의 회수 또는 리콜을 명령한 경우(§8 Abs. 4 S. 2 Nr. 7 GPSG)에는 명령된 조치와 이에 대한 근거를 제시하면서 수임부서에 보고하여야 한다(§9 Abs. 1 S. 1 GPSG). 만일 제조물이 제조되는데 기초가 되는 기술적 표준(technische Normen)의 결함이 있으면, 이에 대한 보고도 하여야 한다(§9 Abs. 1 S. 2 GPSG).[263]

아울러 해당관청은 현저한 위험을 나타내는 제조물의 유통과 사용에 관련된 조치와 대책, 그리고 현저한 위험을 나타내는 소비자제품의 사용에 따른 위험에 대한 정보를 신속하게 교환할 수 있도록 알려져야 하는 조치와 예방책도 수임부서에 보고하여야 한다(§9 Abs. 1 S. 1 GPSG). 즉 해당관청은 유럽공동체의 제조물안전입법지침 제12조에 의한 신속정보시스템인 RAPEX-신속신고시스템(RAPEX-Schnellmeldevergahren nach Art. 12 ProdSRL 2001/95/EG)[264]에 신고되어야만 하는 조치와 예방책(제조물의 유통을 금지시키거나 제한시킨 경우나 제조물의 회수 또는 리콜을 명령

262) Harald W. Potineke, a. a. O., S. 59.

263) 이 때의 기술적 표준은 특별한 설명없이 조화된 표준(harmonisierte Normen)만을 의미한다는 입장도 있고(Joachim Geiß/Wolfgang Doll, a. a. O., §9 Rn. 19), 조화된 표준만이 아니라 모든 기술적 표준을 의미한다는 입장도 있다(Thomas Klindt, a. a. O.(주 14), §9 Rn. 8). 모든 기술적 표준을 의미한다고 보는 후자의 견해가 타당할 것이다.

264) RAPEX-신속신고시스템은 유럽공동체의 '소비자제품의 사용시 발생하는 위험에 대한 정보의 신속교환 시스템'(System zum raschen Austausch von Informationen über Gefahren bei der Verwendung von Konsumgütern)이다. RAPEX는 영어 Rapid Exchange의 약어표시이다.

한 경우)을 **수임부서에 보고하여야 한다**(§9 Abs. 1 S. 3 GPSG).[265]

2) 정보공개의무

동법 제10조는 정보의 공개에 대해서 규정하고 있다. 먼저 수임부서는 취소할 수 없어지거나 즉각적인 집행이 지시된 동법 제8조 제4항 제2문 2호·5호 그리고 6호(§8 Abs. 4 S. 2 Nr. 2, 5 und 6 GPSG)에 따른 명령사항을 공적으로 공고해야만 한다(§10 Abs. 1 S. 1 GPSG). 즉 해당관청이 제조물의 유통을 금지시키거나 제한시킨 경우에는 수임부서인 '노동보호와 노동의료를 위한 연방기구'(BAuA)가 이를 공개해야만 한다. 이때 공개의무의 대상이 되는 제조물은 기술적 노동기구와 소비자제품 모두가 그 대상이 된다.[266] 공개는 한편으로는 수임부서(BAuA)의 인터넷 홈페이지(www.BAuA.de)상으로 공개되고, 다른 한편으로는 수임부서(BAuA)에서 월간으로 발간하는 관보(Amtliche Mitteilungen)을 통하여 공개된다.[267] 공개 시에 사람의 인적사항에 관한 정보는 제조물의 신원(동일성)을 확인하는데 필요한 범위 내에서만 공개를 하여야 한다(§10 Abs. 1 S. 2 GPSG).

둘째로 해당관청과 수임부서는 위험한 소비자제품에 대한 정보를 공개할 의무가 있다(§10 Abs. 2 S. 1 GPSG).[268] 즉 해당관청과 수임부서는 소비자제품에 의하여 사용자의 안전과 건강에 발생하는 위험에 관한 정보를, 특히 소비자제품의 신원에 관한 정보, 위험의 성격과 취해진 조치들에 관한 정보를 공공에 공개할 의무가 있다. 소비자제품에 대하여 해당관청과 수임부서의 공개의무를 규정한 이유는 위험한 소비자제품을 계속 사용할 것인지 여부에 대해 소비자의 자기결정권을 보장하여 주기

265) Harald W. Potineke, a. a. O., S. 59.
266) Joachim Geiß/Wolfgang Doll, a. a. O., §10 Rn. 9.
267) Thomas Klindt, a. a. O.(주 13), §10 Rn. 5.
268) Harald W. Potineke, a. a. O., S. 59; Thomas Wilrich, a. a. O., §10 Rn. 2-3.

위한 것이다.[269)]

Ⅵ. CE-표시와 GS-기호

1. CE-표시

1) CE-표시의 의의

CE-표시(CE-Kennzeichnung)를 가진 제조물의 법적 토대는 1985년의 유럽공동체 각료이사회의 "기술적 조화와 표준화 분야에의 새로운 구상"(Eine neue Konzeption auf dem Gebiet der technischen Harmonisierung und der Normung: Neue Konzeption(New Approach))[270)]과 이 '새로운 구상'에 근거하여 만들어진 유럽공동체의 입법지침 및 이러한 입법지침의 독일법으로의 전환에 있다.[271)] 1985년 유럽공동체 각료이사회의 표준화와 관련한 '새로운 구상'에 의하면, 유럽공동체의 기술적 규정과 표준화의 통일과 관련하여, 소위 기본적 안전요구(grundlegenden Sicherheitsanforderungen) 또는 특별한 요구(sonstigen Anforderungen)는 공공복리를 위하여 그때 그때마다 유럽공동체의 입법지침에서 확정하고, 기술적 표준의 상세한 것은 유럽의 표준화기구에 유보한다는 것이다.[272)][273)]

---

269) BR-Drs. 631/03, S. 51; Harald W. Potineke, a. a. O., S. 59.

270) Entschließ des Rates v. 7. 5. 1985 über eine neue Konzeption auf dem Gebiet der technischen Harmonisierung und der Normung(85/C136/01), ABl, EG Nr. C136, S. 1ff. v. 4. 6. 1985.

271) Joachim Geiß/Wolfgang Doll, a. a. O., §6 Rn. 1.

272) 보다 자세한 것은, 전경운, 독일법상 기술적 표준의 제정과 제정자의 책임, 민사법학 제26호, 2004. 9, 79-84면 참조.

273) 즉 보충적인 표준제정작업은 유럽의 표준화기구인 유럽표준화위원회(CEN)와 유럽전기기술표준화위원회(CENELEC)가 수행한다는 것이다. 이에 따라 CEN과 CENELEC는 유럽공동체 집행위원회의 위임을 받아서, 기술수준을 고려하여 기술적 명세서인 표준을 제정하는데, 이러한 표준은 관련 업체가 입법지침에 규정된 기본적 안전조건을 충족하는 제품을 생산하는데 이용되고 있다. 물론 CEN과 CENELEC에 의해서 제정된 표준

그리고 새로운 구상(Neue Konzeption)에 의하여 일정한 제조물의 구체적 안전요구를 포함하는 많은 입법지침이 제정이 되었고,274) 이러한 입법지침은 과거에는 폐지된 기구안전법(GSG) 제4조에 의한 명령(Rechtsverordnungen)으로서 독일법에 수용되었으나, 현재에는 기구 및 제조물안전법(GPSG) 제3조 제1항에 의한 명령으로 독일법에 수용이 된다. 이러한 많은 입법지침은 관련 제조물에 대해서 최소한의 요구로서 안전과 건강에 대한 기본적 요구를 확정하게 되고, 관련 제조물은 적용되는 입법지침상의 기본적 안전요구를 충족하고, 적용되는 입법지침에 따른 상응평가절차를 통과해야만 유럽공동체내의 시장에 유통시킬 수 있다. 바로 CE-표시는, 제조물이 해당되는 유럽공동체의 입법지침에 일치하고, 입법지침에서 확정된 기본적 안전요구를 준수했다는 것을 확인시켜주는 표시이다.275)

CE-표시는 유럽공동체내의 물품의 자유로운 거래에서 안전한 제조물을 소비자에게 보증하기 위하여 만들어졌다고 할 수 있다. 즉 CE-표시는 유럽공동체지역에서 제조물안전을 통일화하고 향상시키기 위한 것을

은 강제력이 있는 것도 아니고, 법적 규범도 아니다.

274) '새로운 구상'에 의하여 다양한 제조물에 대하여 입법지침이 제정되었는데, 그 예를 보면, 장난감의 안전(Sicherheit von Spielzeugen)에 관한 입법지침, 기계(Maschinen)에 관한 입법지침, 개인보호장비(persönliche Schutzausrüstungen)에 관한 입법지침, 電磁氣器機 입법지침(Elektromagnetische-Geräte-Richtlinie), 단순압축용기(einfache Druckerbehälter)에 관한 입법지침, 액체나 가스형태 연료 사용 온수보일러(mit flüssigen oder gasförmigen Brennstoffen beschickte Warmwasserheizkessel)에 관한 입법지침, 가스사용설비(Gasverbrauchs-einrichtungen)에 관한 입법지침, 의료기구(Medizinprodukte)에 관한 입법지침, 건축재(Bauprodukte)에 관한 입법지침, 경주용보트(Sportboote)에 관한 입법지침, 에어로졸포장(Aerosolpackungen)에 관한 입법지침, 엘리베이터(Aufzüge)에 관한 입법지침, 개방된 공간에서 사용하는 도구나 기계의 소음(umweltbelastende Geräuschemissionen von zur Verwendung im Freien vorgesehenen Geräte und Maschinen)에 관한 입법지침 등이 있다.

275) Thomas Wilrich, a. a. O., §6 Rn. 5.

목표로 삼고 있다.[276] 제조물상의 CE-표시는 해당 제조물이 관련되는 입법지침의 안전요구를 충족하였고, 입법지침에 규정된 상응평가절차를 따랐다는 것을 나타내주게 된다. 입법지침을 따르고 있는 제조물은 그들의 유럽공동체시장내에 유통 시에 CE-인식표시가 갖추어져야만 한다. 이 CE-인식표시를 근거로 해당 제조물이 모든 유럽공동체 시장 내에서 유통될 수 있는 자격이 주어지므로, 유럽공동체 시장을 위한 물품 여행패스(Reisepass)로 불리어진다.[277] 그리고 유럽공동체내의 회원국들은 CE-표시된 제조물의 판매와 사용을 원칙적으로 금지하거나 다른 방법으로 방해하거나 제한할 수 없다.[278] 이에 따라 CE-표시는 유럽공동체 시장에서 자유로운 물품거래를 위하여 매우 중요한 수단이 된다.

2) CE-표시의 보호

CE-인식표시는 유럽공동체의 입법지침의 기본적 안전요구를 충족하였다는 표시이고, 이에 따라 제조물의 소비자에게 이 표시가 중요한 정보를 제공해 준다.[279] 왜냐하면 입법지침에 상응한다는 것은, 제조물의 기술적 안전과 생명 · 신체 · 건강의 보호 및 환경친화성에 대한 기본적 요구에 연관된다는 것이기 때문이다. 이로 인하여 CE-표시는 상당히 적지 않게, 때로는 제조자에 의하여 의도적으로 이용되는 광고효과가 있게 된다. 이에 따라 CE-표시가 해당관청의 거래통제로부터 보호하는

276) Harald W. Potineke, a. a. O., S. 60.

277) 이러한 규범에 따르길 원치 않는 제조자는 그의 제조물이 유럽공동체의 입법지침의 기본적 원칙에 일치하고 있음을 증명해야만, 그 제조물을 유럽공동체내의 국가에 유통시킬 수 있다.

278) Peter Marburger, a. a. O., S. 280(CE-표시는 제조물사용자를 향한 것이 아니라 제조물감시관청을 향한 것이고, CE-표시는 제조물의 품질표시가 아니라 안전표시이다. 또한 CE-표시는 해당 제조물이 유럽공동체지역에서 제조되었다는 의미에서의 생산지표시도 아니다).

279) 물론 유럽공동체의 입법자들은 CE-인식표시가 소비자들에게 일정한 정보를 제공해 주는 효과는 의도하지는 않았다.

효과와 소비자들을 미혹시키는 효과가 있으므로, 많은 제조자나 수입업자는 법적으로 도저히 예상할 수 없는 제품에 대해서도 CE-표시의 남용적 사용을 하게 된다. 즉 새로운 구상(Neue Konzeption)에 의하여 일정한 제조물의 기본적 안전요구를 포함하는 입법지침이 유럽공동체에 의하여 제정되고, 이러한 입법지침이 독일 기구 및 제조물안전법 제3조 제1항에 의한 명령(과거에는 폐지된 기구안전법(GSG) 제4조에 의한 명령)으로서 독일법에 전환이 되어야만, 비로소 해당 제조물에 대하여 CE-표시를 사용할 수 있는데, 그렇지 않은 제조물에 대해서도 CE-표시를 사용하는 경우가 상당히 발생하게 되었다.[280] 그래서 1993년 7월 22일의 '상응도평가절차의 상이한 국면을 위하여 기술적 조화지침에 사용되는 모듈과 CE-상응표시의 도입과 사용에 대한 규정을 위한 각료이사회의 결정'(소위 모듈(단위)결정)[281]을 통하여, 유럽공동체 회원국에게 CE-표시의 남용을 저지하기 위한 법령을 제정할 의무를 부과하였다.[282] 바로 모듈결정의 독일법으로의 전환이 기구 및 제조물안전법 제6조의 규정이 된다.[283]

이에 따라 동법 제6조 제1항은 CE-표시의 남용적 사용의 금지로서, 해당되는 제조물의 CE-표시의 사용이 법적으로 허용되지 않은 제조물에 대하여, 제조물·제조물의 포장이나 첨부된 서류에서 CE-표시를 사용하여 제조물을 유통시키는 남용적 사용을 금지하고 있다. 이러한 금지를 고의 또는 과실로 위반하여 제조물, 포장 또는 구비서류를 유통시킬

---

280) Thomas Wilrich, a. a. O., §6 Rn. 10.

281) Beschluß 93/465/EWG des Rates v. 22. 7. 1993 über die in den technischen Harmonisierungsrichtlinien zu verwendenden Module für die verschiedenen Phasen der Konformitätsbewertungsverfahren und die Regeln für die Anbringung und Verwendung der CE-Konformitätskennzeichnung(ABl, EG Nr. L 220, S. 23ff.).

282) Gerhard Wagner, a. a. O., S. 2497.

283) Joachim Geiß/Wolfgang Doll, a. a. O., §6 Rn. 20(과거에는 모듈(단위)결정(Modul-Beschusses)을 폐지된 제조물안전법 제14조의 규정을 통하여 수용하였었다).

때는, 그 위반자에게는 3천 유로 이하의 벌금을 부과하고 있다(§19 Abs. 2 GPSG). 그런데 동법 제6조 제1항은 CE-표시의 사용을 위한 동법 제3조 제1항에 의한 명령이나 다른 법적 규정[284]이 결여되었음에도 이를 사용하는 것만을 금지하고 있고, 관련되는 조화지침(Harmonisierungsrichtlinien)이 규정한 요구를 충족하지 못하였음에도 불구하고 어떤 제조물에 CE-기호를 부착하는 경우에 대해서는 규정하고 있지 않다.[285] 그러므로 동법 제6조 제1항을 통한 CE-표시의 남용적 사용금지는, 법적으로 도저히 CE-표시를 사용하도록 예상할 수 없는 제조물에 대해서 CE-표시를 사용한 경우에만 제한되어 적용된다.[286]

2. GS-기호

1) GS-기호의 의의

GS-기호(GS-Zeichen)[287]는 승인절차에서 동법 제4조상의 요건만이 검사되므로, 품질표시가 아니고, CE-표시와 마찬가지로 안전표시(Sicherheitszeichen)

---

284) CE-표시를 사용할 수 있게 하는 다른 법적 규정으로는, 의료기구법(MPG) 제9조 · 제10조, 건축물법(BauPG) 제13조, 방송시설과 통신시설에 관한 법(FTEG) 제9조 · 제10조 등이 있다(Thomas Klindt, a. a. O.(주 14), §6 9).

285) Gerhard Wagner, a. a. O., S. 2497; Peter Marburger, a. a. O., S. 281.

286) 허용되지 않는 영역에서의 CE-표시의 부정사용은 부정경쟁방지법 위반이므로, 경쟁자는 부정경쟁방법(UWG) 제13조에 의해서 사용금지를 구하는 유지청구권을 행사할 수 있다. 그밖에 제조물이 관련법에 일치하지 않으면, 제조물의 매수인은 민법상 하자담보책임을 물을 수 있다(Thomas Wilrich, a. a. O., §6 Rn. 10).

287) GS-기호에서 GS는 '검사된 안전'(geprüfte Sicherheit)의 약어표시이고, 영국에서는 German Safefty로 이해하고 있다고 한다. GS-기호는 1979년에 구 기구안전법(GSG)에 의해서 도입되고, 도입된 지 이미 30년이 넘은 기호로서 오로지 독일법에 근거한 것이지만, 승인된 안전기호로서 독일의 경계를 넘어서서 존중되고 있다(Thomas Klindt, a. a. O.(주 13), §7 Rn. 1).

이다. 하지만 CE-표시는 해당 제조물이 관련되는 입법지침상의 안전요구를 충족하였다는 의미에서 제조자가 임의로 부착하는 기호인데 반하여, GS-기호는 독일법상의 안전기호이고 독일의 GS-부서의 검사를 통한 승인을 받아서 제조자가 부착한다는 점에서 근본적인 차이가 있다고 할 것이다.[288] GS-기호는 기술적 노동기구(technisches Arbeitsmittel)와 완제품적 사용대상(verwendungsfertige Gebrauchsgegenstände)에 적용되는데, 이것은 동법이 구 기구안전법(GSG)과 구 제조물안전법(ProdSG)을 통합하였으므로 GS-기호의 적용범위가 확장되었기 때문이다.[289] CE-표시와 GS-기호는 원칙적으로 배타적인 관계에 있지 않지만, 동법 제3조에 의한 명령에서 별다른 규정이 있는 경우에는 GS-기호는 사용될 수 없다.

2) GS-기호의 승인 등

GS-기호는 동법 제3조에 의한 명령에서 별다른 규정이 없는 한, 기술적 노동수단과 완제품적인 사용대상에 대해서 제조자나 그의 대리인의 신청에 의하여 GS부서(GS-Stelle)[290]가 승인한다면, GS-기호[291]를 부여받을 수 있다(§7 Abs. 1 S. 1 GPSG). 그러므로 GS-기호는 제조자나 그의 대리인의 신청에 의하여 GS-기호를 부여할 수 있다고 지정된 GS

288) Joachim Geiß/Wolfgang Doll, a. a. O.(주 19), §7 Rn. 4.

289) GS-기호에 관한 동법 제7조는 구 기구안전법(GSG) 제3조 제4항을 동법에 수용한 것으로서, 과거에는 제조물안전법(ProdSG)이 적용되는 제조물에 대해서는 GS-기호를 사용할 수 없었다. 그러나 2003년 7월 연방참사원(Bundesrat)의 결의로 식료품을 제외한 소비자제품의 영역에서도 GS-기호의 확장사용이 추진되었다(BR-Drs. 631/03, S. 46).

290) GS-기호를 승인할 수 있는 GS 부서(GS-Stelle)에 대해서는 동법 제11조 제2항에서 규정하고 있는데, 어떤 부서(Eine Stelle)가 동법 제3조 제3항에 의한 명령의 요구사항을 지키는 것이 보장된다고 해당 관청에 의하여 보증이 되면, 이 부서는 수임부서의 관련 관청에 의해 일정한 업무영역을 위한 GS 부서로 지정된다고 하고 있다.

291) GS-기호의 형상화와 사용방법과 관련하여서는 연방 경제 · 노동부의 1997년 8월의 공고(Bekanntmachung des BMA vom 15. August 1997)에 의한다(자세한 것은, Joachim Geiß/Wolfgang Doll, a. a. O., §7 Rn. 29).

부서에 의하여 승인이 된다.[292] GS부서가 GS-기호를 부여하기 위한 요건은 견본검사와 제조장소에 대한 검사이다(§7 Abs. 1 S. 2 GPSG). 이에 따라 GS-기호는 견본검사를 통해서 안전과 건강의 보장에 관한 동법 제4조 제1항 및 제3항에 따른 안전요구사항에 검사된 견본이 상응한다는 증명(§7 Abs. 1 S. 2 Nr. 1 GPSG) 및 검사된 견본과 기술적 노동수단·완제품적인 사용대상의 제조 시에 고려되어야 하는 전제조건의 일치를 보장하기 위하여 그 전제조건들이 준수되었는지에 대한 증명이 있을 때에만(§7 Abs. 1 S. 2 Nr. 2 GPSG) GS부서에 의하여 승인될 수 있다. GS-기호의 승인 시에는 증명서가 발부되며(§7 Abs. 1 S. 3 GPSG), 승인의 유효기간은 최고 5년이다(§7 Abs. 1 S. 3 GPSG).

그리고 GS부서는 GS-기호가 승인된 기술적 노동수단과 완제품적인 사용대상들의 제조와 기호의 합법적인 사용을 감시하기 위하여 통제대책을 실행하여야 한다(§7 Abs. 2 GPSG). GS-기호의 승인을 위한 전제조건이 더 이상 존재하지 않을 때에는 GS부서는 승인을 박탈해야 한다(§7 Abs. 2 S. 2 GPSG). 이러한 경우에 GS부서는 다른 GS부서와 해당관청에 박탈에 대해서 보고한다.[293] 또한 GS-기호를 승인받은 제조자도 일정한 의무를 부담하는데, 첫째로 제조자는 그에 의하여 제조된 기술적 노동수단과 완제품적인 사용대상들이 검사를 받은 견본과 일치함을 보장해야 하며(§7 Abs. 3 S. 1 GPSG), 둘째로 GS부서의 통제조치에 순응하여야 하며(§7 Abs. 2 S. 3 GPSG), 셋째로 GS-기호의 승인의 전제조건을 충족하지 못한 경우에는 GS-기호를 사용하거나 이것을 통해서 광고하는 것을 중지해야만 한다(§7 Abs. 2 S. 3 GPSG).

그 외 GS-기호의 남용적 사용이 금지되어서, 제조자는 GS-기호와 혼동될 수 있는 표시를 사용하거나 그것을 통해서 광고해서는 아니된다(§7 Abs. 4 GPSG). GS-기호의 남용적 사용자에 대해서는 3만유로까지 벌금에 처해질 수 있다(§19 Abs. 1 Nr. 5 GPSG). 제조자가 GS기호를 남

292) Thomas Wilrich, a. a. O., §7 Rn. 6-7.
293) A. a. O., §7 Rn. 12-13.

용적으로 사용하는 경우에 해당 시장감독관청은 동법 제7조와 제19조에 근거하여 사용중지를 요구할 수 있다.[294)]

Ⅷ. 제조물안전기준의 제조물책임법상의 의미

1. 서

제조자나 유통업자가 제조물안전법상 제조물 안전기준이나 각종의무(경고나 리콜의무 등)를 위반함으로써, 피해를 입은 소비자가 제조자 등에게 손해배상청구권을 행사할 수 있느냐가 문제인데, 소비자의 이러한 손해배상청구권에 대해서는 기구 및 제조물안전법에 특별한 규정이 없다. 이에 따라 결함있는 제조물을 통하여 피해를 입은 소비자는 독일 제조물책임법(ProdHaftG) 제1조에 의하거나 독일민법 제823조에 의하여 손해배상청구권을 행사할 수밖에 없다.

그러므로 공법적 안전법인 제조물안전법과 사법상의 제조물책임과의 관계에 대해서 고찰할 필요성이 있다. 즉 독일 기구 및 제조물안전법 제4조에 의한 안전요구에 합당한 안전한 제조물만을 거래에 유통시켜야 하는데, 이러한 공법상의 규정이 제조물책임법(ProdHaftG)상의 책임과 어떠한 관련성을 가지고, 그리고 이를 넘어서 독일민법 제823조에 의한 불법행위에 위한 제조물책임에서 공법상의 제조물안전법이 어떠한 영향을 미치는 지에 대해서 살펴볼 필요성이 있다.[295)]

그러나 뒤에서 자세히 살펴보듯이, 결함있는 제조물에 대한 민사상책임에 제조물안전법은 커다란 영향을 미친다고 볼 수는 없다. 독일 기구 및 제조물안전법 제4조에 의한 안전명령의 이행은 제조물책임법에 의한 제조물위험책임(Produktgefährdungshaftung)이나 불법행위적 제조물책임(Produzentenhaftung)에 아무런 영향을 미치지 않는다. 왜냐하면 민사법상

294) Thomas Klindt, a. a. O.(주 13), §7 Rn. 31.
295) Gerhard Wagner, a. a. O., S. 2541.

제조자의 제조물안전요구는 해당하는 제조물의 '학문과 기술의 수준'에 맞추어져 있고, 이러한 안전요구는 제조물안전법이 규정하는 '일반적으로 승인된 학문과 기술의 규정(기준)'으로는 충족될 수 없기 때문이다.

2. 독일 제조물책임법(ProdHaftG)상의 책임과의 관계

독일 제조물책임법은 제조물의 결함으로 인한 제조자의 위험책임[296)]

---

296) 독일 제조물책임법에 의한 제조물책임의 법적 성질(Rechtsnatur)에 대해서는 지금까지도 논란이 있다. 제조물책임법에 의한 책임의 법적 성질에 대해서는 처음부터 논란이 있었고, 아마 생각할 수 있는 모든 가능성이 논의의 대상으로 떠올랐다. 독일의 다수설은 제조물책임법에 의한 책임을 과책과 위법성을 요하지 않는 위험책임, 즉 결함있는 제조물을 거래에 유통시킨 것과 연결되는 위험책임(eine an das Inverkehrbringenen eines fehlerhaften Produkts anknüpfende Gefährdungshaftung)으로 파악을 하고 있으며(Peter Marburger, Grundsatzfragen des Haftungsrechts unter dem Einfluß der gesetzlichen Regelungen zur Produzenten- und zur Umwelthaftung, AcP 192(1992), S. 14; Karl Larenz/Claus-Wilhelm Canaris, a. a. O., S. 644; Hermann H. Hollmann, Die EG-Produkthaftungsrichtlinie, DB 1985, S. 2389; Walter Rolland, Produkthaftungsrecht, 1990, §1 ProdHaftG, Rdnr. 7.), 소수설은 전형적인 위험책임이 아니라 과실을 요건으로 하지 않는 무과실책임(verschuldensunabhängige Haftung)으로 이해하며(Hans Claudius Taschner/Erwin Frietsch, a. a. O., §1 ProdHaftG Rdnr. 17f.; Graf von Westphalen, Das Neue Produkthaftungsgesetz. NJW 1990, S. 85; Joachim Schmidt-Salzer, a. a. O., Art. 1, Rdnr. 5f.; Volker Emmerich, a. a. O., §23 Rdnr. 16,; Rolf Schmidt, Schuldrecht Besonderer Teil Ⅱ, 2009, Rdnr. 1029.), 또 다른 견해는 제조물책임법에 의한 책임은 독일민법 제823조 제1항에 의한 불법행위적 제조물책임과 기본구조에서 일치하므로 과실책임의 원칙에 입각한 과실책임(Verschuldenhaftung)을 규정한 것이라는 입장도 있다(Häsemeyer, Das Produkthaftungsgesetz im System des Haftungsrecht, Festschrift für Niederländer, 1991. S. 254ff.). 하지만 제조물에 결함이 있다는 것은, 이미 제조 유통과정에서 제조물안전의무를 위하여 제조자에게 주어지는 위험방지의무로서 다양한 거래안전의무(Verkehrspflichten)(이 거래안전의무는 제조자에게 통상 구조상의 의무, 제조상의 의무, 표시상의 의무, 제조물관찰의무 등으로 나타난다)의 위반이 있다는 것을 의미함으로, 제조

을 인정하고 있는데, 제조물의 결함으로 인하여 사람이 사망하거나, 신체 또는 건강상에 상해를 입은 경우 또는 재물이 손괴된 경우에 제조자는 제조물의 결함으로 인하여 발생한 손해를 배상할 책임이 있다(§1 Abs. 1 ProHaftG).

독일 제조물책임법(ProdHaftG) 제3조에 의하면, 제조물이 제조물의 표시, 합리적으로 기대될 수 있는 사용, 유통된 시점을 포함한 모든 사정을 고려하여 정당하게 기대할 수 있는 안전성을 결여할 때, 제조물책임법 제1조 제1항에 의한 제조물책임을 발생시킬 수 있다. 그리고 독일 기구 및 제조물안전법 제4조에 의하면, 제조물은 규정에 맞는 사용이나 예견된 오용 시에 사용자와 제3자의 안전과 건강을 해하지 않도록 만들어져 있을 때에만 거래에 유통될 수 있다고 하여서, 안전한 제조물만 거래에 유통시킬 수 있다고 하고 있다. 이를 보면 기구 및 제조물안전법 제4조에서 정의하는 제조물의 '안전'은 제조물책임법 제3조 제1항에서 정의하는 제조물의 '무결함(Fehlerfreiheit)'으로 인정될 수 있는 것 같고, 즉 기구 및 제조물안전법상의 안전기준을 준수할 시에는 제조물의 결함이 없으므로 제조물책임법 제1조 제1항에 의한 손해배상청구권은 배제되는 것으로 생각할 수도 있을 것이다. 이러한 가치통합을 통하여, 첫째로 양법영역에서 안전개념의 일치를 이룰 수 있으며, 둘째로 안전하지 않은 제조물의 위험에서 소비자와 제3자를 보호하고자 하는 공법적 제조물안전과 사법상의 제조물책임이 동전의 양면으로 나타나고, 셋째로 법질서의 통일이라는 관점에서 위와 같이 생각할 수도 있을 것이다.

그러나 자세히 검토해 보면 이러한 판단은 타당하지 않다는 것을 알 수 있다.[297] 왜냐하면 제조물책임법은 기구 및 제조물안전법보다 엄격한 안전기준을 설정하고 있다. 독일 제조물책임법 제3조 제1항에 의한 정당한 안전기대에는 '일반적으로 승인된 기술의 규정(die allgemein

물책임법에 의한 제조물책임을 진정한 위험책임으로 보는 데에는 한계가 있는 면을 부인할 수 없을 것이다.

297) Gerhard Wagner, a. a. O., S. 2541; Peter Marburger, a. a. O., S. 282.

anerkannten Regeln der Technik)'의 준수도 포함하지만, 기구 및 제조물안전법 제4조 의하면 해당 안전기준의 준수는, '기술의 수준' 또는 '일반적으로 승인된 기술의 규정'의 준수에 해당된다.[298] 하지만 반대로 제조물책임법 제3조 제1항의 요구는 '일반적으로 승인된 기술의 규정'의 준수로서 충족시킬 수 없다. 이것은 '학문과 기술의 수준(Stand von Wissenschaft und Technik)'으로 결함을 인식할 수 없을 때, 이는 개발위험의 항변으로서 책임이 배제된다는 독일 제조물책임법 제1조 제2항 5호로부터 분명히 나타난다. 즉 기구 및 제조물안전법 제4조에 의한 안전기준의 준수는 제조물책임법 제1조 제2항 제5호에 의한 개발위험의 항변에 의한 책임을 배제시킬 수 없는데, 그 이유는 기구 및 제조물안전법 제4조에 의한 안전기준의 준수를 통해서는 필요한 최신의 연구결과의 고려가 담보되지 않기 때문이다. 그러므로 제조물책임을 면하려는 제조업자는 위험조사와 평가 시에 관련되는 자연과학과 기술적 분야의 최신의 정보도 고려해야만 한다.[299] 이와 같은 요구는 '일반적으로 승인된 기술의 규정'의 준수로서는 충족될 수 없는 데, '일반적으로 승인된 기술의 규정'의 기준은 일반적인(전래적인) 해결(herkömmliche Lösungen)에 근거하고, 이에 따란 최신의 지식과 발전상태를 포함하고 있지 못하기 때문이다. 즉 제조업자의 공법상 안전기준의 준수는 제조물책임의 면제사유는 아니며, 이는 공법상의 안전기준은 대체로 최소한의 안전기준에 불과하기 때문이다. 그러므로 제조업자는 이와는 별도로 소비자의 안전을 도모하기 위하여 어떠한 조치가 필요한가를 검토하고 필요한 경우에는 해정관청이 요구하는 것보다 더 많은 안전조치를 강구하여야 한다.[300]

실제 현실적으로 보면, 대개의 경우 '일반적으로 승인된 기술의 규정'의 준수로서 제조물책임의 원인이 되는 제조물결함의 방지를 위하여 충분할 수도 있을 것이다. 하지만 법적으로는 구체적인 경우에 기구 및

298) Joachim Geiß/Wolfgang Doll, a. a. O., §4 Rn. 42.
299) Peter Marburger, a. a. O., S. 282.
300) Gerhard Wagner, a. a. O., S. 2542.

제조물안전법 제4조의 기준에 의한 안전한 제조물이 제조물책임법 제3조 제1항의 의미에서 결함있는 제조물일 수 있고, 이에 따라 제조물책임법 제1조 제1항에 의한 제조물책임이 인정될 수 있다.[301] 그러므로 기구 및 제조물안전법 제4조에 의한 안전한 제조물을 제조물책임법 제3조 제1항의 결함없는 제조물로 볼 수는 없다. 단지 기구 및 제조물안전법은 일반적인 공법적 최소기준을 설정한 것이며, 이에 미달할 때에는 행정관청의 개입이 허용된다는 것이며, 기구 및 제조물안전법을 통하여 제조물책임법상의 책임이 제한된다는 의미는 아닌 것이다.[302] 물론 기구 및 제조물안전법 제4조상의 안전요구를 준수하더라도, 즉 제조물이 안전요구에 대한 기준적인 법률명령, 기술의 수준이나 제조물에 표준적인 기술적 규칙서(maßgebliche technische Regelwerk)에 상응하더라도, 제조물로부터 위험이 발생할 경우에는 해당관청은 그 제조물에 대해서 필요한 조치를 취할 수 있다(§8 Abs. 4 GPSG).

그 외 제조물책임법과 기구 및 제조물안전법과의 관계를 보면, 기구 및 제조물안전법이 제조물책임법 제1조 제2항 제4호에 의한 책임배제규정을 가지고 있는가가 문제이다. 제조업자가 제조물을 유통시킨 시점의 강제적 법령규정(zwingenden Rechtsvorschriften)을 준수함으로써 결함이 발생한 경우에, 제조업자의 책임은 면제되는데(§1 Abs. 2 Nr. 4 ProdHaftG),[303] 기구 및 제조물안전법 제4조는 제조업자에게 이러한 강

301) Peter Marburger, a. a. O., S. 283.

302) Rainer Huth, Die Bedeutung technischer Normen für die Haftung des Warenherstellers nach §823 BGB und dem Produkthaftungsgesetz, Europäische Hochschulschriften Bd./Vol. 1297, S. 125.

303) 제조자가 해당 제조물의 강제적 법령(zwingenden Rechtsvorschriften)을 준수 한 경우로서, 제조자가 제조물을 유통시킬 당시의 강제적 법령을 준수함으로써 이를 통하여 결함이 발생된 경우에는 제조자의 책임이 면책된다(§1 Abs. 2 Nr. 4 ProdHaftG). 제조자가 강제적 법령을 따랐고, 그 결과로 결함있는 제조물이 제조된 경우로서, 위 규정은 강제적 법령의 복종과 책임 사이에서 발생하는 제조자의 딜레마를 해결해주자는 것이다(BT-Drs. 11/2447, S. 15). 먼저 위 조문에서 말하는 법령(Rechtsvorschrift)은 제조물에 대해서 구속적인 상세한 규정을 가진 법률이나 명령 또는

제적 기준을 설정하고 있지는 않다.[304)]

법문에서 일정한 기술적 표준을 구속적으로 받아들인 확정적 지시(starre Verweisung)가 있는 경우를 말한다. 그러나 법률이나 명령에서 규정한 단순한 보호목적이나 이러한 보호목적의 실현을 위하여 규정한 일반조항 또는 일반조항의 구체화를 위하여 받아들여진 기술적 상술이나 기준은 위 조문상의 법령에 해당되지는 않는다. 또한 법령은 강제적(zwingend)이어서 제조물을 법령에 따라 제조하든 아니면 법령에 의하지 않고서는 제조할 수 없는 경우이어야 한다. 만약 제조자가 해당하는 유사한 또는 높은 기준을 가지고 법령과 상이한 해결을 하는 것이 허용되어 있다면, 위 조문의 의미에서 강제적인 법령은 아닌 것이 된다(BT-Drs. 11/2447, S. 15). 그러나 독일법상에서 제조물을 제조하면서 반드시 준수해야하는 강제적 법령은 찾아볼 수 없기 때문에, 위 조문의 면책사유는 실제상 그 의미가 없다고 할 것이다(Walter Rolland, Produkthaftungsrecht, 1990, Teil Ⅱ, §1 ProdHaftG Rdnr. 132; Hans Claudius Taschner/Erwin Frietsch, Produkthaftungsgesetz und EG-Produkthaftungsrichtlinie, 2. Aufl., 1990, ProdHaftG §1 Rdnr. 87-90). 공법상의 많은 사고예방규정(Unfallverhüttungsvorschriften)들은 일반적으로 고권적으로 발포된 규범이지만, 제조물책임법 제1조 제2항 제4호의 의미에서의 강제적 법령은 아니며, 그 외 초기업적 기술적 상술(Überbetriebliche Regelwerke), 즉 기술적 표준도 법령이 아니고, 예를 들어, DIN-표준이나 VDE-표준 등은 자유로운 적용을 기대하는 표준위원회의 권고에 불과하기 때문이다. 그러므로 제조물책임법 제1조 제2항 제4호의 면책사유가 될 수 있는 그러한 특별한 규정은 현재까지 독일법에서 입법되지는 않았다고 할 것이다. 만일 입법자가 제조물결함의 원인이 되는 강제적 법령기준을 제정한 경우에는 제조물책임의 영역을 벗어나서 국가책임 또는 행정기관책임(Staats- oder Amtshaftung)이 논해질 수 있을 것이다(Peter Marburger, Die haftungs- und versicherungsrechtliche Bedeutung technischer Regeln, VersR 1983, S. 597ff.; Hans Claudius Taschner/Erwin Frietsch, a. a. O., ProdHaftG §1 Rdnr. 97).

304) 기구 및 제조물안전법 제4조는 제조업자에게 강제적 구속을 규정하지는 않는다. 기구 및 제조물안전법은 정확히 정해진 생산방법을 규정하지는 않고, 일반적으로 승인된 기술의 규정을 통하여 단지 기준적인 안전기준만을 규정하고 있다. 이를 통하여 주어진 기술기준의 범위 내에서 동일한 안전이 보장되는 한, 일반적으로 승인된 기술의 규정과 상이하게 제조물을 제조하는 것이 제조업자에게는 허용이 된다. 기구 및 제조물안전법 제4조에 의해서는 단지 주어진 안전기준의 미달만이 금지될 뿐이다. 그러므로 제조업자에게는 주어진 기준 내에서 제조물의 성질을 자유로이 결정

3. 독일민법 제823조 제1항에 의한 불법행위적 제조물책임

1) 제조업자의 거래안전의무

불법행위에 의한 제조물책임(Produzentenhaftung)을 인정함에 있어서 독일법은 독일 민법 제823조에 그 기초를 두고 있다. 독일민법 제823조 제1항에 의하여, 제조업자가 일반적 거래안전의무(Verkehrspflichten)를 위반하여 결함있는 제조물을 유통시킨 경우에는, 주의의무를 위반한 것으로 되어서 제조자는 손해배상책임을 지게 된다. 이러한 제조물책임은 제조자가 결함있는 제조물을 거래에 가져온 것, 그 자체에 대한 책임은 아니다. 오히려 책임의 근거는 제조자가 생산을 통하여 제3자의 법익의 침해를 막기 위하여 제조자에게 가능하고 기대할 수 있는 조치를 취해야 하는, 위험방지의무의 과실있는 침해의 결과라고 할 것이다.

이에 따라 제조업자가 기구 및 제조물안전법 제4조에 의한 공법적 안전의무를 준수한 경우 제조업자의 불법행위적 거래안전의무(Verkehrspflichten)를 준수한 것으로 볼 수 있느냐의 문제가 제기된다.[305] 독일민법 제823조 제1항에 의한 불법행위적 제조물책임과 관련하여 판례에 의하면, 제조업자는 제조물안전을 위하여 어떤 안전조치가 필요한가를 검토하고, 상황에 따라서는 해당관청이 요구하는 것보다 더 많은 조치를 취해야 한다고 한다.[306] 이에 따라 제조업자가 공법적 기술적 안전법이 규정하는 요구를 준수했다 하더라도 제조업자의 책임은 면제되지 않는다. 즉 제조업자의 불법행위적 제조물책임에서의 거래안전의무는 공법적 안전

할 수 있는 충분한 여지가 주어진다. 즉 제조물책임법 제1조 제2항 제4호에서 말하는, 제조업자에게 일정한 강제기준을 설정하는 경우는, 제조물안전법을 통하여서는 발생되지 않는다.

305) 대개의 경우 제조업자가 일반적으로 승인된 기술의 기준을 준수한 경우에 불법행위법에 의한 기준의 의해서도 제조물의 결함은 없게 된다. 그러나 제조물책임법에 의한 책임에서와 마찬가지로 이것이 법적으로 보장되어 있지는 않다.

306) BGH, VersR 1966, 165, 166; NJW 1987, 372, 373.

요구를 능가할 수 있다는 것이다.[307)]

이를 좀 더 자세히 살펴보면, 제조업자의 거래안전의무는, 다른 모든 거래안전의무에서처럼, 위험발생에 책임이 있는 자가 가능한 한 제3자의 손해를 방지하기 위하여, 위험의 회피 내지 제거를 위해 그에게 가능하고 기대할 수 있는 모든 방법을 강구해야 한다는 원칙으로부터 도출된다고 할 수 있다.[308)] 수리나 정비작업 또는 설비작업과 같은 수공업적 노무제공과는 달리, 제조업자에게는 물건제조에 있어서 잠재적인 위험과 이러한 위험의 예방과 관련되는 과학적이고 기술적인 최신지식도 고려해야 하는 것이 기대될 수 있다. 이에 따라 제조업자는 원칙적으로 '일반적으로 승인된 기술의 기준'뿐만 아니라 '학문과 기술의 수준(Stand von Wissenschaft und Technik)'도 고려해야 한다는 것이 일반적인 학설과 판례의 입장이다.[309)] '학문과 기술의 수준'은 원칙적으로 제조업자에게 최고의 요구를 지시하는 것이며, 이의 준수를 통하여 제조업자는 통상 그에게 부담된 거래안전의무를 충족할 수 있게 된다.[310)] 그러므로 기구 및 제조물안전법 제4조에 의해 규정된 안전기준의 준수가 위와 같은 제조업자의 의무에 자동적으로 적합하게 상응하는 것은 아니므로, 기구 및 제조물안전법에 의한 안전기준을 준수하더라도 불법행위적 제조물책임이 인정될 수 있다. 제조업자가 공법적 안전요구를 준수했다는 것이, 바로 제조물의 결함으로 발생한 손해에 대해서 위법성이 없다든가 책임이 없다는 것을 의미하지는 않는다.[311)] 즉 기구 및 제조물안

---

307) Gerhard Wagner, a. a. O., S. 2451.

308) Produkthaftungshandbuch/Ulrich Foerste, Bd. 1, 2. Aufl., 1997, §24 Rdnr. 6.

309) BGH, NJW 1987, 372, 373; BGH, NJW 1994. 3349, 3350; Produkthaftungshandbuch/Ulrich Foerste, a. a. O., §24 Rdnr. 44; Peter Marburger, a. a. O.(주 15), S. 285.

310) Rainer Huth, a. a. O., S. 151.

311) 물론 공법적 안전기준의 비준수가, 특히 일반적으로 승인된 기술의 기준의 비준수가 바로 거래상 요구되는 주의의무의 위반으로 자동적으로 연결되는 것도 아니다. 왜냐하면 일반적으로 승인된 기술의 기준의 위반을 통하여, 동일한 안전이 다른 방법으로 보장될 때에는 이러한 상이는 허용

전법 제4조로부터 유래하는 공법적 안전기준의 충족 시에도 제조업자는 민사적으로는 거래안전의무위반의 책임을 질 수 있으며, 기구 및 제조물안전법 제4조의 의미에서 안전한 제조물도 제조물책임법(Produkthaftungsrecht)의 기준에 의해서는 결함있는 제조물일 수 있다.[312)][313)]

둘째로 기구 및 제조물안전법 제5조 제1항 제2호상의 공법적 제조물관찰의무[314)]와 동법 제5조 제1항 제1호 c)상의 '적절한 조치(angemessene

---

될 수 있기 때문이다(Rainer Huth, a. a. O., S. 177f.).

312) Peter Marburger, a. a. O., S. 285(물론 이러한 불일치는 실제 매우 드물게 발생하며, 그리고 제조업자가 일반적으로 승인된 기술의 기준을 준수했다는 것이 확실한 경우에는 제조물의 결함을 피해자가 입증한다는 것이 통상 용이하지는 않다고 한다).

313) 이를 보면 기구 및 제조물안전법을 통한 민사책임의 일반적 확대는 없다고 볼 수 있다. 왜냐하면 기구 및 제조물안전법 제4조에서 거명한 개별적 의무와 판단기준, 예를 들어, 지시상의 의무(§5 Abs. 1 Nr. 1 GPSG), 제조물관찰의무(§5 Abs. 1 Nr. 2 GPSG) 또는 예상되는 남용적 사용의 고려 등은 불법행위적 제조물책임에서 이미 잘 알려진 것들이기 때문이다.

314) 소비자제품을 유통시킨 후 제조자, 그의 대리인 및 수입업자는 민법상 인정되는 제조물관찰의무와 같은 공법적 제조물관찰의무(Produktbeobachtungspflichten)를 부담한다. 동법 제5조 제1항 2호에서는 "유통되어진 소비자제품의 경우에는 제품으로부터 발생하는 위험과 이것을 방지하기 위한 가능성의 정도에 상관하여(abhängig) 표본검사를 실시해야하고, 소비자불만신고를 평가하고 필요한 경우에 불만신고목록을 운영해야 한다(§5 Abs. 1 Nr. 2 GPSG)"고 하여서, 제조자 등의 제조물관찰의무와 불만평가의무를 규정하고 있다(동법 제5조 제1항 2호상의 법문의 의미로 보아서 분명하지는 않지만 통상 제조물관찰의무를 규정하고 있는 것으로 해석한다(Wolfgang Doll/Joachim Geiß, a. a. O., S. 150-160; Thomas Wilrich, a. a. O., §5 Rn. 20-21; Harald W. Potineke, a. a. O., S. 58). 이에 따라 제조자, 그의 대리인 및 수입업자는 소비자를 통하여 그들에게 제기된 위험을 받아들이고, 또한 스스로 제품에 대한 표본검사를 실시해야 한다. 제조업자 등의 이러한 의무는 위험의 현저성과 위험방지의 가능성과 상관되어서, 위험한 제조물의 경우에는 상대적으로 위험하지 않은 제조물보다 더 강하게 제조물표본검사를 실시해야 한다.

이와 같이 동법 제5조 제1항 제2호는 제조자 등의 공법적 제조물관찰의무를 부과하고, 동법 제5조 제1항 제1호 c)는 적절한 조치에 필요한 적절한 예방수단을 마련하도록 하고 있다.

Maßnahmen)'에 필요한 적절한 예방수단을 마련규정을 통하여, 이용자의 생명 · 신체 · 건강이 위협받거나 소비자제품의 사용자 이외의 제3자도 위험에 처할 수 있는 경우에, 공적인 위험경고가 충분하지 않을 때, 제조자 등의 리콜의무(Rückrufpflicht)가 인정된다.315) 이러한 공법상 리콜의무의 독일민법 제823조 제1항에 의한 책임법적 의미를 살펴볼 필요성이 있다. 즉 기구 및 제조물안전법 제5조 제1항 제2호에 의한 제조업자의 공법상 리콜의무가 독일민법 제823조 제1항에 의하여 책임법적 거래안전의무로 인정이 되고, 제조업자가 이러한 의무를 과실로 위반하여 사람의 생명, 신체나 건강을 침해한 때에는 손해배상책임을 지게 된다. 바로 이를 통하여 구체적인 경우에 기구 및 제조물안전법이 불법행위에 의한 제조물책임을 강화하는 기능을 가지게 된다.316) 왜냐하면 민법상 제조물관찰의무에 의하여 인정되는 제조업자의 리콜의무가 부인되는 곳에서 제조물안전법에 의한 제조업자의 리콜의무가 인정되기 때문이다. 통설에 의하면, 제조물을 거래에 가져올 당시의 학문과 기술의 수준에 의하여 인식할 수 없었던 개발위험(Entwicklungsgefahren)이 문제로 되거나, 최선의 주의에도 불구하고 '피할 수 없는 제조상의 하자(예를 들어, 조악품(Ausreißer)의 경우)'의 경우와 같이, 위험을 가져오는 제조물결함에 제조업자의 과책의 결여로 제조업자에게 귀속시킬 수 없는 경우에는 불법행위법에 기초한 민사적인 리콜의무는 부정이 된다고 본다.317) 이러

315) 제조물안전법 제4조 제2항 제2호에 의하여 인정되는 제조업자의 공법상의 리콜의무는 동법 제9조에 의한 해당관청의 처분과는 별도로 인정되는 제조업자의 법적 의무로서, 해당관청이 제조업자에게 행정행위로서 리콜을 명하기 전에 인정되는 것이다. 이러한 제조업자의 리콜의무는, 제조물에 의한 위험을 방지하기 위하여, 공공에 대한 경고(Warnung)와 같이 제조업자에게 부담이 적은 조치로서 충분하지 않을 때 인정되는 것이다. 즉 제조업자의 리콜의무가 인정되는 경우는, 제조물 위험을 통하여 제3자의 생명과 건강이 위험하고 이러한 위험이 공개적인 경고를 통하여서는 확실하게 보호되지 못할 때 인정된다.

316) Dirk Looschelders, Schuldrecht, Besonderer Teil, 4. Aufl., 2010, Rn. 1275; Peter Marburger, a. a. O., S. 286.

317) Produkthaftungshandbuch/Ulrich Foerste, a. a. O., §24 Rdnr. 261;

한 경우에도 제조업자의 경고의무는 인정될 수 있다고 보는데, 그 이유는 경고는 일반적으로 상대적으로 경비한 비용으로 실행할 수 있고, 그러므로 특별한 의무침해없이도 인정될 수 있다고 한다.[318] 즉 개발위험 등의 경우에 제조업자의 주의의무위반이 없음을 이유로 리콜의무를 부정하는 견해가 주류이다.[319] 이에 반해서 기구 및 제조물안전법에 의한 공법상의 리콜의무에서는 제조업자의 과책을 요구하지 않음으로, 제조물을 거래에 가져올 당시에 제조물의 위험을 인식할 수 없었다 할지라도 제조업자의 공법적 리콜의무는 인정된다. 이에 따라 기구 및 제조물안전법 제5조 제1항에 의하여 리콜의무가 인정되는 경우에, 이것은 독일민법 제823조 제1항의 거래안전의무로 인정이 되어서 제조물책임이 인정될 수 있으므로, 기구 및 제조물안전법이 민법 제823조 제1항에 의한 제조물책임을 강화시키는 면이 있다.[320]

2) 준제조자 및 수입업자의 책임

독일 제조물책임법(ProdHaftG) 제4조 제1항 제2문에 의하면, 준제조자(Quasi-Hersteller), 즉 '자신의 이름, 상표 또는 기타 식별가능한 표시를 통하여 제조자로 표시한 자도 제조자로 본다'고 규정하고 있으며, 동법 제4조 제2항에서는 수입업자(Impoteure), 즉 '판매, 임대, 임대분양(Mietkauf) 또는 자신의 경제적 활동의 범위 내에서 경제적 목적을 가진

Ingeborg Schwenzer, Rückruf- und Warenpflichten des Warenherstellers, JZ 1987, S. 1061.

318) Produkthaftungshandbuch/Ulrich Foerste, a. a. O., §24 Rdnr. 261.

319) 개발위험 등의 경우에, 제조업자의 주의의무위반이 없음을 이유로 리콜의무를 부정하는 견해가 주류이지만, 개발위험의 경우에도 리콜을 인정할 수 있고, 이러한 의무를 과실있게 침해하면 제조업자는 손해배상책임을 진다는 견해도 있다(Rolf Sack, Produzentenhaftung und Produktbeobachtungspflicht, BB 1985, S. 817).

320) 기구 및 제조물안전법 제5조 제1항에 의한 제조물책임의 강화는, 마찬가지로 기구 및 제조물안전법 제8조에 의한 해당관청의 리콜명령을 과실있게 침해한 경우에 경우에도 적용된다.

다른 형태의 영업활동을 할 목적으로 유럽경제공동체에 관한 조약의 효력범위내로 제조물을 수입한 자도 제조자로 본다'라고 규정하고 있다. 이러한 준제조자와 수입업자에 대해서 위험책임에 입각한 제조물책임에서는 제조자로 보게 되지만, 독일의 판례는 독일민법 제823조 제1항에 의한 불법행위적 제조물책임에서는 일반적 원칙으로서 제조자로 보는 것에 대하여 소극적인 입장을 취하고 있다.[321] 왜냐하면 이들은 제조물의 구조와 제조 및 그로부터 연유하는 제조물위험에 아무런 영향을 미칠 수 없기 때문에, 예외적으로만 이들에게 제조자의 광범위한 주의의무를 부담시키고 있다.[322] 즉 준제조자는 제조물의 결함없음을 위하여 자신의 보증의무로 인수하려는 특별한 상황이 있는 경우에만 준제조자의 책임이 인정되었다. 또한 수입업자도 그 본질에서는 유통업자라고 보아서, 제조자의 의무를 부담시키지 않았다. 단지 유통업자 특유의 위험방지의무만이 수입업자에게 부과되었다.

그런데 기구 및 제조물안전법 제2조 제10항에서는 제조물책임법 제4조에서와 유사하게 준제조자와 수입업자를 제조자와 동일하게 보고 있다. 즉 제조물안전법은 자기의 이름이나 상표 기타 식별할 수 있는 표시를 통해 스스로 제조자로 표시한 자인 준제조자(Quasi-Hersteller) 및 유럽공동체지역 내로 제조물을 수입한 수입업자(Importeur)도 제조자로 보고 있다(§2 Abs.10 GPSG).[323] 이에 따라 준제조자와 수입업자도 제조자처럼 기구 및 제조물안전법 제4조에 의한 공법적 제조물안전의무를 부담하게 된다. 이러한 범위 내에서 준제조자와 수입업자도 과거와는 달리 독일민법 제823조 제1항에 의한 책임법적 거래안전의무를 부담하게 되고, 이러한 의무의 과실있는 침해는 불법행위에 의한 제조물책임에 의하여 손해배상책임을 지게 된다.[324] 이를 통하여 리콜의무뿐만 아

---

321) BGH VersR 1977, 239; BGH NJW 1980, 1219.

322) Walter Rolland, a. a. O., Rdnr. 75; Produkthaftungshandbuch/Ulrich Foerste, a. a. O., §26 Rdnr. 47ff.

323) Rupert Vogel, a. a. O., S. 161; Thomas Klindt, a. a. O., §3 Rn. 7-8.

324) Peter Marburger, a. a. O., S. 287.

니라 다른 제조자의 의무와 관련하여서도 준제조자와 수입업자의 책임을 강화하는 기능을 가지게 된다.[325][326]

---

325) 그 외 기구 및 제조물안전법 제5조 제3항에서는 유통업자의 의무를 규정하는데, 동법 제5조는 유통업자의 의무를 제조자의 의무보다는 경미하게 규정하고 있다. 동법 제5조 제3에서는 '유통업자는 안전한 제조물만을 거래에 유통시키는데 기여해야 한다'(§5 Abs. 3 S. 1 GPSG)고 하면서, '유통업자는 특히 소비자제품이 동법 제4조상의 안전요구에 상응하지 않다는 사실을 알고 있거나, 그에게 제시된 정보나 유통업자로서 그의 경험상 알고 있어야만(wissen müssen) 하는 정보에 근거하여, 동법 제4조상의 안전요구에 상응하지 않은 소비자제품을 거래에 유통시켜서는 안 된다'(§5 Abs. 3 S. 2 GPSG)고 규정하고 있다. 이에 따라 제조물안전법상의 유통업자의 공법상 의무가 독일민법 제823조 제1항의 민법상의 거래안전의무로 변형될 수 있다. 하지만 기구 및 제조물안전법상의 유통업자의 의무의 규정이 유통업자의 불법행위적 제조물책임을 강화시킨다고 할 수는 없는데, 왜냐하면 기구 및 제조물안전법상의 약한 유통업자의 의무는 지금까지의 유통업자의 불법행위적 제조물책임의 범위 내에서 이미 인정되고 있기 때문이다.

326) 독일 불법행위적 제조물책임은 독일민법 제823조 제2항의 보호법률(Schutzgesetz)의 위반과 관련해서도 발생할 수 있다. 제823조 제1항은 '타인의 보호를 목적으로 하는 법률에 위반한자는 손해배상의무가 있다. 그 법률에 과책없이 그에 위반하는 것이 가능한 것으로 규정된 때에는 과책있는 경우에만 배상의무가 발생한다'라고 규정하는데, 이로부터 타인의 보호를 목적으로 하는 법률에 위법하고 유책하게 위반하고 이로써 타인에게 손해를 가한 자는 제823조 제2항에 의하여, 보호법률의 위반으로서 손해배상의무를 지게 된다. 작은 일반조항(Kleine Generalklausel)으로서 제823조 제2항은 보호법률의 위반을 필요로 하는데, 보호법률이라 함은 타인의 생명이나 재화를 보호하기 위하여 일정한 행위를 명하거나 금지하는 법규를 말하는 것으로서, 이것은 이 규정의 작용영역에서 현저한 제한을 가져온다. 그러므로 제823조 제2항에 의한 손해배상의무는 항상 다른 목적을 가진 규정의 반사효과로서만 인정된다. 타인을 보호하는 보호법률에는, 단지 공익보호를 목적으로 하는 공법상의 규정은 이에 포함되지 않고, 제한적인 공법상의 규정만이 보호법률로 인정된다. 즉 공법상의 규정은 일반적으로 공익을 목적으로 하고 단지 예외적인 경우에만 개인이나 제한된 인적 범위의 보호를 목적으로 한다. 그러므로 공법적 규범의 제3자 보호적인 작용은 상례가 아니라 그때 그때의 구체적인 규범의 해석을 통하여 탐구되어져야 하는 것이다. 제조물책임법 영역에서 보호법

제 4 절 우리나라 소비자기본법 등의 제조물안전기준

Ⅰ. 서 설

제조물안전과 관련한 우리나라의 법을 보면, 먼저 소비자기본법에서 제조물에 의한 소비자[327] 위해의 방지를 위하여, 소비자는 모든 물품 및 용역으로 인한 생명·신체 및 재산상의 위해로부터 보호받을 권리를 가진다고 하면서(동법 제4조 제1호), 이를 위하여 국가의 책무와 사업자[328]의 책무를 규정하고 있다. 그리고 다른 특별법에서는 산업별로 품질검사의 방식과 기준을 정하여 안전하지 못한 상품의 시장진입을 규제하고 있다. 공산품에 대해서는 품질경영 및 공산품안전관리법, 전기용품안전관리법[329], 승강기제조 및 관리에 관한 법률이 있으며, 식·의약품과 관련하여서는 식품위생법[330], 건강기능식품에 관한 법률, 수산물품질관리법, 농산물품질관리법, 축산물가공처리법, 약사법 등이 있고, 자동차에 대하여는 자동차관리법, 건물 등에 대해서는 건축법이 있다.[331] 이를

률로 인정되는 것은, 폐지된 기구안전법(Gerätesicherheitsgesetz) 제3조, 사료공급법(Futtermittelgesetz) 등과 기구 및 제조물안전법 제4조 및 제6조이다.

327) 소비자라 함은 사업자가 제공하는 물품 또는 용역(시설물을 포함한다)을 소비생활을 위하여 사용(이용을 포함한다)하는 자 또는 생산활동을 위하여 사용하는 자로서 대통령령이 정하는 자를 말한다(소비자기본법 제2조 제1호).

328) 사업자라 함은 물품을 제조(가공 또는 포장을 포함한다)·수입·판매하거나 용역을 제공하는 자를 말한다(소비자기본법 제2조 제2호).

329) 동법은 안전인증(제4조·제5조·제6조), 자율안전신고 등의 표시(제13조) 등을 규정하고 있다.

330) 식품위생법은 위해·유해물의 판매 등의 금지(제4조·제5조·제6조), 기준과 규격의 설정(제7조·제9조)), 표시기준의 설정과 허위표시의 금지(제10조-제13조) 등을 규정하고 있다.

331) 권대우, 소비자기본법의 기본법적 성격과 과제, 한국경쟁법학회 2008신년학술대회 자료집, 42면.

보면 제조물에 의한 소비자의 위해방지를 위한 개별법규와 일반법으로서의 소비자기본법에서 제조물 등에 의한 소비자안전을 위한 다양한 규정을 두고 있다고 할 것이다.

Ⅱ. 소비자기본법상의 제조물안전기준

2006년에 제정된 소비자기본법에서는 먼저 소비자의 권리로서 안전의 권리를 규정하여, 소비자는 “물품 및 용역으로 인한 생명 · 신체 또는 재산에 대한 위해로부터 보호받을 권리”를 가진다고 하고 있다(동법 제4조 제1호). 소비자의 안전의 권리는 사업자의 이익은 물론 다른 어떠한 이익과도 비교할 수 없는 가장 중요한 기본적인 권리이다. 이러한 소비자의 안전의 권리를 위하여 소비자보호법은 국가의 책무와 사업자의 책무를 규정하고 있다. 즉 국가의 책무로는 국가는 사업자가 제공하는 물품 또는 용역으로 인한 소비자의 생명 · 신체 및 재산상의 위해를 방지하기 위하여, ⅰ) 물품 등의 성분 · 함량 · 구조 등 안전에 관한 중요한 사항, ⅱ) 물품 등을 사용할 때의 지시사항이나 경고 등 표시할 내용과 방법, ⅲ) 기타 위해를 방지하기 위하여 필요하다고 인정되는 사항에 관하여, 사업자가 지켜야 할 기준을 정하여야 한다(동법 제8조 제1항)고 규정하고 있으며, 중앙행정기관의 장은 국가가 정한 기준을 사업자가 준수하는지 여부를 정기적으로 시험 · 검사 또는 조사하여야 한다(동법 제8조 2항). 그리고 국가 및 지방자치단체는 소비자가 사업자와의 거래에 있어서 계량으로 인하여 손해를 입지 아니하도록 물품 등의 계량에 필요한 시책을 강구하여야 한다(동법 제9조 1항). 계량의 적정화를 위한 법으로는 ‘계량에 관한 법률’이 있는데, 동법에서는 계량 및 측정에 관한 국가표준을 확립 · 보급하도록 하고 있다.[332] 또한 규격의 적정화를 위해서, 국가 및 지방자치단체는 물품 등의 품질개선 및 소비생활의 향

332) 권오승, 경제법(제8판), 법문사, 2010, 417면.

상을 위하여 물품 등의 규격을 정하고 이를 보급하기 위한 시책을 강구하여야 한다(동법 제9조 2항). 규격의 적정화를 위한 법률로는 '산업표준화법'이 있으며, 동법은 적정하고 합리적인 산업표준을 제정하여, 제조물의 품질고도화, 생산효율의 향상, 생산기술의 혁신을 기하며, 거래의 단순·공정화 및 소비의 합리화를 도모하기 위한 제반조치를 마련하고 있다.[333] 그 외 소비자기본법에서는 국가는 표시기준(동법 제10조), 광고의 기준(동법 제11조) 등을 제정하도록 하고 있으며, 소비자에 대한 정보제공(동법 제13조) 등을 하도록 하고 있다.

그리고 소비자기본법상 국가 등의 책무에 대비되는 사업자의 책무로는 세 가지가 있는데, i) 소비자권익증진시책에 대한 협력의무, ii) 위해방지의무, iii) 소비자 권익증진 관련기준의 준수의무가 있다. 이러한 의무에 위반되는 사업자에 대한 제재조치로는 시정요청, 수거파기명령, 시정조치 등이 있다.[334] 먼저 사업자는 국가 및 지방자치단체의 소비자권익 증인시책에 적극 협력하여야 하며(동법 제18조 1항), 소비자단체 및 한국소비자보호원의 소비자권익과 관련된 업무의 추진에 필요한 자료 및 정보제공요청에 적극 협력하여야 한다(동법 제18조 2항). 둘째로 사업자는 물품 등으로 인하여 소비자에게 생명·신체 또는 재산에 대한 위해가 발생하지 아니하도록 필요한 조치를 강구하여야 하며(동법 제19조 1항), 소비자에게 물품 등에 대한 정보를 제공하여야 한다(동법 제19조 3항). 셋째로 사업자는 소비자 권익증진 관련기준의 준수의무가 있다. 즉 사업자는 동법 제8조 1항의 규정에 의하여 국가가 마련한 위해방지 기준에 위배되는 물품 등을 제조·수입·판매하거나 용역을 제공해서는 안되며(동법 제20조 1항), 동법 제10조에 의하여 국가가 정한 표시기준을 위배하여서는 아니 되고(동법 제20조 2항), 국가가 정한 광고기준·개인정보호 기준 등을 위반하여서는 아니 된다(동법 제20조 3항, 4항)고 하고 있다.

---

333) 권오승, 전게서 417면.

334) 신현윤, 경제법(제3판), 법문사, 2010, 523면; 양명조, 경제법강의(제8판), 신조사, 2010, 376면.

Ⅲ. 소비자기본법상의 제조물안전기준설정의 문제점

소비자기본법 제8조 제1항에 의하면, 국가는 사업자가 소비자에게 제공하는 물품 등으로 인하여 소비자의 생명·신체 또는 재산에 위해를 방지하기 위하여, 물품 등의 성분·함량·구조 등 안전에 관한 중요한 사항 등의 기준을 정하여야 한다고 한다. 그리고 중앙행정기관의 장은 국가가 정한 기준을 사업자가 준수하는지 여부를 정기적으로 시험·검사 또는 조사하여야 하고(동법 제8조 제2항), 사업자의 책무로서 소비자기본법 제20조 제1항에서 사업자는 동법 제8조 제1항의 기준에 위반되는 물품 등을 제조·수입·판매하거나 제공하여서는 아니된다고 하고 있다. 이를 보면, 제조물의 안전기준은 국가가 설정하고, 이를 제조자가 준수하도록 하고 있다. 그러면 과연 국가가 현대 산업사회에서 생산되는 그 많은 제조물의 안전기준을, 기술의 발전에 상응하여 적정하게 설정할 수 있는지에 대해서 의문이 생긴다.

이와 관련한 독일에서의 기술법(Technikrecht)[335] 관련 입법의 논의를 보면 다음과 같다. 기술적으로 위험한 시설물, 제조물 등에 대한 상태의무나 행위의무를 규정함에 있어서, 입법자나 명령제정자는 기술관련법의 입법시에 전형적인 어려움에 부딪히게 된다. 만약 법률과 명령이 헌법상의 법치국가원리(20 Abs. 3 GG)에서 파생된 법률의 확정성(Gesetzes-bestimmtheit), 법률의 명확성(Gesetzesklarheit)과 규범적 의무와 법집행의 예측가능성의 요구를 완전히 충족시키려 한다면, 법률이나 명령은 요구나 행위의무를 상세한 부분까지 자세히 규정해야만 한다. 그러나 이러한 상세한 법적 규정의 요구는 실제 다음과 같은 이유에서 단념될 수밖에 없다. 첫째로 입법기관은 법의 제정에 필요한 학문적·기술적 전

335) 제조물안전법은 소비자보호법, 기술법(Technikrecht), 생산물안전법, 경제행정법 등으로서의 의미를 가진다고 할 수 있다(Thomas Wilrich, Geräte- und Produktsicherheitsgesetz(GPSG), Kommentar, 2004, S. 15f.).

문지식을 충분한 정도로 갖출 수가 없다. 둘째로 학문과 기술의 발전에 직면하여 이러한 것을 정체적인 법질서에 상세히 규정하는 것은 타당하지가 않다. 왜냐하면 상세한 학문적·기술적 전문지식에 대한 고정된 안전기술적 상세한 규정(Detailvorschriften)은 대부분 얼마 지나지 않아서 진부한 것이 되고 말 것이기 때문이다. 이에 따라 법률과 명령은 늘 개정되어서 기술의 진보적 발전에 맞추어져야 하는데, 이것은 만족스러운 법적 상태가 될 수 없다.[336] 이러한 이유에서 독일의 기술법은 기술적으로 상세한 개별규정을 단념하고, 법률이나 명령에서 관청의 허가절차나 감독절차 및 보호목적과 안전목적은 확정적으로 규정을 하고, 기술적 안전의무는 일반적으로 불확정한 개념과 일반조항식 규정, 즉 대개는 '일반적으로 승인된 技術의 規定(allgemein anerkannte Regeln der Technik)', '技術의 水準(Stand der Technik)' 또는 '學問과 技術의 水準'(Stand der Wissenschaft und Technik)으로 규정한다.[337][338]

---

336) Peter Marburger, Technische Normen im Recht der technischen Sicherheit, BB Beilage 1985, S. 17.

337) Peter Marburger, Die Regeln der Technik im Recht, Habilitation, 1979, S. 110f.; Andreas Rittstieg, Die Konkretisierung technischer Standards im Anlagenrecht, 1982, S. 14f..

338) 독일의 기술적 안전관련법을 자세히 보면, 기술적 세부규정을 단념하고, 인식된 위험예방과 방지를 넘어서는 요구를 광범위하게 규정함으로써 기술적 위험의 유동적 감소 및 입법자의 입법의 부담의 경감 등을 달성하고 있다. 독일 연방임밋시온방지법(BImSchG) 제5조 제1항 1문에 의하면 동법에 따라서 인가를 필요로 하는 시설은 위험방지를 위해서 부가적으로 "유해한 환경침해에 대한 예방조치, 특히 엠밋시온의 제한을 위하여 기술의 수준에 상응하는 조치를 하여야 한다"고 규정하고, 원자력법(AtG) 제7조 제2항 3문에서 "시설의 설치와 운영으로 인한 손해에 대하여 학문과 기술의 수준에 따른 필요한 조치를 취해야 한다"고 규정하여 손해발생의 사전예방을 명하고 있다. 또한 유전공학법(GenTG) 제6조 제2항은 "유전공학의 사업자는 동법 제1조 1호에서 거명한 법익을 가능한 위험에서 보호하고 그러한 위험의 발생을 예방하기 위하여 당시의 학문과 기술의 수준에 따라서 필요한 예방조치를 하여야만 한다"고 하여서 일반적 주의의무와 위험방지의무를 규정하고 있다.

또한 유럽공동체도 제조물 안전기준이 되는 기술적 기준의 설정과 관련하여, 유럽공동체는 처음 구상으로는 법령(입법지침)을 통한 기술적 표준의 상세한 조화를 구상했으나 이의 실현이 좌절되고, 기술적 조화와 표준화의 영역에 대한 새로운 구상을 받아들였다. 일찍이 유럽공동체는 유럽공동체조약(Vertrag zur Gründung der Europäischen Gemeinschaft: EGV) 제95조(과거의 제100조)에 따라서 법률동화 작업을 통하여 상이한 표준을 통일하고자 하였다. 그러나 국내 입법에서와 마찬가지로 유럽의 입법자들에게서도 이러한 표준화과제를 완전히 수행한다는 것은 무리였다. 이에 따라 1985년 5월 7일 각료이사회에서는 "기술적 조화와 표준화분야에의 새로운 구상"을 결정하였는데, 이 '새로운 구상(Neue Konzeption(New Approach))'에 의하면 안전과 건강의 보장을 위한 소위 기본적 안전요구 또는 기타의 안전조건은 공공복리를 위하여 그때 그때마다의 유럽공동체의 입법지침에서 확정하고, 기술적 표준의 상세한 것은 유럽의 표준화기구에 유보한다는 것이다. 즉 제조물에 대한 추상적이고 기본적인 안전요구는 입법지침에서 규정하고, 입법지침상의 기본적 안전요구는 표준에서 구체적으로 그 내용을 정한다는 것이다. 이에 의하여 바로 보충적인 표준화과제는 유럽차원에서 활동하는 유럽표준화위원회(Europäisches Komitee für Normung: CEN)와 유럽전기기술표준화위원회(Europäisches Komitee für elektrotechnische Normung: CENELEC)에 의해서 수행되고 있다. 이러한 기구들은 기술수준을 고려하여 기술적 명세서인 표준을 작성하는데, 이러한 기술적 명세서는 관련 업계가 입법지침(Richtlinie)에 규정된 기본적 안전조건과 그 밖에 필요한 안전조건을 충족하는 제조물을 생산하는데 이용되고 있다. 이에 따라 독일 기구 및 제조물안전법도 조화된 영역(Harmonisierter Bereich)에 해당하는 제조물의 안전기준(안전요구)을 동법 제4조 1항 제1문에서는 '제조물이 제3조 1항에 해당하는 한, 그 제조물은 거기에서 정해진 안전과 건강에 대한 요구사항과 유통을 위한 기타의 전제조건들이 충족되고 규정에 맞거나 예상할 수 있는 오용 시에 사용자와 제3자 또는 제3조 제1항에 따른 명령에 나타나는 기타의 법익을 해하지 않을 경우에만 유통될 수 있다(§4 Abs. 1 S. GPSP)'고 하고 있으며, 비조화된 영역에 해당하는 제조물은 규정에 맞는 사용이나 예견된 오용 시에 사용자와 제3자의 안전과 건강을 해하지 않도록 만들어져 있을 때에만 거래에 유통될 수 있다(§4 Abs. 2 S. 1 GPSG)고 하고 있다.

그리고 소비자기본법처럼 국가가 구체적인 제조물의 안전기준을 설정하고 사업자가 이를 준수하도록 하는 경우에는, 2000년 1월에 제정된 우리나라의 제조물책임법과 관련하여서도 문제를 발생시킬 수 있다. 그것은 바로 우리의 제조물책임법 제4조 제1항 제3호에서 "제조물의 결함이 당해 제조물을 공급할 당시의 법령이 정하는 기준을 준수함으로써 발생한 사실"을 입증한 경우에는 제조자는 면책된다고 하고 있기 때문이다.[339)][340)] 우리 제조물책임법 제4조 제1항 제3호에서와 같이 법령기준을 준수함으로써 결함이 발생했다는 것을 제조자가 입증하면 면책되게 됨으로, 소비자기본법상 국가의 제조물안전기준의 설정이 법령기준이 될 수 있고, 소비자기본법의 준수에 의한 제조물의 결함이 발생하게 되면, 제조자는 제조물책임법에 의한 책임을 면하게 된다는 문제점이 있다.

---

339) 이에 대해서는 자세한 것은, 홍명수, 경제법 Ⅱ, 경인문화사, 2010, 659-671면 참조.

340) 독일 제조물책임법 제1조 제1항 제4호에서는 제조자가 제조물을 유통시킬 당시의 강제적 법령(zwingenden Rechtsvorschriften)을 준수함으로써 이를 통하여 결함이 발생된 경우에는 제조자의 책임이 면책된다고 하고 있다.

[참고문헌]

〈국내문헌〉

[단행본]

강창경/정순희/허경옥, 소비자법과 정책, 학지사, 1998.
고형석, 소비자보호법(제2판), 세창출판사, 2008.
권오승, 경제법(제8판), 법문사, 2010.
______/신은주/홍명수/차성민/이현종, 제조물책임법, 법문사, 2003.
권재열, 경제법(최신판), 법원사, 2001.
김상용, 채권각론(개정판), 법문사, 2003.
박제가 저/홍희유·강석준 역, 북학의, 여강출판사, 1991.
산업통상자원부 기술표준원, 2012 기술표준백서, 2013.
신현윤, 경제법(제2판), 법문사, 2007.
안법영, 독일매매계약법, 고려대학교 출판부, 2003.
양명조, 경제법강의(제8판), 신조사, 2010.
여정성/최종원/장승화, 소비자와 법의 지배, 서울대학교출판부, 2008.
연기영, 생산물손해배상책임법, 육서당, 1999.
이기수/유진희, 경제법(제7판), 세창출판사, 2006.
이상정/박인섭, 제조물책임에 관한 연구, 한국소비자보호원, 1980.
장승화 편, 국제기준과 법의 지배, 박영사, 2004.
전경운, 독일 환경사법론, 법원사, 1998.
정호열, 경제법(제2판), 박영사, 2008.
지식경제부 기술표준원, 산업표준화 50년사, 2011.
최종완, 표준화 이야기, 한국표준협회, 1999.
허덕회, 소비자법강의, 동방도서, 2008.
한국표준협회, 표준화의 기초, 2004.
__________, 미래사회와 표준, 2005.

한봉희, 제조물책임법론, 대왕사, 1997.

홍명수, 경제법 Ⅱ, 경인문화사, 2010.

홍종인, ISO 품질경영시스템 혁신 가이드, 한국표준협회미디어, 2009.

홍준형, 환경법, 박영사, 2001.

홍천룡, 소비자피해구제론, 삼영사, 1980.

후지타 마사히로 · 가와하라 著/홍종희 · 한태수 譯, 표준화와 기업전략, 한국표준협회, 2000.

[논 문]

김선광, 자유무역협정과 소비자안전, 법학논총 제23집 2호, 2006. 10.

김정순, 生命工學技術適用의 法的 問題, 法制硏究 16號, 1999. 6.

김지호, 한국의 원자력 정책: 원자력 정책방향과 법적 대응, 과학기술법연구 제2집, 1996. 12.

김진우, 독일의 제조물관찰의무에 관한 연구, 사법행정 2001. 10.

김유환, 환경법규에 있어서의 규제실패와 법적 대응, 환경법연구 16권, 1993. 12.

김인환, 신국제 환경질서에 있어서의 정부의 환경정책과 기업의 대응, 환경법연구 제17권, 1995. 12.

김해룡, 환경기준에 관한 법적 문제, 환경법연구 제19권, 1997. 12.

______/이종영, 과학기술의 발전과 환경법의 과제, 한국법학 50년-과거 · 현재 · 미래(Ⅱ), 한국법학교수회, 98. 12.

노명준, GATT/WTO 體制上 環境保護와 貿易規制, 과학기술법연구 창간호, 1995. 12.

박동진, 제조물책임법상 제조물의 개념, 비교사법 제10권 4호, 2003. 12.

박은정, 생명과학기술과 법적 규제 문제, 과학기술법연구 제3집, 1997. 12.

송동수, 환경오염의 통합적 방지 및 축소에 관한 유럽지침, 환경법연구 제20권, 1998. 11.

신치재, 원자력관련시설 건설허가절차에 있어서의 주민참여문제: 원자력 정책방향과 법적 대응, 과학기술법연구 제2집, 1996. 12.

안경희, 공법상 배출허용기준의 사법상 의미, 비교사법 제11권 4호(통권27호), 2004. 12.

안법영, 독일 의약품법과 제조물책임법, 의료법학 제3권 2호, 2002. 12.

오승환, 표준개발 과정에서 제출된 FRAND 의무 위반행위의 판단기준에 대한 연구, 경제법연구 제11권 2호, 2012. 12.

오진곤, 생명과학연구의 사회·윤리적 한계, 과학기술법연구 제3집, 1997. 12.

연기영, 결함의약품 피해로 인한 손해배상책임, 판례월보 1989. 12.

이경희, 생물다양성 및 안전성에 관한 국제협약과 법적 과제, 과학기술법연구 제3집, 1997. 12.

______, 科學技術法研究의 必要性과 課題: 環境問題와 法의 役割, 과학기술법연구 창간호, 1995. 12.

이명구, 科學技術的 危害에 대한 裁判的 統制에 관한 研究, 한양대 法學論叢 12輯, 1995. 10.

이승우, 독일 담배제조업자의 민사책임, 환경법연구 제27권 1호, 2005. 6.

이종영, 과학기술의 발달에 따른 방사성폐기물의 영구처분의 다양한 가능성과 그 법적 문제, 환경법연구 제18권, 1996. 11.

______, 원자력발전소의 안전성과 잔여위험가능성: 원자력 정책방향과 법적 대응, 과학기술법연구 제2집, 1996. 12.

이준형, 수급인의 하자담보책임에 있어서 하자의 개념, 민사법학 제25호, 2004. 3.

전경운, 기술법의 발전에 있어서 기술적 표준의 법적 의미, 환경법연구 제27권 3호, 2005. 12.

______, 환경침해피해의 사법상 구제법리, 환경법연구 제25권 2호, 2003. 12.

______, 독일 제조물책임법의 주요내용과 동향에 관한 일고찰, 법과 정책연구 제10집 3호, 2010. 12.

______, 스포츠시설소음에 대한 규제와 책임, 스포츠와 법 제2권, 2001. 2.

______, 기술적 표준의 법적 성질과 제정원칙, 환경법연구 제27권 2호, 2005. 7.

______, 독일법상 기술적 표준의 제정과 제정자의 책임, 민사법학 제26호, 2004. 9.

전병남, 제조물책임법상 제조물로서 의약품의 개념, 의료법학 제7권 제2호, 2006.

정상조, 과학기술의 발전과 지적재산권법의 대응: WTO 체제와 지적재산권, 과학기술법연구 제2집, 1996. 12.

채우석, 科學技術裁量行爲과 適正節次, 과학기술법연구 제3집, 1997. 12.

함철훈, 原子力法과 環境規制, 과학기술법연구 창간호, 1995. 12.

홍완표, 소비자안전을 위한 최근의 입법동향, 토지공법연구 4집, 1997. 2. 등.

Jürgen F Baur, Entwicklung und Bedeutung der Sicherheitsstandards zum Schutz der Verbraucher, 韓獨法學 제12호, 1996.

〈독일문헌〉

[단행본]

Andreas Rittstieg, Die Konkretisierung technischer Standards im Anlagenrecht, 1982.

Christian Joerges/Josef Falke/Hans-Wolfgang Micklitz/Gert Brüggemeier, Die Sicherheit von Konsumgütern und die Entwicklung der Europäischen Gemeinschaft, 1988.

Dieter Medicus, Schuldrecht Ⅱ, Besonderer Teil, 13. Aufl., 2005.

______________, Bürgerliches Recht, 18. Aufl, 1999.

DIN-Normenheft 10, Grundlagen der Normungsarbeit des DIN, 2001.

Dirk Looschelders, Schuldrecht Besonderer Teil, 4. Aufl., 2010.

Dirk Olzen/Rolf Wank, Die Schuldrechtsreform, 2002.

Erwin Deutsch, Haftungsrecht, Erster Band: Allgemeine Lehren, 1976.

Hans Brox/Wolf-Dietrich Walker, Besonderes Schuldrecht, 31. Aufl., 2006.

Hans Claudius Taschner/Erwin Frietsch, Produkthaftungsgesetz und EG-Produkthaftungsrichtlinie, 2. Aufl., 1990.

Hans D. Jarass, Bundesimmissionsschutzgesetz, Kommentar, 2. Aufl., 1993.

Hans Schmalz/Matthias Nöthlichs, Sicherheitstechnik, Band Ⅰ, 2006.

Hans-Ulrich Karpen, Die Verweisung als Mittel der Gesetzgebungstechnik, 1970.

Joachim Geiß/Wolfgang Doll, Geräte- und Produktsicherheitsgesetz(GPSG), Kommentar, 2005.

Joachim Schmidt-Salzer, Kommentar EG-Richtlinie Produkthaftung, Bd. 1, 2. Aufl., 1988.

Jürgen F. Baur/Rolf Stürner, Lehrbuch des Sachenrechts, 16. Aufl. 2004.

Karl Heinz Schwab/Hanns Prütting, Sachenrecht, 32. Aufl. 2005.

Karl Larenz/Claus-Wilhelm Canaris, Lehrbuch des Schuldrechts Besonderer Teil, Bd. Ⅱ, 13. Aufl., 1994.

Michael Klopfer, Umweltrecht, 1989.

____________/Thilo Brandner, Umweltrecht, 2. Aufl., 1998.

Münchener Komm./Ursula Stein, Bürgerliches Gesetzbuch, 3. Aufl., 1997.

Norbert Anselmann, Technische Vorschriften und Normen in

Europa: Harmonisierung und gegenseitige Anerkennung. Unternehmenspraxis in der EG, Bd. 17. 1991.

Othmar Jauernig, Zivilprozeßrecht, 24. Aufl., 1993.

Produkthaftungshandbuch/Graf von Westphalen, Bd. 2, 2. Aufl., 1999.

______________/Ulrich Foerste, Bd. 1, 2. Aufl., 1997.

Peter Bitzer, Grenz- und Richtwerte im Anwendungsbereich des §906 BGB, Dissertation, 2000.

Peter Marburger, Die Regeln der Technik im Recht, Habilitation, 1979.

__________, Atomrechtliche Schadensvorsorge, 2. Aufl., 1985.

Reiner Schmidt, Einführung in das Umweltrecht, 4. Aufl., 1996.

Rolf Schmidt, Schuldrecht Besonderer Teil Ⅱ, 2009.

Rolf Wank, Kommentar zum technischen Arbeitsschutz, 1999.

Rüdiger Rönck, Technische Normen als Gestaltungsmittel des Europäischen Gemeinschaftsrechts, 1995.

Schlechtrim, Schuldrecht, Besonderer Teil, 6. Aufl., 2003.

Staudinger Komm/Johannes Hager, 13. Aufl., 1999.

Stefan Griller, Europäische Normung und Rechtsangleichung, 1990.

Stephen Lorenz/Thomas Riehm, Lehrbuch zum neuen Schuldrecht, 2002.

Thomas Klindt, Produktsicherheitsgesetz(ProdSG), Kommentar, 2001.

__________, GPSG(Geräte- und Produktsicherheitsgesetz), Kommentar, 2007.

Thomas Wilrich, Geräte- und Produktsicherheitsgesetz(GPSG), Kommentar, 2004.

Ulrich Battis/Christoph Gush, Technische Normen im Baurecht. Umweltrechtliche Studien, Bd. 3. 1988.

Volker Emmerich, BGB-Schuldrecht Besonderer Teil, 11. Aufl., 2006.
Walter Rolland, Produkthaftungsrecht, Kommentar, 1990.
Wolfgang Fikentscher/Andreas Heinemann, Schuldrecht, 10. Aufl., 2006.
Wolfram Jeiter, Das neue Gerätesicherheitsgesetz -GSG-, 2. Aufl., 1993.
__________/Thomas Klindt, Gerätesicherheitsgesetz, Kommentar, 2003.
Zubke-von Thünen, Thomas, Technische Normung in Europa, 1999.

[논 문]

Alexabder Reuter, Die Neue Maschinenrichtlinie: Ein europäischer Binnenmarkt im Maschinen- und Anlagenbau, BB 1990, 1213.
Alfred Warner, Normung und Zertifizierung nach 1992, DIN-MIT. 70. 198.
Andreas Cahn, Produkthaftung für verkörperte geistige Leistungen, NJW 1996, 2899.
Bernd Rohlfing/Markus Thiele, Die Haftung des Tabakwarenproduzenten, VersR 2000, 289.
Bernd Tremmel/Michael Luber, Amtshaftungsansprüche wegen rechtswidrige Produktinformationen, NJW 2005, 1745.
Christoph Hammerl, Das Produktsicherheitsgesetz im Bereich des Lebensmittelrechts, ZLR 1997, 611.
Claus-Wilhelm Canaris, Die Produzentenhaftpflicht in Dogmatischer und rechtspolitischer Sicht, JZ 1968, 500.
__________, Schutzgesetze-Verkehrspflichten-Schutzpflichten, in: Festschrift für Karl Larenz, 1983, 56.

Dirk Olzen, Zivilrechtlicher Schutz gegen Belastungen aus der Umwelt, Jura 1991, 283.

Dirk Staudenmayer, Die EG-Richtlinie über den Verbrauchersgüterkauf, NJW 1999, 2396.

Eckart Budde/Helmut Reihlen, DIN-Normen und Rechtsvorschriften, DIN-Mitt. 61, 439.

Erwin Deutsch, Produzentenhaftung im Gentechnikrecht, PHI 1991, 75.

Friedhelm G. Nickel, "Industrielle Produktion und Gefährdungshafung," VW 1988, 964.

Friedrich Graf von Westphalen, Das neue Produkthaftungsgesetz, NJW 1990, 83.

Fritz Berg, Bedeutung der Normung für die deutsche Industrie. DIN-Mitt. 46, 294.

Gerhard Feldhaus, Gerhard, Entwicklung und Rechtsnatur von Umweltstandards, UPR 1982, 135.

Gerhard Wagner, Das neue Produktsicherheitsgesetz: Öffentlich-rechtliche Produktverantwortung und zivilrechtliche Folgen(Teil Ⅰ), BB 1997, 2489.

____________, Das neue Produktsicherheitsgesetz: Öffentlich-rechtliche Produktverantwortung und zivilrechtliche Folgen(Teil Ⅱ), BB 1997, 2541.

Günter Gaentzsch, Sportanlagen im Wohnbereich, UPR 1985, 210.

Hager Johannes, Die Kostentragung bei Rückruf fehlerhafter Produkte, VersR 1984, 799.

Hans Josef Kullman, Haftung für Raucherschäden, Festschrift für Erwin Deutsch, 1999, 217.

Hans Jürgen, Grundfragen des technischen Normwesens, BB Beilage

4, 1985, 3.

Hans-Peter Toft, Umweltschutz und technische Sicherheit im Unternehmen, PHI 1993, 236.

Hans Picht, Empfehlungen zur Umstellung TGL-DIN, DIN-Mitt. 70, 333.

Harald Hammerl, Produktsicherheit: Der Standort des Lebensmittelrechts, ZLR 1998, 299.

Harald Herrmann, Die Rückrufhaftung des Produzenten, BB 1985, 1801.

Harald W. Potineke, Das Geräte- und Produktsicherheitsgesetz, DB 2004, 55.

Harm Peter Westermann, Das neue Kaufrecht einschließlich des verbrauchsgüterkaufs, JZ 2001, 530.

__________________, Das neue Kaufrecht, NJW 2002, 250.

__________________, Das private Nachbarrecht als Instrument des Umweltschutzes, in: Umweltschutz und Privatrecht. 5. Trierer Kolloquium zum Umwelt- und Tenchnikrecht vom 24. bis 26. September 1989. UTR Bd. 11, 1990, 103.

Häsemeyer, Das Produkthaftungsgesetz im System des Haftungsrecht, Festschrift für Niederländer, 1991. 254.

Hausberichts, Produzentenhaftung in der Praxis des Unternehmens, PHi 1995, 58.

Heinrich Honsell, Die EU-Richtlinie über den Verbrauchsgüterkauf und ihre Umsetzung ins BGB, JZ 2001, 278.

____________, Produkthaftungsgesetz und allgemeine Deliktshaftung, JuS 1995, 211.

Helmut Köhler, Die Haftungsrechtliche Bedeutung technischer Regeln, BB Beilage 4, 1985, 10.

Helmut Pieper, Die Regeln der Technik im Zivilprozeß, BB 1987, 276.

Helmut Voelzkow, Ist die technische Normung demokratisch?, DIN-Mitt. 75, 193.

Henning Moelle/Dirk Mecklenbrauck, Verschärfung und Neuordnung des Produktsicherheitsrechts, PHi 2003, 212.

Herbert Roth, Die Reform des Werkvertragsrechts, JZ 2001, 543.

Hermann H. Hollmann, Die EG-Produkthaftungsrichtlinie(I), DB 1985, 2395.

Ingeborg Schwenzer, Rückruf- und Warnpflichten des Warenherstellers, JZ 1987, 1059.

J. Debelius/G. Gross, Haftung des DIN für seine Norm, in: DIN(hrsg), Technische Normung und Recht, 1979(DIN-Normungskunde Heft 14), 199.

Johann W. Gerlach, Die Grundstrukturen des privaten Umweltrechts im Spannungsverhältnis zum öffentlichen Recht, JZ 1988, 174.

________________, Gerlach, Privatrecht und Umweltschutz im System des Umweltrechts, 1989. 94.

Jost Pietzker, Mitverantwortung des Staates, Verantwortung der Bürges, JZ 1985, 210.

Jürgen Knebel, Überlegungen zur Fortenwicklung des Haftungsrechts, in: Jahrbuch des Umwelt- und Technikrechts 1988, UTR Bd.5, 1988, 261.

Jürgen Niebling, Rechtsfragen des CE-Zeichens, WiB 1995, 2000.

Jutt Rühl, Normung und gesetzliche Regelungen für den Umweltschutz, DIN-Mitt. 73, 155.

Klaus Fritz, Das Verhältnis von privatem und öffentlichem

Immissionsschutzrecht nach der Ergänzung von §906 I BGB, NJW 1996. 573.

Klaus Hansmann, Vorsorgepflichten bei nicht genehmigungsbedürftigen Anlagen, NVwZ 1991, 829.

Klaus Vieweg, Zur Einfhrung: Technik und Recht, JuS 1993, 894.

___________/Christoph Schrenk, Produktrückruf als Instrument präventiven Verbraucherschutzes, Jura 1997, 561.

Kullman, Das Küftige Produktsicherheitsgesetz, ZRP 1996, 436.

Kurt Bartenbach, Produkthaftung und Normung, DIN-Mitt. 69, 201.

Kurt Preibusch, Die Bedeutung der internationalen Normung fuer Mittel- und Kleinbetriebe. DIN-Mitt. 54, 1975, 304.

Lothar Haas, Entwurf eines Schuldrechtsmodernisierungsgesetzs: Kauf- und Werkvertragsrecht, BB 2001, 1313.

Lutz Michalski, Produktbeobachtung und Rückrufpflicht des Produzenten, BB 1998, 961.

Michael Adams/Annette Bornhäuser/Martina Pötschke-Langer/Barbara Grunewald, Die Haftung der Zigarettenhersteller für dürch Rauchen verursachte Gesundheitsschäden, NJW 2004, 3659.

Michael Molitoris, Tabakprozesse in den USA, Deutschland und anderen europäischen Ländern, NJW 2004, 3662.

Nobert Kollmer, Zivilrechtliche und arbeitsrechtliche Wirkungen des Gerätesicherheitsgesetzes, NJW 1997, 2018.

Otto Kimmnich, Das Verhältnis von Recht und Technik im Umweltschutz, in: Festschrift für Rudolf Lukes, 73.

Paul Henseler, Grundfragen einer Umweltgefhrdungshaftung, in: Jahrbuch des Umwelt- und Technikrechts 1988, UTR Bd. 5, 1988, 205.

Peter Baumann, Die Haftung für Umweltschäden aus zivilrechtlicher

Sicht, JuS 1989, 438.

Peter Marburger, Zur Reform des §906 BGB, Festschrift für Wolfgang Ritter, 1997, 904.

______________, Gebrauchs- und Betriebsanleitungen im Produkthaftungsrecht, in: Michael Kloepfer(Hrsg), Gebrauchs- und Betriebsanleitungen in Recht und Praxis, 2007, 54.

______________, Rechtliche Bedeutung sicherheitstechnischer Normen, in: VDE(hrsg), Risiko-Schnittstelle zwischen Recht und Technik, 1982, 14.

______________, Produktsicherheit und Produkthaftung, Festschrift für Erwin Deutsch, 1999, 271.

______________, Die haftungs- und versicherungsrechtliche Bedeutung technischer Regeln, VersR 1983, 597.

______________, Technische Normen im Recht der technischen Sicherheit, BB Beilage 4, 1985, 16.

______________, Grundstckserwerb und Altlastenhaftung in zivilrechtlicher Sicht, in: Jahrbuch des Umwelt- und Technikrechts 1987, UTR Bd. 3, 1987, 169.

______________, Grundsatzfragen des Haftungsrechts unter dem Einfluß der gesetzlichen Regelungen zur Produzenten- und zur Umwelthaftung, AcP 192(1992), 1.

______________/Hans Juergen, Rechtsfragen der technischen Normung, BB Beilage 4, 1985, 24.

______________/Rainald Elders, Technische Normen im Europischen Gemeinschaftsrecht. UTR 27, 1994, 333.

Reinhard Damm, Gentechnikhaftungsrecht, ZRP 1989, 463.

______________, Gentechnologie und Haftungsrecht, JZ 1989, 561.

______________, Technologische Entwicklung und rechtliche Subjektivierung Subjektivierung amBeispiel der Medizin- und Gentechnik, Kritv 1991, 279.

______________, Das Beweisrecht des Gentechnikgesetzes, NuR 1992, 2.

Rolf Sack, Produzentenhaftung und Produktbeobachtungspflicht, BB 1985, 813.

Rolf Wank, Prüfung, Betrieb und Überwachung von Arbeitsmitteln und Anlagen nach der Betriebssicherheitsverordnung, DB 2002, 1553.

Rudolf Lukes, Die Bedeutung der sog. Regeln der Technik fuer die Schadensersatzpflicht von Versorgungsunternehmen, in: Regeln der Technik und Schadensersatz, 1969, 22.

Rupert Vogel, Das neue Produktsicherheitsgesetz, PHi 1997, 158.

Rudolf Winckler, Europäische Normung in CENELEC, DIN-Mitt 62, 79.

Sigurd Littbarski, Das neue Geräte- und Produktsicherheitsgesetz: Grundzüge und Auswirkungen auf die Haftungslandschft, VersR 2005, 448.

Tobias Lenz, Das neue Geräte- und Produktsicherheitsgesetz, StoffR 2004, 116.

Tomas Klindt, Das neue Geräte- und Produktsicherheitsgesetz, NJW 2004, 465.

____________, Das Rscht der Produktsicherheit: ein Überblick, VersR 2004, 296.

____________, Das novellierte Gesetz über elektromagnetische Vertäglichkeit von Geräten(EMVG), NJW 1999, 175.

____________, 30 Jahre Gerätesicherheitsgesetz - Schieflagen in der

Praxis, NVwZ 1999, 1177.

__________, Der Umbau von Maschinen und Maschinenanlagen im Spiegel das Gerätesicherheitsgesetzes, NZA, 2001, 237.

Ulrich Ellinghaus, Die Umsetzung der Allgemeinen Produktsicherheitsrichtlinie in den Mitgliedstaaten der Europäischen Union, StoffR 2007, 31.

Ulrich Hübner, Haftungsprobleme der technischen Kontrolle, NJW 1988, 441.

Volker Kregel, Änderung von §906 I BGB im Rahmen des Sachenrechtsänderungsgesetzes, NJW 1994, 2599.

Werner Andexser, Standardisierung bei Telekommunikations- und Informatoinstechnik. DIN-Mitt. 66, 131.

Wolfgang Doll/Joachim Geiß, Die neuen Pflichten für Verbraucherprodukte nach §5 des Gräte- und Produktsicherheitsgesetz, PHi 2005, 146.

Wolf-Rüdiger Schenke, Die verfassungsrechtliche Problematik dynamischer Verweisungen, NJW 1980, 745.

사 항 색 인

【ㅊ】

【ㅌ】

저자약력 및 저서

[저자 약력]
연세대학교 법과대학 법학과
연세대학교 대학원 법학과(법학석사, 법학박사)
독일 Trier대학교 환경법과 기술법연구소 객원연구원, 객원교수(DAAD 支援)
사법시험, 행정고시, 입법고시 등 시험위원
현) 경희대학교 법학전문대학원 교수

[저 서]
판례도해중심 物權法解說(개정판)(공저), 청림출판, 1995.
獨逸 環境私法論, 법원사, 1998.
註釋民法 [債權各則(8)](공저), 한국사법행정학회, 2000.
로스쿨 채권법(계약편)(10인 공저), 청림출판, 2006.
로스쿨 채권법(불법행위편)(10인 공저), 청림출판, 2007.
객관식 民法 I, 民法 II, 제10판(5인 공저), 법원사, 2009.
환경사법론, 집문당, 2009.

기술적 표준과 法

2014年 9月 26日 인 쇄　　저 자 전 경 운
2014年 9月 29日 발 행　　발행인 문 일 석

發行處 圖書出版 法元社
서울특별시 성동구 성수이로 22길 37
(성수동2가, 한신아크밸리 1305호)
Tel : 544-8086　Fax : 544-1733
등 록 1976. 11. 8. 제2010-000034호
홈페이지 http://www.bubwonsa.com

정가 33,000원

ISBN 978-89-91512-95-5 93360